Peter Demetz
Worte in Freiheit

SERIE PIPER
Band 1186

Zu diesem Buch

Peter Demetz beschäftigt sich in diesem umfangreichen Essay mit der widersprüchlichen Wirkung des Futurismus in Deutschland und wirft die Frage auf, ob der Futurismus faschistisch war oder nicht. Diese Frage gewinnt besonders dadurch Aktualität, daß über Autoren wie Döblin und Grass eine Tradition des Futurismus bis in die Gegenwart reicht. Der ausführlichen Untersuchung der literarischen und politischen Hintergründe und Zusammenhänge der futuristischen Bewegung in Italien und Deutschland schließt sich ein umfassender Anhang an, der ein eigenständiges Lesebuch zur Geschichte des Futurismus und seiner Aufnahme in Deutschland darstellt. Er enthält u.a. eine Textauswahl futuristischer Manifeste, Beiträge aus zeitgenössischen Zeitschriften, die sich mit dem Futurismus auseinandersetzten, Texte bekannter italienischer und deutscher Futuristen und beispielhafte Veröffentlichungen zum Thema Futurismus und nationalsozialistische Kunstdiktatur.

Peter Demetz, geboren 1922 in Prag, Studium in Europa und in den USA. Promovierte an der Karls-Universität Prag und an der Yale University. Er ist Professor für Deutsche und Vergleichende Literaturwissenschaft in Yale. Seine wichtigsten Veröffentlichungen sind: »René Rilkes Prager Jahre« (1953); »Marx, Engels und die Dichter« (1959); »Formen des Realismus – Theodor Fontane« (1964); »Die süße Anarchie. Deutsche Literatur seit 1945« (1970); »Fette Jahre, magere Jahre. Deutschsprachige Literatur von 1965 bis 1985« (1988).

Peter Demetz

Worte in Freiheit

Der italienische Futurismus und die deutsche literarische Avantgarde (1912–1934)

Mit einer ausführlichen Dokumentation

Piper
München Zürich

ISBN 3-492-11186-6
Originalausgabe
Mai 1990

Redaktion: Uwe Steffen
Umschlag: Federico Luci,
unter Verwendung des Gemäldes »Rivolta« (1911)
von Luigi Russolo (© VG Bild-Kunst, Bonn 1990)
Gesamtherstellung: Clausen & Bosse, Leck
Printed in Germany

INHALT

Vorwort

In unserer Epoche der Computernetze und Fax-Kommunikationssysteme liegt der Gedanke an die Gleichzeitigkeit wissenschaftlicher und kritischer Tätigkeit nahe. So weit ist es aber noch lange nicht, zumindest nicht in der Geschichte der Ideen und Literaturen, und die historisch begründete Ungleichzeitigkeit ideologischer Voraussetzungen bestimmt die Art und Weise, wie man mit unbequemen Fragen umgeht, noch immer durch ihre besonderen Axiome und Tabus. In der unmittelbaren Nachkriegszeit hatte man gute Gründe, den italienischen Futurismus, der als erster die Avantgarde-Umwälzung der europäischen Künste unternahm, nicht zum ersten Gegenstand der forschenden Neugierde zu erheben. In den späteren fünfziger und sechziger Jahren allerdings begannen sich italienische Historiker, Kritiker, Kunsthistoriker und Philologen wieder mit der Hinterlassenschaft des Futurismus zu beschäftigen und ihn nüchtern (ebenso wie italienische Filmregisseure die gesellschaftlichen Erfahrungen) im Kontext der Geschichte zu sehen. In der Bundesrepublik war man eher geneigt, die Pionierarbeiten Christa Baumgarths zur Geschichte des Futurismus *nicht* fortzusetzen und János Riesz' und Carmine Chiellinos Warnungen, den Futurismus und den Faschismus nicht ganz, nicht voreilig oder gar ahnungslos gleichzusetzen, in den Wind zu schlagen; und neuerdings darf allein die geschichtsphilosophische Studie des Futurismus von Manfred Hinz den Anspruch darauf erheben, in erschöpfender Kenntnis der italienischen Quellen und ihrer Sekundärliteratur geschrieben zu sein.

Ich denke nicht daran, politische Erwägungen ganz aus meinen literaturhistorischen Untersuchungen zu verbannen, denn das Streitgespräch über die Frage, ob der Futurismus faschistisch war oder nicht, ist noch lange nicht zu Ende, und es ist eben diese Frage, die sich einer sachlichen Beschäftigung mit den Wirkungen des Futurismus jenseits Italiens immer wieder in den Weg stellt. Das vielzitierte Wort Walter Benjamins über die faschistische »Ästhetisierung der Politik« (Beispiel: Futurismus), auf welche der Kommunismus mit einer wünschenswerten »Politisierung der

Kunst« antwortet, hat historische Analysen zuletzt eher gehemmt als gefördert, und was einmal, in den dreißiger Jahren, eine epigrammatisch formulierte Einsicht war, ist längst zu einem dogmatischen Lehrsatz im Katechismus der weiland sechziger Jahre erstarrt (von den Erfahrungen, welche die Betroffenen mit der behördlichen »Politisierung der Kunst« gemacht haben, ganz zu schweigen). Die Schwierigkeit liegt auch darin, daß es nicht genügt, in dieser Hinsicht, einen »ersten« (1909–16) von einem »zweiten« Futurismus der zwanziger und dreißiger Jahre oder den jungen vom älteren F. T. Marinetti ganz zu trennen und Licht und Schatten nach Generationsstufen zu verteilen; je jünger, desto besser, je älter, desto übler. Das historische Verhältnis von Faschismus und Futurismus ist nicht in einem Schema von früher und später zu erfassen, denn wir sind, sobald wir die Ergebnisse der neueren italienischen Forschungen von Renzo De Felice, Luciano De Maria, Enrico Crispolti und anderen in Betracht ziehen, mit Annäherungen, Verwicklungen, Brüchen, Entfremdungen und, mag sein, mit der Intransigenz einer inneren Fronde konfrontiert, mit einem Hin und Her und Her und Hin, das die Fragen nach einem genaueren Wie und Wann herausfordert.

Marinettis Futuristen und die wenigen Getreuen Mussolinis (damals noch eines sozialistischen Dissidenten) arbeiteten nach Caporetto (dem österreichischen Frontdurchbruch, den man in Italien als nationale Katastrophe empfand) und in den Jahren 1918/19 in einer Art radikaler Heimkehrer-Apo zusammen; an der berühmten Mailänder Versammlung am 23. März 1919, später zur Geburtsstunde des Faschismus umfunktioniert, nahmen Futuristen, *arditi* (Infanteriestoßtruppkämpfer), Anarchisten, Republikaner, Nationalisten und Mussolini-Sozialisten teil, um sich, rechts und links, gegen den Staat und die übermächtige sozialistische Partei zu organisieren. Futuristen, *arditi*, Mussolini-Leute und andere bildeten die patriotischen *fasci di combattimento*, störten sozialistische Veranstaltungen (welche besonders die Heimkehrer anzogen), und eine Aktivistengruppe zerstörte die Redaktion des sozialistischen *Avanti*, Marinettis politisch dunkelste Stunde. Nur ein wenig später (Mai 1920), und die Wege der Futuristen und Mussolini-Loyalisten in den *fasci* trennten sich wieder, weil Marinetti und seine Freunde die pragmatische Bereitschaft in den *fasci*, sich um der Macht willen mit der Kirche, dem Königtum und der Bourgeoisie zu arrangieren, nicht akzeptieren wollten, und man wird Marinetti und den meisten seiner Freunde zugestehen müssen, in die blutigen und brutalen Terroraktionen der faschistischen *squadre*, gegen Sozialisten, Gewerkschaftler und rote Landarbeiter, nicht verwickelt gewesen zu sein.

Das Hin und Her ist auch später zu beobachten, selbst wenn der Futurismus in der nächsten Generation der späten zwanziger und dreißiger Jahre kaum mehr als den Anspruch erheben darf, an gewissen Wendepunkten kulturpolitischer Entwicklungen als Fronde, nicht als innere Emigration funktioniert zu haben. Kein Zweifel, daß sich Marinetti in der Mitte der zwanziger Jahre dem Staate näherte, der sich als faschistische Diktatur zu konstituieren begann. Er legitimierte sich durch die ironische Erklärung, der Faschismus hätte zumindest ein Minimum der futuristisch revolutionären Intention verwirklicht, akzeptierte seine Wahl in die königliche Akademie, ging noch als alter Mann freiwillig an die russische Front und kehrte in Mussolinis Republik von Salò zurück, deren sozialrevolutionäres Papierprogramm ihn an seine Jugend erinnern mochte. Aber: er war, gerade in den Jahren 1937–39, als sich Mussolini dem Willen Hitlers zu unterwerfen begann, energisch bestrebt, den »rechten« Faschisten, welche die moderne Kunst, einschließlich des Futurismus, durch antisemitische Schlagworte diffamieren wollten, öffentlichen Widerstand entgegenzusetzen, und organisierte seine Verbündeten in Presse, Rundfunk und in den anderen Künsten, gegen alle Versuche, die Forderungen Alfred Rosenbergs oder Julius Streichers auch in Italien zu verwirklichen; und wenn in Italien eine moderne Kunst überlebte, an die man nach der Befreiung, und nicht nur in Italien, rasch anzuknüpfen vermochte, ist das nicht zuletzt auch sein Verdienst.

Das alles hat seine Folgen für eine kritische Geschichte der europäischen Avantgarde, auch für das Kapitel futuristischer Wirkungen im Wilhelminischen Deutschland, in der Weimarer Republik und später. Stichproben der Chronologie zeigen die komplizierten Entwicklungen; zur Zeit (1912/13) zum Beispiel, da die italienischen Futuristen (deren politische Interessen allein ein junger Schriftsteller namens Moeller van den Bruck erkannte) die Berliner Künstler, Kritiker und Schriftsteller zu fortdauernden Diskussionen, vor allem in Herwarth Waldens *Sturm*, provozierten, war

Mussolini sozialistischer Parteisekretär in Forlì und gab sein Blatt *La lotta di classe (Der Klassenkampf)* heraus. Selbst als der ältere Herwarth Walden, als Herausgeber des *Sturm*, noch einmal zu den Errungenschaften des Futurismus zurückkehrte (1921), geschah das mit Hilfe und im Bündnis mit seinem sizilianischen Freund Ruggero Vasari, der selbst wieder aus einer Gruppe futuristischer Aktivisten aus Messina kam, in welcher man die sozialrevolutionären Gedanken des frühen Futurismus bewahrt hatte; nicht überraschend, daß der *Völkische Beobachter* (1934) den »Anarchisten« Marinetti und seinen Berliner Statthalter Vasari angriff und als Parteigänger einer unvölkischen Kunst denunzierte. Genug; ich fürchte, daß solche Erwägungen selbst wieder vereinfachen, und breche ab, um nicht in den Verdacht zu geraten, der geneigten Leserschaft Anweisungen für die Lektüre geben zu wollen. Die folgenden Kapitel müssen für sich selber sprechen.

Ich hatte das Glück, das Jahr 1985/86 als Fellow des Wissenschaftskollegs in Berlin verbringen zu dürfen, um die Geschichte des Futurismus und seiner Wirkungen zu studieren. Ich bin Peter Wapnewski, dem damaligen Rektor, Wolfgang Lepenies, damals Senior-Fellow, und Joachim Nettelbeck, dem Sekretär des Kollegs, zu aufrichtigem Dank für die rare Möglichkeit zu ungestörter Arbeit verpflichtet, und nicht weniger der von Frau Gesine Bottomley geleiteten Bibliothek. Meine Nachbarn, wörtlich und metaphorisch, waren Giuseppe Bevilacqua (Universität Florenz), der Nietzsche-Herausgeber Mazzino Montinari und Luciano Zagari (Universität Pisa), die mich bei unseren täglichen Frühstücksgesprächen vor Irr- und Abwegen des Studiums bewahrten, und ich lernte nicht weniger über italienische Geschichte und europäische Kulturhistorie, im Gespräch mit Nike Wagner, Wolfgang Schieder, Saul Friedländer, Klemens von Klemperer, Walter Hinderer, Jeremy Adler und anderen Kollegen, aus West und Ost. Ich danke auch meinen Italienisch-Maestre, Frau Trude Rafalski (Berlin), Nicoletta Alegi und Georgia Albert (Yale), die die ungewöhnlichste Geduld mit meiner Unkenntnis irregulärer Verben besaßen und mich dazu anhielten, auch die schwierigeren Texte nicht zu vernachlässigen. Auf einer späteren Stufe der Arbeit hat mich Ingeborg Harms loyal unterstützt, nicht nur durch die technische Expertise der passionierten Computer-»Hackerin«, sondern auch mit dem kritischen Blick der kenntnisreichen Germanistin und Schriftstellerin, und zuletzt hat auch Elke Heckner der Dokumentation und der Bibliographie ihre Fürsorge angedeihen lassen. Ihnen allen sage ich, da das Manuskript nun vor mir liegt, noch einmal meinen herzlichen Dank.

New Haven/Conn. – Berlin-Grunewald

A Paola

1. Die Sturm-Ausstellung der italienischen Futuristen in Berlin (1912). Widerhall und Streitgespräche. Walden, Marinetti, Boccioni, Balla

Der italienische Futurismus kam zuerst in seiner malerischen Gestalt nach Deutschland, und es war Herwarth Walden, Musiker, Kritiker und Herausgeber der avantgardistischen Zeitschrift *Der Sturm*, der F. T. Marinetti, den Manager der Gruppe, und seine Künstlerfreunde dazu bewegte, ihre Ausstellung der futuristischen Malerei, die im Februar 1912 in der Pariser Galerie Bernheim-Jeune und im folgenden Monat in London, in der Sackville Gallery, bedeutendes Aufsehen erregt hatte, im Frühling nach Berlin zu übersiedeln. Sie war dort vom 12. April bis zum 31. Mai 1912 in der *Sturm*-Galerie, Tiergartenstraße 34a, zu sehen[1]. Walden hatte schon, vor den Futuristen, in einer ersten Ausstellung, die er im Namen seiner Zeitschrift veranstaltete, die Berliner Kunstkenner mit Bildern Oskar Kokoschkas, Franz Flaums, der »Expressionisten«, und des »Blauen Reiters« konfrontiert und setzte, mit seiner zweiten *Sturm*-Ausstellung, seine energische Bemühung fort, der traditionell akademischen und naturalistischen Malerei jene internationalen Impulse entgegenzusetzen, die mit der Nachahmung der Natur gebrochen hatten. Allein es war eines, den liebenswürdigen Kokoschka auszustellen (der auf den damaligen Photos so aussieht wie der junge Fred Astaire), und ein anderes, die störrischen Futuristen nach Berlin zu bringen. Die Futuristen waren von Anfang an darauf bedacht, ihre Abneigung gegen alles Vergangene ins Hektische, Melodramatische oder gar Brutale zu steigern und die modernen Reizmittel der öffentlichen Reklame und der Presse zu nutzen, die ihnen, und vor allem Marinetti selbst, den Vorwurf eintrugen, sich ganz und gar mit »amerikanischer« Propaganda[2] und mit etwas Zirkus in Szene setzen zu wollen. Sie provozierten Widerhall und Widerspruch, mit Farben, Formen, Worten, Fäusten, und waren eifersüchtig darauf bedacht, sich als originale Futuristen zu behaupten und nicht mit Kubisten oder Expressionisten verwechselt zu werden. Marinetti suchte die Ausstellungspublizität, wie er es gewohnt war, schon von ferne vorzubereiten und zu lenken, und übersandte seinem *caro* Walden (den er in seinem Brief[3] gleich mit dem intimen »Tu« ansprach) ein Manifest, das, wie er betonte, »enorme Bedeutung« hätte und deshalb im *Sturm* publiziert werden sollte. Er kam dann selbst nach Berlin, um nach dem Rechten zu sehen; Umberto Boccioni war schon, vor ihm und direkt aus Paris, in Berlin eingetroffen. Die anderen futuristischen Maler fehlten in Berlin und überließen es ihrem Organisator Marinetti und ihrem Delegaten Boccioni, ihre artistischen und ökonomischen Interessen wahrzunehmen (gerade das führte noch zu einigen finanziellen Komplikationen).

Die beiden italienischen Gäste hielten sich zehn Tage lang in Berlin auf, und Walden, seine Gattin Nell, die blonde Schwedin (die er eben, nach der Scheidung von Else Lasker-Schüler, 1911, geheiratet hatte), und ihre Freunde fanden sich allabendlich zusammen, um gemeinsam in rasant futuristischer Autofahrt durch die Leipziger und die Friedrichstraße Ausstellungsflugblätter in die staunende Menge der Passanten zu streuen, oder im intimen Weinrestaurant Dalbelli, an der Potsdamer Brücke, zu tafeln und die neuesten Fragen der Kunst zu diskutieren. Walden zumindest, der zwei Jahre lang mit einem Stipendium der Liszt-Stiftung in Florenz Musik studiert hatte, sprach wohl Italienisch, und die anderen werden sich mit Französisch beholfen haben. »[...] wir zogen los«, schrieb Nell Walden später, »nahmen ein offenes Auto [...]. Alle Vier [Walden, Nell, Boccioni und Marinetti] im Wagen stehend und die Plakate auf die Straße werfend, mit dem Rufe: ›Eviva Futurista!‹«[4] Ein säuerlicher Lektor der Berliner Universität namens Herman Felix Wirth, der eines der Flugblätter auf der Potsdamer Straße habhaft wurde, denunzierte die Autofahrer durch eine Eingabe an den Polizeipräsidenten, beschwerte sich über den »groben Unfug«, eine »Spekulation [...] auf die niedrigen Instinkte eines gewissen Teiles der Großstadtbevölkerung«, und forderte die Polizeibehörden auf, der Sache ein Ende zu bereiten. Walden publizierte eine Kopie des Schriftstückes und fügte hinzu, die Denunziation sei so »schmierig, daß man diesem Wirth [!] nicht einmal die Rechnung machen kann«[5].

Marinetti verstand es auch in Berlin, seinen Freunden eine grenzenlose Lebensenergie mitzuteilen, und bei Dalbelli ging es, zumindest in der Erinnerung Nell Waldens, hoch her. Sie sprach, noch nach vielen Jahren, von den »hinreißenden Stunden voll Glut, Enthusiasmus, südlicher Verve und Freundschaft« und fühlte sich wie futuristisch berauscht von »Jugend, [...] Kunstbegeisterung und Tempo unseres Lebens«. Marinetti und Boccioni erschienen im Smoking und Havelock (der Maler hatte offenbar keinen Abendanzug), und jeden Abend wurden die Weingläser nach dem letzten Schluck »an die Wand geschmissen«, denn »anders wollten es Marinetti und Boccioni nicht haben«[6]. Alfred Döblin, der im Dalbelli mit von der Partie war (er war hier oft mit Else Lasker-Schüler, Peter Hille und anderen Schriftstellern beisammen gesessen), bemerkte noch in seinen späten Erinnerungen[7] (1952/53), wie »auffällig« sich die »Herren aus Italien« in dem »geruhigen und bürgerlichen Berlin« benahmen. Er war mit Boccioni durch die Straßen spaziert, als ihnen ein »Berliner Spießer entgegenkam«, Boccioni »frech anstierte«, und von ihm, der ganz andere Straßenauftritte gewohnt war, »ohne weiteres [...] einen kleinen Schlag in das unverschämte Gesicht« erhielt. Döblin und Boccioni mußten auf die Polizeiwache, es war »viel Lärm um nichts«, aber der preußisch-bürgerliche Dr. med. Döblin fühlte sich doch (das merkt man noch nach vierzig Jahren) vom Kavalier Boccioni, der ja auch aus einer kleinbürgerlichen Familie stammte, ein wenig irritiert.

Der Kunstfreund Walden wußte wenig von den absoluten Ansprüchen der Futuristen, welche die Totalität der Welt und nicht allein die Künste umwälzen wollten; und seine Selektion der ersten futuristischen Texte im *Sturm* sollte vor allem der Ausstellung dienen. Er gab den Erklärungen der Maler, die sich Marinetti erst im späten Winter 1910 angeschlossen hatten, zunächst den deutlichen Vorrang vor Marinettis eigenen Manifesten lebensphilosophischer oder gar poetischer Art (Marinettis Gründungsmanifest des Futurismus von 1909 erscheint im *Sturm* zwischen den Erklärungen der Maler, die dem Frühling 1910 und 1912 entstammen). Unter dem Titel »Manifest der Futuristen« publizierte Walden das »Manifesto tecnico della pittura futurista« (11. April 1910), in einer Übersetzung des französischen Textes, wie er im Pariser Ausstellungskatalog enthalten war, und kurz darauf auch das Vorwort des

Pariser Katalogs unter der Überschrift »Futuristen: Die Aussteller an das Publikum«, unterzeichnet von den fünf Malern Boccioni, Russolo, Carrà, Severini und Balla, der die Erklärung zwar unterschrieben, aber noch keine Bilder beigesteuert hatte.

Das »Manifest der Futuristen« bestimmte allerdings eine Entwicklungsstufe der futuristischen Kunsttheorie, die in der Praxis der Ausstellungen von 1912 zum Teil schon überholt war[8]. Obgleich die Maler darin versuchten, ihre erste italienische Programmerklärung (11. Februar 1910), die übrigens ebenso vage wie Marinettis erstes Manifest gewesen war, durch technische Genauigkeit zu schärfen, zeigten sie sich in ihrem Manifest immer noch mit einer Revision des Impressionismus und des Fauvismus beschäftigt[9]. Hier sehen sich die Maler in einer Welt, in der »alles rennt« und »sich in rasender Eile [...] verwandelt«. Das Ziel ihrer Kunst ist nicht mehr der »festgehaltene Augenblick«, sondern die »dynamistische Empfindung« selbst, die sich, Raum und Dichte der Gegenstände negierend, in Transparenz, Vibration und in der wechselseitigen Durchdringung der Gegenstände bewegt: »Der Autobus stürzt sich in die Häuser, an denen er vorübersaust, und die Häuser stürzen sich auf den Autobus und verschmelzen mit ihm in eins.« Pathos und Genauigkeit sind nicht einfach zu verbinden, und ein Katalog von 13 Punkten[10] versucht die Polemik zu spezifizieren (gegen alle »nachgeäfften Formen«, Geschmack, Harmonie, die »erdharzige Färbung« der Bilder, »das Nackte in der Malerei«) und zugleich die Gründe festzuhalten, warum ein »wirbelndes Leben von Stahl, Stolz, Fieber und Schnelligkeit« die »dynamische Empfindung« verlangt, welche in ihrer Bewegung »das Stoffliche der Körper« zerstört.

Das Vorwort des Pariser Ausstellungskataloges, das (im Eingangsparagraphen ein wenig verändert) im *Sturm* unter dem Titel »Futuristen: Die Aussteller an das Publikum«[11] erschien, zeigte zwei neue polemische Intentionen: die Position der Futuristen im Kontext der europäischen Avantgarde, und nicht allein innerhalb der italienischen Kunst, zu bestimmen und eine neue, schon an der Auseinandersetzung mit dem Kubismus orientierte Revision des Zentralbegriffs der »dynamischen (dynamistischen) Empfindung« im engeren Blick auf die neueren Bilder der Ausstellung auszuarbeiten. Die Futuristen erklärten kurzweg, ihre erste Exposition in Berlin sei »die bedeutendste Ausstellung italienischer Malerei, die jemals dem Urteil Deutschlands unterlag«, und sehen sich selbst an »der Spitze« der europäischen Kunst, obgleich sie einen »anderen Weg« verfolgten. Sie haben allen Grund, erklärten sie, den energischen Heroismus der neueren Maler zu loben, der sich gegen »Merkantilismus« und »Akademismus« richtet, aber selbst die bedeutendsten Maler, darunter Picasso und Braque, malen leider »das Unbewegliche«, das ihre Kunst ebenso petrifiziert wie jene Poussins, Ingres' oder Corots. Die neue Schärfe der futuristischen Theorie zeigt sich in ihrer Bestimmung der »dynamischen Empfindung«, die sich (wie Marianne Martin überzeugend klargelegt hat)[12] dem Gegenstand verbindet und nicht mehr der Subjektivität der Malenden allein. Die dynamische Empfindung offenbart den »besonderen Rhythmus jedes einzelnen Gegenstandes« als jene »Linienbündel« oder »Linienkräfte«, die den Betrachter mit sich fortreißen. Die »dynamische Empfindung« ist nicht willkürlich oder visionäre Subjektivität, sondern das Vermögen, die besonderen »Linienkräfte« jeden Gegenstandes aufzudecken, seine »abstrakten Rhythmen« also, dem eine »bisher unbekannte Quelle von malerischem Lyrismus« entströmt. Wenn man das Adjektiv »malerisch« streicht, klingt das wie die Skizze einer expressionistischen Poetik.

Boccioni mochte, am Morgen der Eröffnung, über mangelndes Interesse klagen[13], aber die Ausstellung war, wie Nell Walden später notierte, »ein ganz toller Erfolg«, denn sie »hatte manchmal pro Tag tausend Besucher« (Eintritt eine Mark). Jeder »wollte diese Ausstellung sehen«, es »war Mode, dort gewesen zu sein«[14]. Die futuristischen Bilder, die später in den fundamentalen Kanon der modernen Kunstgeschichte eingehen sollten, waren hier, in der einstigen Villa des Likörfabrikanten Gilka, in noch unschuldig-explosiver Gleichzeitigkeit zu sehen, Boccionis »La città che sale« (heute im Museum of Modern Art, New York) und seine »Visioni simultanee« (Von der Heydt-Museum, Wuppertal), Carràs »Sobbalzi di un fiacre«, zunächst von Nell Walden selbst erworben, und »Funerali dell'anarchico Galli« (beide im Museum of Modern Art, New York), Russolos »Ricordi di una notte« und »Treno in velocità« (beide zunächst erworben von Max Rothschild in Paris). Die öffentliche Diskussion, der Presse und der Kenner, konzentrierte sich mehr als einmal auf Boccionis »La Risata«

(heute im Museum of Modern Art, New York), Severinis »La Danse du Pan-Pan à Monico« (verloren) und Russolos »Rivolta« (heute Gemeentemuseum, Den Haag), die das heftigste Für und Wider provozierten. »Die Presse mochte toben, wie sie wollte« (Nell Walden), das weckte nur die Neugier der Sensationslüsternen, aber Alfred Döblin und Franz Marc bestätigten den wirklichen Kennern noch in den Frühlingsheften des *Sturm*, welche Bedeutung dieser Kunst zukam. Döblin erhob den Vorwurf (B.1), das Publikum hätte sich nicht ernst genug um diese Kunst bemüht (jedes Bild war »eine Aufgabe« für sich), lobte die futuristische Neigung, aller »Theatralik« zu entsagen, hob Boccioni, Severini und Russolo ganz besonders hervor und erklärte in ungetrübtem Enthusiasmus, den malenden Futurismus »mit vollem Namen« zu unterschreiben und ihm »ein deutliches Ja« zu geben. Marc, weniger auf öffentliche Polemiken bedacht, zitierte (B.5) einiges aus den Manifesten und bekannte sich zum Glauben, die Kunst Carràs, Boccionis und Severinis werde »ein Markstein der Geschichte der modernen Malerei« sein; wir werden, so setzte er hinzu, »Italien noch um seine Söhne beneiden«.

Der *Sturm* nahm sich der Futuristen an, als sei er selbst ein futuristisches Organ in deutscher Sprache, und wo Walden selbst polemisch nicht genug zu tun können glaubte, setzte er Freunde und Mitarbeiter gegen seine Lieblingsfeinde, vor allem Fritz Stahl vom liberalen *Berliner Tageblatt* (gegen das er noch zwanzig Jahre später polemisieren sollte) und Karl Scheffler von der Zeitschrift *Kunst und Künstler*, in Marsch. Er selbst fühlte sich in der lokalen Berliner Pressepolemik wie ein Hecht im Karpfenteich und nannte Schefflers nicht ganz an den Haaren herbeigezogene Behauptung, die Futuristen wären »Fanatiker des lauten Erfolgs um jeden Preis«, einfach »unverschämt«[15]. Er erledigte den »ganz kopflosen« Kritiker Robert Breuer, der zu behaupten gewagt hatte, man müßte (die im *Sturm* publizierten) Malermanifeste gelesen haben, ehe man ihre Bilder betrachtete, mit dem pauschalen Argument, Breuer besitze keinen Kunstinstinkt und müsse deshalb seinen Erwerb in der Kunstwissenschaft suchen[16], und denunzierte »ein Fräulein«, das sich in der alldeutschen *Post* ein Urteil über die Futuristen anmaßte, als ehemalige Modeberichterstatterin[17]. Andere Frontalangriffe überließ er anderen; gegen das »Blech des Herrn Stahl«, wie es Walden nannte, polemisierte Kurt Hiller. Er bezichtigte Stahl, selbst Boccioni und Severini mit Spott übergossen zu haben, mit Titanen umzugehen, als wären sie kleine Leute, und, schlimmer noch, dem »dreckigen Geldverdiener« das Recht zu bestätigen, über diese Bilder »zu grinsen, zu feixen, zu geifern«, anstatt sie zu kaufen. Stahl war deshalb als »Meinungsmacher in Malereifragen« nicht mehr zu dulden, und Hiller forderte die Herausgeber der Zeitung auf, den Kritiker »mit einer sehr anständigen Altersrente« zu pensionieren[18]. Raoul Hausmann, der spätere Dadaist (der damals mit zwei mageren Beiträgen im *Sturm* hospitierte), nahm Scheffler, der die Futuristen der »ungeheuern Talentlosigkeit« bezichtigt hatte, neuerlich aufs Korn und meinte, ohne sich auf Einzelheiten einzulassen, es sei »die höchste Zeit«, daß Scheffler seine Funktion in der Zeitschrift *Kunst und Künstler* niederlege[19]. Man kann nicht eben sagen, daß sich diese theoretischen Diskussionen im *Sturm* auf dem höchsten Niveau der Sachlichkeit bewegt hätten, zumindest nicht im Falle der futuristischen Kunst.

Walden verstrickte sich, seinem Vorbild Karl Kraus folgend, gerne in die Polemik mit den Tageszeitungen, die er jeden Morgen mit dem Blaustift nach Angriffsmaterial durchzukämmen pflegte (seine *Neue Freie Presse* war das *Berliner Tageblatt*), und berichtete den *Sturm*-Lesern nur wenig von der Futurismus-Diskussion in den Zeitschriften. Diese Diskussionen hielten sich allerdings, ohne auf die fast ruckhafte Entwicklung der futuristischen Kunstintentionen einzugehen, im *Kunstwart* und *Pan* an eine psychologisierende Deutung der *simultaneità* als einer Gleichzeitigkeit von Seelenzuständen und versäumten es, die futuristische Entdekkung der dynamischen »Kraftlinien« im Wesen der Gegenstände und Vorgänge näher zu beobachten. Im deutschkonservativen *Kunstwart* plädiert Ferdinand Avenarius (B.2), ungeachtet prinzipieller Einwände, für Toleranz und Verständnis auch für das futuristisch Ungewohnte (wenn es nur »aufrichtigen und fleißigen Mühen« entsprang), hält aber Severinis »Pan-Pan-Tanz« und Boccionis »La Risata« (dem Bild eines »zechenden Fräuleins auf einem Sofa«) entgegen, das Neben- und Nacheinander resultiere in einem »Durcheinander«, und die »Verglasung«, die Transparenz der Körper, schwäche ihre »Einwirkung«. Avenarius formuliert zugleich die außerordentlich kluge Einsicht, das »Zwischeneinander von Malerei und Musik, von Raum- und Zeitkunst«, wie es diese Maler wollten, sei in einer »futuristischen Kinematographie« vorstellbar, die in Zukunft »ein bewegtes Gewebe von Wirklichkeiten und Vorstellungen« erschaffen werde, die »auch das Ungewohnte«, als Bewegungsgefühle, »eindringlich erleben lassen«.

In Alfred Kerrs *Pan* glaubte Max Deri (B.3) erst zu einer längeren Bemerkung über das Unpersönliche der wissenschaftlichen Forschung ausholen zu müssen, ehe er Walden ausdrücklich für die wunderbare Ausstellung dankte und dann zu einer kunstgeschichtlich fundierten Verteidigung der Futuristen ansetzte, indem er von der modernen Intensivierung der Farben, von Manet bis auf die Expressionisten, und von der Überwindung des begrenzten Zeitmomentes sprach, wie sie die Futuristen forderten. Er psychologisierte die futuristische Malerei nicht weniger als Avenarius und rühmte die Futuristen (indem er seine Aufmerksamkeit vor allem auf Luigi Russolos »Treno in velocità« und »Ricordi di una notte« und auf Gino Severinis immer neu diskutierten »Pan-Pan-Tanz« richtet) als Tagträumer, die »ungeordnete Erinnerungsvorstellungen irgendeines Erlebnisses in jener Flüssigkeit und losen Verbindung beibehalten, in der sie sich bei wirklich ehrlicher Selbstbeobachtung in uns vorfinden«. Deris kunsthistorisch begründete Verteidigung der Futuristen, die er allerdings »Plusquamperfektionisten« nennt (nachdem sie die »gehabthabenden« Erinnerungen suchen), provozierte einige erregte Leserbriefe; ein Korrespondent aus Hamburg forderte von den Futuristen eine geklärtere Ausdrucksart[20], und der Maler Max Oppenheimer (Mopp) machte zwar Marinetti, dem »ernsten Literaten«, sein Kompliment, nannte aber die futuristischen Bilder »Scharlatanerien« und »eine Melange aus süßestem Kitsch und gröbster Ornamentik«[21]. Mopp konnte es niemandem recht machen; in der italienischen Zeitschrift *La Voce* kreidete man ihm das Marinetti-Kompliment übel an[22], und Walden (der Deris Futuristen-Verteidigung mit keinem Wort erwähnte) nahm ihn in seinem *Sturm*-Pressespiegel aufs Korn[23].

Waldens Publikation der futuristischen Manifeste und die Neigung des *Sturm*, Futuristen und andere moderne Künstler gegen ihre Widersacher resolut in Schutz zu nehmen, hatte noch andere Folgen, die er zu seinem Leidwesen nicht vorauszusehen vermochte. Sie bewegten Karl Kraus (der die jüngsten Berliner

Kunstentwicklungen mit einigem Mißvergnügen beobachtet hatte), mit seinem Bundesgenossen Walden und dem alliierten *Sturm* zu brechen und zugleich mit seinen frühen Hoffnungen auf eine Berliner Wirksamkeit[24]. Der Futurismus war der Anlaß, eine intime Freundschaft zu lösen, aber auch ein unverwechselbares Signal dafür, daß Kraus, der Konservative, gerade jene Experimente der Kunst verachtete, von denen sich Walden, der Patron der Avantgarde, eine neue Lebhaftigkeit erhoffte. Walden und Kraus hatten im Jahre 1909 eine von Else Lasker-Schüler in die Wege geleitete Freundschaft geschlossen, und sie entbehrte, zumindest von Waldens Seite her, nicht der hektischen Züge. Walden schrieb damals an Kraus, er halte ihn »definitiv für den besten deutschen Schriftsteller« (2. Juli 1909), richtete einen Raum in seiner Halensee-Wohnung als Berliner Büro der *Fackel* ein und verbrachte im August 1909 einen Urlaub mit Kraus in Paris. Kraus wiederum, der Walden auch finanziell und in seinen kostspieligen Prozessen unterstützte, verteidigte ihn in der *Fackel*, suchte Alexander von Zemlinsky für seine Musik zu interessieren und reiste selbst nach Berlin, um bei Erscheinen der ersten *Sturm*-Nummer, deren programmatische Erklärung er zu redigieren mithalf, anwesend zu sein. Er begann aber bald sein Mißvergnügen an der *Sturm*-»Druckfehlerhölle« zu äußern und sich in Waldens Redaktionsgeschäfte zu mischen; er empfahl zwar Adolf Loos, Peter Altenberg, Albert Ehrenstein und Otto Stössl, Walden Manuskripte vorzulegen, wollte aber Ferdinand Hardekopf, Rudolf Kurtz und Salomo Friedländer von der Mitarbeit am *Sturm* ausgeschaltet wissen; und nachdem Berliner Leser und Kritiker Bedenken an seinen Essay »Heine und die Folgen« (1910) angemeldet hatten, schloß er das Berliner Büro.

Waldens Entscheidung, Galerist zu werden und neue Kunst auszustellen, war der Anfang vom Ende einer Freundschaft, die begründete Sympathien mit mehr als einem Mißverständnis vereinte. Die polemischen Erklärungen der einstigen Freunde, in *Fackel* (B.4) und *Sturm* (B.5), verraten Differenzen des Temperaments und ihrer Begriffe von Kunst und Kritik. Kraus (der sich allerdings in seinem Respekt für die Dichterin Else Lasker-Schüler und den *Komponisten* Walden nicht beirren lassen will) schreibt über Fragen der Avantgarde schneidend, ja fast höhnisch; Walden, in noch ungewandelter Bewunderung für Kraus, zumindest geduldig bemüht, auf sachliche Argumente, wenn es solche sind, nüchtern zu antworten. Kraus ist der Angreifer, und seine Polemik richtet sich gegen Waldens Engagement für moderne Kunstgruppen, vor allem die Futuristen, und, darüber hinaus, gegen die Art und Weise seiner Kunstkritik, die selbst nicht mehr Kunst ist, wie es der strenge Kraus von sich selber fordert. Kraus wendet sich ein wenig pauschal gegen die »Berliner literaturpolitischen Bestrebungen«, ob Futuristen, Neopathetiker oder Neoklassizisten, charakterisiert das Manifest der Futuristen als »Protest einer rabiaten Geistesarmut, die tief unter dem Philister steht«, und erklärt, das »Manifest der futuristischen Frau« (A.2) konstituiere »eine Handlung, der ein paar lustlose Rutenhiebe zu gönnen wären« (ohne ein Wort darüber zu verlieren, wieviel Mademoiselle de Saint-Point von seinem Wiener Zeitgenossen Otto Weininger gelernt hatte). Walden versucht noch Unterscheidungen zu treffen; man könnte ihm wirklich nicht vorhalten, meint er, Neoklassizisten je unterstützt zu haben, aber sein Einwand, er habe sich »nie mit Futuristen« oder anderen -isten identifiziert, ist eher eine rasche Ausflucht. Er hätte ja »Beiträge von Malern und Schriftstellern, die es für nötig hielten, sich zu Gruppen zu vereinigen«, nicht veröffentlicht, so fügt er hinzu, wenn diese Maler und Schriftsteller, die er so enthusiastisch verteidigte, nicht besondere Elemente seiner eigenen Kunstidee verwirklicht hätten. Das wesentliche Argument, das Waldens schriftstellerische Arbeit selbst betrifft, blitzt nur in wenigen epigrammatischen Sätzen auf. Kraus kann nicht umhin, im Falle Walden einen »Fanatismus« zu beklagen, »der nicht sieht, daß unter den Opfern, die er der Kunst bringt, diese selbst ist« (weil der Polemiker über den Kunstübenden triumphiert), aber Walden antwortet, nicht weniger treffend, es sei ihm gegeben, die Kunst noch »dort zu sehen, wo selbst Karl Kraus das Opfer wird«. Mit der Freundschaft ist es allerdings endgültig vorbei, und angesichts der futuristischen Herausforderungen gehen *Sturm* und *Fackel*, Walden und Kraus, Berlin und Wien von nun an getrennte Wege.

Boccioni mochte seine eigenen Gründe haben, den Berliner Bürgern seine Abneigung zu zeigen, und die Korrespondenz der italienischen Gäste signalisierte mehr Reizbarkeiten, Melancholien und Irritationen, als die deutschen Gastgeber zur Kenntnis nehmen konnten oder wollten[25]. Boccioni, der kein Wort Deutsch sprach, war von Anfang an enttäuscht über die fehlende Reklame, das Berliner Publikum und die plötzlich verschneite Stadt. Er berichtete[26] noch am Tage der Ausstellungseröffnung an seinen Freund Carrà, er hätte am Morgen die futuristischen Bilder anders plazieren müssen, denn sie waren »ohne jede Kriterien aufgehängt«, und suchte nach den Gründen des noch geringen Besuches, ob es nun das schlechte Wetter war, »ein an der Kunst wenig interessiertes Publikum« oder »die Tatsache, daß der Veranstalter [Walden] ein Journalist ist, folglich ein Kollege und Feind aller Journalisten und folglich des einzigen Reklamemittels, das sich für einen Fall wie den unseren eignet«. Boccioni fand sich in einem eleganten Hotel, in dem, wie er sagte, der Kaiser und seine Offiziere zu dinieren pflegten, einsam und melancholisch, die Tagesrechnung belief sich auf 30 Lire, und er war, ohne Hilfe Marinettis, eben daran, sich finanziell zu ruinieren. Leider war auch der Musiker Ferruccio Busoni, der die Londoner Ausstellung besucht hatte und eines seiner Bilder erwerben sollte, in seiner Berliner Wohnung nicht zu erreichen, und so blieb Boccioni nichts anderes übrig, als Marinetti zu telegraphieren und auf seine tatkräftige Intervention zu warten.

Boccioni fühlte sich vom Journalisten Walden deshalb irritiert, weil Walden ihm, in seiner Unkenntnis neuerer italienischer Verhältnisse, ein Heft der Zeitschrift *La Voce* gezeigt und ihm erklärt hatte, *La Voce* und der *Sturm* wären »solidarisch«. Das erfüllte Boccioni sogleich wieder, wie er an Carrà berichtete[27], »mit der heiteren Melancholie über alle italienischen Dinge«, und als er versuchte, dem Direktor der *Sturm*-Galerie klarzumachen, mit welcher Herablassung und gelegentlichen Verachtung diese »liebe« Zeitschrift die Futuristen behandelt hatte, war Walden wie »aus allen Wolken gefallen«. Nur Sprachschwierigkeiten dürften den reizbaren Boccioni davon abgehalten haben, Walden über die berühmte »Strafexpedition«[28] der Futuristen gegen den Kritiker Ardengo Soffici und die anderen Redaktionsmitglieder der *La Voce* zu berichten – die Stockschläge und Ohrfeigen in einem Florentiner Café an der Piazza Vittorio Emanuele, wo Soffici und der Bildhauer Medardo Rosso, den die Futuristen übrigens schätzten, nichtsahnend beisammensaßen und sich plötzlich mit der aus Mailand angereisten rüden Rotte Marinetti, Carrà und Boccioni konfrontiert sahen, und die epische Prügelei am nächsten Morgen, als die drei Futuristen am Florentiner Hauptbahnhof, den Zug nach Mailand erwartend, ihrerseits von der kompletten und übermächtigen Phalanx der *La Voce*-Redakteure überrascht wurden und alle auf die Polizeiwache mußten (wo man sich gleich besser verstand, auch in künstlerischen Dingen). Boccioni war schließlich geneigt, Walden in dieser Hinsicht zu entschuldigen[29] und, nach seiner Heimkehr von Berlin nach Mailand, mannhaft für Walden und den *Sturm* einzutreten. Sieben oder acht deutsche Freunde, so berichtete er Walden (8. Mai 1912), lachten ihm ironisch ins Gesicht, als er erklärte, der *Sturm* sei die einzige lesenswerte deutsche Zeitschrift, und es wäre (wieder) zu Beschimpfungen und Tätlichkeiten gekommen, wenn er die Gastlichkeit seiner deutschen Freunde nicht respektiert hätte. Es war allerdings schwieriger gewesen, schrieb er, die skeptische Frage zu beantworten, wie er denn, da er kein Wort Deutsch lesen oder sprechen konnte, so genau wüßte, welches die Qualitäten des *Sturm* wären. Er antwortete wütend, so setzte er in seinem Brief hinzu, er besäße eben Intuition, und die sage ihm, welche Bedeutung Waldens bildnerischen und musikalischen Leistungen zukäme, denen das Literarische ohne Zweifel korrespondiere.

Walden war von Boccionis die idealistische und kritisch-nüchterne *La Voce* betreffenden Argumenten doch nicht ganz überzeugt und publizierte im Juni 1912, also wenige Monate nach seinem Aprilgespräch mit ihm, eine längere Glosse[30] seines Turiner Korrespondenten Curt Seidel, der den jugendlichen Elan und die ernste Haltung der seit 1908 erscheinenden Zeitschrift hervorhob und Giuseppe Prezzolini, dem damaligen Chefredakteur, die wesentliche Bemühung zuschrieb, »Volk und Kultur Italiens in jeder Beziehung unter jeder ehrlichen aufrichtigen Bedingung aufzufrischen und aufzuwecken«; im übrigen erwähnte er den Friedrich-Hebbel-Übersetzer Scipio Slataper mit Respekt und rühmte Ardengo Soffici, der den futuristischen Malern vorgeworfen hatte, die Wirklichkeit »mit den Augen des dickhäutigsten Schweinehändlers von Amerika« zu sehen[31], wegen seiner Verdienste um Literatur- und Kunstkritik. Walden wußte allerdings nicht, daß die Zeitschrift *La Voce* im selben Juni 1912 zum Schlag gegen ihn und den *Sturm* ausholte, weil man in der italienischen Redaktion glaubte, er habe seine ursprüngliche Reinheit der Idee durch die

Zusammenarbeit mit den Futuristen getrübt. In einem genau informierten Literatur- und Kunstbericht[32] aus Wien und Berlin sprach ein ironischer Beobachter (wahrscheinlich Italo Tavolato) zuerst von Felix Salten und Arthur Schnitzler und näherte sich dann seinem wesentlichen Thema. Er teilte die gängige Literaturkritik in die »aromatische« (Wien) und die »spekulative« (Berlin) ein und erklärte, das beste und problematischste Beispiel der spekulativen Kritik sei im *Sturm* zu finden, der einmal so bedeutend gewesen war und jetzt nur noch »Worte gurgelte«. *Peccato per lo Sturm*: es war einmal eine Zeitschrift der Avantgarde gewesen, solange man Altenberg, Dehmel, Mombert und Lasker-Schüler publizierte und dazu die Bilder und Graphiken Hodlers, Kokoschkas und Pascins. Nun aber hatte sich der »arme« *Sturm* durch die Futuristen syphilitisch infiziert (»so jung und schon so verderbt«), stieß in Marinettis »Reklametrompete« und ließ Boccioni, »diese Geißel Gottes«, triumphierend gewähren. Walden hatte in seinem Bemühen keinen leichten Stand; und nachdem ihn Boccioni um eines *La Voce*-Heftes willen angeklagt hatte, Italien nicht zu kennen, bezichtigte ihn *La Voce* selbst, die »heitere Kumpanei« der Futuristen ernst zu nehmen, die nur ihren Spaß daran hätten, sich über die Dummen lustig zu machen.

Der ironisch-aggressive Ton in *La Voce*, den Soffici später mäßigen sollte, war aber nicht durchaus repräsentativ für die italienische Presse; und der »telefonische Bericht« des Berliner Berichterstatters, den der Mailänder *Corriere della Sera*, das einflußreiche Blatt des industriellen Großbürgertums, am 29. April 1912 veröffentlichte, zog sich feuilletonistisch aus der stachligen Affäre, ließ aber die Frage offen, ob zukünftige Kritiker nicht anders über die futuristische Kunst urteilen würden als die meisten gegenwärtigen. Es ging dem klugen Berichterstatter nicht so sehr um die »vier futuristischen Maler« (Balla hatte also nicht ausgestellt) als um die Reaktion der Berliner und die Entwicklungen des deutschen Kunstgeschmacks. Ein Teil des Berliner Publikums war einfach nicht vorbereitet auf eine solche Ausstellung, und er beobachtete auf den Gesichtern ein ganzes Spektrum von Abwehr, Ironie und Heiterkeit; »man sieht kleine Gruppen von Bild zu Bild wandern, ohne dessen müde zu werden, man sucht Erklärungen im Katalog, vergleicht, freut sich, entdeckt neue schöne Züge«. Die Schwierigkeit liegt in den ungewohnten Bildern selbst, denn »dies ist kein

Frauenfuß, sondern eine Hemdbrust... nicht ein Sumpfloch, in dem ein Haifisch schwimmt, sondern der Mailänder Hauptbahnhof... kein Tapetenmuster, sondern die soziale Revolution!« Die törichten Philister fehlen nicht, aber neben ihnen gehen viele reflektierende Besucher durch die Ausstellung und denken Schritt für Schritt daran, daß es nicht mehr genügt, über das Ungewohnte in der Kunst zu lachen. Kaiser Wilhelm, »ein in seiner Art sonst mutiger Mann«, meint der Berichterstatter, hat noch nicht einmal die Sezessionisten akzeptiert, aber ein anderer Teil des deutschen Publikums hat sich längst an sie gewöhnt, als ob sie »domestizierte Sozialisten« wären, und die deutsche Picasso-Diskussion zeigt ja, wie sich alles im Fluß befindet; heute kann man noch über die Kubisten lachen, aber morgen mag das anders sein, »und übermorgen, großer Gott, wird es noch erlaubt sein, angesichts der Futuristen in ein Gelächter auszubrechen?« Spott mag ja notwendig sein, nicht aber um die Trägheit des Geistes und der Sehkraft zu fördern; der Öldruck ist nicht die letzte aller künstlerischen Möglichkeiten. Gewiß wäre es besser, wenn die Futuristen bescheidener wären (darin haben Berliner Kritiker ganz recht); sie wären leichter zu ertragen, wenn sie selbst eingestehen wollten, erst auf der Suche zu sein und tastend zu prüfen – »aber Futurismus und Bescheidenheit, kann man die je Arm in Arm sehen?«.

Andere Enttäuschungen und Irritationen waren ökonomischer Art. Boccioni und Marinetti waren wenig befriedigt über die Art und Weise, in welcher Walden, der sich selbst eine Provision berechnete, den En-bloc-Verkauf der Bilder an den Finanzier Dr. Borchardt forcierte, dem der Gedanke an einträgliche Kunstspekulationen nicht fernlag. Ende Mai, als die Ausstellung ihre Türen schloß, berichtete Boccioni seinen Freunden Carrà und Russolo über den überraschenden Verkauf der ausgestellten Bilder, und seine Mitteilungen lassen kaum Zweifel darüber, daß er nicht glücklich über diese Entscheidungen in letzter Minute war[33]. Ungeachtet allen Widerhalls in Paris und London waren dort nur sechs Bilder, von 35, verkauft worden, und das Angebot des Finanziers Borchardt, die Exposition insgesamt kaufen zu wollen, war nicht von der Hand zu weisen, denn es lagen keine anderen Angebote vor. Man mußte ebenso umsichtig wie kühn verfahren, meinte Boccioni, und man hatte deshalb Auskünfte über Borchardt bei der Nationalbank in Berlin eingezogen, die nicht unbedingt befriedigend waren; Borchardt war reich, aber auch ein »Verschwender«, der sich gerne in die aristokratischen Herrenklubs Berlins einlud, und während keinerlei Zweifel an seiner Zahlungsfähigkeit bestanden, mochten sich Hindernisse oder Probleme ergeben. Man einigte sich, für 24 Bilder, auf einen Kaufpreis von 11650 Mark, die in Raten, nach Abzug der Provision für Walden, bezahlt werden sollten. Im Juni oder Juli 1912 wurde dann die erste Rate von 2000 Mark beglichen, aber es ergab sich auch, daß Walden mehr als 600 Mark einbehalten hatte und daß sich die Restsumme, die den Malern zur Verfügung stand, zunächst genau auf 1380 Mark oder 1725 Lire belief (von denen noch die Wechselgebühren und die Reisekosten in Abzug gebracht werden mußten[34]). So erhielt Severini 400 Lire, einschließlich der 2,50, die ihm Boccioni schenkte, damit er, wie er ironisch schrieb, in einem billigen *albergo* oder Volksasyl ein Dach über dem Kopf fände. Die Probleme waren nicht alle nur ökonomischer Art; es zeigte sich nämlich, daß Walden die von Borchardt erworbenen Bilder, die zunächst noch als geschlossene Ausstellung nach Brüssel gingen, später kollektiv durch die Galerien deutscher Städte wandern ließ, ohne die Futuristen rechtzeitig zu benachrichtigen. Hans Thoma sah die Ausstellung in Karlsruhe und rühmte »ein Produkt, in dem die Schönheit sich hervordrängte«[35]; und Paul Klee beobachtete den geschäftigen Walden beim Hängen der Bilder in der Galerie Thannhauser in München und schrieb in sein Tagebuch, der »heldenhafte Walden« liebe die Bilder gar nicht, sondern »riecht nur was dran, mit seinem guten Riechorgan«[36].

Selbst Marinetti, der in seinem Dankbrief vom 26. April 1912 seinem *carissimo* Walden darüber berichtete, wie er Russolo und Carrà gegenüber seine »unbeschreiblichen ultrafuturistischen Talente« gerühmt hatte[37], vermochte seine diktatorische Reizbarkeit in Sachen Futurismus nicht ganz zu verbergen. Noch nach seinem Besuch in Berlin verwechselte er Nell Walden mit der von Herwarth geschiedenen Else Lasker-Schüler, deren »orientalischer« Poesie er einiges Lob spendete, bestand darauf, daß Walden ihm unverzüglich die Berliner Pressestimmen übersende, und klagte wenige Monate später (15. November 1912) und mit einigem Recht bitter darüber[38], daß Walden ihn nicht über die Ausstellungen futuristischer Bilder, die er gemeinsam mit Borchardt veranstaltete, informiert hätte. Kubisten und Neoimpressionisten waren alle nur Epigonen, die sich jetzt bemühten, die Revolte der Futuristen nachzuäffen – um so zorniger und trauriger waren die Futuristen, daß der »gute Freund« und der »so begabte Künstler« Walden ihre absolute Originalität nicht genügend betonte und in seinen Vorträgen die Verwirrung, die in der internationalen Presse herrschte, noch steigerte, indem er in seinen Conférencen die Futuristen und ihre Epigonen in einen Topf warf. In Zukunft wollten die Futuristen gefälligst über alle Ausstellungen ihrer Werke informiert werden, und diese Expositionen sollten allein die wahrhaftig futuristischen Gemälde zeigen. Die ökonomische Frage war für Marinetti offenbar nicht so akut wie für seine bedürftigen Malerfreunde; er bedeutete Walden zwar, daß er in Sachen Borchardt mit den Rechtsvertretern der Maler in Verbindung stünde, war aber doch darauf bedacht, Waldens Sympathien nicht zu verlieren, und versorgte ihn immer wieder mit Manifesten und Beiträgen, die alle ihren Weg in den *Sturm* fanden und weit darüber hinaus. Berlin und Walden waren es wert, den Unmut zu dämpfen und einen gleichgestimmten Enthusiasmus, jetzt und später, auf das freundlichste zu betonen.

In den Vorkriegsjahren ließ Walden, ungeachtet der Proteste Marinettis, nicht in seiner Bemühung nach, der Futuristenausstellung vom Frühling 1912 andere Expositionen folgen zu lassen, die Futuristen gemeinsam mit anderen Künstlern der Avantgarde zeigten. In der 12. *Sturm*-Ausstellung zeigte er, zugleich mit Sonia und Robert Delaunay, den Florentiner Ardengo Soffici, der sich allerdings in einer Glosse im *Sturm* (1913) als »Kubist« deklarierte (ehe er dann, nur für kurze Zeit, zum Futurismus hinüberwechselte). In der 16. *Sturm*-Ausstellung präsentierte er den Publikumsliebling Gino Severini, dessen Bilder Adolf Behne, ein früher *Sturm*-Mitarbeiter, gegen die Mißachtung der »Intellektuellen«, die ihre Aufmerksamkeit allzu ausschließlich auf die futuristische »Verherrlichung« des Krieges gerichtet hatten, als eine »Welt des Schönen« verteidigte[39] und erklärte, die Futuristen malten nach der Erinnerung an seelische Erlebnisse, ohne sie einfach zu reproduzieren. Severini »zerbricht« das Erinnerungsbild und »baut es aus dem Wesentlichen neu auf«; dazu gehört, gerade in seinem Falle, eine Intensität des »Gesichts« (Behne benutzt hier ein Schlüsselwort Waldens), die zu bewundern war. Marinetti protestierte durchaus nicht gegen Waldens Entschluß, vier oder fünf futuristische Maler, je nachdem ob man Ugo Giannattasio zu ihnen zählt oder nicht, zusammen mit der internationalen Avantgarde im Ersten Deutschen Herbstsalon (1913) zu zeigen. Die 28. *Sturm*-Ausstellung (1914) zeigte wieder Futuristen, diesmal auch Balla und Bilder aus dem Borchardt-Fundus, und in den wiederholten *Sturm*-Gesamtausstellungen (zum Beispiel 1917) dürften die Futuristen, zum Beispiel die aus Nell Waldens Privatsammlung, nicht gefehlt haben. Walden engagierte sich in den Vorkriegsjahren, als Galerist und Redakteur des *Sturm*, außerordentlich für Boccioni, Severini und Russolo; Carrà und Balla folgten ihnen in der Aufmerksamkeit Waldens in einigem Abstand nach.

Von den fünf futuristischen Malern, welche die ursprünglichen Manifeste unterzeichnet hatten, ging Giacomo Balla als einziger seine eigenen Wege in Deutschland[40]. Balla war der älteste der Gruppe und, später, der loyalste der Futuristen. Er studierte schon im Jahre 1900 in Paris, scharte in seinem römischen Atelier einen internationalen Schülerkreis um sich (dem auch Boccioni angehörte). Er war 36 Jahre alt, als er sich entschloß, Leben und Arbeit zu ändern und Futurist zu werden, und noch in den frühen dreißiger Jahren arbeitete er mit Marinetti und mit den Künstlern der jüngsten Futuristengeneration zusammen. An der *Sturm*-Ausstellung vom Frühling 1912 beteiligte er sich nur dem Namen nach, war aber im Sommer und Herbst desselben Jahres in Düsseldorf zu finden, wohin ihn eine einstige Malschülerin, Grete Löwenstein, eingeladen hatte, um den finanziell wenig erfolgreichen Familienvater mit Aufträgen in ihrem Hause, Kaiser-Wilhelm-Ring 15, Düsseldorf-Oberkassel, zu fördern. Er fühlte sich in Düsseldorf nicht eben heimisch (nur die auf und ab schwirrenden Schwalben, so schrieb er seiner Familie, erinnerten ihn an Rom), fand sich vom Blick auf den Rhein und die große Oberkasseler Eisenbrücke angezogen, die er auf alte Weise zu malen begann, und tröstete sich damit, daß die meisten Leute über seine selbst entworfenen futuristischen Anzüge, schwarzweiß und diagonalen Zuschnitts, freundlich staunten. Im Hause Löwenstein arbeitete er an einem Fries, verfertigte Möbel, die auf alten Photographien spröde geometrische Linien zeigen, und wandte sich, gerade in Düsseldorf, systematischen Licht- und Bewegungsstudien zu, die ihn als Kenner neuerer Entwicklungen in der Photographie ganz besonders interessierten. Sein Bild »Ritmi dell'archetto«, entstanden in Düsseldorf im Herbst 1912, zeigte die raschen Finger- und Bogenbewegungen eines Violinspielers (der niemand anders war als der Gatte Grete Löwensteins, ein Jurist und begeisterter Musiker) in sichtbarer Gleichzeitigkeit; er war sicher, etwas Neuartiges gemalt zu haben – als Verbündeter seines römischen Kollegen, des Photographen Anton Giulio Bragaglia, der eben im Begriffe stand, ähnlich »Photodynamisches« auf der Platte festzuhalten. In Düsseldorf hatte Balla auch Gelegenheit, Bilder deutscher Expressionisten zu sehen. Er besuchte im Jahre 1912 die Ausstellung des Kölner Sonderbundes, die Löwensteins besaßen Arbeiten von Christian Rohlfs und Fritz von Uhde, aber sie hinterließen in seiner Entwicklung keine Spuren.

Walden schätzte den Maler (eher als den Bildhauer) Boccioni, soweit man das von den Illustrationen und Texten im *Sturm* ablesen darf, mehr als andere Futuristen und suchte den Gedanken an ihn auch nach dem Kriege festzuhalten. Im Dezember 1913 stellte sich der *Sturm* in der internationalen Diskussion um das Prinzip der Simultaneität und ihren Ursprung auf seiten Boccionis und publizierte einen seiner polemischen Artikel in französischer Sprache[41], in welchem er sich gegen die Prioritätsansprüche Delaunays wandte. Boccioni zitierte, um die *simultaneità* als ursprüngliches Element der neuen futuristischen Sensibilität mit Beschlag belegen zu können, vier dokumentarische Texte, einschließlich des »Manifestes der futuristischen Skulptur«, das die deutschen Leser nicht kannten, und berief sich zuletzt auf seinen Freund Guillaume Apollinaire, der in der Pariser Presse erklärt hatte, Delaunay hätte das Simultane dem Futurismus entliehen, und Boccioni gebühre, ohne jeden Zweifel, die Priorität in der »skulpturalen Gleichzeitigkeit«. Als Boccioni im Alter von 34 Jahren an den Folgen einer Verletzung (Sturz vom Pferd) in der Etappe von Verona starb, schrieb Walden, mitten im Kriege, einen bedenkenswerten Nachruf (B.6), in dem er Boccionis historische Rolle in der Geschichte der Kunst ganz im futuristischen Sinne würdigte und den Künstler Boccioni gegen die futuristischen Neigungen verteidigte, sich in Politisches und Kriegerisches zu verstricken. Boccioni, schrieb Walden, »bedeutete für Italien und damit für Europa die Befreiung von der Auffassung der Kunst als Kunstgeschichte«; er »fuhr mit seiner starken Hand durch die Galerien Italiens, der Staub von Jahrhunderten fiel hinunter, die sogenannte alte Kunst war tot«. Waldens Versuch allerdings, Boccioni gegen die irdische Aggressionslust der Futuristen zu verteidigen, vermochte nicht ganz zu glücken; Boccioni (der ja mit seinen Freunden die Manifeste *Sintesi futurista della guerra*, 1914, und *L'orgoglio italiano*, 1915, unterzeichnet hatte) sah den Krieg nicht, wie Walden meinte, als »geistiges Phänomen«, zumindest nicht in den aufgeregten Maitagen von 1915. Es ist ein tiefer, aber im Falle Boccioni nicht ganz legitimer Gedanke Waldens, daß Boccioni sterben *mußte*, weil er die eifersüchtige Kunst immer aus dem Leben drängen wollte. Walden veröffentlichte diesen schönen Nachruf noch einmal sechs Jahre später[42], als er sich in den frühen zwanziger Jahren wieder mit dem Futurismus, oder seiner zweiten Generation, zu beschäftigen begann.

2. Ein politisches Intermezzo: Arthur Moeller van den Bruck

Herwarth Waldens futuristischer Enthusiasmus im *Sturm* und in den Ausstellungen war ausschließlich auf das Künstlerische gerichtet, und obwohl er die ersten Manifeste publizierte, die weit mehr als ästhetische Forderungen proklamierten, waren er und seine Mitarbeiter, darunter auch der junge Döblin, ganz und gar unempfindlich, wenn nicht blind, gegen den Futurismus als politische Bewegung. F.T. Marinetti lag nicht daran, seine deutschen Freunde darüber zu orientieren, mit welchen politischen Flugschriften die Futuristen, anläßlich der Parlamentswahlen im Jahre 1909 und später, als der libysche Krieg ausbrach, in die Öffentlichkeit zu wirken suchten[1]. Im *Sturm*-Kreis war das Politische von geringem Interesse; Döblin, der seine Meinung noch ändern sollte, behauptete einfach, die Politik sei »eine Angelegenheit der Spiesser«[2], und Waldens politische Naivität, selbst in den ersten Kriegsjahren, zeigte sich darin, daß er seine Zeitschrift, ohne sichtbares Unbehagen, mittelbar aus Zuwendungen der Obersten Heeresleitung und des Auswärtigen Amtes finanzierte[3] (Nell Walden schrieb, in ihrem Auftrag, »oft« Propagandaartikel für die schwedische Presse, und die Honorare wurden, zumindest zum Teil, dazu verwendet, den *Sturm* über Wasser zu halten). Der erste deutsche Publizist, und lange der einzige, der die politische Potentialität der futuristischen Bewegung schon zur Zeit der Berliner Ausstellungen deutlich erkannte und in seinen zustimmenden Ausführungen analysierte, war der damals 36jährige Journalist und Schriftsteller Arthur Moeller van den Bruck, der später zu den energischen Ideologen der konservativen Revolution in Deutschland zählen sollte. Das Widersprüchliche liegt darin, daß uns manche Biographen versichern[4], der junge Autor und Kritiker, der zunächst über die deutsche Literatur und die italienischen Künste schrieb, hätte sich erst im Ersten Weltkrieg zum Politiker gewandelt – ja, wenn seine frühen Aufsätze über den Futurismus nicht schon *vor* Ausbruch des Krieges verraten hätten, daß der Ästhet, der sich an Nietzsche und Dostojewski orientierte, gerade in den futuristischen Proklamationen den Ausdruck einer totalen Umgestaltung des Lebens gefunden hatte, die ihre eigentlichen Ziele in Staat und Gesellschaft suchte.

Arthur Moeller van den Bruck (geboren 1876) war der Sohn eines Solinger Baurats, mußte das Düsseldorfer Gymnasium vorzeitig verlassen und etablierte sich, mit Hilfe einer kleinen Erbschaft, in blutjungen Jahren als Kulturkritiker in Leipzig und Berlin. Seine vieljährigen Aufenthalte in Paris und Italien bewahrten ihn vor Provinzialität. Als Literaturkritiker[5], der sich in der radikalen Opposition gegen den wilhelminischen Zeitgeist weiß, sieht er in Liliencrons Vitalität eine lyrische Fortsetzung der Gedanken Zarathustras, pflegt das Andenken des frühverstorbenen Naturalisten Hermann Conradi (gestorben 1890), den man wegen seines Romanes »Adam Mensch« vor Gericht zitierte, setzt sich im einzelnen mit Arno Holz auseinander und hat Einsichtiges über Dehmel, Mombert und den jungen Hermann Stehr zu sagen. Nur das »Junge Wien«, weiblichen Wesens, liegt ihm überhaupt nicht. Die Wiener schreiben Literatur, meint er, nicht Dichtung, und rühmte er nicht Hugo von Hofmannsthal und ganz besonders Peter Altenberg, glaubte man in seinen Essays den Supernorddeutschen Neuhoff aus dem »Schwierigen« zu vernehmen.

In seinem Aufsatz über Theodor Däublers »Nordlicht« (im Berliner *Tag*[6], 1909), plaziert neben einem Gedicht Alfred Kerrs über die Tanzkunst der Geschwister Wiesenthal, begann Moeller van den Bruck politisch deutlicher zu sprechen, indem er Däublers Epos (das er vergebens zu edieren hoffte) dem Geist der Zeiten entgegenstellte. »Unsere Zeit ist suchend«, bemerkt er, denn »die Krüppelwerte der Skepsis, des Materialismus und der Demokratie« haben die Hoffnungen des Menschen nicht erfüllt. Die Zeit drängt zur Geste hin, Däubler ist ihr Vorläufer, der die epische Katharsis aus dem Chaos schafft. »Wir fühlen, daß wir materialistisch entartet sind«; und wie das »Nordlicht« im Mythos Däublers die »Verkrampfungen der großen Erdvorgänge« löst, so wird »der Geist«, und nicht eine materialistische Massenlehre, den Menschen erlösen.

Die Frage, warum sich Moeller van den Bruck mit den Futuristen zu beschäftigen begann, ist aus seinem Buch *Die italienische Schönheit* (1913), ein im übrigen schmerzlicher finanzieller Fehlschlag des Piper Verlages, nicht mit Genauigkeit zu beantworten, denn die Hinweise auf die neuesten Entwicklungen erscheinen nur gegen Ende des letzten Kapitels und sind unsicher und wie angeklebt. Moeller van den Bruck ist ein eklektischer Ästhetiker, der frühexpressionistische Gedanken, »Schönheit ist Überschwang«[7], mit den Forderungen der Klassik und der Bändigung des Unruhig-Schöpferischen mit »Bildung« verbindet. Zugleich gibt ihm die geistesgeschichtliche Trinität von Überschwang, Schöpfung und Bildung die Möglichkeit, das schöne Italien zu rühmen, weil seine Landschaft »überschwänglich«, die Völker (darunter die natürlich in hellen Scharen einströmenden germanischen Stämme) »schöpferisch« und die Kunst selbst »bildend« war[8]. Seine Darstellung ist von mehr als touristischem Interesse; er verschiebt, gegen Jacob Burckhardt, die Substanz von der Renaissance ins Mittelalterliche und läßt historische und, im Geiste seines Freundes Däubler, topographische Kapitel im Wechsel aufeinander folgen; über Pisa zum Beispiel, über »das Licht von Assisi«, über Siena und, ganz besonders gelungen, über den Hof von Ferrara, einschließlich einer einleuchtenden Interpretation der malerischen Leistungen Dosso Dossis[9]. Über die neuesten Entwicklungen oder gar über futuristische Ideen berichtet er nur zögernd und in verschachtelter Syntax, »eine moderne italienische Kunst gibt es nicht, wofern wir die Versuche von Mailand, auch in einer Umwälzung der Kunstformen die unerwartete industrielle Entwicklung des Landes mitzumachen, die nicht folgenlos die Heimat Voltas und Galvanis gewesen ist und von dem Einen Severini wenigstens Einen bedeutenden Künstler in sehr linearem, wieder sehr toskanischem Charakter bekommen hat, vorläufig unangerechnet lassen wollen«[10]. Die Hinweise auf Marinettis Mailand, die Industrie und die ihr korrespondierenden Kunstformen sind nicht zu überhören (wenn auch die Erinnerung an die alte Physik Voltas und Galvanis passatistisch anmutet), und der Maler Severini erscheint am symptomatischen Ort, selbst wenn Moeller van den Bruck seine Bilder eher in Paris als in Italien selbst gesehen haben mochte. Entscheidend, daß Moeller van den Bruck glühend an die ungebrochene ästhetische Schöpfungskraft Italiens glaubt und die Hoffnung ausspricht, Italien werde, wie schon so oft in der Vergangenheit, den Weg zu einer neuen Kunst finden. Die Deutschen, die selbst nach einem neuen künstlerischen Ausdruck suchen, haben allen Grund, die italienische Potentialität schöpferischen Neubeginns nicht zu vergessen[11].

Moeller van den Brucks entzückte Worte über die vorbildliche Regenerationsfähigkeit der italienischen Kultur (die er polemisch an seine deutschen Zeitgenossen richtet) waren allerdings in dem Augenblick ihrer Publikation in einem entscheidenden Sinn überholt, denn er hatte inzwischen den italienischen Futurismus genauer entdeckt, mitsamt seinen politischen Absichten. Das Buch über *Die italienische Schönheit* trägt das Erscheinungsdatum 1913, und während es sich in der Herstellung befand, erschien, am 18. Juli 1912, also vier Monate nach Eröffnung der Futuristenausstellung, der Artikel »Probleme des Futurismus« im Berliner *Tag* (C.1), in dem Moeller van den Bruck die futuristische Praxis als radikalen Konservativismus, wie er sich in seinen eigenen Gedanken zu formen beginnt, begreift und erklärt. Er sieht den Futurismus als eine »kulturelle Bewegung«, die (hier wird er selbst zum Futuristen) »einen vollkommenen Wandel« in der Gesinnung einer Generation anzeigt; der Futurismus bildet »die Fortsetzung der modernen Bewegung vom Ausgange des vorigen Jahrhunderts«, und doch »münden« die futuristischen Forderungen »beinahe im Gegenteil derjenigen [...], die man bis dahin als moderne Forderungen zu stellen pflegte«. Moeller van den Bruck hat das erste Manifest Marinettis (A.1) sehr genau gelesen; als deutscher Idealist (der das materialistische Berlin zeitlebens haßte) bemerkt er, wie stolz die Italiener »auf die Opfer« sind, welche das »Volk mit seinem Leben und Leibe in der Großstadt bringt« (als ob die Futuristen nicht darauf bestanden hätten, die Luft der Metropolen sei die einzige, die man atmen könnte). Er vermag sich der futuristischen Begeisterung für das Technologische nicht zu entziehen und rühmt, mit ihnen, die Großstadt als den Ort, an dem moderne Werte geschaffen werden, »Hochöfen und Fabriken, das Treiben in den Häfen und an den Bahnhöfen, das Leben am Hangar, die Kurve, die ein Torpedoboot schneidet, die Majestät, mit der ein Luftschiff zieht«. Das alles sind, ohne Abzug, die technischen Versatzstücke des ersten Manifests.

Moeller van den Bruck, der später Thomas Münzer feiern wird, unterscheidet sich von seinen kulturkritischen Kollegen in der deutschen Presse durch die Aufmerksamkeit, die er dem Futurismus in seinem Verhältnis zum Sozialismus und Anarchismus widmet. Der Artikel im *Tag* (C.1) bildet, in dieser Hinsicht, Begriffskombinationen von charakteristischer Bedeutung, denn Moeller van den Bruck mißt die eigenen Ideen eines revolutionären Konservativismus, der vom Zukünftigen bestimmt werden soll und nicht von der Vergangenheit, an den Gedanken der Futuristen, und zuzeiten ist nicht zu unterscheiden, ob er von sich selbst oder von Marinetti schreibt. Er spricht eher seine eigenen Gedanken aus, wenn er die Moderne von drei Vätern herleitet, Nietzsche, der »Ernst« macht »mit der Umwertung aller Werte«, Walt Whitman, der »die Epik eines neuen Tempos und einer neuen Kameradschaft schreibt«, und Dostojewski, der »unsere Menschenauffassung« vertieft. Moeller van den Bruck war nicht der einzige (weder in Deutschland noch in Italien), der die Futuristen als Nachfolger Nietzsches zu begreifen suchte, und Marinetti selbst fühlte, noch vor Kriegsausbruch, die polemische Notwendigkeit, die Futuristen ein für allemal von der Erbschaft Nietzsches zu trennen, die er mit einer »professoralen Leidenschaft für die Vergangenheit« identifizierte. Die Kritiker täuschen sich, erklärte er, wenn sie glauben, daß die Futuristen nichts als »neue Nietzscheaner« seien; selbst das Bild des Übermenschen setze »eine entschiedene Rückkehr zum Heidentum und zur Mythologie voraus«. Auch Nietzsche ist ein deutscher Professor, »ein Passatist, der über die Gipfel der thessalischen Gebirge wandelt, die Beine klobig in lange griechische Texte gestemmt«[12].

Moeller van den Bruck bewegt sich eher auf den Futurismus selbst hin (C.1), indem er seine »Absolutheiten« zustimmend hervorhebt, vor allem in seiner Abneigung gegen Skeptizismus, Feminismus, Pazifismus und den alten Konservativismus, dem es nur darum geht, zur Vergangenheit zurückzukehren. In diesen Auffassungen ist Moeller van den Bruck längst nicht mehr ein bloßer Literaturkritiker, und er erkennt, mit geradezu wahlverwandtem Instinkt, die Mischung der konservativen und anarchistischen Elemente, die den frühen Futurismus charakterisieren, dem »Sozialismus und dem Anarchismus steht [der Futurismus] so fern oder nahe, wie er dem Konservativismus fern und nahe zugleich steht«, und selbst »in der Katharsis des anarchistischen Terrors noch erkennt« der Futurismus, so setzt Moeller van den Bruck mit historischer Einsicht hinzu, »eine Form des sozialen Heroismus und eine moderne Tragödie«. Im *Sturm* beschäftigte man sich zur gleichen Zeit mit der futuristischen Malerei, aber Moeller van den Bruck pocht auf die futuristische Gesellschaftspraxis, das ambivalente Verhältnis zur Masse, das Organisatorische, den napoleonischen Anspruch. Die Deutschen, ein junges Volk, dürfen den Futurismus aber nicht einfach nachahmen, denn als junges Volk bedürfen sie einer »kategorischen« und nicht einer mediterranen »anarchistischen Ethik«; die Deutschen bedürfen der »Voraussetzungslosigkeit«, denn: »Kein Volk hat diesen Mut heute nötiger als das deutsche, das immer wieder in Eklektizismus zurückfällt.« Im Politischen fehlen die deutschen Futuristen noch, aber Adolf Loos und Peter Behrens arbeiten schon im Geiste der revolutionären futuristischen Voraussetzungslosigkeit, zumindest in der Architektur.

Ein anderer Essay über »Die radikale Ideologie des jungen Italien«, den Moeller van den Bruck ein Jahr später (1913) in der Zeitschrift *Deutsch-Österreich* publizierte (C.2), akzentuiert noch einmal die gesellschaftlichen und politischen Forderungen des Futurismus, sucht sie (ganz und gar nicht im Sinne Marinettis) aus der italienischen Vergangenheit zu verstehen und erhebt die herausfordernde Frage, inwiefern die politischen Grundsätze des Futurismus ihre Gültigkeit jenseits der Grenzen Italiens, und vor allem in Deutschland, zu haben vermöchten. Moeller van den Bruck blickt mit Verachtung auf die neueste deutsche Gewohnheit herab, auf futuristische Schlagworte »mit einem Lächeln, einem Mißtrauen und einer Ueberhebung« zu antworten, und bezichtigt die deutschen Kritiker mit einigem Recht, allein die ästhetische Provokation zur Kenntnis zu nehmen: »Man weiß vor allem nicht, daß Kunst überhaupt nur den kleinsten Teil eines sehr großen kulturpolitischen Programmes deckt, das sich wohl ursprünglich, als es von einem engen Kreise Mailänder Ideologen verkündet wurde, auf Literatur und Aesthetik beschränkte, das aber mehr und mehr, in dem Grade, wie es eine Sache der Oeffentlichkeit geworden ist, seine Forderungen für Sittlichkeit und Staatsleben, Nationalgefühl und Volkstum aufstellt.« In seinem neuen Enthusiasmus fällt Moeller van den Bruck allerdings der futuristischen Rhetorik und seinen Selbstillusionen zum Opfer, indem er behauptet, ganz Italien sei »inzwischen futuristisch geworden«, nicht dem »Schlagwort«, sondern der »Sache« nach; und selbst das Schlagwort des Futurismus »ist die Parole der jungen Generation geworden, des Besten, das ein Volk haben kann«. Er spricht sogar im futuristischen Idiom über die »passatistischen« Gegenkräfte und steigert sich in die tautologische Behauptung, man müßte den Futuristen den Radikalismus ihrer Ideologie zugute halten, denn es sei eben die Ideologie des Radikalismus.

In seinem Versuch, die Entstehung des italienischen Futurismus zu verstehen, befleißigt sich Moeller van den Bruck einer deutschen Hermeneutik historischer Neigungen und polemisiert zugleich gegen seine eigenen Widersacher, die Liberalen, die traditionellen Konservativen und die Akademiker in der Kunst, bald im italienischen, bald im deutschen Gewande; und indem er sich über italienische Verhältnisse Rechenschaft ablegt, definiert er, noch vor Ausbruch des Krieges, politische Grundpositionen, die sein rechtsrevolutionäres Denken noch bis zu seinem Selbstmord (1925) bestimmen werden. Er behauptet kühn, aber nicht ganz unrichtig (den Blick auf die alten Stadt- und Handelsrepubliken Oberitaliens richtend), Italien hätte »schon in mittelalterlichen Doktrinen den Liberalismus geschaffen«, und folgert daraus im Sprung, Italien sei im Zeitalter eines »verblühenden Parlamentarismus« des Liberalismus überdrüssig. Während die Futuristen ein »absolutes Italien« fordern, wenden sie sich gegen eine »nur konstitutionelle Staatsform«, die jeder modernen Politik im Wege steht, weil sie jede »Sachlichkeit« und jeden revolutionären Aktivismus hemmt. Diesem müden Liberalismus und der Immobilität einer konservativen Monarchie (Moeller van den Brucks deutsche Interessen werden hier deutlich sichtbar) entspricht der Akademismus der italienischen Kunst im 19. Jahrhundert, der seine genauen Analogien in der Eklektik der deutschen Künste vor Nietzsche und dem Naturalismus hat. In Italien finde sich eine nur rhetorische Dichtung, Carducci, »darüber hinaus Leere«; an den Universitäten herrsche Pedanterie, und die Kunst sei so steril, als ob überhaupt keine schöpferischen Kräfte mehr vorhanden wären. »Die Galerien Italiens, soweit man sie mit Erzeugnissen des neunzehnten Jahrhunderts füllte, sind Schreckenskammern, [...] Die Denkmäler des jungen Italien, alle diese trefflich gemeinten, aber übel geratenen Garibaldi, Umberto und Vittore Emanuele, sind ganz und gar unfähige, lächerliche, eher karikaturistisch als monumental wirkende Glorifizierungen [...].« Der Futurismus erscheint mit historischer Notwendigkeit, »nur die völlige Umkehr vermochte zu retten«. Die Futuristen entdecken Italien »als das vorbestimmte Land der Elektrizität« und erkennen in den Großstädten »Stoffe einer neuen

Kunst und Vorstellungswelt: [...] die Probleme einer neuen Belichtung, surrender Eisenbahnzüge, wallender Volksmengen«. Ähnliche Erinnerungen an das erste Manifest Marinettis werden noch zwölf Jahre später bei Alfred Döblin zu finden sein.

Moeller van den Bruck muß sich selbst korrigieren und seine Zuflucht zu Abstraktionen nehmen, sobald sich das grundsätzliche politische Programm der Futuristen, das er bejahen will, in spezifischen Einzelheiten oder Parolen ausspricht. Er hat einige Schwierigkeiten, die lärmende Gruppe der Mailänder Futuristen mit seinem Gedanken an eine alles überschwemmende Bewegung zu versöhnen; er nennt die Futuristen, wie sie wirklich sind, mit einiger Einsicht »eine Klicke«, fügt aber hinzu, nicht von einzelnen Futuristen, sondern von einem »futuristischen Typus« zu sprechen – ohne uns zu verraten, wie sich dieses Allgemeine im Besonderen inkarniert. Man hat, meint er, Marinettis Wort vom Krieg als der einzigen Hygiene der Welt mißverstanden. Moeller van den Bruck bleibt allerdings unwillens, Marinettis ästhetische Ideen, antibürgerliche Affekte und den Sorelschen Begriff der anarchischen Gewalt, die sich alle in dieser Parole verbergen, in ihrer Vielsträhnigkeit zu akzeptieren, und besteht auf einer vereinfachenden sozialdarwinistischen Deutung, kombiniert sie mit den völkischen Motiven einer »Gesundhaltung der Arten durch Selbstbehauptung«, in denen sich eine fatale rassische Terminologie anzumelden beginnt, und mit der Berufung auf das »Ewig-Dorische« oder »Preußische«, das »noch die Achse jeder männlichen Staatsgründung gewesen«. Moeller van den Bruck hat unüberwindliche Schwierigkeiten, sobald er sich der Frage Triests zu nähern beginnt. Obgleich er behauptet, aus dem Geiste des Futurismus zu sprechen, schreibt er an ihm vorbei. Entweder kennt er Marinettis berühmte Triestiner Kundgebungen[13] (1909) überhaupt nicht, in welcher der sprachgewandte Organisator des Futurismus Triest aus einer Attitüde der unversöhnlichen Irredenta als »rossa polveriera d'Italia« (rote Pulverkammer Italiens) apostrophierte, oder er will sie nicht kennen. Moeller van den Bruck behauptet sogar, der moderne Italiener, den er mit dem Futurismus identifiziert, wisse genau, »daß Italien das innere Recht auf Triest« fehle. Er glaubt allen Ernstes, die futuristischen Ansprüche wären durch die Privilegien einer kulturellen Autonomie zu befriedigen oder »einer auch jetzt noch italienischen Ortskultur, [...] die sich ganz selbstverständlich in der freien Verstattung äußern müßte, nach Belieben Dante ehren zu dürfen und bei Bedarf sich eine eigene Universität halten zu können«. Nichts liegt aber den Futuristen ferner als Dante oder eine Universität; »wir spucken auf die gegenwärtigen und traditionellen Meinungen, und auf alle Gemeinplätze der Moral und der Philosophie«[14], hatte Marinetti in seiner Triestiner Rede erklärt, und Moeller van den Brucks Hoffnung, das Triestiner Problem im Rahmen der Dreibund-Abmachungen zu lösen, war eine ebenso törichte wie vergebliche Illusion. Marinetti betonte, im 20. Jahrhundert richte sich der unbändigste Haß der Italiener gegen Österreich, und erklärte, daß die mögliche, aber ungewisse Schöpfung eines »europäischen Typs«, von dem Nietzsche träumte, wenig bedeute[15]. Die Futuristen waren jedenfalls unter den ersten, die gegen die italienische Neutralität und für den Kriegseintritt Italiens auf seiten der Alliierten auf den Straßen und den Plätzen demonstrierten.

Arthur Moeller van den Bruck war, darüber kann kein Zweifel bestehen, der erste deutsche Schriftsteller, der seine Kollegen in den Zeitungen und Zeitschriften davor warnte, den italienischen Futurismus auf eine ästhetische Angelegenheit zu reduzieren. Er selbst war damals, in den Jahren der futuristischen Ausstellungen, als Rebell gegen den künstlerischen Akademismus der wilhelminischen Epoche in seinen Publikationen auf das Kulturkritische eingestellt, aber auf eine gesellschaftliche Art, die sonst von der Linken beansprucht wird; und nachdem er sich an Nietzsche, Whitman, Dostojewski und an dem radikalen Naturalisten Conradi begeistert hatte, fand er sich außerstande, die Kunst von gesellschaftlichen Entwicklungen zu trennen. Er war mit Recht davon überzeugt, der Futurismus sei eine alles einschließende Lebensbewegung, die nicht nur alle Künste, sondern mit ihnen Nation, Staat und Gesellschaft betraf, und erkannte in einer sich allmählich formulierenden Wahlverwandtschaft den revolutionären Nationalismus der Futuristen, der seinen erst noch gefühlten Neigungen entsprach. In der Wendung des Futurismus gegen Giovanni Giolitti und den Parlamentarismus erkannte er seine eigenen Zweifel am Liberalismus und in der futuristischen Abneigung gegen den historisierenden Nationalismus Enrico Corradinis seinen eigenen Patriotismus, der von der Zukunft her bestimmt sein sollte. Er besaß eine feine Empfindung für die anarchischen

Neigungen der frühen Futuristen, und ihr entsprach sein eigenes Engagement für eine revolutionäre, nicht träge Politik der bürgerlichen Abstimmungen und Kompromisse. Wieviel er vom Futurismus wirklich wußte, ist eine andere Frage; er mochte vieles von seinem Triestiner Freund Theodor Däubler gelernt haben (Ernst Barlach, der dritte im damaligen Florentiner Freundesbund, schien an politischen Fragen nicht interessiert zu sein), las das erste Manifest mit besonderer Aufmerksamkeit, denn er paraphrasierte es ein um das andere Mal, aber ich finde keine schlüssigen Beweise dafür, daß er sich Marinettis politischer Manifeste der Jahre 1909–11 bewußt war. In seinem Buch über die italienische Kunst (1913) spricht er vom Futurismus auf eine noch verwaschene Weise, nennt als einzigen futuristischen Künstler Severini (nicht Boccioni, wie es die anderen, genauer, tun) und hatte später, wie Giovanni Papini, seine Schwierigkeiten mit der futuristischen »Klicke«. Ungeachtet aller blinden Flecken (Triest) artikuliert er in Konfrontation mit dem Futurismus seine eigenen politischen Zielsetzungen früh und deutlich; der Krieg mag ihn endgültig von seinen ästhetischen Interessen getrennt haben (die er fortan vernachlässigte), aber seine Abneigung gegen den parlamentarischen Liberalismus und sein Glaube an einen revolutionären Konservativismus begann sich, nachdem er in Paris Maurice Barrès gelesen haben mochte, in der Beschäftigung mit den Futuristen zu einem ideologischen Programm zu verfestigen. Ein Historiker der revolutionären Rechten hat Moeller van den Bruck und die Seinen die »Trotzkisten« der Rechten genannt[16], und die Analogie hat, sofern Analogien überhaupt helfen, ihre eigene Legitimation. Moeller van den Brucks Enthusiasmus für den Futurismus mag, in öffentlicher Hinsicht, folgenlos scheinen, zumindest in den Jahren 1912/13, und ist es doch nicht, denn Moeller van den Bruck zählte, nach Kriegsende, zu den ideologischen Partisanen des deutschen Nationalbolschewismus, der seine Entsprechungen im Nationalanarchismus der Futuristen besaß. In den Aufsätzen und Notizen der *Preußischen Jahrbücher*, die sich in den zwanziger Jahren, und nach seinem Selbstmord, mit Faschismus und Futuristen beschäftigen[17], wirken seine frühen Gedanken programmatisch nach, auch im Spott auf den revolutionären Marinetti, der sich mit einem Male Mitglied der königlichen Akademie nennen darf.

3. Der Schriftsteller Marinetti. Lyrik, Manifeste, »befreite Worte«. Seine ersten deutschen Leser und Kritiker

Im Frühling 1912 provozierten die futuristischen Maler die Berliner Kunstkritiker, aber von einer futuristischen Revolte gegen die Traditionen der anderen Künste war wenig zu hören. Die Berliner Schriftsteller, soweit sie Auszüge aus Marinettis Lyrik im *Sturm* oder anderswo gelesen hatten, hielten mit ihrer Enttäuschung nicht hinter dem Berg; die futuristische Poesie war offenbar noch in der Rhetorik der Vergangenheit befangen, und es war die Energie der Maler, welche die Lyrik legitimierte, nicht umgekehrt. Alfred Döblin, scharfäugig und offen wie immer in der Sache der Literatur, rühmte (I.3), in seinem »Offenen Brief an Marinetti« (1913), noch einmal die Intensität, Ursprünglichkeit und das Kühne der futuristischen Malerei, welcher allerdings in der Poesie noch nichts zu entsprechen schien. Er bekannte, er hätte bei den Gesprächen im Restaurant Dalbelli »mehrfach« gedacht und gesagt: »Wenn wir in der Literatur auch so etwas hätten!« Marinetti schwieg damals, so setzte er hinzu, aber nach »einigen Monaten schwirrten die literarischen Manifeste« nach Berlin, ohne Döblins Hoffnungen zu erfüllen. Die erste Reaktion auf Marinettis Poesie war symptomatisch für die Kluft, die man zwischen der radikalen Energie der Maler und Marinettis schriftstellerischen Aktivitäten zu entdecken können glaubte, und sie signalisierte noch nichts von den Möglichkeiten tieferer Wirkungen, die von den futuristischen Texten ausgehen sollten. Döblins Skepsis, wie sie auch im Vorwort zu einer Auswahl von Marinettis Gedichten[1] und in Rudolf Leonhards Bemerkungen[2] hörbar wird, war dem Augenblick angemessen, denn die Maler waren dem Schriftsteller Marinetti in ihren Zielsetzungen weit voraus, und Marinettis Poesie bewegte sich wirklich noch in den Traditionen des französischen Symbolismus, ehe er im Jahre 1912 seine »Worte in Freiheit« – *parole in libertà* – programmatisch anstelle des freien Verses setzte.

Die Gleichzeitigkeit des Ungleichzeitigen in den theoretischen Entwicklungen des Futurismus hängt mit Marinettis Erziehung und literarischem Bildungsgang zusammen, in welchem die französische Sprache und Poesie das Italienische lange überspielte[3]. Marinettis Mutter, Tochter eines Literaturprofessors, stammte aus Mailand, sein Vater aus Piemont, die Familie lebte aber im ägyptischen Alexandria (wo Marinetti Père als finanziell erfolgreicher Rechtsanwalt ausländischer Firmen tätig war), und der junge Marinetti wurde, nachdem er seiner sudanesischen Amme entwöhnt war, im Collège Saint François-Xavier von französischen Jesuiten erzogen; was er dachte, las (Chateaubriand) und schrieb, war französisch, selbst die kleine Zeitschrift *Le Papyrus*, die er als Schüler verfertigte. Sein Vater schickte ihn nach Paris, wahrscheinlich ehe ihn die Jesuiten relegierten (weil er Zola in die Schule eingeschleppt hatte), und er fand sich im Jahre 1893 in der Hauptstadt der Belle époque, als junger Mann aus gutem Hause, studierte drei Jahre lang für sein *bac*, schrieb französische Gedichte, die eher an Victor Hugo als an seine Zeitgenossen erinnerten, und bewunderte die neuen Autoren, die eben daran waren, den »freien Vers« und das von ihm getragene symbolistische Gedicht als Feldzeichen ihrer Revolte gegen die Tradition emporzuheben. Gustave Kahn (welcher einer Familie berühmter elsässischer Talmudisten entstammte) fiel dabei eine besondere Rolle zu, für die ihm Marinetti, dem jeder Antisemitismus fernlag, auch in späteren Jahren unwandelbar dankbar war. Marinetti wählte Kahn zu seinem ersten poetischen Mentor, beschäftigte sich mit seiner Theorie des »freien Verses« und las die Zeitschrift *Mercure de France*, zu welcher ihm Kahn den Weg geöffnet hatte, mit Interesse und einiger Ausdauer, wie sich in seinen eigenen Unternehmungen zeigen sollte. Selbst als sein Vater aus Ägypten nach Mailand zurückgekehrt war und sich dort in einem feudalen Appartement im orientalischen Stil niedergelassen hatte (man munkelte, Marinetti Père hätte ein Vermögen in ägyptischen Bordellen erworben) und er selbst von Mailand aus nach Pavia und Genua pendelte, um die Rechte zu studieren, war das Pariser literarische Kapitel noch lange nicht zu Ende. Sarah Bernhardt rezitierte eines seiner preisgekrönten Gedichte an einem ihrer berühmten *samedis*, und er fuhr fort, seine französische Poesie in Paris zu publizieren, ein französischer Autor *milanizzato*. Erst mit der Gründung der internationalen

Zeitschrift *Poesia* in Mailand (1905) nahm seine Wendung in italienische Verhältnisse ihren Anfang, aber seine Texte, einschließlich seines wilden afrikanischen Romans *Mafarka le Futuriste*, wurden noch lange von seinem loyalen Sekretär Decio Cinti ins Italienische übersetzt, und selbst noch nach drei Jahrzehnten fuhr Marinetti fort, Liebesgedichte auf Französisch zu schreiben.

Auch aus der historischen Distanz eines ganzen Jahrhunderts ist die poetologische Intelligenz Gustave Kahns, und seine sachkundige Bereitschaft, theoretische Argumente zu nuancieren, noch lange nicht vergilbt; Marinetti hat einiges von ihm gelernt, nur die Kunst der ruhigen Unterscheidungen nicht. Kahn war sich deutlich bewußt, wie sich in Frankreich die Sprache der Poesie und das lebendig gesprochene Idiom voneinander getrennt hatten; und seine damals so provozierenden Thesen, vor allem in den Kommentaren zu seiner Gedichtsammlung *Palaces Nomades*, waren im Grunde Vorschläge, die Krise der französischen Verssprache zu beenden, wie sie zeitgenössische Philologen, zum Beispiel Gaston Paris, und neuere Dichter, einschließlich Rimbauds und Verlaines, lange gefühlt hatten. Kahn war klug genug, keine universalen Forderungen zu stellen (wie nur ein wenig später Marinetti) und nicht gegen die Diktatur des Alexandriners an sich zu polemisieren, sondern eher gegen seine romantische Verwitterungsphase, die radikalen Veränderungen notwendig vorausging. Kahn, der oft seiner frühen musikalischen Erfahrungen gedachte, betonte[4], daß die Dichter nicht für die Augen und den Drucker schrieben, sondern für das Gehör ihres Publikums sprächen; und deshalb war es nicht mehr wesentlich, die Aufmerksamkeit auf die Silbenzählung und den Reim zu richten, sondern mit Alliterationen und Lautassoziationen zu arbeiten. Das Entscheidende war es, einen *accent d'impulsion*[5] zu setzen, der die Zeilen von Anfang an in Bewegung brachte, und einen besonderen Rhythmus zu finden, der den individuellen Gedanken des Dichters korrespondierte. Der Vers mußte aus den äußeren Banden befreit werden, die ihn bisher daran gehindert hatten, dem wechselnden und intimen Gefühl Form zu geben. In diesem befreiten Vers wird wieder ein- und ausgeatmet, der Dichter reflektiert die Bewegung seiner Gefühle durch die Bewegung der Zeilen, die ihn nicht mehr als Schüler irgendeines älteren Meisters ausweisen, sondern als Herrn in der Dynamik seines Gedichts. Kahn begnügte sich nicht mehr mit einem lockeren Vers, der mit historischen Traditionen spielt, und forderte einen wirklichen *vers libre*, der ohne Bedauern auf die Silbenzählung, den Reimzwang, ja auf »jede Regelmäßigkeit der Gliederung« verzichtet, um das Gefühl des Dichters allein zu Gehör zu bringen[6]. In Deutschland wird Arno Holz ungefähr zehn Jahre später, und nach einem Studienaufenthalt in Paris, ähnlich gegen Reim und Metrik und für das Rhythmische sprechen – selbst wenn er, in einigem Gegensatz zu Kahns Gedanken, die neue Funktion des graphischen Druckbildes betont, das in seiner Gestaltung den Rhythmus zur Sichtbarkeit bringt.

Marinetti organisierte seine internationale »Umfrage über den *vers libre*« in seiner Mailänder Zeitschrift *Poesia* (seit Oktober 1905) in einem Augenblick seiner intellektuellen Entwicklung, in welcher er die lebhafte französische Bewegung gegen die vorgegebenen Versstrukturen und die literarische Tradition in die stagnierenden italienischen Verhältnisse lenken wollte; und man könnte sein verspätet öffentliches Engagement für den *vers libre* als ein vergangenheitsbestimmtes Kapitel einer Vorgeschichte des Futurismus sehen, wenn er nicht, selbst in den ersten Jahren nach Gründung der futuristischen Bewegung (1909), den *vers libre* als wesentlich für ihre Intentionen betrachtet und so zu einem Element in der Geschichte des Futurismus selbst verwandelt hätte; selbst seine Malerfreunde sprachen noch (nachdem sie die neuen spezifisch technischen Strategien des Futurismus bestimmt hatten) von der emanzipatorischen Kraft des freien Verses. Marinetti gelang es ohne Zweifel, durch seine Umfrage internationales Interesse zu erregen, und die heute vergessenen oder unvergessenen Dichter und Dichterinnen, die auf seine Frage nach der Bedeutung des *vers libre* antworteten, schrieben aus Frankreich, Italien, Portugal, England und sogar aus Deutschland[7]. Gustave Kahn, der Patriarch der *vers libre*-Protestbewegung, stand mit seinem maßvoll selbstbewußten Essay an erster Stelle, erinnerte die Leser mit Recht daran, daß die französische Nation zwar Könige abgesetzt und alle religiösen und gesellschaftlichen Verhältnisse gründlich verändert hätte, ohne von ihrer Vorliebe für das »starre Idol« des Alexandriners zu lassen, und betonte, der *vers libre* sei »die eigentliche lyrische Form der Zukunft«[8]. Gabriele D'Annunzio hatte gar nichts zu sagen (obwohl er Wichtiges ankündigte[9]); und Marinetti war diplomatisch genug, auch jene Beiträge zu publizieren, in welchen die Autoren erklärten, der *vers libre* sei eigentlich eine eigentümlich französische Angelegenheit, denn die Dichter anderer Nationen hätten seine Probleme, im Zusammenhang anderer Verssysteme und historischer Entwicklungen, längst auf ihre Weise gelöst. Giovanni Pascoli, der einzige Italiener, erklärte, der reimlose Elfsilbler *(endecasillabo sciolto)* hätte der italienischen Poesie längst die Möglichkeiten des freien Verses eröffnet[10]; der Engländer Arthur Symons meinte, in gewissem Sinne seien alle englischen Verse frei, weil man die Silben nicht zähle wie in Frankreich[11], und die deutschen Teilnehmer der Enquête[12] behaupteten kräftig, wenn auch nicht immer historisch genau, die deutschen Lyriker vertrauten dem freien Vers seit Goethe oder seit Generationen.

Zu den bedeutendsten Antworten auf die Umfrage zählen der gedankenreiche und oft kryptische Essay Gian Pietro Lucinis (den Marinetti lange umwarb, ehe die futuristische Geschichtsfeindlichkeit einer möglichen Zusammenarbeit ein Ende setzte), und die abschließenden Bemerkungen des Lyrikers Paolo Buzzi, der schon seit dem Jahre 1902 zum engeren Freundeskreis Marinettis gehörte. Lucini sagt Wesentliches[13] über den »welfischen« Charakter der Romantik (die nach der Unabhängigkeit der Nationen, Rassen und Klassen verlangt) und das »ghibellinische« Element des Symbolismus (die Individualität in umfassenden Kollektiven) und relativiert den freien Vers, an dessen neuerer Bedeutung er keinen Zweifel hegt, historisch und poetisch zugleich. Seine Erneuerung steht im Zusammenhang mit liberalisierenden Prozessen, die seit mehr als 30 Jahren sichtbar sind, aber selbst die sind, meint Lucini, vorausgenommen im Werk Klopstocks, in Heines »Nordsee« und im Denken Jean Pauls und Novalis', die alle literarischen Begriffe auf ein neues Fundament gestellt haben. Es hat keinen Sinn, die »Schulformen« der Poetik zu vernachlässigen, setzt er hinzu, denn der Dichter muß sie zu gebrauchen wissen wie der Komponist den Takt und die Tonfiguren. Zugleich hört Lucini im freien Vers den Geist der modernen Zeiten tönen und wiedertönen: den neuen freiheitlichen Idealismus, die große Unruhe der Völker, ihr Bewußtsein der Selbsthingabe und (als ob er Marinettis futuristische Erklärungen antizipiere) die »Dynamos«, getrieben von der gespeicherten Energie der Wasserfälle, die Licht bringen und »Metalle schmelzen«, die Entelechie des Radiumatoms und der Strahlenelektrone, »den Rauch der Fabriken und Lokomotiven«[14]. Buzzi[15], später einer der loyalsten Futuristen, will möglichst rasch über den Professorenstreit, ob nun der italienische Elfsilbler ein freier Vers sei oder nicht, hinweg zu grundsätzlicheren Fragen und proklamiert, mit einem Blick auf Goethe, die Notwendigkeit der modernen Individualität, die sich des freien Verses bedient, anstatt »eine schon getragene Uniform anzulegen«, die den Dichter zum Nachfahren eines Vorgängers reduziert. Er unterscheidet allerdings zwischen geistiger Intention und poetischen Mitteln und rühmt Leopardi, obgleich in seinen Gedichten Erinnerungen an die ältere Poesie zu finden sind, als eine »wunderbar futuristische Seele« *(anima meravigliosamente futurista)*[16], weil er den »Schauer« der befreiten Poesie, der Poesie als Befreierin, fühlte. Später hat man angenommen, die Futuristen hätten ihren Namen aus dem Werk eines katalanischen Zeitgenossen hergeleitet, aber sie mußten offenbar nicht so weit gehen.

Die Frage ist nicht abzuweisen, wie denn der junge Marinetti zur richtigen Einsicht gelangte, gerade Richard Dehmel und Arno Holz seien interessante Repräsentanten neuer Meinungen über Gedicht und Vers, und die Antwort auf diese Frage führt geradewegs zur Zeitschrift *Mercure de France*. In den neunziger Jahren gehörte Marinetti zu den loyalen Lesern dieser Zeitschrift, die Gustave Kahn und seinem Kreis nahestand; sie informierte ihre Leserschaft über die Situation europäischer Literaturen mit einer Genauigkeit und Detailfreude, wie sie in ähnlichen Zeitschriften schon lange nicht mehr anzutreffen sind. In seinen deutschen Berichten und Rezensionen nannte Henri Albert, ein kluger Beobachter deutscher Entwicklungen, Dehmel und Holz immer wieder an auffälliger Stelle und hob sie als produktive Köpfe hervor; Arno Holz, »qui n'est plus un inconnu en France«[17], erschien an der Seite Liliencrons oder des noch wenig bekannten *Gérard* Hauptmann und Richard Dehmel, den Albert ganz besonders schätzte, als »Verlaine allemand, avec plus de profondeur et moins de pureté« (ein Urteil, dem wenige deutsche Kritiker folgen sollten) oder gar als »le plus noble talent du symbolisme germanique«[18]. In einer Umfrage über die Entwicklung deutsch-französischer Verhältnisse, die der *Mercure de France* im Jahre 1895 veranstaltete (Marinetti kopierte in seiner *Poesia* auch das Format dieser Enquêten), publizierte die Redaktion Dehmels ebenso knorrigen wie ehrlichen Text[19], und die Leser erfuhren erst später, daß man Dehmel gegen den Ratschlag der Berliner *Neuen Rundschau*, die ihn für nicht geeignet empfand, als deutschen Korrespondenten ausgewählt hatte und darauf nicht wenig stolz war. Noch im Jahre 1907 wurden, wieder in einer internationalen Enquête, Dehmel und Holz über das Problem der Religion befragt und antworteten auf diametral entgegengesetzte Weise. Dehmel trennte[20] religiöse Gefühle von religiösen Gedanken und hoffte zum Wohle der Menschen, die religiösen Gefühle würden einmal in rein poetischer Form wiederkehren; Holz war eher geneigt[21], naturalistische Slogans zu wiederholen, und definierte die Religion als geologische Versteinerung, welche er ganz und gar der Vergangenheit zuzählte. Marinetti, der Dehmel und Holz zu Wort kommen ließ, weil er dem Beispiel des *Mercure de France* folgte, mag von ihren Beiträgen nicht eben befriedigt gewesen sein, denn Dehmel erklärte, der *vers libre* sei ein alter Hut, und Holz nutzte die internationale Chance, wie leider oft, zu energischer Selbstpropaganda.

Dehmel hat ganz recht[22], wenn er Marinetti und den Lesern der *Poesia* mitteilt, daß der Streit um den *vers libre* in der deutschen Poesie nicht die gleiche Aktualität oder analoge Bedeutung hat wie in Mailand. In Deutschland ist es lange üblich, daß sich ein »Originalpoet« auf die eine oder andere Weise in »originalen Rhythmen« ausspricht; Dehmel warnt allerdings mit einiger Einsicht davor, diese Forderung absolut setzen zu wollen, denn die Kunst hat andere Gesetze als der Künstler, und sie mag Gebundenheit wollen, was immer der Künstler selbst sich in den Kopf setzt. Es ist eine andere Frage, ob Dehmel nicht um des Argumentes willen vereinfacht, wenn er »Goethe und seine Zeitgenossen« (die ja noch immer ihre Schwierigkeiten hatten, sich in ihren »freien Rhythmen« von den Mustern der Odenzeilen zu lösen) als jene Dichter nennt, welche die deutsche Poesie von den »strikten Regeln der Metrik« befreiten, die ihr von dem humanistischen Götzenkult des Lateinischen auferlegt worden war; und es ist noch weniger gewiß, daß, wie Dehmel mit einigem Nationalstolz behauptet, die Lösung der französischen Versprobleme auf »deutschen Einfluß« zurückgeht. In Deutschland mag sich ja eine kleine Gruppe bemühen, die sogenannte Methode des *vers libre* zu propagieren, das heißt aber in deutschen Verhältnissen etwas anderes als in Frankreich und hat eher (Dehmel denkt wahrscheinlich an

Holz und seine Freunde) mit dem Ausschluß des Reimes zu tun. Davon hält Dehmel sehr wenig, denn diese Art von Freiheit wird, wie er rasch hinzufügt, zur neuen Sklaverei. Marinetti wird dieser deutschen Skepsis über seine erste poetische Revolution noch wiederholt begegnen.

Arno Holz war der einzige Autor, der sich nicht mit *einer* Antwort auf Marinettis Umfrage zufriedengab und mit zwei Texten zu Wort kam[23], und weder der erste noch der zweite, der den italienischen Lesern auch eines seiner Gedichte anbietet, darf bescheiden genannt werden. Holz polemisiert in großen Zügen[24] oder gar eschatologisch (Marinetti darin verwandt): »die Lyrik der ganzen Welt hat Bankrott gemacht«, behauptete er, und selbst die Verse der Jüngsten unterscheiden sich im Grunde nicht von der Poesie der älteren und ältesten Generationen, denn sie halten immer noch an einer Versbewegung fest, die selbstbewußt mit sich selber spielt. Holz läßt keinen Zweifel daran, daß er die Lyriker der Welt erlösen könnte, wenn sie nur seinem »Phantasus« (im *Poesia*-Text: Brantasus) und seiner »Revolution der Lyrik« (im *Poesia*-Text: *Révélation du Lyrique*) folgten – das heißt dem Prinzip eines Rhythmus, der einzig und allein aus dem lebt, was in ihm zum Ausdruck gelangen will, und nicht aus einem ihm fremden Impuls der Bewegung. Im zweiten Schreiben[25] geht Holz noch einmal auf seine Definitionen von 1899 ein, um sie historisch zu lokalisieren und genauer zu bestimmen; er identifiziert, wie es auch Dehmel tat, den *vers libre* Kahns allzu pauschal mit den »freien Rhythmen« der deutschen Poesiegeschichte, denn sie sind ihrem Ursprung nach noch traditionell antikische Maße, die allerdings, aufgrund von Klopstocks Pindar-Mißverständnissen, aus dem Zusammenhang der ursprünglichen Strophen gelöst sind, ehe sie sich im Laufe des 19. Jahrhunderts (wie selbst Lucini wußte) vom antikischen Versmaß lösen. Holz bewegt sich auf sichererem oder zumindest eigenem Grund, wenn er die traditionelle metrische Struktur als »willkürlich« disqualifiziert und von dem einzigen und »notwendigen« Rhythmus spricht, der allein dasjenige enthält, was er aussagen muß. Holz stilisiert sich gerne als Erlöser und Genius, und so auch hier; die alten Versformen werden noch einige Zeit dahinvegetieren, aber die Zukunft gehört dem Prinzip der »notwendigen« Rhythmen, die er den *Poesia*-Lesern in einem längeren Gedicht aus dem *Phantasus* demonstriert: »[...] die Damen

/ durch das Genossene geniert / knöpfeln die Taillen auf. / Venus, das Rosenschwein, reißt sich das Korsett ab, / schleudert es Schopenhauer an den hohen Punschterrinenschädel [...].« Die Druckfehler, die im Text in *Poesia* erscheinen, lassen die Möglichkeit offen, daß Marinetti gar nicht wußte, welches starke Stück aus Berlin er da publizierte.

Der *Sturm* wollte möglichst vieles über die futuristische Bewegung publizieren, nicht zuletzt, weil der in Public Relations erfahrene Marinetti seine Ansprüche stellte, und die Leser der Zeitschrift waren mit einem Male mit den Ergebnissen komplizierter Entwicklungen konfrontiert, deren Gründe und Etappen sich ihrer Kenntnis entzogen. Theorie und Praxis der Maler, zumindest wie sie in ihrem Ausstellungsmanifest bestimmt waren, standen, wie die Pressediskussion zeigte, in einigem Zusammenhang und vermochten einander wechselseitig zu erklären, aber mit Marinettis Gedichten und seinen Programmen war das anders. Der *Sturm* drängte verschiedenartige Texte in optischer Raffung zusammen, und die gleichzeitige Publikation einiger Gedichtproben im Verlag R. A. Meyer, Wilmersdorf, trug dazu bei, die Wandlungen Marinettis vom französischen Symbolisten zum italienischen Futuristen wie in einem einzigen synchronen Akt zu konzentrieren, ohne die Stufen und Wandlungen zu erklären oder ihre Folgen anzudeuten.

Marinetti präsentierte sich seinen deutschen Lesern in der kurzen Zeit von März 1912 bis März 1913 in der dreifachen Gestalt des französischen Poeten, Futurismus-Propheten und Sprachkritikers, die unhistorisch in eines verschwammen und notwendige Fragen provozierten. Die Selektion der Gedichte im *Sturm* und in der kleinen Anthologie des R. A. Meyer Verlages stellte ältere Gedichte vor, die, in einigen Fällen, auf die Zeitschrift *Poesia* und in anderen bis ins Jahr 1898 zurückgingen, also ungefähr 15 Jahre – zugleich aber sprach Marinetti in seinem ersten und zweiten futuristischen Manifest, dessen ursprüngliche Publikation im Spätwinter und Spätsommer/Herbst 1909 auch schon drei Jahre zurücklag, als Künder einer neuen Bewegung, die keine Vergangenheit dulden wollte und in lyrischen Gedichten noch immer am freien Vers festhielt, mit dem keine Revolution mehr zu machen war, und schon gar nicht in Deutschland. Erst die Publikation des »Technischen Manifestes der Literatur« (*Sturm*, Oktober 1912) und der wichtigen Ergänzungen einschließlich des experimentellen Textes »La Bataille« (*Sturm*, März 1913) holten die Verspätung auf und zeigten den Zeitgenossen Marinetti, den Zerstörer der Syntax und selbsternannten Erneuerer der Literatur.

Die dünne Anthologie der Marinetti-Gedichte im R. A. Meyer Verlag (1912) publizierte vorfuturistische Texte, und die Einleitung von Rudolf Kurtz war als deutliche Apologie angelegt, welche die Döblinsche Frage nach dem erstaunlichen Unterschied zwischen futuristischer Malerei und Marinettis Gedichten ironisch, aber nicht ohne persönliche Sympathie variierte. Kurtz setzte den Zwiespalt[26] in Marinettis Persönlichkeit selbst, ein »modernes Stahlsaitengehirn« mit einer »lyrisch uferlosen Seele«; die dichterische Praxis war »an dieser Stelle ein wenig zurückhaltend« (wenn sie nicht gar an Schiller erinnerte), und zur Entfaltung des futuristischen Programms war »vielmehr die futuristische Malerei inszeniert worden«. Die Übersetzerin Else Hadwiger benutzte, so nehme ich an, die eben von Marinetti und Paolo Buzzi redigierte Mailänder Anthologie *I Poeti futuristi* (1912), aber sie kannte die komplizierte Publikationsgeschichte der einzelnen Stücke sicherlich nicht; und selbst wenn ihr Marinetti selbst geraten hätte, welche Gedichte sie wählen sollte, dürfte er ihr kaum etwas über die lange Vergangenheit dieser Texte gesagt haben. Das älteste Stück dieser Elegien, Oden und Dithyramben, »Der Abend und die Stadt«, in welchem sich noch sehr wenig vom futuristischen Großstadtfieber verrät, geht bis ins Jahr 1898 zurück und erschien später in der Sammlung *La Ville charnelle* (1908); und die Bruchstücke »Das Fanal der Wellen« und »Gegen die Syllogismen« entstammen Marinettis frühem epischen Gedicht *La Conquête des Etoiles* (1902), wo sie im Canto XIII, »L'Eclaireur d'Or«, und im Canto I, »Le Chant augural des Vagues«, zu finden sind. Das neueste und modernste der Gedichte, die Dithyramben an das Rennautomobil, war zuerst im Augustheft der Zeitschrift *Poesia* (1905) zu finden, tauchte in *La Ville charnelle* (1908) von neuem auf, und Marinetti bewahrte es dann in der Anthologie von 1912 für später auf. Es zählte zu seinen Lieblingsgedichten und hatte seine besondere Text- und Titelgeschichte; zunächst hieß es einfach »A l'Automobil« (1905), dann klassisch-ironisch »A mon Pégase« (1908) und, futuristisch betont, in der Mailänder Anthologie, im *Sturm* und in der R.-A.-Meyer-Sammlung, »A l'Automobil du Course«[27]. Unter diesem Titel erschien es noch in italienischer Übersetzung im Jahre 1921.

»Der Abend und die Stadt« (D.3) ist das älteste von den Gedichten Marinettis, das die deutschen Leser im Verlauf der Futurismus-Diskussion zu Gesicht bekamen; und in der ursprünglichen Publikation des Textes in der Mailänder *Anthologie-Revue* waren noch der ländliche Ort der Entstehung, das Landgut Godiasco, und das Datum, April 1898, angemerkt[28]. Im Zusammenhang seiner Lyrik ist es noch merkwürdig elegisch, melodisch und eher erzählend als von intimer oder gar hektischer Unmittelbarkeit; selbst die Feindschaft der stolzen Stadt gegen den sanften Abend, den sie mit den Lanzen ihrer Türme verwundet, ist ins ästhetische *al fresco* distanziert. Else Hadwiger drängt die erste Strophe ein wenig ins Expressionistische, indem sie das Verbum »sträuben« (hérisser)[29] transitiv konstruiert, wie es etwa Georg Heym unternähme, aber die häufigen Genitivinversionen (»der Wolken schwere Felsen«) und das Altmodische »sein Schritt ward sanft« (»son pas s'alanguit«) verstärken den Zug des Gedichtes ins Dekorative. Gaetano Mariani, ein sachkundiger Interpret der frühen Lyrik Marinettis, meint[30], auch dieses intime Dämmerungsgedicht verrate schon etwas von den zukünftigen futuristischen Neigungen für Konflikt und Streit – und doch, so könnte man einwenden, ist die »grausame Stadt« hier nicht die Siegerin im einseitigen Angriff, sondern eigentlich der sanfte, traurige und wunde Abend, der ihr Blut und Verbrechen auf christliche Weise vergibt, selbst wenn er nicht, in Else Hadwigers Übersetzung, »Gottes Barmherzigkeit« im Auge trägt, sondern »une pitié suprême«.

Das Fragment »Gegen die Syllogismen« (D.4), das die futuristische Abneigung gegen Stubengelehrte, Logik und das systematische Denken noch in der Theatralik kosmischer Konflikte inszeniert, entstammt Marinettis epischem Gedicht *La Conquête des Etoiles* (1902). Das Meer als Ursprung des Lebens und der Macht spielt, in seinem Gigantenkampf gegen den bestirnten Himmel, mit den menschlichen Denkformen, die als petrifizierte Leichen in seiner Tiefe ruhen, ehe sie zerfallen. Das Ganze ist, ungeachtet aller Absagen Marinettis an Henri Bergson, eine Fortsetzung seiner Philosophie, und die Übersetzerin hat das zentrale Bild von der Verachtung aller instrumentalen Logik genau und leicht ins Deutsche übertragen, der logische Syllogismus »als ein bequemer

Klappstuhl, den unterm Arm ein Jäger mit sich trägt«. Sonst ist ihr allerdings einiges entgangen; das »blendende Gelächter« der Meereswogen ist eine nur fragmentarische Übertragung des kryptischen »rire éblouissant lézarde«, und das »goldene Auge« des Traumes ist, im Text Marinettis, genauer »sa prunnelle énorme d'or«[31]. Sie reduziert den symbolistischen Plural der »vérités« auf den deutschen Singular einer einzigen »Wahrheit« und gerät deshalb in Schwierigkeiten mit dem Bild der Wahrheiten als liebliche Tänzerinnen (Mehrzahl), nach denen die gierigen Knochenhände der Gelehrten greifen; sobald sie die Hände der Logiker berühren, lassen sie die Schleier zurück, »laissant leurs voiles d'or entre leurs mains farouches«. Diese poetische Polemik gegen die sterile Logik der Gelehrten kehrt im zweiten Manifest wieder, und vom Gedicht zu diesem Manifest ist nur ein kleiner Schritt, oder vielleicht gar keiner.

Die Dithyrambe »An das Rennautomobil« (D.1 französisch, D.2 deutsch) bewegt sich an der Grenze der Epochen; ihre kosmische Rhetorik, die sich ihren Raum in ihren weit ausholenden Gesten schafft, weist noch auf Victor Hugo zurück, ihr technisches Motiv aber, das rasende Automobil, das sich zuletzt wie in einem James-Bond-Film flugzeugartig über die Erde erhebt, auf den Futurismus voraus. Die Technologie ist allerdings das Neueste nicht; in Frankreich und anderswo schrieb man (wie es etwa Flauberts Freund Maxime Du Camp in seinen *Chants modernes*, 1855, unternahm) Gedichte über Lokomotiven und die Dampfkraft, welchen dann um die Jahrhundertwende die Automobile und, insbesonders nach dem internationalen Flugtag von Brescia (1909), wo auch D'Annunzio, Puccini, Kafka und Brod zu finden waren[32], die Aeroplane folgten. In ihrer deutschen Version hat Else Hadwiger viele Strophen und Zeilen mit Glück übersetzt, so zum Beispiel, in der ersten Strophe, »nach Horizonten gierig und nach Sternenbeute« oder »das schnurrende Geräusch« (»le fracas ronronnant«); andere Stellen sind ungelenk (nourri / aufgenährt), mißverständlich, »in scharfen Zähnen das Gebiß« (wahrscheinlich besser: den Biß oder die Kandare), oder, aus rhythmischen Gründen semantisch ungenau, »im großen Bett der Nacht« (statt: des Himmels). Die rhetorische Intensität, die Marinetti durch das aus einem anderen Gedicht hierher verschobene Motiv der Wette verstärkt, wird von der Übersetzerin deutlich herabgemindert; ein um das andere Mal fällt Marinettis *voilà! enfin! ah ah!* einfach fort, und die Inversionen des Genitivs (»seines Bellens Lärm«) verleihen der Unmittelbarkeit des Sprechaktes eine literarisch »geschriebene« Patina. In den letzten Zeilen beginnt sich die deutsche Version einem klassisch-expressionistischen Ausdruck à la Franz Werfel anzunähern, »ihr Berge mit dem Mantel blau von Frische, / ihr schönen Flüsse unterm Mondlicht atmend«, aber das war dem kritischen Leser, mit Recht, nicht genug.

An einem Marinetti-Abend in den Berliner Choraliensälen (1913) kehrte man, in seiner Gegenwart, noch zum Teil zu diesen älteren Gedichten zurück, welche die Schauspielerin Resi Langer aus den Übersetzungen Else Hadwigers vortrug, und Rudolf Leonhard, damals noch rastloser Bohemien, artikulierte seine Bedenken, wenn auch nur zögernd. Die Übersetzungen waren »vollendet«, die Dichtungen »enthielten manchen schönen Vers und viele starke Bilder«. Nur »neu« oder »zukünftig« war das alles nicht; »man dachte sogar an Mondschein und allerhand Dinge, die Marinetti, dessen dichterische Begabung weder seine Theorie noch seine Propaganda zerstört, tot oder verleugnet will«[33]. Das war im Jahre 1913; der spätere Antifaschist und Partisan der französischen Résistance sieht Marinetti, den er inzwischen in den dreißiger Jahren als internationalen Delegaten der italienischen Kunst erlebt hatte, radikal anders; und Leonhards spätere Erinnerungen haben den bösen Blick der Genauigkeit, die viele Züge authentischer aus der Vergangenheit holt als der einstige Bericht des Augen- und Ohrenzeugen. Marinetti, so heißt es in einem späteren Text[34], erschien damals nach einem Rezitationsabend (1913) im Café Josty, »blickte schnell überall herum, mit raschen, funkelnden, vielleicht mißtrauischen, aufgeregten Augen in einem weichen, sich immer wieder spannenden und festigenden blassen Gesicht«. Der ältere Leonhard spricht ihm die poetische Begabung ab, die er ihm einmal zuerkannte; Marinetti ist »kein Dichter, kein Künstler«, sondern »ein Unternehmer«; was »positiv in diesen lauten, hemmungslos laufenden, hohlschwellenden Versen war, das war, im besten Falle, Schillersches Pathos. Gedopter Pubertätsausdruck, reklamemäßig fixiert; Hymnik ohne Objekt und mit so gut wie gestaltlosem Subjekt; schwach rhythmisierte Beredsamkeit ohne Richtung und Licht; Lärm um des Lärmes willen; Schwall.«

Im März 1912 (*nachdem* die Maler zu Wort gekommen waren) publizierte Walden im *Sturm* (Nr. 104) Marinettis Gründungsmanifest des Futurismus (A.1), das in seiner französischen Originalfassung am 20. Februar 1909 im Pariser *Figaro* erschienen war, in einer »autorisierten Übersetzung« von Jean-Jacques (Hans Jacob). Man kann nicht sagen, daß es, ungeachtet seiner Provokationen in ästhetischen und gesellschaftlichen Fragen, jenen Widerhall fand, den sich Marinetti erhofft haben mochte. Im Lande Friedrich Nietzsches, der glühenden Jugendbewegung, einer breiten industriellen Produktion und einer neuen Poesie, die man bald expressionistisch nennen sollte, war man nicht leicht geneigt, Marinettis Text in allen seinen Konsequenzen zu lesen. Die ersten Manifeste, die man (wie Döblin bezeugte) zuzeiten als Anachronismen empfand, waren wie ins Leere gesprochen; man war, wie Reflexe der späteren Diskussion zeigen, erstaunt über die futuristische Aggressivität, und nur Arthur Moeller van den Bruck, der in Italien gelebt hatte, begriff, welche politischen Forderungen die Lebens- und Gesellschaftsbegriffe des Futurismus implizierten. Das erste Manifest, das seine Entstehung im Text selbst dramatisiert, gehört nicht einer einzigen Gattung an, sondern kombiniert das Poetische und das Programmatische in einer wirksamen Collage – ein symbolisches Gedicht, in Prosa, über die Versammlung der ruhelosen Freunde, Ausfahrt und Wiedergeburt aus dem Schlamm der Erde (I), ein systematischer Katalog von Provokationen und Konsequenzen (II), die berühmte Polemik gegen Italien als das Land der Vergangenheit (III) und eine merkwürdig rührende Coda (IV), in der sich die jungen Futuristen, ehe sie sich zum kosmischen Kampf spannen, den Gedanken ins Gedächtnis zurückrufen, daß Zukunft altern heißt, auch für sie: »Sind wir vierzig Jahre, so mögen Jüngere und Tapfere[re] uns in den Papierkorb werfen wie unnütze Manuskripte!« Man hat später einzelne Stichworte und Sätze aus dem Textzusammenhang gelöst, als ob sie repräsentativer als andere für den Futurismus wären, der von Anfang an in Praxis und Theorie eine widersprüchliche Mischung war. Der oft zitierte Satz von dem wie auf »Kartätschen« (im Original: MG-Feuer) laufenden Rennautomobil, das schöner ist als die Nike von Samothrake (Punkt 4 des Katalogs), hat sich inzwischen als Paraphrase eines Gedankens aus dem Werk des italienischen Schriftstellers Mario Morasso[35] erwiesen, der schon kurz nach der

Jahrhundertwende die technologischen Veränderungen der modernen Kriegsführung vorausgesehen hatte; und die berüchtigte Stelle über den Krieg als »einzige Hygiene der Welt« steht, in Punkt 9, in einiger Verbindung mit Marinettis Begeisterung für »die zerstörende Geste der Anarchisten« (dei libertari); Sorel grassiert damals auch unter den italienischen Nationalisten. Revolutionäre Massenempörungen und technologische Energien verbinden sich (Punkt 11) zu einer Weltbewegung, die alle und jeden in einem ästhetischen Rausch mitreißt: »Wir werden die arbeitbewegten Mengen, das Vergnügen, die Empörung singen, die vielfarbigen, die vieltönigen Brandungen der Revolutionen in den modernen Hauptstädten; [...] die gymnastisch hüpfenden Brükken über der Messerschmiede der sonndurchflimmernden Flüsse; [...] die breitbrüstigen Lokomotiven, [...] und den gleitenden Flug der Aeroplane, deren Schraube knattert wie eine im Winde wehende Flagge und die klatscht wie eine beifallstobende Menge.«

Noch deutlicher als das erste fällt das zweite Manifest (A.3) in Marinettis symbolistische Neigungen zurück, aber die deklamatorischen Übersteigerungen des Blutrünstigen und Brutalen, das sich ästhetisch legitimieren will, beraubt es seiner Überzeugungsmöglichkeiten, und seine deutschen Leser und Leserinnen haben es mit Schweigen übergangen. Der Text ist, wie der erste, als Erzählung von einem Exodus angelegt; die futuristischen Dichter (die fünf Namen bezeugen, daß die Übertragung im *Sturm* der frühen Version von 1909 folgt) ziehen aus den Vergangenheitsstädten aus, um als Eisenbahnbauer technisch über die verknöcherte Welt zu triumphieren; die Irren, die sie befreien, die Löwen (Nietzsches?) und später der Indische Ozean, schließen sich ihnen als Bundesgenossen an, und nach der Zerstörung der Städte Podagra und Paralysia (vielleicht Venedig und Rom) wirft sich der Kriegshaufen gen Asien, um dort auf einem Hochplateau die erste Probe seiner Courage abzulegen – gegen die erotisch wuchernden Lianen, welche die Kämpfer in ihrer sinnlichen Umarmung zu ersticken drohen (Döblin und Brecht haben später Ähnliches in Roman und Ballade abgewandelt), und gegen die sentimental-romantische *Luna* D'Annunzios, welche dieses gefährliche Wachstum durch ihre Strahlen erregt. An Gräßlichkeiten ist kein Mangel, und die Bilder von der Verjüngung der Stadt durch die Löwen, das heißt die Tötung der Alten, die als »Vegetation [...] in den Ofen geschoben« werden (im italienischen Text allerdings »infornate nelle case«[36]), sind heute noch entsetzlicher zu lesen als damals. Zwei für den frühen Marinetti charakteristische und im italienischen Kanon der Manifeste überlieferte Textstellen, beide im vierten Teil, fehlen allerdings in der Übertragung; das abschreckende Bild des monumentalen und hager-gelehrten Esels[37], der seine leeren Schreie gegen den Welthorizont iaht (das erinnert an die impotenten Gelehrten in der *Conquête*, 1902), und das Bild des Schlachtfeldes[38], das sich als eine unförmige und gereizte Vagina dem Siegenden im phallischen Flugzeug öffnet, »vulva gigantesca irritata [...], vulva informe che si squarcia per offrirsi meglio al terrifico spasimo della vittoria imminente«. Im übrigen ist bei Ernest Hemingway, der an der Piave Schokolade verteilte und in späteren Jahren behauptete, mit den italienischen *arditi* (Stoßtruppen) gekämpft zu haben, ähnliches zu finden.

Es ging alles sehr rasch und wie im kinematographischen Sprung; in Heft 109 des *Sturm* (März 1912) publizierte Walden Marinettis Dithyrambe »An das Rennautomobil«, die ihn, ungeachtet aller Technikbegeisterung, als dichtenden Epigonen Victor Hugos zeigte, und schon in Heft 133 (Oktober 1912) erschien Marinettis »Technisches Manifest der Literatur«, das die alte Literatursprache gründlich aus den Angeln hob; und in seinem »Supplement« (*Sturm*, März 1913) antwortete Marinetti, wie es seine Neigung war, polemisch auf die Einwände seiner Kritiker und demonstrierte die Fruchtbarkeit seiner Theorie in einem Text, »Die Schlacht: Gewicht und Geruch«, den selbst der *Sturm* nur im französischen Original zu publizieren vermochte. Es waren die ersten »befreiten Worte«, die Marinetti triumphierend aus den Ketten der Sätze löste.

Man hat oft vom vitalistischen Element oder von der Hegemonie der Lebensidee in der Epoche des deutschen Expressionismus gesprochen; und es ist nicht unmöglich, Marinettis futuristische Sprachgedanken, wie er sie in seinem »Technischen Manifest« (A.4) definiert, von einer Grundidee materieller Bewegungsprozesse herzuleiten. Was die Welt ausmacht, ist die Konzentration und Ausdehnung der energischen Materie oder, wie Marinetti als poetischer Physiker sagt, »die zahllosen Moleküle und die Wirbel der Elektronen«. Der Dichter humanisiert die Materie nicht mehr, sondern bemüht sich, sich selbst ihren Bewegungen einzuverleiben; im Ästhetischen also nicht mehr Spiegelungen, Mimetisches, das große Gegenüber, sondern ein Eintauchen, Mitschwingen, Teilnehmen an den materiellen Energien und deshalb die Forderung, die Syntax zu zerstören – sie will als »Fremdenführerin« oder »Vermittlerin« den Lebensenergien erstarrte Ordnungskategorien aufzwingen (so wie die Logik der beweglichen Erkenntnis tote Normen aufdrängt): »Hütet Euch, der Materie menschliche Gefühle zu unterschieben, [...] Von nun an ist die Hitze eines Stücks Eisen oder Holz weit anregender als das Lachen oder Weinen einer Frau.« Das poetische Ich darf sich mit seinen intimen und begrenzten Interessen nicht mehr quer gegen die mitreißenden Prozesse der Stofflichkeit stellen; zum letztenmal Psychologie, und von nun an »die lyrische Eindringlichkeit der Materie selbst«. Es genügt aber nicht, die Syntax zu sprengen und mit ihr die übliche Zeichensetzung aus der Literatur zu verbannen; sobald die Fesseln der Syntax fallen und die traditionellen Satzzeichen durch mathematische und musikalische Signaturen ersetzt sind, arbeitet der asyntaktische Dichter vor allem mit dem befreiten Substantiv, mit dem Verbum im Infinitiv, der (weil er die tätige oder leidende Einzelperson ausschaltet) einzig »den Sinn der Fortdauer des Lebens« eröffnet. Der asyntaktische Dichter verbannt das Adverbium, die »alte Agraffe, die die Wörter zusammenhält«, aber auch das Adjektiv, das als »Prinzip der Abstufung und Nuancierung« und deshalb eines Stillstandes »unvereinbar« ist mit jeder »dynamischen Vision«. Der futuristische Dichter verdrängt umständliche und im genauen Sinne des Wortes zeitraubende Gleichnisse durch die neuen »Analogien«, in welchen zwei Substantiva, die nichts miteinander gemein zu haben scheinen, in blitzartigen Kombinationen zusammenstoßen; also nicht mehr, wie im traditionellen Gleichnis, »die Menge war wie eine Brandung«, mit zwei verschiedenen Artikeln, dem Verbum singularis in der dritten Person, und der Partikel »wie«, sondern schneller, effektiver, telegraphischer, *folla-risacca*, »Menge – Brandung«. Die Perzeptionsfolge wird nicht mehr, in Konflikt mit den raschen Weltvorgängen, verlangsamt oder rhetorisch gebremst.

In seinem »Supplement« (A.5), das der *Sturm* einige Monate nach dem »Technischen Manifest« veröffentlichte, polemisiert

Marinetti mit den Kritikern seiner Sprachumwälzung und zeigt die Fruchtbarkeit seiner theoretischen Überlegungen im praktischen Beispiel seines ersten *parole in libertà*-Textes. Der Ton seiner Erklärungen ist, wie sonst, laut und melodramatisch, aber Marinetti ist merkwürdig bereit, auf Gegengründe einzugehen und sich genauer zu erklären; taktisch geht er einen Schritt zurück, um besser angreifen zu können. Er beruft sich auf eine Terzine Dantes und auf Edgar Allan Poes Bestimmung der Analogie, um sich gegen den Vorwurf zu verteidigen, er sei ein Schüler Henri Bergsons (ohne zu merken, in welchen unfuturistischen Passatismus ihn ein solches historisches Argument hindrängt); und er ist sogar bereit, »Intuition« und »Intelligenz«, die für ihn einen deutlich voluntaristischen Charakter besitzt, im kreativen Prozeß vereint zu finden und nicht auf ihrer Vereinzelung zu bestehen. In seiner Entscheidung, Adverb und Adjektiv aus der Aussage zu tilgen, läßt er sich nicht beirren; diese Worte nehmen, indem sie als Dekoration, Krücke oder gar als »Pudelhündchen« fungieren, dem Substantiv die Originalität und Strahlungskraft, hindern die zu befreienden Worte daran, »sich gegenseitig mit ihren Strahlen [zu] erhellen« und »ihre verschiedenen Magnetismen [zu] durchkreuzen«. Die Befreiung der Worte, das betont Marinetti, wird den »Zusammenbruch der nur zu sehr gerühmten Harmonie des Stils mit sich bringen«, und der futuristische Dichter, dessen Gestalt hier allerdings mit jener des begeisterten Rezitators Marinetti verschwimmt, hat endlich die Möglichkeit, onomatopoetische Kakophonien zu bilden, welche in die Geräusche der bewegten Materie selbst einstimmen. In dem onomatopoetischen Element, das der Rezitator Marinetti so liebt, in seinem *bumbum! tatatatata! piffpaff!*, wird allerdings nicht die unschuldige Materie hörbar, sondern Artilleriefeuer, Trompetensignale und Gewehrschüsse – der von Menschen, und nicht den Elementen, verursachte Lärm des zerstörenden Krieges.

In seiner »Schlacht: Gewicht und Geruch« konstituiert Marinetti seinen ersten Text aus befreiten Worten, und das Prosastück trägt alle Anzeichen einer frühen Arbeit dieser Art, in welcher der Autor, ungeachtet der neuen Zeichensetzung, den traditionellen Gewohnheiten des Buchdrucks, in Zeile und Absatz, noch immer vertraut, ohne (wie er es kurz darauf tun wird) das graphische Element selbst in unruhige Bewegung zu setzen.

Der Text ist, ohne außerordentliche Schwierigkeiten, als Gefechtsreportage aus dem libyschen Krieg (1911/12) zu erkennen und zu lesen, und Marinetti selbst hat in einem späteren Zusatz eine Passage aus befreiten Worten in die traditionelle Syntax zurückverwandelt[39], um zu illustrieren, wie rasch sich die »Analogien«, im Gegensatz zu anderen rhetorischen Mitteln, mit ihren Spannungen und Widersprüchen dem Gedächtnis einprägen. In der Oase Gargaresch, die im Januar 1912 in italienische Hände gefallen ist, wird Alarm geschlagen, eine Infanterieabteilung marschiert durch die Basare und die Wüste; die Vorhut nähert sich, in vierfachem Sprung, den feindlichen Positionen. Artilleriefeuer setzt ein, um den Widerstand zu brechen, und zuletzt, wie in der Entscheidungsschlacht des Zweiten Manifestes, greift ein italienischer Eindecker ein, der mit seinem Maschinengewehrfeuer den Gegner zwingt, seine Stellung aufzugeben, während die italienischen Infanteristen erschöpft in den heißen Sand sinken. Marinettis Verfahren setzt sich zum Ziel, die elementare Realität der Ereignisse zu präsentieren, auch das »Gewicht« oder die taktile Schwere der Dinge, und die Gerüche der Straßen und des verwesenden Fleisches. Die aus dem Gefüge der Syntax emanzipierten Substantiva, die (hyperbolischen) mathematischen Mengenangaben, die onomatopoetischen Elemente, die »Analogien«, oft komplizierter und wirkungsvoller Art (wie zum Beispiel Eindecker = Balkon – Rose – Rad – Trommel – Bohrer – Viehbremse), und das häufig übersehene Fragment eines *monologue intérieur* am Ende des Textes haben alle nur die eine widersprüchliche Aufgabe, Wirklichkeit aus Sätzen zu erlösen und sie in Lärm, Gestank und unmittelbaren Denkprozessen hinzustellen – als ob Marinetti nicht dazu gezwungen wäre, das alles in Wörtern zu tun, die, ob im Satz oder nicht, gefesselt oder befreit, Zeichen der Dinge sind und nicht die Dinge selbst.

»Schlacht: Gewicht und Geruch« machte dem Glauben der *Sturm*-Leser ein Ende, Marinetti wäre nichts als ein symbolistischer Spätling. Die Diskussion hakte sich, vor allem im »Offenen Brief« Döblins (I.3), an diesem Text fest, aber der Beginn des Krieges schnitt dann für die meisten, mit Ausnahme der Züricher Dadaisten, die Möglichkeit einer fortgesetzten Lektüre Marinettis ab. In Berlin blieb man zunächst auf der Stufe der linearen Worte in Freiheit stehen, wie sie im »Supplement zum technischen Manifest« gebildet war, und versäumte Marinettis Proklamationen und Texte in der Florentiner *Lacerba*, in welcher er, zugleich mit Boccioni und dem Neapolitaner Francesco Cangiullo, der seine kalligraphischen Spiele trieb, in der Zeit vom 15. März 1913 bis zum 15. Februar 1914 mit der graphischen Gestalt der Texte zu experimentieren begann und eine »Revolution der Typographie« und die Prinzipien einer »freien expressiven Orthographie« verkündete[40], die sich nicht mehr durch die Schulgesetze der Rechtschreibung gebunden fühlte, sobald sie mit der Intensität des lautlichen Ausdrucks in Konflikt geriet. In »Adrianopoli Assedio Orchestra« (15. März 1913) arbeitete Marinetti noch mit den Prinzipien des in Zeilen geordneten und uniformen Druckspiegels, aber die onomatopoetischen Signale wie *tam-tuuumb* usw. (wir haben es wieder mit einer Reportage aus dem Balkankrieg zu tun) sind, im Unterschied zur »Schlacht«, durch deutlichen Fettdruck hervorgehoben. In »Contrabbando di guerra« (1. Juli 1913) und in »Battaglia sotto vetro-vento« (15. September 1913), zwei weiteren Studien aus dem Balkankrieg, wurde die Akzentuierung der onomatopoetischen Elemente verstärkt; Marinetti kombinierte den Fettdruck mit einer neuen Methode, seine Lautworte aus dem Zusammenhang zu heben und um eine Achse, inmitten der weißen Fläche, zu versammeln. Die alte Ordnung des Textes geriet ins Schwanken; in »Correzione di bozze-desideri in velocità« (1. Dezember 1913), in welcher er das altvertraute Motiv einer rasenden Autofahrt, diesmal in Sizilien, variierte, ging Marinetti zum ersten Male grundsätzlich über das lineare Arrangement der befreiten Worte hinaus, spielt mit dem Druckformat, in welchem Schlüsselworte wie *Luna* oder *Messina* isoliert inmitten einer weißen Fläche erschienen, und experimentierte, um die wachsende Geschwindigkeit des Autos anzudeuten, mit dekorativen Klammern, die Sinneseindrücke bündelten, parallelen Kolumnen und überraschenden Wortlisten und Katalogen. »Dune« (15. Februar 1914), im Untertitel noch immer als »befreite Worte« bezeichnet, radikalisiert das Wortexperiment weit über das Textuelle hinaus; der Text, zerfasert, neu reglementiert, wird zu einer Funktion der optischen Form. Hier haben sich die befreiten Worte längst vom Text befreit und sind in die neue Ordnung eines graphischen Kunstwerkes eingezogen, das die Futuristen sehr bald als »tavole parolibere« bezeichnen sollten. In *Cabaret*

Voltaire, der ersten Züricher Dada-Publikation, waren Marinettis »Dune« und Cangiullos »Addioooo« (*Lacerba*, 15. November 1913) nachgedruckt[41].

4. Franz Pfemferts »Aktion«. Theodor Däubler und der Futurismus

Die Attitüde der von Franz Pfemfert redigierten *Aktion*, einer »Wochenschrift für Politik, Literatur und Kunst« (so seit April 1912) von mehr oder minder verdeckten radikalen oder gar anarchisierenden Orientierungen, ist nicht so einfach zu beschreiben wie Herwarth Waldens zielgerechte Bemühung, futuristische Kunst auf vielerlei Art zu propagieren. In der *Aktion* gab man sich zunächst ablehnend oder gar widerborstig, aber die Leser hatten nicht über den Mangel an Beiträgen über neue italienische Politik und Literatur zu klagen. Pfemfert (in einigem Gegensatz zum Ästheten Walden) fand die gesellschaftlichen und intellektuellen Entwicklungen Italiens von besonderem Interesse, eben weil die sozialistischen und anarchistischen Gruppen, und der antibürgerliche Affekt der neuen Literatur, dort sichtbarer waren als anderswo. Der begabte junge Soziologe Robert Michels, damals in Turin (und später ein berühmter faschistischer Gesellschaftswissenschaftler, über dessen merkwürdige Entwicklung sich selbst Günter Grass, im *Butt*, Kapitel »Im siebten Monat«, seine Gedanken macht), analysierte in der *Aktion*, unter stetem Bezug auf Bakunin, die besonderen Schichtungen der italienischen radikalen Linken, rühmte die anarchistischen Leidenschaften der italienischen Sozialisten und gelangte zum Schluß, daß »keine Arbeiterbewegung der Welt, allein die russische ausgenommen [...] in den ersten Dezennien ihres Bestehens so aufreibende und furchtbare Kämpfe zu bestehen gehabt [hätte], wie die italienische«[1]. Zu gleicher Zeit engagierte sich die *Aktion* im Bewußtsein, daß die antibürgerlichen Neigungen der Epoche in vielerlei Gestalt inkarnierten, konsequent und auffällig in zustimmenden Essays und Rezensionen, für Gabriele D'Annunzio. Schon die erste dieser ausführlichen Rezensionen, über D'Annunzios Roman *Forse che sì, forse che no (Vielleicht, vielleicht auch nicht)* im Inselverlag (1910), in der ausgezeichneten Übersetzung Karl Gustav Vollmoellers, bezeugt sehr deutlich, welche Erwartungen D'Annunzio erfüllte. Heinrich Eduard Jacob bekräftigte in seinem Aufsatz[2] enthusiastisch, daß es »kein Genußverlangen« gäbe, das sich an diesem Buch »nicht satt trinken, befriedigen, berauschen« könnte. Vier Lesergruppen hätten allen Anlaß, D'Annunzio dankbar zu sein – diejenigen, die »von der Kunst ein womöglich völlig paralleles Mitlaufen mit den technischen Errungenschaften des Tages wünschen«; diejenigen, die von einem »Neuland der Seele« träumen; diejenigen, die in der Prosa nach dem höchsten Reichtum von »Assoziationen, Stimmungen, Kostbarkeiten« suchen; und schließlich jene vielen Nietzscheaner, die in der Literatur nach der Tat verlangen, denn gerade in D'Annunzios Roman von den Leidenschaften des Fliegers Paolo Tarsis »stürzt das Weib in Verlassenheit und Nacht«, und »der Mann [...] wird Täter und steigt siegend in die unsterbliche Luft«. Jacob rühmte viele charakteristische Züge des Romans, die auch Marinetti und seine Futuristen für sich hätten in Anspruch nehmen dürfen, und das nur wenige Monate, ehe die ersten futuristischen Manifeste in Waldens *Sturm* erschienen. Ohne zu wollen, hat der D'Annunzio-Kult in der *Aktion* den Boden für die Aufnahme des italienischen Futurismus in der deutschen Avantgarde gelockert.

In ihrem zweiten (1912) und der ersten Hälfte ihres dritten (1913) Jahrgangs beschäftigte sich die *Aktion* polemisch mit den futuristischen Künsten, ohne den engen Bezug auf die von Walden arrangierten Ausstellungen und die im *Sturm* publizierten Manifeste und Essays je verschleiern zu wollen. Auf Waldens und seiner Mitarbeiter Herausforderungen antwortete die *Aktion* Schlag auf Schlag und nicht ohne wirksame Ironie. Den Anfang[3] machte das Karl-Kraus-Wort über den »Futurismus-Rummel« aus der *Fackel*-Glosse (B.4) gegen Walden, und da ja Kraus ursprünglich mit Walden zusammengearbeitet hatte, trafen seine Zeilen Walden und die von ihm publizierten Manifeste zugleich, also das »Manifest der Futuristen« (im *Sturm*, März 1912, A.1) und Valentine de Saint-Points »Manifest der futuristischen Frau« (im *Sturm*, Mai 1912; A.2). In den grundsätzlichen Polemiken gegen die futuristische Kunst, die Walter Serner und wenig später Pfemferts Freund Oskar Kanehl in der *Aktion* veröffentlichten, ist ein merkwürdig konservativer Vorbehalt zu erkennen, und es entbehrt nicht der Ironie, daß gerade der spätere Dadaist Serner in seinem Artikel »Gegen den Futurismus«[4] in Brusttönen bürgerlicher Überzeugungen gegen die Futuristen zu Felde zog, in einigem Gegensatz zu seinem späteren Dada-Kollegen Raoul Hausmann, der die Futuristen im *Sturm* gegen einen ihrer Widersacher verteidigt hatte. Es ist alles »aus der Luft geholt«, »jenseits aller Evolution«, und Serner kann nicht umhin, gegen »ein Unmögliches, eine Unkunst« zu sprechen. Serner findet Genügen an der »Neuen Sezession«; die Futuristen versuchen, weit über ihre Ziele hinauszugehen, und in der Malerei ergibt das »eine jammervolle Sudelei [...] auf Kosten des Sehens«. Der Greifswalder Schriftsteller Kanehl versteht seinen polemischen Beitrag[5] selbst als »nüchternes Manifest« gegen Marinetti-Ekstasen; und indem er als früher Semiotiker verfährt und alle Kunst als Schöpfung von »Zeichen in der Wirklichkeit« erklärt, spricht er den Futuristen jede spezifische Berechtigung ab, »statt des gegenständlich Wirklichen das seelische Erlebnis, oder statt eines Augenblicks der Bewegung die Bewegung selber« darzustellen. Die Futuristen, so impliziert Kanehl, unterscheiden sich nicht von anderen Künstlern; »Futurist ist jeder«, dessen »Zeichen, neu und fremd, die Gegenwart noch nicht zu deuten weiß«. Leider sind die futuristischen Zeichen »weit weg« von Michelangelo, der als Patriarch der Kunstschöpfung erscheint, und niemand vermag es, »die Bewegung auf unbeweglichem Papier festzuhalten«. Das sind theoretische Ansätze, die ein produktives Streitgespräch zu eröffnen vermöchten, aber Kanehl, der den Futuristen die begründeten Ekstasen eines neuen Glaubens zuschreibt, schlittert in seinem »nüchternen« Gegenmanifest selbst in ein pseudoreligiöses Idiom und schneidet sich jede Möglichkeit ab, analytisch zu argumentieren.

Mehr als einmal verlangten die affirmativen Essays im *Sturm* unausweichlich eine Polemik der *Aktion* gegen die futuristischen Maler. Vor allem entzündete sich die Diskussion an Umberto Boccionis Bild »La Risata«. Es war Döblin, der in seinem enthusiastischen Essay über »Die Bilder der Futuristen« (B.1) in Boccionis »La Risata«, aber auch in Severinis oder Russolos Arbeiten das Prinzip der futuristischen Kunst als eines »Befreiungsaktes« emblematisch zu finden und zu erklären suchte. Der Maler in tanzender Bewegung, das Bild mit dem Zentrum in sich selbst, die Emanzipation von der »entseelten blöden Szene« oder vom Gegenstand; die Wichtigkeit des Subjektes und seiner »Beseeltheit«, die »alles bedeutet«. Deshalb Döblins bewegte Re-Interpretation des Bildes: »Der Maler tanzt wie ein Trunkener um den Hut einer Frau; immer wieder kehrt der Hut, gesehen von oben, von rechts, von links, schräg, aufgestellt. Der Maler sieht sich nicht satt an dem spiegelnden Marmortisch, der wie ein Leitmotiv durch alle Elane des Bildes wandert; und immer wieder zünden zwei Hände über einer roten Flamme eine Zigarette an.« In der *Aktion* beschrieb Serner[6] Boccionis Bild auf ganz ähnliche Art wie Döblin (vielleicht weniger detailliert), nutzte aber Döblins Stichworte, eines nach dem anderen, *gegen* Döblin und erklärte, daß die auf der Leinwand schwimmenden Bildteile weder der malenden Phantasie noch dem »Bildzentrum in sich« konzediert werden könnten und »auch nicht der Seele, die in Übermaß der Empfindung an sich selber sterben geht«. Döblin rühmte die »Beseeltheit«, aber Serner wendet ein, daß gerade diese »glühende Beseeltheit«, der »Verzicht auf Szene und Objekt, auf Raum und Zeit«, das Optische notwendig zerstört. Boccioni, Severini, Russolo und andere hatten in der *Aktion* ursprünglich kein Glück; eine ein wenig später veröffentlichte Glosse[7], die recht wohl von Serner stammen könnte, bezeichnete Boccionis Buch über den plastischen Dynamismus als eine Angelegenheit für die »Kunstkriminalistik« und wies auf die Bildbeilagen dieser Publikation hin, in denen man sah, wie »italienische Familien-Kitschiers von Picasso nichts verstanden haben, sondern nur das rein Äußerliche«.

In der zweiten Hälfte des dritten (1913) und im vierten Jahrgang (1914) der *Aktion* wurden die Polemiken gegen die futuristische Malerei ungenauer und verloren manches an aggressiver Schärfe. Die ersten Aufregungen über die Berliner Ausstellung der Futuristen verklangen, und Pfemferts Interesse an italienischen Entwicklungen behauptete seine Rechte, vor allem in der Publikation von Übersetzungen lyrischer Gedichte aus Italien. Serner beschreibt noch einmal[8] den »Neuen Stil« im Sinne der Abstraktion, wie sie Wilhelm Worringer 1907 in seinem epochemachenden Buch expliziert hatte; und während der zukünftige Dada-Snob Serner nostalgisch auf die Kunst Michelangelos, Grünewalds, Rembrandts und Dürers zurückblickt, definiert er den »Neuen Stil« als eine Art »Rücksprung« zur Abstraktion Altägyptens, deutlich wieder in den Bildern Cézannes, van Goghs und Gauguins. Die Qual des Daseins wird transformiert, aber der Futurismus »überschlägt sich« in diesem Bemühen, obwohl jedes gute neue Bild futuristische Elemente in sich haben mag, weil die Moderne überhaupt das Bild des Gegenstandes in die Idee setzt, um sich »von ihm zu befreien, um ihn zu erlösen«.

Der Polemik der *Aktion* gegen die futuristische Malerei waren jene Veröffentlichungen entgegengesetzt, welche die italienische Literatur, einschließlich futuristischer Lyrik, zur Kenntnis der Leser brachten; und selbst wenn man in der ersten Publikation[9] von Marinettis Gedichten redaktionelle Ironie vermuten könnte (denn sie werden im Verband neuer französischer Lyrik vorgestellt, und das mit Recht, denn er schrieb ja seine frühen und besten Gedichte in französischer Sprache), so ist es unmöglich, ähnlich zu argumentieren, wenn es sich um die immer häufigere Publikation anderer italienischer Gedichte handelt. Im vierten Jahrgang (1914) wurde immer deutlicher, daß Walter Serners Verdammungsurteile über die futuristische Malerei keine Entsprechungen im Literarischen fanden, und die Übersetzerin Else Hadwiger war die eigentliche Gegenspielerin Serners und (als Gönnerin und Lehrerin der jungen Dichter Hugo Ball und Johannes R. Becher, die von ihr einiges über italienische Lyrik lernten) auch in der *Aktion* die freundlichste Vermittlerin futuristischer Poesie in Deutschland[10], zumindest vor dem Eintreffen Theodor Däublers in Berlin.

Die Wandlung, wenn nicht gar Kehrtwendung der *Aktion* in ihrem Interesse an futuristischen Entwicklungen knüpfte sich, nach Else Hadwigers Übersetzungen, an die Neigungen und Arbeiten Theodor Däublers. Er importierte eine persönliche Konzeption italienischer Tendenzen, in welcher seine eigenen Erfahrungen des Florentiner Futurismus eine bedeutende Rolle spielten. Der Triestiner Däubler (sein Großvater war Graveur und Maler) war nahezu zweisprachig aufgewachsen, befuhr, mit 15 Jahren, die Meere als Schiffsjunge und Drop-Out und lebte längere Zeit in Florenz (1907–14), in Freundschaft mit dem Bildhauer Paul Peterich und mit Arthur Moeller van den Bruck, der sein überquellendes Weltepos *Das Nordlicht* zu edieren suchte. In Florenz war er auch jüngeren Florentiner Intellektuellen verbunden, die, Giovanni Papini an der Spitze, die avantgardistische Zeitschrift *Lacerba* herausgaben. Man nannte ihn dort »il nostro Däubler«, publizierte seinen Essay über Pablo Picasso in italienischer Fassung (*Lacerba*, 1. Mai 1914) und kündigte kurz vor Kriegsbeginn die Publikation weiterer

Arbeiten aus seiner Feder an. Däubler wurde 1914 in Portofino vom Kriegsausbruch überrascht, unternahm noch vor dem Kriegseintritt Italiens eine Reise nach Sizilien und lebte dann in Dresden und in Berlin. In seinem Gepäck befanden sich unter anderem Übersetzungen aus den lyrischen Arbeiten Aldo Palazzeschis, der von 1910 bis zum Frühling 1914 aktiver Futurist gewesen war; und nachdem Däubler zunächst einige Palazzeschi-Übersetzungen im *Sturm* publiziert[11] hatte, schloß er sich eng an die *Aktion* an, die ihm die Redaktion einer italienischen Sondernummer anvertraute (19. Februar 1916) und ihn durch eine Däubler-Nummer (18. März 1916) auszeichnete. Es war eine Ehre, die ihm nie wieder zuteil werden sollte.

Die Ironie der Wendung zum Futurismus, wie sie in der *Aktion* im Jahrgang 1916 sichtbar wurde, lag darin, daß sich Pfemfert und Däubler weder der neueren Konflikte in der Redaktion der Florentiner *Lacerba* noch der Explosion des militanten italienischen Nationalismus bewußt waren oder bewußt zu sein schienen. Däubler, der manches aus der *Lacerba* in seine italienische Sondernummer übernahm, war sich offenbar nicht klar über den Konflikt, der im Frühling 1915 zwischen Papini in Florenz und Marinetti in Mailand ausgebrochen war, und Pfemfert, der durch die Herausgabe seiner Sonderhefte (etwa des französischen, tschechischen oder italienischen) im Zeitalter des Militarismus und Nationalismus den Gedanken einer intellektuellen Internationalität wirksam nähren wollte, lenkte die Aufmerksamkeit seiner Leser, aus Gründen einer freien und geistigen Kosmopolität, gerade zu einem Zeitpunkt auf Papini und den Futurismus, als sie sich, mit wenigen Ausnahmen, in einen fast besinnungslosen Taumel des Nationalismus, der Kriegsbegeisterung und der Xenophobie gestürzt hatten. Man fragt sich, ob Däubler oder Pfemfert Papinis Aufruf »Fuori i Tedeschi« (»Heraus mit den Deutschen«, *Lacerba*, 15. Februar 1915) gelesen hatten (in dem er die ausnahmslose Vertreibung selbst der deutschen Gouvernanten aus Italien forderte), als sie einen seiner Texte, im Interesse der Internationalität, an die Spitze der italienischen Sondernummer stellten.

Es ist jedenfalls unmöglich, Pfemferts und Däublers radikalem Internationalismus den höchsten Respekt zu versagen, gerade wenn man (aus so großer Entfernung) die Chronologie der Publikationen und die gleichzeitigen Ereignisse der Kriegsgeschichte ins Auge faßt. Däublers »Sang an Mailand« (E.1), eine am Rande hanebüchener Reime und Gedanken hinschlitternde Hymne an die industrielle Heimat des Futurismus inmitten der fruchtbaren lombardischen Landschaft und ihrer schöpferischen Traditionen, erschien in der *Aktion* am 1. Mai 1915, also 48 Stunden vor dem Austritt Italiens aus dem Dreibund und weniger als drei Wochen vor Beginn der italienisch-österreichischen Kriegshandlungen; die italienische Sondernummer (6/7: S. 79–104) trägt das Datum des 19. Februar 1916 (fünf Monate vor der Kriegserklärung Italiens an Deutschland) und erschien also in den Wochen zwischen der vierten und fünften Isonzoschlacht; und das Däubler-Sonderheft (11/12: S. 131–156) vom 18. März 1916, in dem sich Däubler zur mediterranen Tradition Italiens bekannte und sein Gedicht »Futuristisches Tempo« (E.2) veröffentlichte, fiel genau in die Tage vor der fünften Schlacht am Isonzo. Däublers Orientierungen entstammen dem florentinischen Futurismus; neben einer Probe der älteren Dichtung (Giovanni Pascoli) standen die »besten Jungen«, und die entstammten mehr oder minder allesamt der Florentiner Zeitschrift *Lacerba*, allerdings vor dem Bruch der »Papinisten« und der »Marinettisten« im Frühling 1915. Der deutsche Leser wird zu glauben gedrängt, Papini und Marinetti (hier wieder übersetzt von der loyalen Else Hadwiger), Aldo Palazzeschi und Paolo Buzzi (D.11) seien noch immer in ungetrübter Eintracht künstlerischer Arbeit vereint und nicht durch Papinis Erklärungen (*Lacerba*, 14. Februar 1915) und seine krude, aber wirksame »Adampetinismo«-Parodie auf die Manifeste Marinettis in zwieträchtige Gruppierungen getrennt, hier die Freunde Papinis (darunter Govoni, Palazzeschi, Severini, Soffici und andere) und dort die vielen »Marinettisten« (Buzzi, Folgore, Boccioni, Balla, der Architekt Sant'Elia usw.). Däublers italienische Sondernummer erneuerte die Erinnerung an eine einstimmig futuristische *Lacerba*, wie er sie aus seiner freundlichen Erfahrung kannte. Italo Tavolatos Artikel[12] über »Die Seele Weiningers« etwa ist eine Übersetzung aus *Lacerba* (1. Januar 1913, S. 5–7), und die Übersetzungen aus der Lyrik Luciano Folgores (D.13) und Corrado Govonis (D.14), wieder besorgt von Else Hadwiger, bringen zwei futuristische Lyriker zu Wort, die im profuturistischen *Sturm* in einer kleinen italienischen Auswahl erst sechs Jahre später (1922) mit Arbeitsproben erscheinen sollten.

Das abschließende redaktionelle Material[13] der Sondernummer (einschließlich der »Kleinen Anmerkungen über die Kunst im heutigen Italien« von Däubler) und die »Notiz zu dieser Sondernummer« (die ersten fünf Zeilen wahrscheinlich von Pfemfert, der Rest wieder von Däubler) bestätigen die in der Auswahl der Texte implizierten Voraussetzungen noch einmal auf explizite Art, indem sie die futuristische Kunst, die in der *Aktion* bisher proskribiert war, mit überraschendem Lob bedenkt und die futuristischen Gruppen der Mailänder und Florentiner noch einmal in schöner Eintracht darstellt. In den »Kleinen Anmerkungen« skizziert Däubler eine epigrammatische Geschichte der neueren italienischen Künste, die, von den »großen Venetern« einschließlich Tiepolo und den Canalettos über Canova, Fontanesi, Segantini und Medardo Rosso zur Moderne, in den Futuristen wieder eine »italienische Richtung« hat (allerdings undenkbar ohne Picasso, der den ligurischen Namen seiner Mutter führt). Däubler fügt »ein paar Worte« über die futuristische Literatur hinzu, nennt Marinetti und seinen französischen Lehrer Gustave Kahn, den »feinen, unabhängigen« Lyriker Palazzeschi (den er seit längerem zu übersetzen im Begriffe steht) und meint, daß sich »die meisten Talente Italiens dem Futurismus angeschlossen« hätten, darunter auch jene Florentiner, die, ob Däubler das wissen will oder nicht, längst gegen den Futurismus Front gemacht haben. In seinen Betrachtungen über die futuristische Malerei stellt Däubler die Urteile der *Aktion*, wie sie Serner und Kanehl getroffen hatten, geradezu auf den Kopf. Er entschuldigt sich dafür, im Sonderheft keine Reproduktionen futuristischer Künstler gebracht zu haben (Pfemfert führt in den folgenden Notizen an, Soffici dennoch für das Unternehmen gewonnen zu haben), und nennt als ihre »begabtesten« eben jene, die Walden und seine Freunde im *Sturm* längst gerühmt hatten, die *Aktion* aber mit ihrem Bannfluch belegt hatte: Boccioni, den Walden und Döblin über alles lobten, Serner aber verdammte; Severini, den man im *Sturm* rühmte, Serner in der *Aktion* aber entschlossen aus dem Kreis der echten Kunst ausschloß[14], Russolo, Carrà und Soffici ... In der »Notiz« kompilierte Däubler eine Leseliste für Abonnenten, die mehr über die Kunstentwicklungen des modernen Italien erfahren wollten; merkwürdig konservativ, zumindest im Kontext der *Aktion*, die Hervorhebung Victor Hehns und Arthur Moeller van den Brucks und nicht ohne privates Interesse sein Hinweis auf das eigene »Nordlicht« (Erster Teil) und die Palazzeschi-Übersetzungen. Erfahrene Leser der *Aktion* dürften überrascht gewesen sein, hier auf einmal, wie zur Krönung der Leseliste, einen empfehlenden Hinweis auf die »Verse von Marinetti« gefunden zu haben, für die sonst der *Sturm* allein eingetreten war.

Nicht überraschend, daß Walden die Wandlungen der *Aktion* in einer längeren polemischen Notiz im *Sturm* ironisierte[15]. Er bemerkte herablassend, Pfemferts Wilmersdorfer Redaktion läge gar nicht in Berlin, und es wundere ihn nicht, daß »diese Vorortzeitschrift« Waldens eigener Publikation erst nach so langer Zeit zu folgen im Begriffe stand; die »futuristische Kunst [...] ist ja nicht in Wilmersdorf, aber in Berlin und in allen Großstädten Deutschlands und Europas ausgestellt worden«. Nur darf Wilmersdorf jetzt nicht für Deutschland sprechen, sonst (so fügt Walden irritiert und mit einem billigen Wortspiel hinzu) »mache ich sie alle, Aktionäre und Reaktionäre, einmal gründlich unmöglich, wenn ich guter Laune bin«.

Das italienische Sonderheft und die Däubler-Sondernummer der *Aktion* sind nicht zuletzt deshalb von einiger Bedeutung für die Wirkungsgeschichte des Futurismus in Deutschland, weil Däubler der erste und einzige deutsche Poet war, der in Florenz in den Sog futuristischer Gruppen geriet und aktiv an ihren Kundgebungen teilnahm, vor allem in den Jahren 1913/14. Alle anderen deutschen Schriftsteller (wohl mit Ausnahme seines Freundes Moeller van den Bruck) und Lyriker lernten den Futurismus in Berlin und/oder durch die Vermittlung von Kritikern und Übersetzern kennen: Walden als Arrangeur der Berliner Ausstellungen und Gastgeber Marinettis, Döblin und Stramm durch Walden und Ball und Becher durch die Übersetzungen Else Hadwigers in *Sturm* und *Aktion*. Däubler bekannte später (F 3), er sei zwar kein Futurist gewesen, hätte aber »futuristische Elemente« in sich gefühlt (Apollinaire und er, sagte Däubler, waren zwei Menschen, die, ohne dazuzugehören, mit Futuristen am engsten freundschaftlich verbunden waren). Seine Haltung dem Futurismus gegenüber war nicht eindeutig, zumindest wie er sie vier Jahre später beschrieb. Er sympathisierte mit dem Futurismus als einer rein italienischen Jugendbewegung und mit Marinetti, der die »große Sehnsucht«

der jungen Leute verstand, aber sie waren ihm alle, in ihrer Abneigung gegen die Geschichte, nicht romantisch genug, und es verstimmte ihn, daß sie den Individualismus (demgegenüber Däubler, zumindest in seinen liberalsten Formen, abgeneigt war) nur innerhalb einer festgesetzten Richtung gelten ließen, nämlich der eigenen, und gerade »für das individuelle und willkürlich festgesetzte Programm ihrer Gruppe die einzige Daseinsberechtigung beanspruchten«; der Hauptwert der ganzen Bewegung, so setzte er hinzu, lag »im Enthusiasmus, der opferwilligen Überzeugung jedes Einzelnen«. Seine Erinnerungen (E.3) an das futuristische Treiben in Florenz, Marinettis futuristischen Roman »Der Eindekker des Papstes« (dessen erstaunlichen Inhalt er zur Gänze nacherzählt), die Mitternachtsgespräche im Wartesaal erster Klasse des Florentiner Hauptbahnhofs, wo die Mailänder und römischen Futuristen mit ihren Florentiner Kollegen zwischen zwei Schnellzügen zusammenkamen, an die berühmte Serata im Florentiner Teatro Verdi (12. Dezember 1913), wo die Futuristen das Publikum zielbewußt provozierten, und an einen futuristischen Studentenulk im Städtchen Prato sind die einzigen Berichte eines deutschen Augenzeugen, die volle Authentizität in Anspruch nehmen dürfen. Er beschreibt den Lärm, die Beleidigungen, die »Schleuderwürfe von Kartoffeln, gesottnen Makkaroni, Tomaten und faulen Äpfeln«, mit denen das Publikum die Futuristen bedachte, als freundlicher Chronist, und auch das charakteristische Detail fehlt nicht: »Sogar die elektrischen Glühbirnen schraubte das wildbrausende Publikum ab und schleuderte sie, als Säcke mit Kartoffeln und Grünzeug und Obst leer zu werden begannen, auf die Vortragenden.«

Däublers Beiträge in der *Aktion* waren provisorischer und antizipierender Art. Sie stehen zwischen den Berichten über seine Vorkriegserfahrungen (1913/14), wie er sie in seinen Erinnerungen beschreibt, und den eingehenden Kunstessays der späteren Kriegs- und frühen Nachkriegszeit und streifen über Themen und Probleme hin, die er in seinen lesenswerten Arbeiten über »Simultanität« (E.4) und in seiner Charakteristik der futuristischen Künstler (E.5) aufgreift. Däublers Aufsatz über die Simultaneität geht von der zeitgenössischen Diskussion des Begriffs aus, erinnert an Delaunay, dem er das erste simultane Bild zuschreibt, an Boccionis »simultane Visionen« (in der Berliner Ausstellung zu sehen) und an Marinettis Manifeste, geht aber in seinem eigenen Argument weit über die Futuristen hinaus. Däubler begreift den Simultanismus nicht allein, wie Marinetti, als eine »Feier der Geschwindigkeit, des modernen Großstadtbetriebes, einen neuen Fieberzustand, erweckt durch die wissenschaftlichen Errungenschaften«, sondern beschreibt die Gleichzeitigkeit als einen neuen und allgemeinen »Zustand« der Sensibilität, in welchem das Bewußtsein mit dem »gefährlichen Reichtum« der Vergangenheit und seinen »Kenntnissen« zu spielen beginnt; die »simultanistische Überfülle von Gelerntem, nur flüchtig Aneigenbarem, führt zu Abstraktionen, nervischen Erkenntlichkeitszeichen mehr als zu erschöpfendem Wissen«. Däubler nähert sich unversehens einer Definition der Postmoderne, wie sie heute zuzeiten verstanden wird, als »simultanistische Elastizität«; wir »tragen ganze Namenregister herum, auch lieber auf den Tastorganen als im Großhirn: hinter jedem Namen eine Wichtigkeit, oft ganz winzig, aber doch stenogrammatisch in uns eingesetzt«. Er hat einiges über Klassizismus und den Zöllner Rousseau zu sagen, aber das Wesentliche sind die übergreifenden Entwicklungen, die sogar Richard Wagners Gesamtkunstwerk im »Zusammengehn von gesungenem Drama, Orchester und Plastik« mit der Musik des Futuristen Luigi Russolo verbinden, der in der Musik selbst »ein Prinzip der Simultanität [...] erschließen will«.

In seinem Essay über die futuristischen Künstler (E.5) erklärt Däubler sogleich im Eingang, es sei ganz unmöglich, die futuristische Bewegung als Ganzes zu charakterisieren, denn der »Futurismus durchschrillt jedes Wittern irgendeines Vergewissertwerdens absichtlich«, und er begnügt sich damit, die einzelnen Futuristen darzustellen, von denen keiner dem anderen gleicht. Seine Perspektive ist dabei von einem Florentiner eher als von einem Mailänder Standpunkt bestimmt, und seine selbständigen Urteile, soweit es Urteile sind und nicht Versuche, Kunstwerke poetisch nachzusingen, entziehen sich deutlich den in Berlin kurrenten Meinungen. Er stellt Carrà, dessen Steigerung des Impressionismus er rühmt, allen anderen voran, hebt das rein Analytische seiner Porträts hervor, die sich, ebenso wie seine Stadtbilder, »nur in rhythmischen Aufzeichnungen einer in sich geschlossenen Einheit drehen«, und beschäftigt sich im einzelnen mit dem in Berlin ein wenig vernachlässigten Florentiner Soffici, der seiner Meinung nach den toskanischen Primitiven nähersteht als den Impressionisten. »Soffici sammelt Eindrücke, stimmt sie langmütig ab, wiegt sie bei geschlossenen Augen aus und setzt sie dann [...] wie farbige Entscheidungen, letztpersönliche Richtersprüche hin«. Severini, den man sonst in Berlin sehr hoch schätzte, nennt er einen »entschlüpften Akademiker«, dessen »hochkennenswertes« Bild »Pan-Pan-Tanz« er allerdings im einzelnen und lebhaft interpretiert, und Boccioni, der Star der Berliner Ausstellung, dessen Malereien »lange im Symbolisch-Sentimentalen befangen« blieben, erscheint plötzlich als der »erste futuristische Bildhauer«, dessen Figur des Schreitenden (1913) Däubler in fast visionärer Sprache schildert: »bisher gabs bloß Menschen in Ruhe, die zufällig ausschreiten konnten, nun ists aber das Schreiten als solches, das den Leib beherrscht, sich selbst als Leiblichkeit einnimmt, das Verkörperte sozusagen überhaupt aus seiner Möglichkeit zu hasten heraushebt«. Däubler stehen keine scharfen Begriffe zur Verfügung, aber er besitzt ein außerordentliches Vermögen, sich in die originale Geste des Kunstwerks einzuleben.

Ich hebe, in der ihm gewidmeten Sondernummer, Däublers Gedicht »Futuristisches Tempo« (E.2) noch einmal in einigen Einzelheiten hervor, weil es einer der sprachschöpferischen deutschen Texte ist, der sich futuristischen Interessen in merkwürdiger Widersprüchlichkeit nähert. Das Gedicht »Futuristisches Tempo«, oder eigentlich eine in sich geschlossene Gedichtfolge, die selbst wieder aus zehn Stücken besteht, meldet im Titel an, wie modern sie sein will, aber sie arbeitet zugleich mit historischen Gedichtformen, die Däubler besonders liebte, ihrer Modernität entgegen. Er nutzt hier, auf nahezu archäologische Weise, die der deutschen Tradition entstammende vierzeilige Strophe wechselnder Reime (Gedicht 1–4), eine persönliche Variation der italienischen oder sizilianischen *ottave*, die eine strenge Kombination dreier Lautelemente im Reimschema forderte (6), und zuletzt Sonette (7–10) von durchaus passatistischer Art; nichts bezeichnender als der Umstand, daß Däubler das Gedicht später, ohne den aktuellen Titel (den er über seinen »Sang an Mailand« setzte), unter einem mehr oder minder ungenauen griechischen Motto aus Theokrits *Idyllen* publizierte, in dem ein ungeliebtes Mädchen den »guten Mond« anruft, um die Zuneigung des kalten Liebhabers neuerlich, oder gar magisch, zu gewinnen. Es ist wieder ein Stadtgedicht, wie so viele seiner Hymnen und so viele futuristische und expressionistische Lyrik jener Epoche; die Mailänder oder Florentiner Futuristen wären allerdings erstaunt gewesen (wenn sie seine Dichtung je hätten lesen können), daß Däubler sich erkühnte, gerade Rom, das die Futuristen eine paralysierte Stadt nannten, als Metropole der *velocità*, der bewegten Massen, der modernen Architektur und der neuen Technologien zu sehen – vor allem in jener Phase der ersten Gedichtgruppe (1–3), in welcher er den Triumph der elektrischen Bogenlampen über die Öllichter in den Kirchen und das sanfte Abendlicht der Natur zelebrierte, und, noch ausdrücklicher, im zentralen Gedicht (6) des Zyklus, der dann in den restlichen Stücken (7–10) ins Theatralisch-Erotische, das oft an D'Annunzio erinnert, und in einem lila Fin-de-siècle-Ballsaal-Report entblößter Busen und zauberhafter Lichteffekte verwittert. Der Mittelteil arbeitet mit Motiven, die an Bilder Carràs oder Severinis und an die Skizzen Sant'Elias erinnern (die er noch in der *Lacerba* hätte sehen können); ein febriles Gewoge der Menschen und Dinge in der ruhelosen Großstadt, deren chaotische Momente ineinanderdringen, Restaurants, Buchhandlungen, Friseure, Geschäfte, eine Bar mit ihren »Wanderflaschen« und der circeähnlichen Kassiererin »auf hohem Sessel«, das Caféhaus, die »Marmortische [...] absinthgrün eingeschichtet«, und auf den Straßen »die blanken Tramwaywagen«, die kristallinisch anrücken, »die Fahrtkristalle wandern bernsteinbleich erlichtet, / die Menschen scheinen Schatten blau hineingedichtet«, und zugleich die rasenden Automobile (Marinettis Lieblingsrequisiten) wie »beherrschte Feuerkatarakte«. Die Dichte der Gegenstände löst sich ins Transparente (wie es die Manifeste der futuristischen Maler forderten), sind »verdurchsichtigt« oder, wie Däubler in einem wiederkehrenden Wort betont, sie »verglasen«, und die besondere Verwendung seiner verbalen Präfixe zeigt an, wie sich die Figuren und Farben, in ihrer *compenetrazione*, futuristisch durchdringen (beblauen, übergolden, umadeln, übergrotten, vertreppen, begittern und anderes mehr). Däubler schafft, auf verbale Art, eine jener »Stadtkristallisierungen«, wie er sie in den Bildern Carràs finden konnte; und obgleich er (als echter Naiver in der Art des Zöllners Rousseau) seine erstaunlichsten Wirkungen in der Nähe des unfreiwillig Komischen erzielt, hat das Gedicht, in seinem Zentrum, eine merkwürdige poetische Intensität, die es den kühnsten Gedichten Johannes R. Bechers jener Epoche gleichberechtigt zur Seite stellt.

Im historischen Kontext der deutschen Avantgarde und ihres Verhältnisses zum italienischen Futurismus hat Franz Pfemferts *Aktion* eine komplizierte, widersprüchliche und wesentliche Funktion. Pfemfert war, von Anbeginn, von der eruptiven Energie des italienischen Sozialismus und Anarchismus angezogen (ohne zu wissen, wie nahe er damals dem Sorel-Schüler Mussolini stand und welche anarchisierenden Tendenzen sich im Futurismus anmeldeten). Er publizierte soziologische und politische Berichte über die italienischen Entwicklungen und war doch nicht geneigt, in den ungetrübten Enthusiasmus einzustimmen, mit dem Walden und die Seinen den Futurismus im *Sturm* willkommen hießen. Während man im *Sturm* die futuristische Kunst mit allen Mitteln propagierte, lehnte sie die *Aktion* zunächst als exaltiert, sinnlos und »antioptisch« ab. Zugleich gewährte Pfemfert der neuen italienischen Lyrik, in den Übersetzungen Else Hadwigers, einen deutlichen Raum und wandte sich, nach dem Erscheinen Däublers in Berlin, dem italienischen Futurismus mit einer überraschenden Aufmerksamkeit zu, welche Serners und Kanehls einstige Polemiken gegen den Futurismus in den früheren Heften der *Aktion* radikal negierte. Die profuturistischen Sonderhefte der *Aktion* fallen gerade in jene Zeit, in welcher sich der *Sturm* damit begnügte, August Stramm (der selbst durch Waldens Vermittlung vom Futurismus gelernt haben mochte) und seine vielen Epigonen zu publizieren und den internationalen Horizont der Zeitschrift zu verengen. Die *Aktion* setzte die Anwaltschaft des Futurismus ebendort fort, wo sich der *Sturm* auf die Strammsche Reduktion der Syntax konzentrierte, und wirkte durch Däublers Parteinahme und Gedichte, ebenso wie die Übersetzungen Else Hadwigers, zu deren Freundeskreis Ball und Becher zählten, in die Weite der zeitgenössischen deutschen Lyrik.

Die Differenzen zwischen *Sturm* und *Aktion* beginnen sich unmittelbar nach Kriegsende und in den ersten Jahren der Weimarer Republik deutlicher denn je zu zeigen. In der *Aktion* gibt Pfemfert das Literarische und Ästhetische fast ganz auf und wendet sich den praktischen und theoretischen Fragen des Anarchismus zu, berichtet[16] über die Kämpfe und Verfolgungen der italienischen Syndikalisten mit Hingabe und Aufmerksamkeit, so zum Beispiel über die Schicksale Giuseppe Boldrinis und Francesco Ghezzis in preußischen Gefängnissen (sie hatten im sozialistischen Preußen Asyl gesucht), und publiziert genaue Denkschriften über den Terror der Faschisten gegen die Repräsentanten der Linken[17], von Piccinini bis auf Matteotti. Merkwürdig dagegen im *Sturm* die erneute Loyalität Waldens (ehe er vollends zur KPD abschwenkte) für die zweite Generation der italienischen Futuristen und den damals in Berlin ansässigen sizilianischen Dichter und Dramatiker Ruggero Vasari. Walden emigrierte im Jahre 1932 in die Sowjetunion, Pfemfert suchte Sicherheit im Exil (1933), und Vasari, Futurist und Faschist, war in jene Vorgänge verwickelt, die Marinetti zu einem Staatsbesuch ins nationalsozialistische Berlin führen sollten.

5. Walden, Marinetti und August Stramm

In grundsätzlichen Fragen des Ästhetischen stand Walden dem Antitraditionalismus und Vitalismus der Futuristen ebenso nahe wie in vielen seiner Anschauungen über die Kunst der Linien, Flächen und Farben. Als Kritiker der Poesie, als einer mit Worten operierenden Gattung, orientierte er sich zunächst an Arno Holz[1]. Einem Begriff des Universums ohne Bewegungen setzte auch Walden, wie die Futuristen, Weltprozesse steter Bewegung entgegen, und da seine erste künstlerische Passion die Musik gewesen war, begriff er sie als eine Grund- und Hauptkunst, welche die Möglichkeit eröffnete, jene Prinzipien der Malerei und Poesie zu verstehen, die ihrem Wesen nach musikalisch waren, also rhythmisch und ohne Nachahmung oder Aussage. »[...] das Leben ist Bewegung und nur an der Bewegung erkennen wir das Leben.«[2] Die Musik war, vor allen anderen Künsten, geschickt, diese Bewegung mitzuteilen und die Hörenden in eine antwortende Bewegung zu setzen. »Sie bewegt uns, sie zwingt uns«[3]; und wie sie, die nichts nachahmte und nichts erzählte, so waren Malerei und Poesie zu verstehen, als rhythmische Bindungen eines Materials, »Flächen [...] durch Formen gestaltet«[4], Wörter, rhythmisch kombiniert. Walden beharrt in seinen Essays immer wieder auf Erklärungen, die man semiotisch nennen darf, denn er unterscheidet, wie es Holz tut, genau zwischen den besonderen Materialien der einzelnen Künste. Walden bemerkt, daß die »Tonkunst« ihren Namen zu Recht trage, und setzt hinzu, daß mit einer Benennung »Dichtkunst« noch »wenig gesagt« sei. Der richtige Name wäre »Wortkunst«, denn nur durch diesen Namen wird »das Material dieser Kunstgattung [...] eindeutig bezeichnet«[5].

In seiner kritischen Wendung zur »Wortkunst« bekannte sich Walden, ehe er in den Gedichten August Stramms die Verwirklichung seiner Ansprüche an das Gedicht sah, zu einem besonderen Respekt für Arno Holz, dessen Arbeiten er im *Sturm* ausführlich zitierte; und es ist von einiger literaturhistorischer Bedeutung, daß Walden seine Neigung für Holz auch seinem Freund Döblin mitteilte, der dann Holz in wiederholten Essays, selbst noch nach dem

Zweiten Weltkrieg, in den späten vierziger Jahren, rühmte (vor Wilhelm Emrich und Helmut Heissenbüttel also, die Holz von neuem für die deutsche Nachkriegsliteratur entdeckten).

Arno Holz, den Marinetti als einen deutschen Kronzeugen für die notwendigen Veränderungen des neuen Verses zitiert hatte, forderte um die Jahrhundertwende eine »Revolution der Lyrik« (1899), die sich nicht mehr mit einer sozial aktuellen Thematik begnügen sollte (wie er es selbst noch in seinen frühen Mietskasernen-Gedichten versucht hatte). Im Poetischen selbst radikal, sollte sie die »Mittel« des Schreibens und »ganz bescheiden« nur ihre »Handhabung«[6] revolutionieren oder eine Schreibart bevorzugen, in welcher eine übernommene Metrik und traditionelle Strophenmuster das Entscheidende der Lyrik, das, was sie eigentlich und notwendig ausdrücken wollte, nicht mehr zu sabotieren vermochten. Die Welt war »doch ein wenig zu weit« für den »umzirkelten Mechanismus«, den die alten und oft wiederholten Formen über sie zu stülpen versuchten[7]; kein selbstgefälliges Spiel mehr mit den vorgeprägten metrischen Mitteln, sondern (wie Holz auch in seinen Mitteilungen in Marinettis *Poesia* betont hatte) eine Lyrik, die »lediglich durch einen Rhythmus getragen wird, der nur noch durch Das lebt, was durch ihn zum Ausdruck ringt«[8], also den sachlich notwendigen, nicht mehr subjektiv arbiträren Rhythmus von Gnaden des Dichters. Die neue Lyrik wollte keine Reime mehr, denn die deutsche Sprache war besonders arm an gleich auslautenden Wörtern; das Repertoire der deutschen Lyrik war deshalb »um [...] 75% enger« als »unsere Wirklichkeit«[9]; und selbst Strophen waren unpoetisch, denn durch jede tönte, selbst die vollkommenste, sobald man sie wiederholte, »ein geheimer Leierkasten«[10].

Walden hatte Holz' *Revolution der Lyrik* selbst ein Jahrzehnt nach Erscheinen in guter, wenn auch selektiver Erinnerung, publizierte im *Sturm* Auszüge aus Holz' *Phantasus*[11] (dem sogar eine Romanfortsetzung Döblins weichen mußte) und aus dem Vorwort zu *Ignorabimus*, in dem Holz den Gegensatz von Metrik und Rhythmus von neuem zur Sprache brachte[12]. In den Jahrgängen vor Kriegsausbruch polemisierte man gegen Pegasusschinder und Schmalzdichter, die Reime »aneinanderpappten«[13]; und selbst einem Verteidiger Georg Herweghs im *Berliner Tageblatt* zog Walden den Rohrstock über die Finger, denn es kam darauf an, das

Wort richtig zu bewerten, und das hatte Herwegh nicht getan[14]. Walden schätzte die Musik, als Emblem aller Künste, allerdings höher als Holz, der ihr (zumindest in seinen frühen Schriften) mißtraute, weil ihre klangvollen Verführungen den Lyriker vom Wesentlichen ablenkten, blieb aber dennoch lange geneigt, Lyrik nach den Ideen von Holz zu beurteilen, als Theoretiker, nicht immer als Redakteur der Zeitschrift. Es war ihm aber bald nicht genug an Holz' Theorie und Praxis; und nachdem die Forderungen der modernen Maler, und vor allem der Futuristen, sein Bewußtsein von den Möglichkeiten neuer Kunstübungen radikalisiert hatten, harrte Walden eines neuen Messias der Lyrik und fand ihn, oder wollte ihn finden, ehe noch der Krieg ausbrach, in August Stramm. Die Sache war nur dadurch kompliziert, daß Walden an den lyrischen Wandlungen Stramms nicht ganz unschuldig war, denn Stramm setzte, in einem oft zitierten Brief, die »Waldensche Kunstübung« und den »Futurismus« nahezu in eines.

August Stramm, Westfale, Katholik, Postoberinspektor (der seine Dissertation über Probleme der Weltpostgebühren schrieb), Leutnant der Reserve, Gatte der populären Romanschriftstellerin Else Krafft, Vater zweier Kinder, malte und schrieb, wahrscheinlich im Wettbewerb mit seiner erfolgreichen Frau. Seit der Jahrhundertwende versuchte er in Zeitschriften zu publizieren, aber weder *Jugend* noch der *Simplicissimus* waren bereit, seine Einsendungen zu drucken. Es war der jugendbewegte Hans Blüher, der Stramm veranlaßte, *Sancta Susanna*, eine mystische Szenenfolge à la Maeterlinck, in der Redaktion des *Sturm* einzureichen. Ob das schon Ende 1913 oder ein wenig später geschah, ist weniger wesentlich als der Umstand, daß Stramm und Walden noch Mitte März 1914 in der Redaktion des *Sturm* zusammenkamen und auf den ersten Blick eine Geistesfreundschaft schlossen. Am 1. April 1914 war Stramm in Waldens Wohnung eingeladen, wo ihn Nell Walden freundlich begrüßte, und die Zusammenkünfte setzten sich, nachdem Stramm dem Mobilisationsbefehl am ersten Tag des Krieges Folge geleistet hatte, in einer Reihe von einzigartigen Briefen fort, in welchen das Redaktionelle und der mystische Enthusiasmus Stramms seltsame Verbindungen eingingen. Im Frühling 1914 begann der *Sturm*, Stramms Gedichte systematisch zu publizieren, und Walden setzte dem Freund, der am 1. September 1915 an der galizischen Front gefallen war, in einem programmatischen Nachruf ein Denkmal als Dichter der Epoche[15], veröffentlichte seine nachgelassene Lyrik und förderte bald eine Schar von Stramm-Nachahmern, die den *Sturm*, als Zeitschrift moderner Lyrik, mit ihren mehr oder minder uniformen Litaneien zu überschwemmen drohten. Vor 1914 waren im *Sturm* Gedichte Else Lasker-Schülers, Jakob van Hoddis' und Gottfried Benns zu lesen, aber nach dem Tode Stramms dominierten, für ein halbes Dutzend Jahre, die »Strammianer«, die guten, wie Franz Richard Behrens, Kurt Schwitters (dessen Nachahmungen sich immer deutlicher in Parodien verwandelten) oder (später) Erich Arendt, aber auch die vielen anderen, die ihre Übungen in der Art Stramms mechanisch herunterbeteten.

Das fortgesetzte Streitgespräch über die Frage, ob und was der Poet Stramm von Walden und von Waldens Engagement für den italienischen Futurismus lernte, ist noch lange nicht beendet[16], und die Überzeugung, Stramm sei, durch Vermittlung Waldens, von Marinetti abhängig, ist nicht leicht mit der entgegengesetzten Idee seiner Unabhängigkeit zu versöhnen. Ich begnüge mich mit dem Nachweisbaren und finde mich auf wenige verfügbare Texte zurückgeworfen, denn die Streitgespräche für und wider nehmen ihren Anfang allein in zwei brieflichen Mitteilungen Stramms, die eine an Walden selbst, die andere, in diesem Zusammenhang wahrscheinlich wichtigere, an seine Frau Else. Die briefliche Mitteilung an Walden (F.1) datiert vom 22. März 1914, also bald nach seinem ersten Besuch in der Redaktion, und besagt nichts weiter, als daß ihn Walden, wie jeder gute Zeitschriftenherausgeber, mit Lese- und Studienmaterial versorgt hätte, das für seine Arbeit von Bedeutung war. Er dankt Walden, noch in formaler Sprache, »für die beiden [ihm] gütigst überlassenen Aufsätze« und setzt hinzu, daß »das Ziel«, das sie aufrichteten, das »Höchste« sei, das »jeder Künstler erfüllen« müßte. Das Problem ist allerdings noch der »Weg« zu diesem Ziel, und die Fragezeichen, die Stramm setzt, bezeichnen seine Überlegungen sehr genau, ob es nun futuristische Manifeste waren, die ihm Walden überlassen hatte, oder nicht. Die andere briefliche Mitteilung (F.2) richtet Stramm aus der südwestdeutschen Etappe Neubreisach am 29. Dezember 1914 an seine Frau; ein intimer Ehebrief, schon der zweite am selben Tag, und inständig bemüht, die verschiedenen Kunstwege, die sie und er zu gehen beginnen, zu rechtfertigen oder gar als Kraftprobe einer festen Ehe zu erklären. Die populäre Volksschriftstellerin Else Krafft, Verfasserin des erfolgreichen Romans *Klingklanggloria* (1906) und vieler anderer ähnlicher, auch noch im »Dritten Reich«, hegte unruhige Zweifel an den neuen intellektuellen (jüdischen?) Freunden ihres Gatten und ihren Ideen. »Ich fühle es«, so schrieb er ihr, »es quält dich so vieles, mit dem du dich nicht abfinden kannst, was du dir nicht erklären kannst.« Stramm umschreibt den Grund der Irritationen mit einem Satz, der in der Literaturgeschichte Furore gemacht hat: »Meine ganze Kunst, diese Hinneigung zum Futurismus, zu Waldenscher Auffassung und alles das. Kind!... was geht das *uns* an [...].« Er läßt allerdings keinen Zweifel darüber, daß er nicht bereit ist, von seinem Weg abzuweichen: »Nein, Elle, ich kann nicht anders und ich bin Walden daher so dankbar und muß es sein aus natürlichem Gefühl, weil er mir darin den Weg zu meinem Höchsten bahnt in meinem Kunstgefühl.« Stramm sucht »die große Ängsterin« zu beschwichtigen, aber seine Kunst steht »drüben« und »*muß* da stehen«.

Stramms Gedichte selbst (darüber sind sich die Kritiker vieler Couleur mehr oder minder einig) gehen im Frühling und frühen Sommer 1914 durch rapide Wandlungen seiner lyrischen Praxis. Die älteren erhaltenen Gedichte Stramms (also die nach Angaben von Bozzetti und Radrizzani vor dem Frühling 1914 geschriebenen) bezeugen, daß der Sonntagsdichter Stramm auf Suche nach einem persönlichen Ausdruck war, in welchem die Sprache das Erfahrene und Geschaute genau und ohne jeden Überfluß bezeichnen sollte; ein restlos präzises Zeichen für jedes zu Bezeichnende. Die traditionelle Gedichtform geriet, wenn auch nicht immer, ins Schlittern, die Grammatik begann sich dem rhythmischen Ausdruck zu unterwerfen, und deutliche Wiederholungsmuster, oft onomatopoetischer Art, stützten den Vers. Stramm schwankte aber schon *vor* seiner Begegnung mit Walden zwischen zwei Möglichkeiten, Gedichte zu schreiben – die eine, die durch eine bis zur Formelhaftigkeit gesteigerte rhythmisch-expressive Wiederholung und die Ausschaltung des Verbum finitum charakterisiert war (ich nenne diese Möglichkeit den Typus *Alpha*), wie etwa in »Urwanderung« und »Der Marsch«; und eine andere, die, in vielfältigeren Texten (die ich einem Typus *Beta* zuzähle), zum Beispiel »Der Ritt« oder »Vorfrühling«, eine Erfahrung des Natur- und

Menschenhaften in rhythmisch gesteigerter Sprache festhalten will, welche der sinnlichen, ja physiologischen Qualität des Moments durch kurze, aber immer noch grammatisch wohlgeformte Sätze korrespondieren soll, durch Zeitworte kräftiger und hektischer Energie und durch akzentuierte Eigenschafts- und Umstandsworte. Ich sehe die Möglichkeit *Alpha* als eine, die auf das Kompakte, Formelhafte und eine fast mathematisch strenge Regelhaftigkeit abzielt, und die andere *(Beta)*, als Sprechakt des leidenschaftlich entfesselten Moments, in welchem das Naturhafte und das Physiologisch-Menschliche, einander durchdringend, zu notwendigem Ausdruck drängen. Um meine Hypothese hier vorauszunehmen: Stramm hat, nach seinen Gesprächen mit Walden und der Lektüre der ihm überlassenen *Sturm*-Hefte, seine älteren Schreibarten nicht ganz und gar verworfen, um von neuem zu beginnen; ich nehme eher und mit Gründen an, daß ihn die Gespräche und die neue Lektüre dazu ermutigten, den formelhaften Typus *Alpha* energisch fortzuentwickeln und den Typus *Beta*, der Norm *Alpha* folgend, zu revidieren und umzuformen, in jedem Fall aber futuristisch vom Satz zum einzelnen Wort.

Das Gedicht »Urwanderung« (F.3), ob es nun zu den ältesten oder nur frühen Gedichten zählt, belegt[17], als rohe Skizze des Typus *Alpha*, jene kosmische Spekulation des Mystikers Stramm, die später in »Menschheit«, »Weltwehe« und noch in »Urtod« eine Reihe von Texten bilden, sie sich in ihrer ontologisch-formelhaften Dramatik von seinen Gedichten des Eros und des Krieges abheben. »Urwanderung« ist eine naive, wenn nicht bierernste Ballade aus dem noch instinktiven Dasein der Urmenschen; Mann und Weib, von Durst und Hunger getrieben, »Steine in krampfenden Fäusten«, schlürfen das Wasser der Flüsse, schlagen die Zähne in »blutige[n] Fraß«, geblendet von der Sonne, fürchtend die Dunkelheit des Schlafs: »Weiter! Weiter!« Der Text ist wie aus Rufen und Schreien konstruiert; in 36 Verszeilen von zwei oder drei Hebungen sind 23 Rufzeichen gesetzt, sonst keine Interpunktion. Die Vorgänge sind sprunghaft mitgeteilt und verbinden akzentuierte Nomina, eine Infinitivreihe (Vers 3: Winken Hasten Zagen), kräftige Eigenschaftsworte und eine deutliche Symmetrie rhythmischer Wiederholungen verschiedener morphologischer Elemente – brutal, mit dem Hammer behauen und merkwürdig wirkungsvoll, sobald es, in der Rezitation, nicht so sehr auf die Bedeutungen als auf den Rhythmus der Laute ankommt. »Der Marsch« (F.4), eine andere Ausprägung des Gedichttypus *Alpha*, wahrscheinlich noch aus der Frühzeit (das heißt vor März 1914), dokumentiert, wie sich eine solche Konzeption des Gedichts auch eines modernen Stoffs à la Liliencron zu bemächtigen vermag. In Stramms Text erstarrt der Übungsmarsch einer preußischen Infanterieabteilung zu reiner Formelhaftigkeit; Bewegungen, Gebärden, Sprachfetzen der Marschierenden sind geradezu ikonisch konstruiert, die Trommeln, Querpfeifen, Trompeten, die genagelten Stiefel auf dem Pflaster – in jeder Strophe von sechs Zeilen, Vers 1–2 und 4–5 jeweils onomatopoetisch, Vers 3 und 6 Kommando und Sprachfetzen –, und das Ganze so militärisch spartanisch, daß selbst ein Spieß von ehedem nichts gegen den Triumph des Drills einzuwenden hätte. Nur das »weiter! weiter! weiter!« zum Abschluß meldet unüberhörbar, daß Stramm die »Urwanderung« hier ins Infanteristische übersetzt hat, den Gedichttypus *Alpha* variierend, aber nicht grundsätzlich verändernd.

Das Gedicht »Der Ritt« (F.5), das der Frühzeit entstammt, ist ein nützliches Beispiel des Gedichttyps *Beta*, dem, der Anlage nach, die Mehrzahl der poetischen Texte Stramms zuzuzählen sind – hier in der bewegten Fülle, wenn nicht dem drohenden Chaos der Elemente, wirbelnd, reißend und stampfend. In Stramms Anschauung wird selbst der Ausritt des Gentleman, mit dem Einglas im Auge, ein fataler Augenblick, in welchem sich die Natur selbst des Reiters zu bemächtigen sucht und die Welt sich in Entsetzen auflöst: »Adjutantenritt«, vom »Erlkönig« kaum zu unterscheiden. Die Äste der Bäume greifen nach den Augen, im Einglas wirbeln die Farben, vierfach bezeichnet, Dunst kriecht am Sattel hoch, ein Schrei gellt auf, und die Erde zerstampft, wie in einem Mörser, sich selbst, Reiter und Tier. Keine Strophen wie im anderen Gedichttypus; die Zeilen in der überwiegenden Mehrzahl syntaktisch organisiert, jedem Satz entspricht eine Zeile (mit Ausnahme von Vers 3–4, in welchem der eine Satz von drei Verben getragen wird), und selbst die kryptischen Zeilen 9–11, nur scheinbar chaotisch, sind als rhetorisches Zeugma zu lesen, in dem »Mich und mein Tier / Mein Tier und mich« syntaktisch von »zerstampft« (Vers 7) abhängt, ehe die letzten beiden Wörter »Tier mich« den zugrundeliegenden Chiasmus (Mich: Tier – Tier: Mich) noch einmal bestätigen. Das Charakteristische des Gedichttypus zeigt sich in der Dominanz der syntaktischen Konstruktionen, welche die Abfolge der Zeilen organisieren, und in den intensiven Farbqualitäten, oft dekorativ und in adjektivischer oder gar adverbialer Funktion. Die Sätze, die der morphologischen Fülle nicht entbehren, sind noch lange nicht reduziert und behaupten, ähnlich wie im benachbarten Gedicht »Vorfrühlung«, ihre grammatische Konstruktion.

Die Wandlungen der Gedichtform *Alpha* zeigen sich mit einiger Auffälligkeit in der lyrischen Komposition »Die Menschheit«, die in der Zeit vom 23. Mai bis Ende Juni 1914 entstand, also unmittelbar nach den ersten Gesprächen mit Walden in der *Sturm*-Redaktion. Wie später, zum Beispiel im Text »Urtod«, wählt Stramm kühn das Unmögliche und versucht, Werden und Vergehen des Menschenwesens in 390 formelhaft organisierten Zeilen zu rhythmisieren, eine »Légende de siècles«, nicht mehr romantisch verwuchernd wie bei Victor Hugo, sondern skelettiert. Mit dem einen (einzigen) Satz »Tränen kreist der Raum!« beginnt und endet, wenig biblisch, der Schöpfungsprozeß, der sich noch ungezählte Male wiederholen mag. Tränen und feurige Funken zuerst, dann Augen, Leiber und ein Schrei, aus dem das Wort entsteht, und mit und nach dem Wort der Geist und das Ich, das Eine und die Vielen, die sich wütend selbst zerstören, ehe alles ins ursprüngliche Chaos zurückfällt (und die Wiederholung des Satzes »Tränen kreist der Raum!« in der letzten Zeile eine sinnlose Wiederkehr des Werdens und Vergehens ankündigt). Die erste Charakteristik dieses Textes wird durch auffällige Wiederholungen von Nomina und Verben konstituiert, die sich in Repetitionsmustern der vielfältigsten Art verselbständigen und die Reste einer syntaktischen Struktur, selbst wo sie noch vorhanden wäre, schwächen und zerstören; das Wortmaterial läßt den zersprengten Satz selbstgewiß hinter sich. In den Wiederholungsmustern wirken semantische und lautliche Elemente zuzeiten miteinander (Sammeln Sammeln / Sammeln Stammeln), zuzeiten eher voneinander getrennt (Gurren Gnurren / Gurgeln Grurgeln / Pstn Pstn / Hsstn Hsstn), Adjektive und Adverbia beginnen zu verschwinden, und das Onomatopoetische verwandelt Wörter des öffentlichen Lexikons in störrisch-private Lautzeichen, die (wie in den Texten Marinettis) den Anspruch erheben, die Hörbarkeit der Weltprozesse ganz genau zu vergegenwärtigen. Diese Wandlungen des Gedichttypus *Alpha* bestehen zuletzt darin, die Syntax durch die reine Formelhaftigkeit des Wortmaterials, das heißt der Nomina und der Zeitworte, ganz und gar zu verdrängen.

Die Wandlungen des Gedichttypus *Beta* sind nicht ganz so einfach zu beschreiben wie die des anderen; und wo sich in *Alpha* die reine Formelhaftigkeit gegen den Satz triumphierend durchsetzt, vollziehen sich in den Transformationen des Typus *Beta* andere, oft ambivalente Prozesse. Die Tendenz scheint mir jedenfalls deutlich: Der eine Gedichttypus *(Beta)* beginnt sich dem anderen anzugleichen und unterzuordnen, aber nicht ganz, weil die Schreibart *Beta* ihre eigene Widerstandskraft entwickelt und sich nicht restlos angleichen oder reduzieren lassen will. Das Gedicht »Signal« (F.7), eines der Kriegsgedichte, das nicht zu den berühmtesten zählt, verrät einiges von dem Hin und Her der Angleichungs- und Widerstandsprozesse. Die ursprünglichen Langzeilen sind auf vier oder fünf Silben gekürzt, fünf Verszeilen bestehen demonstrativ auf Einsilbigkeit, und die Wiederholungsmuster, die dem Typus *Beta* der Herkunft nach fremd sind, beginnen gegen die Syntax zu arbeiten, indem sie diese auflösen (Gehen Gehen) oder formelhaft stören (Und geht und geht / Und geht und geht / Und geht und geht und geht und geht). Selbst die Bildung der Nomina beginnt sich der anderen Schreibart anzugleichen, und die drei legitimen Hauptwörter (Trommel, Horn, Haupt) funktionieren mit und neben hypostasierten Infinitiven (Sterben, Sträuben, Gehen), die sich durch ihre Großschreibung an der Grenze zwischen Verbum und Nomen bewegen. In vielen anderen, späteren Ausprägungen des Typus *Beta*, zum Beispiel im berühmten Gedicht »Trieb«, wird diese schwankende Form – bald dritte Person des Plurals eines Verbums der Gegenwart, bald großgeschriebener Infinitiv, bald Nomen – alle anderen Wortarten morphologisch überspielen. Eines sticht im Angleichungsprozeß von *Beta* an *Alpha* ganz besonders ins Auge, und das ist, ganz im Sinne der Futuristen, die Liquidation der Adverbia und der Adjektive; hier, im »Signal«, ist nur noch eines erhalten (flattre), und selbst das will seine Herkunft aus dem Verbalen nicht verleugnen.

Es sind nicht nur Veränderungen der lyrischen Schreibarten, die Gedanken an Stramms eigenen Futurismus nahelegen, sondern nicht weniger zwei Prosastücke, betitelt »Der Letzte« (F.8) und »Warten« (F.9), geschrieben im April und vor Kriegsbeginn 1914 und von Walden postum publiziert[18]. Beide Texte sind innere Monologe, der erste Erlebnis und Sterben eines jungen Offiziers vergegenwärtigend, der seine Stellung mit seinen Männern gegen einen feindlichen Angriff verteidigt und selbst im Augenblick des beginnenden Gegenangriffs von einer tödlichen Kugel getroffen wird; und der zweite die Bewußtseinsprozesse eines merkwürdig puritanischen Jünglings, der lieber Selbstmord begeht, als sein Gewissen durch die Sünde der Verführung zu beflecken. Beides sind Texte im Vorgefühl des Todes, die in ihrer analytischen Tiefe, sprachlichen Kühnheit und aggressiv sexuellen Aufrichtigkeit weit über Schnitzlers »Leutnant Gustl« hinausgehen und eher James Joyce antizipieren. Als ungewöhnliche Prosaexperimente erinnern »Der Letzte«, in dem Stramm seine Methode erarbeitet, und »Warten«, in dem er sie appliziert, in vielen rhetorischen Zügen an Marinettis »Die Schlacht«, die, allerdings im französischen Originaltext, einen Teil des im *Sturm* veröffentlichten »Supplements« bildete; und selbst der Umstand, daß »Der Letzte« schon im April 1914 nach den Walden-Gesprächen entstand, und nicht im Krieg, mag die Annahme bestätigen, daß Stramm, ähnlich wie Döblin und Becher, in einem eigenen Text auf Marinettis »Schlacht« antwortete – auf literarische Art, vor und noch ohne Erfahrung des Krieges (deshalb wahrscheinlich auch noch »Flinte« für Gewehr oder Knarre). Es ist ja durchaus möglich, das Stakkato des Marinetti-Textes im ganzen als inneren Monolog zu lesen und nicht nur die vielen in die Folge der befreiten Worte versprengten monologischen Elemente, zum Beispiel am Schluß (A.5); Stramms gehackte Kürze, die keuchende oder schreiende Artikulation, in welcher er noch auf ganze Sätze und expressive Satzzeichen nicht verzichten zu können glaubt, sind von militärischen Kommandorufen durchsetzt (Schnellfeuer! Blaue Bohnen! Bohnen!), genau wie Marinettis Text, *chacun à son poste!* Eine Folge von *parole in libertà* in Marinettis Manier fehlt nicht (Mord Müdigkeit Rasen Wut), und zumindest eines der implizierten Bilder, vom Kopf des Offiziers, der im Ausfall zum Gegenangriff dem Körper voran *kollert*, hat seine Entsprechung in Marinettis bramarbasierender Analogie von den Köpfen als Fußbällen in den Explosionen der Schlacht, *têtes-football* (gerade dieses Bild kreidete Döblin Marinetti übel an). Hätte Stramm Marinetti nicht gelesen, er wäre daran gewesen, eine deutsche Entsprechung der kriegerischen *parole in libertà* zu erfinden.

Das alles genügt noch lange nicht, um Stramm zu einem Nachfolger oder gar Schüler Marinettis zu erklären, aber selbst wenn er die Frage seines Futurismus nicht selber aufgeworfen hätte, bezeugen die Wandlungen seiner lyrischen Schreibarten und die innere Evidenz seiner monologischen Prosatexte, daß er sich in der Nähe Marinettis bewegte. Die ideologischen Unterschiede sind abgrundtief: Marinettis Begriff der Welt besteht aus einer Mischung von Vitalismus und Technologie, Stramm lebt als Schriftsteller in einer Welt der chaotischen Libido und des elementaren Todestriebs (also eher mit den Begriffen des späten Freud zu bestimmen als mit ein wenig Bergson und Schulbuchphysik); das Ich, allein oder mystisch vereint mit anderen, behauptet sich in Stramms Welt als wesentliches Element, ganz im Gegensatz zu Marinetti, der das literarische Ich zerstören und an seine Stelle die Energien des Weltalls selbst setzen will. Stramms Rhetorik allerdings bezeugt, nach seiner *Sturm*-Lektüre, dem Futurismus analoge Züge; und die ältere Hypothese, daß die »beiden Aufsätze«, für die er Walden dankte, Marinettis »Technisches Manifest« und das »Supplement« (einschließlich der »Schlacht«) waren, ist nur halb so unwahrscheinlich wie die ihr entgegengesetzte Annahme einer absoluten Unabhängigkeit des Denkriesen Stramm oder einer folgenreichen Vaihinger-Lektüre (Patrick Bridgwater). Stramm geht in vieler Hinsicht über die futuristische Sprachrevision radikal hinaus (so in der Verflüssigung der Wortklassen, der Verwandlung intransitiver in transitive Verben oder in seinen Kürzungen der Präfixe), aber ist doch, in anderen Sprachzügen, mit dem Futurismus eines Sinnes, so in der Neigung zum Onomatopoetischen, aus dem die Welt selber spricht, in der Vorherrschaft der Hauptwörter und der Verben im Infinitiv, in seiner Abneigung gegen Adverbien und Eigenschaftswörter, und vor allem in der ausgeprägten Tendenz, Syntax aufzuheben oder sie allein in reduzierten Formen zu bilden. Merkwürdig, wie sich Ideen und Verhältnisse im Kreis bewegten. Walden war, im Frühling 1914, als Bewunderer von Arno Holz und Marinettis Förderer, Mentor Stramms gewesen und war, nach Stramms Tod, rasch bereit, in seine immer häufigeren literarischen und polemischen Essays aus der Praxis Stramms zu lernen und seinen Glauben an das Prinzip des Rhythmus, noch von der Musik und Arno Holz her, mit dem distinkten Mißtrauen gegen Grammatik und Syntax zu verbinden und das einzelne Wort, im Sinne des Futurismus, über den Satz zu stellen. Oder entnahm er der Praxis Stramms, was er selbst in sie gelegt hatte, indem er ihm die futuristischen Texte zu lesen empfahl? »Das Wort herrscht... Das Wort zerreißt den Satz... Nur Wörter binden, Sätze sind aufgelesen.«[19] Das ist Waldens Plädoyer für den *poète asyntactique*, der allein, wie Marinetti glaubte, die radikale Modernität der Literatur zu garantieren vermag.

6. Futurismus, Dada, Christentum: Hugo Ball

Spätere Kritiker sind oft geneigt, in Dada-Zürich (je nach ideologischer Vorentscheidung) eine absolute Erneuerung oder eine brutale Zerstörung der Künste zu finden, ohne Vorgänger oder Vorbilder. Der junge Hugo Ball, der im Februar 1916, ehe noch der Name Dada gefunden war, zu den Gründern des Cabaret Voltaire zählte, dachte anders. Er war sich, selbst im Enthusiasmus des Anfangs, eines eklektischen Moments bewußt und meinte nüchtern (allerdings in einer späteren Redaktion seines Tagebuchs[1]), daß sich im Cabaret Voltaire »alle Stilarten der letzten zwanzig Jahre [...] ein Stelldichein« gaben. In seinen Notizen und Korrespondenzen finden sich Hinweise auf Henri-Martin Barzun und Fernand Divoire, die Pariser Erfinder des Simultangedichts, und, noch häufiger, auf die Futuristen und F. T. Marinetti. Der unstete Ball, leicht für Ideen entflammt und ihrer rasch müde, war einer der »reinen Toren« des expressionistischen Zeitalters, der lange vor Brecht daran glaubte, man könnte die Welt durch das Theater, oder gar Kabarett und Varieté, von Grund auf verändern[2]. Er war Student in München, Heidelberg und Basel, wollte eine Dissertation über Nietzsche schreiben und studierte Bakunin, fand Aufnahme in Max Reinhardts Berliner Schauspielschule und im Café des Westens, versuchte sich als Dramaturg in München, entwarf die Theorie einer neuen dionysischen Bühne und sprach begeistert vom »grandiosen« Berliner Leben, im Kreise der *Sturm*- und der *Aktion*-Autoren. Als der Krieg ausbrach, meldete er sich freiwillig, reiste (da man ihn zunächst abwies) auf eigene Kosten und als Zivilist an die Front, um dem Krieg möglichst nahe zu sein, und war von dem, was er sah, so erschüttert, daß er die Kriegsbegeisterung der ersten Stunde rasch revidierte. Arbeitslos und ohne Hoffnung auf Erwerb, ging er mit der Münchener Chanteuse Emmy Hennings in die Schweiz, schlug sich mit ihr in kleinen Varietétruppen durch und faßte dann den Gedanken, in der Züricher Spiegelgasse sein eigenes Kabarett zu gründen, gemeinsam mit anderen Flüchtlingen und Freunden. Anfang Februar 1916 erschien eine Pressenotiz[3], die ankündigte, daß sich »eine Gesellschaft junger

Künstler und Literaten etabliert« habe, deren Ziel es war, »einen Mittelpunkt für die künstlerische Unterhaltung zu schaffen«. Man las und rezitierte Else Lasker-Schüler und Wassily Kandinsky, Blaise Cendrars und Jakob van Hoddis, Franz Werfel und Max Jacob, und eine Gruppe von Russen bildete ein Balalaikaorchester und sang im Chor den »Roten Sarafan«. Die mehr oder minder improvisierten Darbietungen unterschieden sich noch nicht vom Programm der Münchener und Berliner Kabaretts, zumindest nicht in den ersten Wochen.

Ball bemerkte später, daß in den Jahren 1912 und 1913 *Sturm* und *Aktion* die Zeitschriften seiner Generation gewesen waren, und in seiner Münchener Zeit beschäftigten ihn Kandinsky, Marc und die Gruppe des »Blauen Reiters« eher als die Futuristen, von denen er im *Sturm* gelesen haben mochte. Im Oktober 1913 reiste er nach Dresden, um Unterstützung für neue Theaterpläne zu suchen, und besuchte Waldens Ausstellung futuristischer Malerei, die man in »Richters Kunstsalon« installiert hatte, »wenige Bilder in kleinem Raum« (wie Ball in einem begeisterten Bericht [G.1] in der kurzlebigen Münchener Zeitschrift *Revolution* berichtete), aber »Explosionen, Erdbeben, Anarchistenschlacht, Wahnsinn, tellurische Mystik«. Er hob Russolos und Carràs Bilder, aus politischen Gründen, besonders hervor (einer der wenigen deutschen Zeitgenossen, die das taten), zitierte in seinem Essay den futuristischen Begriff der kompositorischen »Kraftlinien« (allerdings ohne Anführungszeichen) und argumentierte mit einer Idee Waldens, indem er hinzufügte, daß man diese Bilder nicht verstehen dürfte, »Gott sei Dank«, denn verstehen hieß, in diesem Fall, das nicht zu Bewältigende allzu leicht und billig zu bewältigen. »Diese Bilder sind«, so schrieb er, »das Innerste, Erschütterndste, Grandioseste, Unfaßbarste, das seit Menschengedenken gemacht worden ist«; sie waren von einer »losbrechenden ungeheuren Dynamik« und einer »Kraftstrahlenherrlichkeit», die Eschatologisch-Entsetzliches verkündigte; »rotglühende Männer und aufbrüllende Sklaven, Wahnsinn und Umsturz: atemberaubende heulende Dinge, die kommen werden, die kommen werden«. Der spätere Ball einer neuen Spiritualität war eher geneigt, das Dresdener Erlebnis einer »ekstatischen Krankheit, die sich nach Ausdruck sehnt«, zu verdrängen. In seinem aphoristischen Rückblick[4] auf »Bilder um 1913« überging er die Futuristen mit Schweigen und gedachte lieber Ludwig Meidners, des Zöllners Rousseau und anderer, aus deren Bildern »paradiesische Landschaften« hervorbrachen; und wenn er, angesichts der Futuristen, von »schwangeren Himmel[n]« und »ejakulierte[n] Fixsterne[n]« gesprochen hatte, gedachte er, später und als Mystiker, der »Freudigkeit der Vision« expressionistischer Kunst. Diese Malerei, setzte er damals hinzu, »schien das göttliche Kind noch einmal auf ihre Weise gebären zu wollen«.

Anfang Juli 1914 befand sich Ball auf Urlaub von den Münchener Kammerspielen in Berlin, »überstürzt« von »Eindrücken und Neuem«[5]. Er berichtete seiner Lieblingsschwester, daß er Gelegenheit hatte, mit vielen Kritikern und Schriftstellern zu sprechen, darunter Walden vom *Sturm* und Pfemfert von der *Aktion*. Er notierte auch, daß er mit R. A. Meyer (der die Lyrik Marinettis publiziert hatte) und mit Else Hadwiger, der »Übersetzerin der italienischen Futuristen«, zusammengekommen war, und erklärte seiner Schwester in einem Nachsatz, ehe er auf die Berliner Lebenshaltungskosten einging, daß Walden »die großen futuristischen Ausstellungen« machte. Berlin war anders; »hier geht ein neues Leben her: anarcho-revolutionär«[6]; und er erinnerte sich noch später daran[7], daß er in der Neujahrsnacht 1914/15, also *nach* seinen patriotischen Anwandlungen, bei Else Hadwiger, die auch den jungen Johannes R. Becher zu ihren Freunden zählte, zu Gast gewesen war und mit ihr, auf seine Weise, »gegen den Krieg« demonstriert hatte. Man rief von »dem Balkon der Marinetti-Übersetzerin« »A bas la guerre!« »in die schweigende Nacht der Großstadtbalkone und Telegraphenleitungen« hinab, während sich »einige beleuchtete Fenster« öffneten und, wie in einem Gedicht von Georg Heym, »der unbarmherzige Moloch Berlin [...] seine Scheitel aus Eisenbeton« reckte.

Ich glaube, daß Else Hadwiger Hugo Ball dazu ermutigte, eine Korrespondenz mit Marinetti in die Wege zu leiten. Ball hatte mit dem Piper Verlag eine Anthologie geplant, die »einen ganz starken Verband der expressionistischen und futuristischen Tendenzen« zeigen sollte (Zusagen von Rubiner, Kandinsky, Marinetti und Apollinaire lagen seinen Angaben nach vor[8]); noch in den letzten Tagen vor Ausbruch des Kriegs war unter Balls Post ein Paket neuer französischer Lyrik gewesen (29. Juli 1914), einschließlich der Gedichte Marinettis, und am 9. Juli 1915 erhielt er, schon in

Zürich und von Marinetti selbst aus Italien spediert, eine Sammlung von *parole in libertà*, »reine Buchstabenplakate«[9], die man »aufrollen [konnte] wie eine Landkarte« – Texte von Marinetti selbst sowie von Cangiullo, Buzzi und Govoni (es sind die zuerst in *Lacerba* veröffentlichten); »die Syntax ist aus den Fugen gegangen [...]. Es gibt keine Sprache mehr, verkünden die literarischen Sterndeuter und Oberhirten.« Solange sich Ball an den Dada-Unternehmungen beteiligte, zuerst im Cabaret Voltaire und an der gleichnamigen Textsammlung, in welcher Marinettis »Dune« (zumindest teilweise) und Cangiullos »Addioooo« zu sehen waren[10], und später an der Dada-Galerie und den Soireen, war das experimentelle Element des Futurismus durch und mit ihm gegenwärtig – ob man nun in der »holländischen Meierei« im Cabaret Voltaire in der Spiegelgasse »futuristische Plakate« an die Wände hängte, futuristische Bildgedichte publizierte oder in Nachahmung der *Sturm*-Abende, noch im Juli 1917, Marinettis »Die futuristische Literatur« rezitierte, wahrscheinlich also Auszüge der im *Sturm* publizierten »Technischen Manifestes« und des »Supplements« dazu.

Aus einem an Tristan Tzara gerichteten stachligen Brief[11] vom 27. Dezember 1916 geht hervor, daß Ball den Kontakt der Züricher Dada-Gruppe zu Marinetti und den Futuristen als eine Art Privatmonopol zu betrachten liebte, zumindest in einem Augenblick, in dem sich Tzara, der ihm weit weniger sympathisch war als sein rumänischer Landsmann Janco, in diese Angelegenheiten mischen wollte. Es ging darum, daß Tzara, in Abwesenheit Balls, die Redaktion der Dada-Publikationen übernommen hatte und hoffte, auch futuristische Texte, wie Ball es im ersten Heft des *Cabaret Voltaire* getan hatte, als Solidaritätssignal der internationalen Avantgarde zu drucken. Seine Bitte an Ball, ihm noch ungedruckte Texte der Italiener zu überlassen, war vergebens. Ball antwortete mit Ausflüchten, die eine kategorische Ablehnung nicht einmal zu verbergen suchten; die Manuskripte, die Tzara wünschte, waren nicht zu finden, oder er hatte sie seinem Freund Richard Huelsenbeck übergeben, aber selbst wenn sie sich in Huelsenbecks Obhut befänden, hieß das noch lange nicht, daß dieser sie Tzara überlassen dürfte. »Denken Sie: man hat sie mir geschickt. Wenn die nun erscheinen in einer Anthologie, die ein anderer herausgibt, wird Herr Marinetti sich vielleicht ärgern und böse auf mich werden.« Die Folge war, daß die Futuristen aus den späteren Dada-Publikationen verschwanden; Tzara versuchte zwar, italienische Texte in die von ihm in Zürich redigierten Hefte aufzunehmen, war aber gezwungen zu improvisieren, zeigte keine glückliche Hand, und die Proben aus den Dichtungen von Mario D'Arezzo, Luigi Cantarelli und Bino Sanminiatelli, die in *Dada 2* (Dezember 1917) zu Worte kamen, reichten nicht im entferntesten an die originalen *parole in libertà* heran (immerhin war auch ein Holzschnitt von Enrico Prampolini reproduziert).

Im Frühling und Frühsommer 1916 begann sich Ball in sprachkritische Spekulationen zu vertiefen und beschäftigte sich, in ihrer Konsequenz, mit der Erfindung von Klanggedichten, die er im späten Juni zum erstenmal im Cabaret Voltaire vortrug oder zelebrierte. Im *Ersten dadaistischen Manifest* (14. Juli 1916), das in seinem Genre selbst auf futuristische Texte zurückgeht, interpretiert er seine Klanggedichte, zum Beispiel das Regenzauberpoem »Labadas Gesang an die Wolken« oder »Katzen und Pfauen«, als Verzicht auf die konventionelle Sprache, »Dada Johann Fuchsgang Goethe. Dada Stendhal. Dada Dalai Lama«[12]. Er begründet diesen Verzicht hier mit seinem Drang nach absoluter ästhetischer Originalität: »Ich will keine Worte, die andere erfunden haben«, und zugleich und deutlicher als anderswo mit der politisch-öffentlichen Notwendigkeit, die Sprache zu reinigen, »diese vermaledeite Sprache, an der Schmutz klebt, wie von Maklerhänden, die die Münzen abgegriffen haben. Das Wort will ich haben, wo es aufhört und wo es anfängt.«[13] In seinem (später redigierten) Tagebuch denkt er eher in den Begriffen von Wort und Satz, die dem Repertoire Marinettis entsprechen, und sieht sich selbst und seine experimentierenden Freunde als Fortsetzer und Überwinder futuristischer Beschränkungen, in Richtung auf Spiritualität, Wirkung aufs Unbewußte, Magie. Er und seine Dada-Freunde, so schreibt er am 18. Juni 1916 (G.2), haben in ihren jüngsten Texten die »Plastizität des Wortes« aufs äußerste gesteigert, und das »auf Kosten des logisch gebauten, verstandesmäßigen Satzes und demnach auch unter Verzicht auf ein dokumentarisches Werk«, einer die reale Welt bestätigenden Prosa also, die nur »mittels zeitraubender Gruppierung von Sätzen in einer logisch geordneten Syntax möglich ist«. Er schreibt dabei, bescheiden genug, den Impuls solcher Veränderungen der unruhigen Zeit und der Freundesgruppe zu; die »besonderen Umstände«, des Zeitalters gestatten selbst einer »Begabung von Rang« (wie Ball?) nicht zu reifen und verweisen eher »auf die Prüfung der Mittel«; es ist »der emphatische Schwung« des Freundeszirkels, in dem einer den anderen »stets durch Verschärfung der Forderungen und der Akzente« zu überbieten sucht. Ball sieht sich dabei historisch im Kontext futuristischer Gedanken und bestätigt Marinetti und den Seinen, sie hätten in ihren *parole in libertà* »resolut« mit »der Preisgabe des Satzes dem Wort zuliebe« begonnen. Er ist sogar bereit, ihnen bedeutende Leistungen zuzugestehen: »Sie nahmen das Wort aus dem gedankenlos und automatisch ihm zuerteilten Satzrahmen (dem Weltbilde) heraus, nährten die ausgezehrte Großstadtvokabel mit Licht und Luft, gaben ihr Wärme, Bewegung und ihre ursprünglich unbekümmerte Freiheit wieder.« Balls Diagnose der futuristischen Gedanken hat Einsicht und Genauigkeit: Er impliziert die Gefahr, daß wohlgeordnete Sätze fertige Weltbilder liefern, welche die Vokabeln »auszehren«, akzentuiert das futuristische Interesse am Großstädtischen und betont, wie es die Futuristen selber taten, Bewegung und Freiheit des aus seinen Fesseln gelösten asyntaktischen Wortes.

Balls Einsicht in die futuristischen Sprachthesen (die eine genaue Kenntnis des »Technischen Manifestes« voraussetzt) öffnet ihm zugleich die Möglichkeit, genauer zu definieren, in welcher Weise er und seine Freunde »einen Schritt« über den Futurismus hinausgehen und warum. Im Grunde geht er, sobald man seine Erklärungen vom 18. Juni (G.2) und vom 24. Juni 1916 (G.3) in chronologischer Folge liest, *zwei* Schritte über die Futuristen hinaus – einen ersten, den er mit der Gruppe als ganzer zu tun schien, und einen zweiten, noch viel radikaleren, den er in der Erfindung seiner Klanggedichte allein unternahm. Der erste Schritt (G.2) verleiht »der isolierten Vokabel die Fülle einer Beschwörung, die Glut eines Gestirns« und gibt sich nicht, wie Marinetti, in der Zuversicht zufrieden, das befreite Wort spreche die bewegte Materialität der Weltprozesse aus – nicht mehr futuristischer Materialismus, sondern eine »magisch erfüllte Vokabel«, die neue Bindungen und »einen *neuen* Satz« »gebar«, der »von keinerlei konventionellem Sinn bedingt und gebunden war«. Im Gegensatz zum Physiker Marinetti, der die elektronischen Schwärme der Elemente ins Wort zu befreien suchte, sah sich Ball als »Rimbaudist«

(20. Juni 1916), dessen potentielle Dichtung (hätte er sie so geschrieben) in *neuen* Sätzen tiefere Wirkung erzielen wollte, als es sich eine »ach so vernünftige, altkluge Umgebung« träumen ließ. Was Ball in seinem ersten Schritt über den Futurismus hinaus versuchte, war eine neue Bindung magischer Vokabeln, die (wie in der älteren romantischen Poesie) das »urtümlich spielende, aber versunkene, irrationale Wesen des Hörers« in klingende Bewegung setzten und »die untersten Schichten der Erinnerung« weckten und bestärkten. Die Opposition gegen den Futurismus ist deutlich; Marinetti will die Weltprozesse selbst zu Wort kommen lassen, ohne und vor allem gegen das Individuell-Psychologische, Ball hingegen bewegt sich auf eine Wortmagie hin, die psychoanalytische Funktionen zu erfüllen vermöchte.

Nicht lange allerdings, denn dem ersten Schritt folgt ein anderer, der die traditionelle Sprache überhaupt in Frage stellt und nicht nur die Syntax allein; es genügt Ball nicht mehr, die magischen Vokabeln, die selbst noch dem ererbten Wörterbuch entstammen, in neue Bindungen zu fügen. Die Menschensprache überhaupt, ähnlich wie in Walter Benjamins im selben Jahr 1916 geschriebenem Essay, steht in Frage. Der Mystiker, auch in Ball, beginnt den Schriftsteller zu verdrängen; nicht mehr die Sprache ist wesentlich, sondern »die schöpferischen Kräfte«, welche durch die Zerstörung der Sprache als »sozialem Organ« sogar noch »gewinnen« könnten, durch »Zurückversenkung ins eigene Selbst, die Entfremdung, die Einsamkeit«. Balls radikaler Sprachskeptizismus, der in dieser Hinsicht an Hofmannsthals Chandos-Brief erinnert, stellt die »tieferen Erlebnisse« und die traditionelle Sprache gegeneinander – sie ist nicht »das einzige Ausdrucksmittel«, und die »Zerstörung des Sprachorgans« könnte sogar zu einem »Mittel der Selbstzucht werden«, in dem andere als sprachliche Gestaltungsprozesse beginnen[14]. Diese Zweifel an der gesellschaftlichen Sprache überhaupt, die kategorisch über den futuristischen Zweifel am Satz hinausgehen, inkarnieren in Balls Klanggedichten, in welchen ein Dada-Akt der Zerstörung und ein Akt der Heiligung, der auf Balls religiöse Zukunft hinausweist, zusammenfallen (G.3); was zerstört wird, ist »die öde, lahme, leere Sprache des Menschen der Gesellschaft«[15], die »durch den Journalismus verdorbene und unmöglich gewordene Sprache« (einschließlich des Idioms des europäischen Nationalismus und Chauvinismus), und indem der

Dichter, in seiner priesterlichen Funktion, auch noch »das Wort« preisgibt, an dem er lange in der Nachfolge der Futuristen festhielt, zieht er sich »in die innerste Alchimie des Wortes« zurück, den puren Klang, und bewahrt der Dichtung »ihren letzten heiligsten Bezirk«, das von der Pestilenz des Zeitalters noch nicht infizierte, ganz andere, Reine. Das Hierarchische verbindet sich noch auf romantische Art mit Sehnsucht nach absoluter Originalität. Der Erfinder des Klanggedichts will nicht länger »aus zweiter Hand« dichten und erzielt seinen »poetischen Effekt« nicht länger »durch Maßnahmen«, die nichts anderes sind als »reflektierte Eingebungen oder Arrangements«. Der alte romantische Solipsismus und ein neues Priestertum sind noch fest miteinander verbunden.

Aber selbst diese Negation des einzelnen Wortes (nach dem Verzicht auf die konventionelle Sprache und die Syntax) ist ihm nicht genug, und Ball, der byzantinische Christ, glaubt in den späten zwanziger Jahren nicht mehr an die Möglichkeit, die ontologische Gültigkeit der Menschensprache durch noch so radikale Eingriffe zu retten. Gültig ist allein die »Sprache Gottes«, welche der menschlichen Sprache nicht mehr bedarf (G.4); »die versunken ächzende Stummheit der Fische« mag eher an sie heranreichen als die unreine Geschäftigkeit und Ruchlosigkeit menschlicher Artikulation. »Keine Sprachkunst kann hoch genug sein, um das Wort Gottes im Worte wiederzugeben«, Gottes Sprache ist »über Laut und Schrift«, und »ihre Lettern zucken in jenen Kurven des Schicksals, die plötzlich mit einer Lichtflut durch unser Bewußtsein schneiden«. Sie ist nicht verbal im menschlichen Sinne; und während Ball es wagt, von jener Sprache Gottes zu *sprechen*, die »Zwischensätze« vergißt und doch ihre »Syntax« besitzt, meint er eine göttliche Offenbarung in Taten, Akten, Erscheinungen und Zeichen, eine Semiosis von Glanz und Abglanz, gewitterhaften Cherubim, Sturm, Tränenmeer und »grollendem Blitz«. Die göttliche Sprache »sät ihre Zeichen«, und diese Zeichen sind, in Menschengestalt, Mönche, Eremiten, Asketen und Erleuchtete in Klausen und auf Säulen, und sie sind es, die gegen »die kopflosen Sprachen aller Nationen« das Heilige bezeugen, das »zum Sprachschatz Gottes« gehört, prismatische Brechungen des allerhöchsten Lichts. In Balls zuletzt neuplatonischer Hierarchie wird das Authentische der Sprache als Schöpfungsakt allein in das Wesen

Gottes gerückt, und das, was wir Menschen unsere Sprache nennen, bleibt durch verzweifelte Abgründe von diesem *logos* getrennt. Weder die futuristische Zerstörung der Syntax noch eine Dada-Alchimie der Menschenlaute vermag daran auch nur das geringste zu ändern.

7. Der Futurist Johannes R. Becher

In Johannes R. Becher haben die Deutschen einen genialischen Dichter, den sie noch lange nicht genug gelesen haben, weder die Gedichte seiner Entwicklungsepoche von 1912–26 noch die Dokumente seines ungewöhnlichen Lebens. Hier und dort ist man (von wenigen rühmlichen Ausnahmen abgesehen[1]) eher damit beschäftigt, die Erinnerung an seine frühen Arbeiten und seine reale Lebensgeschichte zu verdrängen, zu regulieren oder unschädlich zu machen; und 30 Jahre nach seinem Tode gibt es noch immer keine Biographie, die uns darlegte, wie sich der junge Wilde in den Genossen Staatsminister verwandelte, der sich selbst zensurierte. Das hat einen doppelten Grund: Bechers widersprüchliche Bemühung, seine Jugend und jungen Mannesjahre selbst auszulegen und zurechtzubiegen (er zitiert zuletzt Stalins Aufsatz über die Sprache gegen seine Jugendgedichte), aber nicht weniger die Pedanterie einer Germanistik, die im ausschließlichen Eifer ihrer interpretativen und metatheoretischen Bemühungen, rechts und links, längst vergessen hat, daß Gedichte, vor allem die guten, sinnliche Gebilde sind, welche das Flache und Graue unserer Alltagssprache anarchisch durchstoßen. Schwer zu beschreiben, wie sich der idealisch denkende Münchener Gymnasiast gegen seinen Vater, den Richter, aufbäumt; mit 17 Jahren in einem Selbstmordpakt, der von ferne an Kleist erinnert, eine Animierdame erschießt und sich selbst zu töten versucht (drei Schüsse in die eigene Brust); wie ihn sein Vater durch den Unzurechnungsfähigkeitsparagraphen rettet; das abgebrochene Studium, Morphinismus und wiederholte Entziehungskuren; ein lustvolles Sichwälzen in der Gosse, der Glaube an Rettung durch seelenvolle Frauen oder schöne Jünglinge, Erlösungsdrang und Gottsuchertum, Lektüre mystischer Nonnen, Gorkis und Lenins; und dann, Schritt für Schritt, der Weg in die heilende Kommunistische Partei, den Aktivismus des Funktionärs, das Exil in Moskau und die ersehnte Heimkehr ins Vaterland; der massive Schreibtisch im Ministerium und die strahlenden Schulmädchen, mit Pioniertüchlein, die dem Dichter einer neuen Nationalhymne ihre photogenen Rosensträuße überreichen. Dieses deutsche Leben, merkwürdig und einzigartig, spottet aller Vergleiche.

Die Arbeiten Bechers widersetzen sich reinlichen Scheidungen, und selbst Norbert Hopster, in seiner rühmlichen Dissertation, fühlt sich nicht ganz glücklich in seiner Chronik der Wandlungen und Motive. Das eine geht in das andere über, und die literarischen Loyalitäten, von Dehmel zu Whitman und von Rimbaud zum Futurismus, wirken beisammen und setzen sich über die Grenzen ideologischer Transformationen hinweg; noch in den leninistischen *Maschinenrhythmen* (1926) arbeitet Becher, ein letztes Mal, mit futuristischen Vorstellungen und Sprachmustern. Die Jahre 1912/13 und der Kriegsbeginn drängten den schülerhaften Verehrer Dehmels und Waldemar Bonsels in die radikale Moderne. In seinem Gedichtband *Die Gnade des Frühlings* (1912) publizierte er noch neuromantische Marienlieder, »brennend rüstet sich mein Mund, / dir, Maria, süßes Leben«[2] (allerdings auch das im geheimen Protest gegen den protestantischen Vater), oder Isarauen-Wanderlyrik, »so kinderjung / macht mich die Luft, so seelenblühend«[3], aber schon ein Jahr später in *De Profundis Domine* (1913) und *Verfall und Triumph* (1914) hat sich das Impressionistische und Spielende verflüchtigt, Georg Heym und Jakob van Hoddis ziehen seine Gedichte und ihn selbst in das großstädtische Berlin, in welchem alles in febriler Gleichzeitigkeit vor sich geht. Nachtcafés, Kinos, Plätze und gigantische Bahnhöfe sind die neuen Orte der Erfahrung, »Lokomotiven! / Steil ob der Viadukte Schwung die rasendsten Kokotten« (H.3). Der Krieg läßt ihn nicht los; und nachdem er der allgemeinen patriotischen Begeisterung in einem Sonettenkranz seinen Tribut gezollt hat (wie so viele andere seiner schreibenden Zeitgenossen), schafft er sich, der selbst nie Soldat war und es später liebte, sich in der Uniform des Roten Frontkämpferbundes photographieren zu lassen, seinen eigenen Mythos vom Krieg aus bewegten Massen, Brutalität, stählernen Vernichtungstechnologien, zerstückelten Menschen oder »Menschenmüll«[4], wie er sagt – der Krieg, zuerst als Möglichkeit, die bürgerliche Tradition und die Diktatur der Väter zu zerstören, dann, ein wenig später, der Krieg als Vormarsch einer sozialistisch-heiligen Armee gegen die satanischen Widersacher der Humanität und zuletzt der leninistische Krieg als blutiger Klassenkampf, in Deutschland und in der Sowjetunion. Auffällig und lange wird dieser persönliche Mythos vom Krieg als der »einzigen Hygiene der Welt« durch futuristische Motive und Rhetorik gestützt[5], anfangs durch die asyntaktischen *parole in libertà* und später vor allem durch die futuristischen »Analogien«, in deren Intensität und Sprachkraft Bechers Poesie Marinettis Texte weit übertrifft.

Ein in den *Weißen Blättern* publizierter Text (1915, H.1.2) signalisiert Bechers futuristische Rhetorik, zugleich mit der chronischen Anziehungskraft, welche die technologische Brutalität des modernen Krieges auf ihn ausübte; es ist historisch nicht das erste Signal (das ist eher in der Lyrik und schon früher zu finden), sondern eines, das gerade im Eingehen auf eine italienische Vorlage eines charakteristischen oder gar massiven Zuges nicht entbehrt. Becher nennt seinen Text »Vorworte zum Tagebuch italienischen Fähnrichs Georgi Quadro« und bezieht sich auf die Aufzeichnungen (1. April–26. Mai 1915) eines jungen italienischen Offiziers. Sie wurden nach seinem Tode in den österreichischen Schanzwerken am Krn aufgefunden und vom Kriegsberichterstatter Emil Szomory im *Berliner Tageblatt* am 19. Juli 1915 veröffentlicht (H.1.1). Becher versteht die Erfahrungen des patriotischen Fähnrichs (in Zivil Bankbeamter) als sinnbildlich für alle jungen Leute Europas, die man mit großen Worten in den Schützengraben trieb. Er setzt, in einer hymnischen Prosa, die politische Erziehung des jungen Italieners fort und führt ihn, ehe ihn die österreichische Mine zerreißt, an den Rand der politischen Einsicht. Bechers Vergegenwärtigung der Augenblicke, da Quadro süßen Abschied von der Friedenswelt nimmt, ist nach futuristischen Regeln geschrieben: »Schweiß und Tränen. Gärten euch sommerbehirtet, Adria-Blau und Marmor-Wildnis, Gärten: (weicheste, zarteste, blumigste) euch Schöpfer im Gram regenbogenfarben geschminkte Mädchen biegen. Perlmutter-Gesichtchen langoval.« Die Syntax ist weitgehend zerstört, die Nomina isoliert, futuristische »Analogien« stehen anstelle traditioneller Vergleiche, ja, Becher gebraucht, oder erfindet sich (das einzige deutsche Beispiel, das ich kenne), die »semaphorische« Funktion der Adjektiva, wie sie Marinetti in seinem Manifest vom 11. Mai 1913 gefordert hatte[6], die Eigenschaftswörter also dem Nomen nachgesetzt und in Klammern und über das unmittelbar vorangehende Nomen hinaus auch auf die übrigen vorangehenden Hauptwörter bezogen. Die *parole in libertà* und die ihnen entsprechende Abneigung gegen das Verbum finitum (das hier zuzeiten zum Partizipium erstarrt) dominieren an jenen vielen Stellen der »Vorworte«, in denen Becher die Leserschaft mit der Zerstückelung der Menschen und der Landschaften konfrontiert: »Explodierender Oberst Lazzoni der fünften Karabinieri; ausgestülpten Antlitzes; drauf Därme, Zähne, ein Schlund ineinander sich ringelnd.« Oder: »Fieber. Stickluft. Lungen zerreißen. Triefender Pferdekadaver. Arme Bauernlümmels zerhackt. Haar, Därme, Hirn, Fleisch –: ein Brei. [...] Blutig gescheiteltes Messer gepeitscht. Gräben chlorkalktrüb zugeschüttet.« Solche Bilder kehren in Bechers Lyrik jahrelang fast monoton wieder, aber nicht im Sinne des Pazifismus, sondern eher in einer fieberhaft-visionären Überzeugung, der alte Krieg müßte sich in den neuen, nicht weniger aggressiven Krieg gegen alles Alte verwandeln, ehe die totalen Paradiese dämmern.

Wenn es eine verläßliche Lebensgeschichte gäbe, hätte man die Frage, wann und in welcher Weise Becher futuristische Texte kennenlernte und für sich las und wer ihn zu den Futuristen hinführte, längst beantwortet. Nachdem die verlegerischen Unternehmungen seines Intimus Heinrich Bachmair (einschließlich der Zeitschrift *Die Revolution*, in der Hugo Ball seinen frühen Hymnus auf die futuristische Malerei publiziert hatte) rasch das Zeitliche gesegnet hatten, zählte Becher, ebenso wie Ball, zu dem Schriftstellerkreis um die *Aktion*, und es war die Übersetzerin Else Hadwiger, die ihn, ebenso wie Ball, zu der Lektüre der Futuristen anhielt. Ein Brief Bechers an den Verleger Ernst Sulzbach, datiert vom 8. März 1916 aus Berlin[7], bestätigt jedenfalls, er hätte die Futuristen Marinetti und Paolo Buzzi gelesen, also eben jene Autoren, die Else Hadwiger für *Sturm* und *Aktion* übersetzte. Persönliches ist von einiger Bedeutung: Else Hadwiger zog sich nach dem Tode ihres Gatten, des Prager symbolistischen Poeten Viktor Hadwiger (gestorben 1911), der vieles in der *Aktion* publiziert hatte, nicht in Einsamkeit und Lebensfeindschaft zurück; und während sie immer radikaleren Ideen zuneigte, war sie oft in Gesellschaft des Übersetzers Fritz Max Cahén in Cafés und an literarischen Stammtischen zu sehen[8], zugleich mit dem Wilmersdorfer Verleger R. A. Meyer, der ja ihre Übersetzungen Marinettis in einer kleinen Ausgabe veröffentlicht hatte, oder man tagte in Meyers Wohnung am Bayrischen Platz oder in ihrem eigenen geräumigen Appartement, damals nicht weit vom Südwestkorso und Ludwig Meidners Studios (er wohnte oft bei ihr). Becher, daran zweifle ich nicht, war Else Hadwiger eng verbunden, ungeachtet aller anderen Liaisons. Er suchte bei ihr Zuflucht, wörtlich und metaphysisch, sooft ihn seine Münchener Erschöpfungen wieder nach Berlin trieben, und selbst später noch, als die hektische Affäre (1914/15?) zu Ende war, zählte Else Hadwiger, die schon einen Teil ihres Vermögens ihrem Gatten aufgeopfert hatte, zusammen mit der Fürstin Mechthilde Lichnowsky und Katharina Kippenberg, zu jenen guten Frauen, die den streunenden und morphiumsüchtigen Poeten finanziell unterstützten (Harry Graf Keßler tat ein übriges).

Liebesgedichte sind keine verläßlichen biographischen Dokumente, aber sie zeugen zumindest davon, wie sich bestimmte Vorgänge, innere und äußere, in der Erlebnisfähigkeit des Schreibenden artikulieren, und in dieser Hinsicht sind seine Berliner Gedichte, »Ekstasen der Zärtlichkeit« und »Ein Ende«, beide ausdrücklich »Frau Else Hadwiger gewidmet« aufschlußreich. Das eine ist in der Sammlung *Verbrüderung* (1916) und das andere (ursprünglich datiert 1915) in der Sammlung *Päan gegen die Zeit* (1918) zu finden. Der Zyklus »Ekstasen der Zärtlichkeit«[9], bestehend aus vier Stücken und eingeleitet von vielsagenden Versen Alfred Momberts, »Du Einzige, / Die mich verstand / Die meine glühenden Verbrechen selig verwand«, bekennt sich zu einem absoluten Liebesgefühl; Else ist Mutter, Heilige Jungfrau, Geliebte, »Entfaltete« und »Hüterin«; eine Welt lebt im »Spiegel« ihrer »Ovalnägel«, »Jünglinge siedende / gossen sich sterbend über die Planke [ihrer] Hüften«; alles verkündet nur sie, »Dich meint die Heimkehr tönender Soldaten... / die Transparente blitzen deinen Namen. / Du aller Kinos dröhnendes Plakat.« Das andere Gedicht, »Ein Abschied«, ist aus zwei Stücken konstituiert, das erste unruhig und ungeachtet aller futuristischen »Analogien« (»Nacht-Ozean«), eine labile Mischung aus Realismus und Tagebuch-Hymnik, das zweite gelöster, klassisch und lyrisch zugleich, im strophischen Anklang an den späten Goethe[10]. Das erste Gedicht verrät den Skandal eines gewaltsamen Abschieds: Ein anderer hat sich der Gunst der Frau bemächtigt (»O Weib! Kastanienbräune«), und der Schreibende fühlt sich plötzlich in Fremde und Drohungen vertrieben, »beseligt war er. Süß. Daheim. / Nun schwirren Brükken... Messer... Bomben...!«, und während er die Straßen durchirrt, findet er nur auftrumpfend-naive und üble Worte für das Vergangene: »Der Andere mag dich packen –... / Gewaltige Märsche tacken. / Zerschmetternd eures Bettes Morastsee.« Kühler und gesammelt der zweite Teil; der Schreibende hat sich selbst wiedergefunden, spricht sich selbst Worte des Trostes zu: »Ja –, jetzt treibt er wieder los, / nur für kurz an sie gebunden«. Die Geliebte war ihm Heimat, aber der Augenblick dieses Abschieds ist ein neuer Anbeginn, »immer in dich wiederkehrend, / Heimat, dich verloren schon. / Du enthobst uns aus dem Schweren – / trotzdem eilen wir davon«.

Bechers nachweisbare Lektüre des Futuristen Paolo Buzzi ist allerdings für die Ausbildung seiner futuristischen Neigungen von geringem Gewicht. In seinem Brief an Ernst Sulzbach nennt Becher diese Gedichte, oder eigentlich den Gedichtzyklus von sechs Stücken, ein wenig ungenau Buzzis »Gedichte aus den Städten« und verrät damit selbst, daß dieser Zyklus, dessen ursprünglichen Titel *I reclusi* Else Hadwiger in der *Aktion* (7. November 1914) genauer als »Das Lied der Eingeschlossenen« übersetzte, ihn eher darin bestärkte, zugleich mit Heym und Hoddis die gefährliche Dämonie der modernen Großstadt zu erfühlen als, zumindest in seinen Buzzi-Nachahmungen, die neue Technologie zu akzentuieren. Buzzi selbst war in seinem *Reclusi*-Zyklus, ungeachtet seiner persönlichen Loyalität für Marinetti, nicht so sehr ein Futurist im Sinne der Manifeste als ein später und ironischer Romantiker oder Symbolist, und das Futuristische liegt allein, wie beim frühen Marinetti, oder fast allein, in den »freien Versen«, wie sie die Zeitschrift *Poesia*, die Buzzi gründen half, programmatisch pflegte. »Das Lied der Eingeschlossenen« (D.10) besteht aus elegischen Rollengedichten, in denen die Opfer, die Vergessenen, die von den Städten ins Geheime Verdrängten, im Chor von ihren Leiden, Sehnsüchten und Hoffnungen sprechen, »Aus den Klöstern« (1), »Aus den Bordellen« (2), »Aus den Hospitälern« (3), »Aus den Gefängnissen« (4), »Aus den Irrenhäusern« (5), »Von den Friedhöfen« (6) – in Else Hadwigers Übersetzung fehlt allerdings der Chor der Soldaten aus den Kasernen / *Dalle Caserme* (Teil 3 des italienischen Zyklus). Die Vergessenen sprechen ruhig, rührend und einfach wie die Mönche, »reinlich die kleine Zelle, voller Rosen das Gärtlein«, oder die Dirnen, »wir schreiben heim und sticken feine Leinenspitzen, / [...] wissen nicht, weshalb man draußen uns verachtet«, und nur selten in hilfloser Ironie wie die Kranken in den Hospitälern, die über die leidigen Feiertagsbesuche klagen: »Des Sonntags strömt die Menge her wie auf den Friedhof, / stößt an die Betten und beschmutzt die Läufer auf dem Gang / und bringt uns ungesunde Leckereien.« Futuristisches, im Sinne der ideologischen und rhetorischen Forderungen der Manifeste, klingt nur ganz von ferne an; so im Zorn der Irren, »empfangen sind wir von der grünen Wut der innersten Geweide« (an Marinettis romantischen Kult der schöpferischen Irren im zweiten Manifest erinnernd), oder die bizarren Bilder in der Litanei der Toten, die Klage darüber führen, was ihnen die Lebenden hätten antun können: »Kopfüber hätten sie ins Meer uns stürzen können, / an einen Luftballon gehängt ins Blaue treiben lassen!«

Becher antwortet mit eigenen Gedichten auf Buzzis *I reclusi*, aber das Merkwürdige seiner Antwort liegt darin, daß er dem futuristischen Dichter futuristischer widerspricht. Die späteren Gedichte des Deutschen sind der früheren Lyrik Buzzis an Radikalität weit voraus. Becher nimmt zumindest die thematischen Vorwürfe Buzzis in seinen Gedichtbänden *Verfall und Triumph* (1914) und *Päan gegen die Zeit* (1918) unmittelbar und in seiner Weise auf (etwa in den Gedichten »Krankenhaus« [H.5.1] oder »Bordell«[11]); und ich vermute, daß auch Gedichte wie »Die Armen«[12], »Die Huren«[13] und »Aus den Höfen«[14] (Hinterhof-Zille, futuristisch) den Anregungen Buzzis entsprechen. Sobald ich annehme, daß Becher Else Hadwigers Buzzi-Übersetzungen schon in ihrer Entstehung kannte, zeigen mir seine Krankenhausgedichte (er hatte seine Erfahrungen, auch in der Landesanstalt Haar bei München), wie er Buzzis Perspektive und Tonart zunächst aufnimmt und sich nur ein wenig später gegen sie durchsetzt. In »Krankenhaus« (1914) hält er sich noch, vor allem im zweiten der vier Stücke, an Buzzi und läßt die Kranken selbst im Chor zu Worte kommen; auch das Sanfte und Wehmütige ist nicht ganz abwesend: »Wir weinen uns durch Haft und Äthersaal / Einander zu, erlebend süße Nähe, / Wenn man uns reicht das letzte Abendmahl, / Uns salbet ein mit Öles weichem Schnee« (H.5.1). Im späteren Gedicht »Krankenhaus« (1915), das er selbst mit der Bemerkung »Variationen« versieht (H.5.2), sind Buzzis Wehmut und sanfte Ironie durch den Dithyrambus wie weggestäubt; das Gedicht spricht nicht mehr für und mit den Kranken, sondern maßt sich an, ihre Welt durch das entfesselte Wort zu verändern, »ich erzwinge jetzt auch noch ihr Aufgehen in Maitiere wunderbar«. Der Eingang des Gedichtes, in der ersten Zeile, ist noch zum Teil übernommen, »hier stirbt man reihenweise« / »qui si muore in fila« (Hadwiger/Buzzi), »hier wälzt sich's frei« im Gedicht Bechers, das dann in seiner üblichen Weise in entsetzlichen Blut- und Eiterbildern schwelgt. Die Syntax wird kryptisch reduziert, »Spitz-Strahl aus Schläfen schrumpfende Gewitter«, Metaphorik erscheint in der Form futuristischer Analogien, »Schleim-Tang«, »Klipp-Skelette«, »Hirten-Ärzte«, und ganz wie es die futuristischen Manifeste fordern, sind die Städte »von elektrischen Schäumen überwuchert«. Hier ist Becher der eigentliche Futurist, nicht Buzzi.

In seinen späteren Aufzeichungen, die mehr als einmal Bekenntnisse über die produktiven Experimente seiner Jugend oder, wie er es nennt, »spezielle Don Quichotterien«[15] enthalten, denkt der Staatsminister Becher in sympathischer Nostalgie an Lektüren und Gleichgesinnte seiner Jugend zurück und streift einen Grundgedanken des Futurismus, den er allerdings einem Freund jener Epoche zuschreibt. In seinen Erinnerungen an den Expressionismus (der Minister hütet sich vor dem Wort »Futurismus«, das ihm im Jahre 1914 noch durchaus geläufig war) und seine frühen Gedichte hat das poetische, wenn nicht gar ontologische Prinzip der Gleichzeitigkeit eine bedeutende Funktion. Gleichzeitigkeit und modernes »Weltgefühl« waren ihm (wie auch den Futuristen) eines, und indem er sogar vom »Simultanismus« (H.9) spricht, zitiert er einen Begriff, der seine Wirkung auch auf ihn nicht verfehlte. Walden hatten Boccionis Essay über die »Simultanéité Futuriste« (in dem der Maler den Begriff für die Futuristen und gegen den Franzosen Delaunay in Anspruch nahm) im *Sturm* (1913) publiziert, aber der späte Becher schreibt die Forderung nach Gleichzeitigkeit seinem unglücklichen Freund Jakob van Hoddis zu, der seine Lyrik in den Jahren 1911–13 im *Sturm* zu veröffentlichen pflegte (H.9). Hoddis behauptete, so schreibt der späte Becher, daß das »Gefühl der Gleichzeitigkeit« schon bei Homer vorgebildet sei (also nicht nur bei den Futuristen oder ihren französischen Kollegen, die *simultaneità/simultanéité* als modernes Programm artikulierten?); und Becher fügt hinzu, daß er und seine Freunde bereit waren, dieses Gefühl der Gleichzeitigkeit als einer »unermessenen Weltweite« in ihren Gedichten, so wie es Hoddis in seinen berühmten zwei Strophen vom »Weltende« getan hatte, zu verwirklichen; »das Große ist dem Kleinen beigemengt und umgekehrt, nichts vermag abgeschlossen für sich zu bestehen«. Die Forderung nach Gleichzeitigkeit (die auch in den Tagebuchnotizen Georg Heyms auftaucht[16]) verwitterte allerdings bald, meinte Becher, zur »Schablone«, und »bürokratische Versprodukte entstanden, die geradezu rechnerisch durchgeklügelt waren, indem auf jeden Satz ein Gegensatz folgen mußte«. Ob durchgeklügelt oder nicht, in der frühen Praxis Bechers wird diese *simultaneità* zuzeiten durch ein kräftig bajuwarisches »derweil« signalisiert, das selbst die widersprüchlichsten Ereignisse und Erfahrungen »im Geiste eines expressionistischen Pantheismus« verbindet. Der Staatsminister erinnert sich allerdings nicht daran, daß er in einem Brief an die Feuilletonredaktion der *Frankfurter Zeitung* (H.8), in welchem er seine poetologischen Prinzipien zu erklären suchte (1923), selbst die ungewohnte »Druckanordnung« seiner Verse und seine idiosynkratische Interpunktion (als Halte- und Hemmungszeichen gegen die Syntax) noch als Marxist mit der *simultaneità* verknüpfte. Er schrieb damals an die *Frankfurter Zeitung*, daß die antisyntaktischen Vorkehrungen »das Nacheinander« in »einem dialektischen Manöver in ein Nebeneinander« verwandelten, und fügte hinzu, daß das Gedicht so »in die Sphäre des Gleichzeitigen« rücke und zugleich »auch äußerlich das Expreßtempo« markiere. Ob Becher diese Verbindungen von Gleichzeitigkeit und Geschwindigkeit, *simultaneità* und *velocità*, Hoddis oder Marinetti, Else Hadwiger oder Boccioni verdankte, ist von geringerer Bedeutung als der Umstand, daß er noch, ob er es wollte oder nicht, als eben bekehrter Leninist und enthusiastischer Parteigänger des Kommunismus ein poetischer Alliierter der Futuristen war.

Alle Argumente für oder gegen Bechers Verwicklung in den Futurismus wären allzu weit hergeholt, könnten sie sich nicht, wie es schon Norbert Hopster und zum Teil auch Carmine Chiellino[17] im einzelnen dargestellt haben, auf Gemeinsamkeiten der Thematik und der Rhetorik oder gar auf ihre wechselseitige Durchdringung stützen. Es gab unter den Expressionisten nicht wenige Großstadt-

und Kriegsdichter, aber nur wenige, die sich von der modernen Technik und ihren zerstörend-reinigenden Wirkungen so zauberisch angezogen fühlten wie Becher, und seine Art, die Großstadt als entsetzliche, aber zugleich paradiesische Szenerie utopischer Aufbrüche und den mythischen Krieg als brutale, aber zukunftsträchtige Zerstörung der alten Welten in einer reduzierten Syntax auszusprechen, in der das Nomen und die Gleichzeitigkeit herrschen, steht dem italienischen Futurismus näher als alle anderen deutschen Gedichte jener Epoche. Kein anderer deutscher Lyriker hat Gedichte »Auf das Maschinengewehr« (H.2) oder »Die Lokomotiven« (H.3) und zugleich »Die neue Syntax« (H.4) geschrieben; hätte er sich des Italienischen bedient, er wäre in seiner Lyrik in den Jahren 1913–19 und selbst in seinen leninistischen *Maschinenrhythmen* (1926) zu einem Erzdichter des europäischen Futurismus geworden. Das Entscheidende sind nicht so sehr die Versatzstücke der futuristischen Technologie, die Rennwagen, Aeroplane, Züge und die kompletten Kriegsarsenale, Schlachtschiffe, Torpedos, Schrapnelle, die phallischen Kanonen (wie in Marinettis »Schlacht«) und die spritzenden Bajonette, sondern ihre sprachliche Gegenwart in einer reduzierten Syntax, in »befreiten Worten«, im Simultanismus und in den »Analogien« und »Analogien«-Ketten, die Marinettis programmatischen Forderungen entsprechen; und selbst wenn ihm Else Hadwiger und van Hoddis nichts Futuristisches vermittelt hätten, Becher hätte seinen Futurismus unter dem unentrinnbaren Zwang seiner explosiven Phantasien selbst erfunden.

Jeder der deutschen Schriftsteller, die sich mit dem Futurismus auseinandersetzten, akzentuierte in den eigenen Texten ein anderes Element der futuristischen Rhetorik; und wenn sich Döblin vorzugsweise mit den *parole in libertà* beschäftigte und Stramm und Ball (vereinfachend gesagt) mit dem Gefüge der Syntax, arbeitete Becher, wie niemand anderes sonst, mit »Analogien«, und »Analogien«-Ketten. In Marinettis poetischem Programm, welches das Bild über den Satz erhebt, zählen die »Analogien«, deren Namen er von Edgar Allan Poe herleitet, zu den wesentlichen Zügen der neuen Rhetorik. Er erklärt im »Technischen Manifest« (A.4) und im »Supplement« (A.5) dazu, wie sie im *Sturm* 1912 und 1913 zu lesen waren, daß gerade die moderne »aviatische Schnelligkeit« unsere »Weltkenntnis« (la conoscenza del mondo) ihre

Entsprechung in einer raschen Metaphorik fordert; nicht mehr langsam-geruhsame Vergleiche mit »wie«, »gleich« oder »ebenso wie«, sondern blitzhafte »Verdoppelungen«, welche »den Gegenstand mit dem von ihm erweckten Bild zu einem kennzeichnenden Wort zusammenziehen«, also Mann–Torpedoboot (uomo–torpediniera), Frau–Bucht (donna–golfo), Volksmenge–Brandung (folla–risacca) und so weiter. Marinetti zögert dabei nicht, schlechte, gute und noch bessere »Analogien« zu unterscheiden; im Grunde maskiert sich in jeder »Analogie« ein antiklassizistisches *concetto*, und deshalb fordert Marinetti »Steigerungen« der »Analogien«, die (wenn sie die höchste Wirkung haben sollen) einander »fernstehende«, »verschiedene« und »feindliche Dinge« bündeln, und zwar so, daß sie das bloß Mechanische und Verschlissene der bildhaften Sprache durch das Unerwartete, Überraschende und Schlagkräftige ersetzen; wenn ein Schriftsteller einen Foxterrier (Marinettis Beispiel) mit einem kleinen Vollblutpferd vergleicht, hat er noch nicht viel getan, um Erwartungen zu durchbrechen, das geschieht erst, wenn er das Bild des Foxterriers mit dem nervösen Brodeln des kochenden Wassers verbindet. Marinettis Entwurf begnügt sich aber nicht mit der einzelnen »Analogie« (das zeigt zuerst sein Text »Schlacht«; in A.5), die ganze Welt ist in rascher Bewegung, und deshalb fordern die »aufeinanderfolgenden Bewegungen« eine »Kette« oder ein »Netz« von »Analogien«, »das man in das Meer der Erscheinungen versenkt«. Nichts wäre wünschenswerter, sagt Marinetti, zumindest theoretisch und ohne Rücksicht auf den Leser, als in diesen Ketten die jeweils ersten Glieder der »Analogie« auszulassen und allein die zweiten zu einem geheimnisvoll poetischen Text zu bündeln, in reiner Bildhaftigkeit.

Bechers Bemühung, Wortkombinationen zu schaffen, die es ihm ermöglichen sollten, den Ausdruck kühn zu intensivieren und die Notwendigkeit syntaktischer Konstruktionen zu mindern, hat eine lange Geschichte, die mit seinen frühesten Gedichten beginnt, in den letzten Jahren des Ersten Weltkriegs zur rhetorischen Manier zu erstarren droht, um spätestens in den *Maschinenrhythmen* (1926) ihr Ende zu finden. Jene besonderen Substantivkonstruktionen mit Bindestrich, die man futuristische »Analogien« nennen darf, sind nicht vor Ende 1912/Anfang 1913 zu finden, also zur Zeit der Veröffentlichung von Marinettis »Technischem Manifest« im *Sturm* und zugleich mit der Publikation seines poetologischen »Supplements« in derselben Zeitschrift. In *Gnade eines Frühlings* (1912) schreibt Becher noch neuromantisch, »das Abendrosenglühen« drängt heran, »der Abendhimmel spielt ganz blau, glanzblauversenkt«[18], und wenn es hochkommt, imitiert auch Becher Arno Holz in morphologischen Ungetümen, und die Sonnenstrahlen sitzen auf dem »himmelundwolkenglühendniedertrinkenden«[19] Rücken der Dächer. In *Verfall und Triumph*, das die von Dezember 1912 bis November 1913 entstandene Lyrik enthält, ist es mit dem Niedlichen ein für allemal vorbei; Becher arbeitet mit häufigen Substantivkombinationen, wie sie die deutsche Sprache auch als Neologismen leicht toleriert, zum Beispiel »Gold-Posaunen«[20] oder »Schimmel-Mond«[21], oder verbindet Adjektivisches und Adverbielles durch Gedankenstriche, »taumelnd-irre«[22], »tödlich-schrill«[23], »trunken-nah«[24], in einem Muster, dem er noch lange vertrauen wird. Das Gedicht »Die Armen« konstituiert die auffällige und antizipierende Ausnahme; hier erscheinen die ersten und massierten Versuche, »Analogien« zu bilden, noch ungelenk, wie »Beamten-Schnauzen«[25], wirksamer in der Anrufung Christi als »Siechen-Hort«[26] und energisch und Zukünftiges vorausnehmend in »Gehirn-Gebälke«[27]; selbst der erste Versuch, zwei »Analogien« in einem einzigen Vers zu vereinen, fehlt nicht, »da Düfte-Meere unsere Dulder-Körper lind umstreichen«[28]. Bechers Gedichte, die in den Jahren des Ersten Weltkriegs entstanden (veröffentlicht in verschiedenen Gedichtbänden und oft durch die Zensur zurückgehalten) sind durch die häufige Wiederkehr und Kühnheit der »Analogien« charakterisiert; manche sind Marinettis Art eng verwandt (zum Beispiel »Schrapnell-Gestrüpp«[29], »Weib-Pfuhl«[30], »Mensch-Ameise«[31]), zeigen aber, in Bechers glücklicheren Augenblicken und ehe das Verfahren zur Manier versteinert, eine unvergeßliche dichterische Spontaneität und Rätselhaftigkeit, so in »Wirrwarr-Litanei«[32], »Tarantel-Christus«[33], »Plätze-Pickel«[34], oder vereinigen sich zu phantastischen Ketten, die selbst in der kühnsten expressionistischen Poesie der Epoche nicht ihresgleichen haben, der Schnee in seinem »Nagel-Peitschen-Flug«[35], »O Stirngeröll-Rutsch: Schnee-Akkord«[36], oder die Zeile »Posaun-Taifun-Gewitter von Lipp-Küsten rasen«[37]. Das geht alles wieder über Marinetti und die Gedichte seiner Freunde weit hinaus.

Eine der Möglichkeiten, Bechers »Analogien« näher zu bestimmen, wäre durch ein Verfahren konstituiert, das die Grundmuster seiner Kombinationen beobachtet und Spontaneität und Manier trennen hilft. Auffällig sind vor allem jene Formen der »Analogie«, in welcher der menschliche Körper, oder einer seiner Teile, ein semantisches Element bildet. Statistisch überwiegen dabei deutlich jene Prägungen, in welchen das Körperliche die Funktion eines Grundwortes hat und den Gedanken nahelegt, daß Becher sehr oft »Analogien« nur vortäuscht, indem er Komposita nach den morphologischen Regeln der deutschen Sprache bildet (Marinetti hat diese Möglichkeit in seiner Sprache nicht) und die Teile dann durch einen Bindestrich wieder voneinander absetzt, so in »Torpedo-Leiber«[38], »Fahnen-Arme«[39] (oder »Lasso-Arme«[40]), »Fahnen-Haare«[41], »Hügel-Hüfte«[42], »Felsen-Knie«[43], »Moos-Lippen«[44], »Stirn-Damm«[45], »Brei-Kopf«[46], »Pauken-Bauch«[47] oder »Bajonett-Arm«[48]. Statistisch häufiger als diese Schein-»Analogien« (welche die Möglichkeiten der deutschen Morphologie aufdröseln und zuzeiten an barocke Komposita erinnern) sind jene, in denen das körperliche Element als erstes erscheint und die bildliche Kraft der »Analogie« durch die Inversion ungewöhnlich steigert, zum Beispiel in »Finger-Rechen«[49], »Hals-Türme«[50], »Lipp-Ruine«[51], »Wimpern-Mond«[52] oder »Muskel-Viadukte«[53]. Ein drittes Muster, das allerdings gefährlich dazu neigt, zur Manier zu werden, findet sich dort, wo das Physiologische, als Blut oder Sekret, semantisch als Bestimmungswort funktioniert, »Eiter-Mond«[54] (Becher teilt Marinettis Abneigung gegen *la luna*), »Kot-Gewölk«[55], »Blut-Nacht«[56], »Eiter-Nebel«[57], »Kot-Städte«[58]. Das Unfaire meiner Beobachtungen liegt darin, daß sie das Wiederholte eher als das Unwiederholte, die Manier und nicht die Einzigartigkeit rascher erfassen – nur ist im Werk eines Lyrikers das eine nicht ohne das andere zu bestimmen; und wenn ich nicht weiß, welche Manier er entwickelt, vermag ich mir auch über seine Originalität nicht ganz im klaren zu sein. An einer »Analogie« wie »Irrnis-Salz«[59], die sich in den *Maschinenrhythmen* findet, scheitern alle statistischen Beobachtungen, die wiederholte Muster finden, weil sie sie finden wollen, und eine Interpretation des Unwiederholten, und Unwiederholbaren, müßte ihre größeren Rechte anmelden.

Ich zitiere nicht von ungefähr aus Bechers *Maschinenrhythmen*

(1926), denn ich bin der Meinung, daß sie zu den Schlüsseltexten der linksradikalen deutschen literarischen Avantgarde zählen, ähnlich wie ein wenig später Brechts *Heilige Johanna der Schlachthöfe* (1929/30). Bechers Gedichtsammlung ist deshalb in Vergessenheit geraten, weil sie sich quer gegen die traditionellen ideologischen Vorurteile stellt; man weiß zu genau, was links und was rechts ist, rhetorisch und politisch, und findet sich verstört von Gedichten, in welchen sich ein visionärer Leninismus in einem poetischen Idiom artikuliert, in dem eine Neigung für futuristische Thematik und Rhetorik noch einmal, ein letztes Mal, stammelnd wie in Fieberträumen, hymnisch, in Brocken, an den äußersten Rand der sprachlichen Selbstzerstörung gelangt. Diese Gedichte, einschließlich der gewaltsamen »Hymne an Lenin« (H.10), sind wie besessen; der Klassenkrieg als einzige Heilkraft der Welt, »niederirrefunkelte / Bajonett-Wald. Triumph-Gelächter war, / Sieg-Heulen, Zechen vom Mord-Fest... Geschütz-/Räder, schädelzermalmend, rollten über uns hin, / Geflochtene Donner«; die großen Kraftwerke, als industrielle Szenerie ganz in Sprache gegenwärtig, »Fabrik-Gevierte: fieberkurvige / Landschaft: Dämonen-Klumpen, eisen-/Gequadert, aufquollen, übergeworfen, wie / Ätzend umpanzert, von leuchtgasigen / Rauch-Mänteln; von Röhren-Geflechten / Umstellt; rissige Feuer-Gesichter; / Kraft-Wellen; schmelzende Erz-Fluten«; und dann der Triumph der Revolution, »Völker-Gesänge, jahrtausend-/Verschüttet, aufgewittern aus / Höllen-Höhlen.« Der einzige Kommentar, der dieser Lyrik gerecht wird, ist in Antonio Gramscis Bemerkungen über Lunatscharskis Rede an die italienischen Delegaten des zweiten Kongresses der kommunistischen Internationale zu finden (Lunatscharski hatte Marinetti einen revolutionären Intellektuellen genannt, und die »Philister der Arbeiterbewegung«[60] waren entsetzt). Gramsci sagte damals (1922) sehr deutlich, daß die frühen Futuristen von »Arbeitertrupps«[61] gegen ihre Widersacher verteidigt worden waren, weil sie »auf ihrem Gebiet, der Kultur, Revolutionäre« waren. Er sprach den Gedanken aus, die Futuristen hätten auf ihre Art die Revolution der proletarischen Kultur (Proletkult) vorweggenommen, »*sie hatten die reine und klare Konzeption, daß unsere Epoche, die Epoche der Großindustrie, der großen Arbeiterstadt, des intensiven und tumultvollen Lebens, neue Formen der Kunst, der Philosophie, der Sitten, der Sprache haben müsse:* sie haben diese ganz und gar revolutionäre, absolut *marxistische* Konzeption gehabt, als sich die Sozialisten nicht im entferntesten mit einer ähnlichen Frage beschäftigten«[62]. Gramsci wird später über den Futurismus anders urteilen, aber sein Lunatscharski-Kommentar erklärt und rechtfertigt Bechers merkwürdige Mischung leninistischer Glaubenssätze und futuristischer Rhetorik in ihrem eigenen historischen Moment. Futurismus und Faschismus waren in ihrem Anbeginn noch nicht so untrennbar miteinander verbunden, wie uns ungeduldige Generalisierungen der späteren Ideologiekritik nahelegen wollen, und es wäre produktiv, einmal die Frage zu stellen, ob der Nationalanarchismus der frühen Futuristen nicht elementare Züge des deutschen Nationalbolschewismus der Weimarer Epoche deutlich vorwegnimmt.

8. Noch einmal: Döblin (Grass) und Marinetti

Döblins Verhältnis zum Futurismus ist nicht nur aus biographischen oder anekdotischen Gründen interessant[1]. Sein literarisches Urteil war schärfer und von den Tinten der Tradition ungetrübter als das seiner romanschreibenden Kollegen, und nichts wäre deshalb problematischer, als das eine oder andere Wort aus dem Kontext seiner wechselnden Gedanken herauszunehmen und als sein letztes und gültiges Urteil zu betrachten, ganz abgesehen von Übereinstimmungen und Widersprüchen der schriftstellerischen Praxis und kritischen Ideen. Ich betrachte deshalb seine Essays und Erklärungen in zwei oder drei chronologischen »Bündeln«, die ihn als Kenner, Widersacher und Verbündeten futuristischer Ideen und Schreibarten charakterisieren; zunächst die im unmittelbaren Kontakt mit Marinetti und den Malern entstandenen Essays und Entwürfe (1912/13); die ein wenig späteren Erwägungen über die notwendige Erneuerung der Epik (1917–19), in denen er eine überraschende Sympathie für futuristische Gedanken artikuliert; und zuletzt den langen Aufsatz über den »Geist des Naturalismus« (1924), in einigem Zusammenhang mit der Technologie im Roman *Berge, Meere und Giganten* (1924) und der Urbanität in *Berlin Alexanderplatz* (1929). Döblin hat sich lange mit dem Futurismus herumgeschlagen, als Bewegung und als Irrweg, und es ist wichtiger, den Verwicklungen, Widersprüchen und Parallelen im einzelnen nachzugehen, als noch einmal die Buchhalterfrage aufzuwerfen, ob er vom Futurismus *beeinflußt* war oder nicht. Futurismus und »Döblinismus« sind nicht durch einen eisernen Vorhang getrennt, sondern oft nicht voneinander zu unterscheiden.

Selbst die Texte seiner ersten Antwort auf den Futurismus (1912/13), zu welchen ich vor allem die Essays »Die Bilder der Futuristen«, den »Offenen Brief an F. T. Marinetti«, das »Berliner Programm« und andere Prosastücke zähle (einschließlich der Erzählung *Die Schlacht! Die Schlacht!*[2], die man als Antwort auf Marinettis *Bataille* lesen mag), verbinden Enthusiasmus und Ironie, Solidarität und Opposition. Im Aufsatz »Die Bilder der Futuristen« (I.1) bekennt sich Döblin, mit einem Blick auf Boccioni, Severini und Russolo, als erster deutscher Schriftsteller zu einem uneingeschränkten Enthusiasmus für die futuristische Kunst als ästhetischem »Befreiungsakt« und als schöpferischer »Bewegung«. Er vermag allerdings, wie andere, der Versuchung nicht zu widerstehen, bestimmte Bilder, wie etwa Boccionis »La Risata«, nachzuerzählen, aber er geht zuzeiten auf futuristische Begriffe zurück, so die Forderung nach dem Energiezentrum im Bilde selbst oder die *compenetrazione* der Gegenstände, die er mit den Wörtern »durchlöchern« und »durchrieseln« suggerieren will. In seinen zustimmenden Gedanken tauchen Metaphern und Motive auf, die bald zum Grundkatalog seiner kritischen Normen gehören werden, so das Postulat des Objektiven, das »Freiheitsgefühl« des Künstlers als eines »stahlharten Kondorflügels« und der Hinweis auf die Tugenden der Naturwissenschaft, von der eine Erneuerung der Künste ausgehen sollte. Döblin war allerdings mißtrauisch gegen den eigenen Enthusiasmus, und in einem selbstironischen Entwurf mit dem Titel »Das zerschmetterte Maul, das isolierte Bein, die Quadratur der Atmosphäre« (I.2) persiflierte er seine eigene Begeisterung, ohne die futuristischen Leistungen herabzusetzen. Die allerdings erst 1985 aus dem Manuskript publizierte Skizze, die wahrscheinlich um 1912/13 entstand, ist ein Versuch, futuristische Bilder in futuristischer Sprache zu skizzieren, also Futurismus hoch zwei und wie von Kurt Schwitters geschrieben. Der Kritiker reiht Marinettis *parole in libertà* parodistisch und assoziativ aneinander, »Rascheln durch Momentmillionen, Kontinuum, Schlangenhäute, Winterfelle, Sommerfelle. Malerei Alteisenladen«, kontrastiert Berliner Idiom mit der hohen Sprache der Manifeste, »Rin! Mitten mang!« (also in das von den »Kraftlinien« gebildete Zentrum des Bildes) und zitiert auch noch zuletzt die Futuristen oder Boccioni selbst: »Krise des Futuristen. Versenkung, Manifeste, beschlossen und verkündet: Dynamik auf die Fläche.« Das Kesse oder gar Schnoddrige vereint sich mit der Theorie und der Terminologie der Futuristen, und durchaus nicht in destruktiver Absicht.

In seinem »Offenen Brief an F. T. Marinetti« (der vorangestellte Titel »Futuristische Worttechnik« erinnert an Arno Holz) zieht Döblin (I.3) einen Trennungsstrich zwischen den überwältigenden Leistungen der Maler und den Unzulänglichkeiten futuristischer

Texte und sucht Tugenden und Probleme Marinettis genauer zu definieren. Er zitiert aus seinem Essay über die Maler, fügt bestätigend hinzu, daß die »Intensität«, »Ursprünglichkeit«, »das Kühne und gänzlich Zwanglose« bei ihm eingeschlagen hätten, und bestreitet nicht, daß Marinetti die Legitimation besäße, durch seine »Energie und Härte, Männlichkeit« (in Opposition zu Sentimentalität, »Erotismen« und Hypochondrie) andere anzuregen. Sie beide, Döblin und Marinetti, sind *Naturalisten*; Marinettis Drang zur Sättigung durch Sachlichkeit ist auch der seine, und er fühlt sich mit ihm völlig einig in der Feindschaft gegen »Packpapier«, »Sonette« oder »Weltanschauung«, die man höheren Töchtern zum Angebinde machen sollte. Döblin klagt aber Marinetti sogleich an (wie es Giovanni Papini in *Lacerba* tun wird), den Künstlern einen engen, ja monomanen Begriff der Welt und der Kunstübung diktatorisch aufzwingen zu wollen; diese »Herdenzüchtung« wäre der Selbstmord der Kunst. Marinettis »Welt [der] Automobile, Aeroplane und Maschinengewehre« ist nicht die ganze Welt, und die Kunst darf die Stimulantia Baudelaires und Mallarmés nicht vergessen. Nichts wäre törichter als ein »unentrinnbarer Naturalismus«, der die Kunst dazu zwänge, »Phonographie« zu betreiben und einzig und allein »das Meckern, Paffen, Rattern, Heulen, Näseln der irdischen Dinge [zu] imitieren«.

Das Argument richtet sich zuletzt und im einzelnen gegen Marinettis zugleich im *Sturm* veröffentlichte »Schlacht«, und Döblin (nach einem neuerlichen Kompliment über Marinettis famose Art, »Tempo und Lärm« der Schlacht »herauszubringen«) nimmt den Text nach Strich und Faden auseinander und bezichtigt ihn des Musealen und eines »üblen Ästhetizismus«; um »solch Durcheinander von Geometrie, Beobachtungen, literarischen Reminiszenzen, Psychologismen zu geben, brauchte es des ganzen bedrohlichen Aufwandes nicht«. Die Hauptsünde Marinettis ist die *berserkerhafte* Monomanie, mit welcher er die vielerlei Möglichkeiten der Syntax, mitsamt den Funktionen des Adjektivs und der Adverbia, vereinfacht und zerstört: »Wir wollen doch nicht alle brüllen, schießen, knattern, Marinetti; Sie werden mir doch gestatten, eine heiße Mandelmilch zu trinken, oder eine Torte mit Sahne zu essen, oder Ihnen das Konzept zu verderben, je nach dem, je nach mir!« Die *parole in libertà* oder »unverbundenen Substantive« trippeln vorbei »blank [...] wie geschorene Pudel«, die Analogien arbeiten gegen die Einzigartigkeit der Dinge, die dem Naturalisten erstes Gebot sein müßte; das Assoziative will, nach Zerstörung der Syntax, neue »Bindungen« eingehen, die aber der Text nicht zum Ausdruck zu bringen vermag. Dieser »Telegrammstil« (den die deutsche Kritik sonst mit der naturalistischen Sprachgestaltung in den frühen Stücken von Arno Holz verbindet) schiebt dem Leser die Aufgabe zu, »das Bildmaterial zu formen«, und da er, der Leser, das nicht kann, geht das Ganze in Scherben: »Ecce Müll«, und abstrakter dazu. Im Essay über die futuristischen Maler hat sich Döblin schon, Russolos Bild »Die Revolution« betrachtend, mit der Frage beschäftigt, wie man Schlachtenbilder schaffen könnte; hier, im »Offenen Brief«, ein Jahr später, macht er sich, gleichsam im Vorübergehen, anheischig, »eine Schlacht noch ganz anders ›zu machen‹« als Marinetti, ja sogar noch viel besser als er.

Die späteren Kritiker, die das »Berliner Programm« (Mai 1913) als eine Theorie des »Döblinismus« lesen, in welchem sich Döblin endgültig von Marinetti emanzipiert, übersehen in ihrer Unkenntnis futuristischer Texte, wie eng sich, in vieler Hinsicht, das »Berliner Programm« an Mailänder Forderungen anschließt; und selbst wenn (wie ich glaube) Döblin seine Berliner Programmpunkte (I.4) mehr oder weniger unabhängig von den Futuristen artikuliert hätte, wäre es unmöglich, seinen »Döblinismus« nicht in historischer Bundesgenossenschaft mit dem »Marinettismus« zu sehen. Schon die Formulierungen des Eingangs (etwa den von der Technik überholten »alten Pegasus« oder die Dichtung nicht als sentimentale, sondern »öffentliche Angelegenheit«) reflektieren Futuristisches, nicht zu reden von der Betonung »rapider Abläufe« und des »Nebeneinanders«; und Döblins Polemik gegen die Subjektivität des Autors, die Psychologie und das Erotische in der Literatur haben ihre genauen Entsprechungen in Marinettis »Technischem Manifest« (11. Mai 1912) und in anderen frühen Manifesten. In Paragraph 11 des »Technischen Manifests« (A.4) fordert Marinetti die Zerstörung des Ich in der Literatur, um an seine Stelle die Weltmaterie zu setzen, Stein, Holz und Stahl, und auch Döblin will die Fassade des Romans aus »Stein und Stahl« und beharrt auf der »Entselbstung« oder »Depersonation« des Autors, im »steinernen« oder »Kinostil«. Marinetti will zugleich mit dem Ich alle Psychologie aus der Literatur verbannen; Döblin verdammt »die psychologische Manier« als ein »Grundgebrechen des gegenwärtigen ernsten Prosaikers« und die Romanpsychologie als »dilettantisches Vermuten, scholastisches Gerede... verheuchelte Lyrik«. Marinetti proklamierte im ersten Manifest des Futurismus (A.1) die »Mißachtung« der Frau (später wird er auch gegen den Tango und *Parsifal* schreiben); das »Berliner Programm« Döblins verspottet das Erotische als »Atelier-Schriftstellerei« und erhebt die Forderung, der »Erotismus« müsse durch die Erneuerung der Epik »fortgeschwemmt werden«. *Hier* liegen die Differenzen von Döblinismus und Marinettismus jedenfalls nicht.

Im Bündel der drei theoretischen und kritischen Essays »Bemerkungen zum Roman« (1917; I.5), »Von der Freiheit eines Dichtermenschen« (1918) und »Reform des Romans« (1919; I.6), welche der Arbeit am *Wallenstein* (1920) vorangehen oder mit ihr zusammenfallen, richtet sich Döblins Aufmerksamkeit auf die Form des Romans, die lange keine Form mehr ist. In seinen Erwägungen, die seine Argumente gegen das Psychologische und das Erotische noch einmal aufnehmen, gelangt der Futurismus, als Vorgänger und Verbündeter der deutschen Expressionisten, zu einigem respektvoll konzedierten historischen Recht. Döblin besteht wieder, in seiner Weise, auf der epischen Substanz des Romans (I.5), die er anders als die Futuristen durch Homer, Dante, Dostojewski (und später Charles De Coster) zu legitimieren sucht; Romane sind keine Dramen, auch nicht verkappter Art, und wo der Autor »schichten, häufen, wälzen, schieben« soll, darf er die Probleme des einzelnen »dem Psychologen, Pfarrer, Psychiater« überlassen.

In seinen Gedanken über den Expressionismus, gesehen vom Jahre 1918 her[3], und in seiner Polemik gegen Otto Flake spricht Döblin genauer von Marinetti und vom Futurismus, den er in einem kulturgeschichtlichen Kontext zu sehen beginnt. Über den Expressionismus als geistige Bewegung (nicht spezifische Richtung) hegt Döblin keinen Zweifel mehr. Er sieht ihn als deutsche Zeitströmung, aber in überraschender Übereinstimmung mit schöpferischen Prozessen anderswo in Europa. »Ein, zwei Jahre vor dem Krieg hatte« er Gelegenheit, so schreibt er, »französische, russische, italienische Künstler der jetzt dominierenden Generation zu sprechen«; zu seinem Erstaunen »äußerten sie, die mit deutschen Verhältnissen gerade so unbekannt waren wie ich mit ihren, Wünsche, Urteile, Pläne über Kunst und Verwandtes, die verblüffend mit einigen in Deutschland umgehenden übereinstimmten«[4]. Die »auffällige Malerei«, die voranging, »Kubismus, Futurismus [...] jawohl Impressionismus«, war Ausdruck »der gleichen Geisteswelle«[5], und Döblin beschreibt sie, in ihren »Trägern« und »Befallenen«, durch Feststellungen, die aus seinem *Sturm*-Essay über die futuristischen Maler oder aus seinem »Offenen Brief« stammen könnten: »eine zunehmende Steigerung des Lebensgefühls, ein leidenschaftliches Sichbesinnen [...] eine berserkerhaft entschlossene Stellungnahme im Formalen und Inhaltlichen« (»berserkerhaft« ist ein Schlüsselwort im »Offenen Brief«, das den »halben Afrikaner« Marinetti charakterisiert), »[ein] Drang zu intensiver ungebrochener Äußerung«[6]. Marinetti hätte gegen diese Formulierung Döblins gewiß nichts eingewandt; weder gegen Döblins Idee, die neue Geisteswelle entstamme »dem Erstarken der ganzen Volkskörper [...], dem Anschwellen des Nationalgefühls«, noch gegen seine Einsicht, »ihr charakteristisches Grundgefühl« sei der »Stolz«[7].

Döblins Polemik (I.6) gegen Otto Flakes Roman *Die Stadt des Hirns* ist deshalb von Interesse, weil sie die Sinnlichkeit der Kunst, auch im Namen der Futuristen, gegen einen Schriftsteller verteidigt, der glaubt, die Romanform durch die Kraft der Reflexion und des Gedankens sprengen zu müssen, und ins bedauernswert Abstrakte gerät. Döblin bezichtigt Flake zunächst, mit seinen Spreng- und Auflösungsversuchen zu spät zu kommen; er zitiert im Eingang seines Essays mit einiger Ausführlichkeit, und im französischen Originaltext[8], Marinettis programmatisches Vorwort zu *Mafarka le futuriste* (1910) und nennt Flakes Arbeit einen »Sprengungsversuch, wo nichts zu sprengen ist« (schon gar nicht in der deutschen Epik seit *Werther* und Hölderlins *Hyperion*). Döblin verteidigt künstlerische Abstraktionsprozesse, wenn sie nur, wie in der neuesten Malerei, »durch Ablösung von der kunstfremden Gegenständlichkeit zu der üppigsten Sinnlichkeit und Selbstherrlichkeit der Farben gelangen«. Flake versteht aber diese Prozesse nicht; er beruft sich auf diese Maler, »wo er für Reflexion und philosophische Zustände wirbt«, anstatt diese Künstler wirklich nachzuahmen, und wenn es auch nur *äußerlich* wäre. Flake müßte, ganz im Gegenteil, wie Marinetti »Logik und Syntax zerschlagen, zum Alogischen im Einzelwort [zu] dringen«; das gibt es ja auch in der Literatur, setzt Döblin hinzu, »hier ist Klarheit«. Das alles tut

Flake nicht; er schafft keine »durchbluteten Gebilde, jene affektiven und anschaulichen Formungen, die das Gedankliche wie Schaum auf der Oberfläche tragen oder es wie der Löwe die Mähne schütteln«. Der afrikanische Roman *Mafarka le Futuriste* ist das normative Gegenbeispiel; es sind, bei Flake, eben »nicht jene Steigerungen, der epischen Personen oder des Vorgangs, die auch Marinetti liebt«, sondern leider nur »gutbürgerliche Abhandlungen, [...] liebenswürdiges literarisches Gerede in gehobenem Zeitschriftenjargon«.

Döblins Essay (I.7) »Der Geist des naturalistischen Zeitalters« (1924) mischt historische Erinnerungen an die Rolle des Futurismus nach der Jahrhundertwende mit einer merkwürdig verspäteten Bereitschaft, die im Rhythmus seiner gedanklichen Entwicklung begründet ist, futuristische Grundthemen (wie die notwendige Vorherrschaft der Technologie und der neuen Großstädte) in großen Zusammenhängen zu entwickeln. Döblin zeigt sich, wie die Futuristen, als dezidierter Antipassatist (vor allem in bezug auf Thomas Manns Diskussion von Kultur und Zivilisation), spottet über die »sentimentalen Historiker«, die in ihrer »scholastisch-humanistischen Schulbildung« ein allzu wehmütiges Bild der Vergangenheit gezeichnet haben, und skizziert selbst eines, das Gedanken eines philosophischen Positivismus variiert und einer Zeit des Glaubens eine Epoche der »Beobachter« folgen läßt, die Zeit des naturalistischen Gesetzes, das in der Technik zuerst sichtbar wird. Döblin korrigiert sich dabei selbst, denn er will, als Naturalist, nicht den reinen Geist als Ursache historischer Veränderungen sehen und setzt hinzu, dieser naturalistische Geist sei, biologisch gesehen, nichts anders »als eine besondere Einstellung der Menschengruppen unter Einwirkung des Gesellschaftstriebes«, der das menschliche Gruppentier zu bedeutenderer Vielfalt treiben will. Döblins Bild vom wissenschaftlichen Beobachter führt geradewegs zu Brechts Galilei am Fernrohr, aber sein Biologismus mit »seiner Einsicht in die Belanglosigkeit des tierisch-menschlichen Einzelwesens« in die Nähe Gottfried Benns.

In seinen Erwägungen über die Folgen des »technischen Schwalls« in der neuen Lebenserfahrung denkt Döblin futuristisch, und manche seiner epigrammatischen Zuspitzungen und enthusiastischen Häufungen haben, ob Einfluß oder nicht, ihre rhetorischen Parallelen in den frühen futuristischen Manifesten. Physiologisch stärkt die neue technische Lebensart das Muskulöse und das »männlich-aktive« Gefühl (nicht das passive und rezeptive); und wenn die Menschen einst ihre Energien »gelegentlich« in »Kriegen entladen« hatten, bricht jetzt (Döblin zeigt durchaus kein Bedauern) der »Dauerkrieg« aus, die »permanente Eroberung der Welt«. Der Autor des ersten futuristischen Manifests war wie trunken in der Benennung der Dampflokomotiven, Schiffe und Aeroplane, und Döblins poetische Kataloge moderner technischer Vorrichtungen und Errungenschaften sind nahe daran, in einen ähnlichen Enthusiasmus auszubrechen, und nicht zuletzt durch ihre Reduktion des Syntaktischen: »Die Riesenkapitel der Elektrizität, der Kraftübertragung, der Dynamomaschine. Das Fernsprechwesen. Die Baukonstruktionen, die Eisenbetonbauten. Eisenbahnanlagen mit ihren Ober- und Unterbauten, ihrem Signalwesen, den Brückenkonstruktionen. Das Heben und Verschieben von Bauwerken, die Tauchapparate, Motorboote, Kraftwagen.« Die Futuristen unterschieden zwischen den alten, historischen, paralysierten Städten (Venedig, Rom oder Wien) und den neuen industriellen Metropolen (Mailand), aber Döblin holt weiter und romantischer aus (der naturalistische Geist schafft sich in den neuen Großstädten seinen »adäquaten Leib«) und unterscheidet, radikaler als seine Vorgänger, zwischen den historischen Städten, »mit der und der Geschichte, mit dem und dem Gesicht« (zum Beispiel Frankfurt, Berlin, London und Paris) und der technologischen Großstadt *an sich*, mit ihrer »Monotonie, Gleichförmigkeit, der spezifischen Rationalisierung« der Epoche. Das Historisch-Alte und das Technologisch-Neue kollidiert; im »Manifest des Futurismus« (A.1) kontrastierte Marinetti die statuarische Siegesgöttin von Samothrake und den neuen Rennwagen, und Döblin argumentiert ähnlich epigrammatisch, indem er ein schönes altes Kunstwerk und ein neues Verkehrsmittel konfrontiert: »Es ist freilich schon heute ein Unfug, eine Säule von Phidias anhimmeln zu lassen und die Untergrundbahn ein bloßes Verkehrsmittel zu nennen.«

Im historischen Panorama einer Wirkung des naturalistischen Geistes auf Kunst und Literatur, vor allem in Deutschland selbst, verbindet Döblin seine Skepsis über die Beweglichkeit des künstlerischen Geistes mit einer deutlichen Neigung, Brüche und Entscheidungen im Fortgang der Entwicklung (selbst wenn er dem italienischen Futurismus keine Schlüsselstellung in Europa einräumen möchte) mit futuristischen Begriffen zu beschreiben. Es ist »die wesentlichste Aufgabe der Geistigen [...] zu konservieren«, behauptet er, und obgleich Deutschland schon um »1890 ein stark industrialisiertes Land« war, kam seine »naturalistische Welle« nicht so sehr aus dem Leben als auf »Umwegen über fremde Literatur«; dem deutschen Naturalismus blieb nichts anderes übrig, als »mit Dreck zu spritzen« und »gegen die Pensionsberechtigten vor[zugehen]«. Erst nach dem Naturalismus kam die Literatur in raschere Bewegung; »einige Literaten zertrümmerten die Syntax selbst«, denn sie (hier ist nicht ganz klar, ob Döblin von Marinetti, Stramm oder Becher zu sprechen beliebt) »waren der nicht unrichtigen Meinung, daß in solchen Formelementen sich Altes verkapsele und die Bewegung störe«. In Deutschland war das ganz besonders schwierig, und die Poeten priesen selbst »in der befreiten Form gänzlich alte Dinge wie den Mond, Kanarienvögel und Nachtigallen«. In der Malerei erschien, nach Max Liebermanns Epoche, der Futurismus, mit seinen deutlichen »technischen Zeichen«, mit »Hymnen auf das Auto, das Flugzeug, die Expansion, das Tempo«. Der Konstruktivismus suchte »Schönheit nur in Drähten, Maschinenteilen, geometrischen Formen«, und die Musik, Schönberg allen anderen voran, begann mit der »Auflösung der alten Syntax und Grammatik, der Formeln und Tonalität«. Marinettis Schlagworte von der Befreiung der Künste *(... in libertà)* und von der notwendigen Zerstörung der Syntax und der Grammatik als einer axiomatischen Bedingung dieser Befreiung waren Döblin jedenfalls lange im Gedächtnis geblieben.

Die theoretischen Formulierungen sind eines, aber Döblins Entwicklung als Romanschriftsteller ein anderes, und in seiner epischen Praxis funktioniert der Futurismus, als eine herausfordernde Möglichkeit narrativer und rhetorischer Interessen, nicht unbedingt auf eine vorhersehbare Art. Die Kritiker Walter Muschg[9] und Armin Arnold[10] haben Döblins Begegnung mit dem Futurismus eine zentrale Bedeutung zugewiesen (Döblin, nach seiner futuristischen Lektüre, sozusagen ein neuer Adam), Jüngere[11] sind eher der Meinung, daß viele der theoretischen Gedanken und erzählerischen Neigungen Döblins, die er dem Futurismus verdanken könnte, lange vor seiner Begegnung mit Marinetti in seinen Publikationen gegenwärtig waren, etwa in seinem Jugendroman *Der schwarze Vorhang* (geschrieben vor 1903) oder in den *Gesprächen mit Kalypso* (im *Sturm* 1910).

Döblins Enthusiasmus für die Leistungen der futuristischen Maler kontrastiert mit seinem ambivalenten Urteil über futuristische Texte. In seinen Erwägungen wiederholt er, selbst im »Offenen Brief an Marinetti« (I.3), vor allem die Gedanken, mit welchen er seine Hochachtung vor dem Futurismus als »Bewegung« zu erklären sucht: die kühne und energische Ehrlichkeit, mit welcher die Futuristen ihre Arbeiten gegen die akademischen Traditionen stellen; die Abneigung gegen das alte Psychologische, das die Kunst dazu erniedrigte, sich an Schiefheiten und Hypochondrien zu verlieren, anstatt sich auf die Sache der Welt zu konzentrieren; und, damit verbunden, die berechtigte Abneigung der Futuristen gegen das Erotische, das den Menschen auf seine Geschlechtsorgane reduziert.

Gerade diese Gedanken und Motive sind allerdings seiner intellektuellen Entwicklung gegenwärtig, *ehe* sich Döblin noch mit dem Futurismus zu beschäftigen beginnt. Das Traditionelle (selbst des literarischen Jugendstils), das Psychologische und das Erotische konstituieren ja Döblins eigene Vergangenheit als eines blutjungen und seiner Wege noch ungewissen Schriftstellers, und selbst wo sich Döblin in der Opposition gegen sein jüngeres Selbst mit den futuristischen Polemiken identifiziert, sind die Unterschiede nicht zu übersehen. Marinetti will (um nur ein Beispiel zu erörtern) die Psychologie des Persönlichen durch die »lyrische Besessenheit der Materie« verdrängen, durch das also, was die unpersönlichen Gesetze des Steins und des Stahls offenbaren, und die individuelle Gestalt (es sei denn die seine) aus der Literatur verbannen. Döblin, anders als Marinetti, will die fiktive Psychologie eher durch eine wissenschaftliche Psychiatrie mit einer nüchternen »Notierung« (I.4) von Vorgängen und Abläufen ersetzen. Marinetti meint mit Psychologie auch alles Psychiatrische, nicht so der Neurologe Döblin, der sich, auch in dieser Hinsicht nicht, an die »abstrakte Phantasmagorie« (I.4) einer erfundenen und unwissenschaftlichen Psychologie verlieren will. Seine Abneigung gegen die Psychoanalyse kommt aus gleicher Quelle.

Wie mit dem Antipsychologischen, so mit der Antierotik:

Döblins Proteste (I.3) gegen den »erotischen Wahn« (1913), in voller »Sympathie« mit Marinetti, betont gemeinsame literarische Interessen auf einer bestimmten Stufe seiner Entwicklung, nicht eine Gleichsetzung unveränderlicher Lebensgedanken. Marinetti und Döblin waren beide durch die abgelebte Tradition dazu gezwungen, alle Kunst zu verdammen, die sich mit abgeklapperten und reduzierenden Liebesgeschichten zufrieden gab; und selbst Döblins Franz Bieberkopf wird noch, an einer versteckten Stelle in *Berlin Alexanderplatz* (1929), über das »Oberschwein«[12] D'Annunzio, Marinettis Hauptwidersacher in Eroticis, spotten (Biberkopf öffnet D'Annunzios Leidenschaftsroman *Il piacere / Die Lust* zufällig an einem Kiosk und liest mit Kopfschütteln, was der Verfasser über Frauen und Liebe zu sagen hat, »da schlägts dreizehn. Nee, du, Kollege, mit so was, da mach ich nicht mit«[13]). Marinettis Schlagwort vom *disprezzo della donna* (A.1) hat es aber, um eine Wendung Clara Zetkins zu gebrauchen, mit der »Damenfrage«, nicht so sehr der »Frauenfrage« zu tun[14]; Marinetti erklärt ja im Vorwort zu *Mafarka*[15], das Döblin in anderem Zusammenhang zitiert, genauer, daß er die »sentimentale« Funktion der Frau in der herkömmlichen Literatur und in der bürgerlichen Familie meint, die Besessenheit mit dem Ideal, den strahlenden Glanz des romantischen Mondes an der Bordellfassade. Der Politiker Marinetti treibt die Damenfrage allerdings auf die anarchische und zugleich präfaschistische Spitze[16]; er fordert zwar, mit Rücksicht auf die Wählerschaft, gleiches Wahlrecht für Frauen, aber zugleich die Auflösung der institutionellen Ehe zugunsten der freien Liebe und die Erziehung der Kinder, die jeweils den freiesten Liebesnächten entstammen, durch den Vater Staat. Döblins wechselvolle Gedanken über Frauen, erotische Verhältnisse und das Geschlecht sind komplizierter und gehen zuletzt weit über die Damen- und Frauenfrage hinaus. Er beginnt, noch vor der Jahrhundertwende, als Leser August Bebels mit novellistischen und statistischen Erwägungen über die Berliner Prostitution[17], übt sich in seinem frühen Roman *Der schwarze Vorhang* in einer Fin-de-siècle-Haßliebe gegen alles Weibliche (Johannes tötet seine Geliebte, die lustvoll gemordet werden will, indem er ihre Kehle durchbeißt), verbannt »das sanfte Hin und Her«[18] zwischen Männern und Frauen aus der epischen Welt seiner historischen Romane (nicht die Vergewaltigung en masse) und verbindet, in *Berge, Meere und Giganten*

(1924), sein ursprüngliches Interesse an der Gleichberechtigung der Frauen mit Visionen von vampirischen Liebes- und Todesgöttinnen und einer sexuellen Lebenskraft, die durch die begrenzte Zweizahl des Geschlechtes schlägt; »es muß noch etwas Drittes, Viertes geben«, jenseits von »Normal und Pervers«[19].

Diese Fluchtlinien der Gedanken zeugen nicht gegen Döblins Lektüre von Marinettis afrikanischem Roman *Mafarka le Futuriste* (1910), dem er eine aufmerksamere und folgenreichere Lektüre widmete als irgend jemand sonst in Deutschland. Er war, ohne Zweifel, der einzige Berliner Leser des Buches (Marinetti hatte Walden ein Redaktionsexemplar zugedacht), und er vermochte deshalb, ohne Widerspruch anderer Leser oder Rezensenten, Marinettis »ungebrochenen Ausdruck [eines] massiven, unraffinierten Empfindens« zu loben (I.3), seine Rhetorik ohne Lüge beifällig hervorzuheben und die Tugenden des Buches, wie er sie sah, noch sechs Jahre später gegen Otto Flake auszuspielen (I.6). Ich glaube nicht, daß *Mafarka* ursprünglich als futuristisches Pamphlet gedacht war, aber Marinetti entwickelte darin so viele seiner pubertären Phantasien, Lieblingsgestalten und wiederkehrenden Denkmotive, daß er es im Verlauf der Arbeit durch ein Vorwort, eine interpolierte Futuristenrede und den Zusatz im Titel für den Futurismus in Anspruch zu nehmen können glaubte. Döblin war nicht so sehr an der »Polyphonie«[20] des Romans interessiert (das heißt die eingeschobenen dramatischen Dialoge oder die balladeske Lyrik) als an seiner »Härte, Kälte und [dem] Feuer« (I.3), die Bewegung der Massen durch Staub und Hitze, die ungezügelte Gewalt, Mensch in Mensch und Tier in Mensch verkrallt, die Verachtung der lockenden Frau und der fürsorglichen Mutter, die Machoorgiastik, die Blut-, Sand- und Sandalenwelt, lange vor den Cinecittà-Filmepen der fünfziger Jahre. Döblin las den *Mafarka*, wenn er ihn je zu Ende las, als massives Argument gegen das Dünne und Sentimentale der deutschen literarischen Innerlichkeit. Er wollte ein Gegenargument, um die Richtung seiner eigenen epischen Arbeit genauer zu bestimmen, und war blind gegen die Brutalität des Wüstenkitsches, die eine öffentliche Sensation durch pornographische Provokationen mit voller Absicht erzeugen wollte (der öffentliche Ankläger im Prozeß gegen den Autor des Buches spielte genau die Public-Relations-Rolle, die ihm Marinetti zugedacht hatte). Döblin, auf der störrischen Suche nach einem Gegenbeispiel, scheute sich jedenfalls nicht, seine eigenen Versuche mit *parole in libertà* mit szenischen und motivischen Nachahmungen *Mafarkas* zu verbinden.

Mafarka berichtet die abenteuerliche Geschichte eines Wüstenprinzen, der die Macht seines Onkels zu brechen sucht, seine Energie und List in Massenschlachten gegen afrikanische Hilfsvölker bewährt, allen Versuchungen des Geschlechts widersteht (die beiden Lieblingstänzerinnen seines Oheims werden, nach Strafpredigt, den Raubfischen im Aquarium zum Fraß vorgeworfen) und seinen Sohn ohne Hilfe eines Weibes (er)zeugt, indem er ihn, halb Mensch, halb Flugzeug, in einer Art Höhlenhangar konstruiert. Der Roman liebt die enormen und entsetzlichen Effekte; schon im ersten Kapitel inszeniert Marinetti *le Viol de Négresses*, die Vergewaltigung gefangener schwarzer Frauen durch revoltierende Matrosen, die man gegen den Puritaner Mafarka aufgehetzt hat. Er spart nicht mit raffiniert-farbiger Brutalität, »on voyait [...] leurs petites mamelles couleur de café brûlé se tordre de douleur sur les poings lourds des mâles«[21], und trumpft mit anatomisch-animalischen Einzelheiten auf, nur um zu zeigen, was er alles kann, »en écrasant leur bouche dans les creux de la vulve qu'ils lappaient bruyamment comme des chiens«[22]. Armin Arnold[23] und David Dollenmayer[24] haben darauf hingewiesen, daß Döblin diese Szene der Massenvergewaltigung in seinen historischen Romanen aufnahm und variierte; das epische Panorama der Geschichte hat keinen tröstlichen Ort für den zärtlichen Eros des einen Mannes und der einen Frau, und an ihrer Stelle fallen die Männer, in Gruppen und Regimentern, über die gesichtslosen Frauen her, die sich zur Wehr setzen oder, wie im chinesischen Roman, die Gewalt als eigentliche Geschlechtserfüllung umarmen. Zugegeben: die Vergewaltigungsszene in *Wang-lun* ist auf Klänge und Töne konzentriert, in Farbflecken hingesetzt, wie spiritualisiert – die Frage ist nur, ob sich nicht jede Ästhetisierung der Gewalt, ob auf Effekt oder Impressionismus gearbeitet, schuldig macht und so auch diejenige, die nur in Andeutung vom Glück der Vergewaltigten mit den Vergewaltigern erzählt, und das auch noch in gelegentlichen *parole in libertà*[25], »lange bewegte sich nichts auf dem Frauenhügel. Dann schimmerten weiße, bunte Tupfen zwischen den Stämmen. Rennen schattenschwarzer Männer, Vermischen der Farbenflecke, Händewürfe von Geräuschen, Sprechen, Rufe in Fetzen, Schwall von Lärm. Bunte Schwestern umarmten sich im Herabgleiten, Brüder Hüfte an Hüfte. Eine jubilierende lichtgetränkte Wolke senkte sich in das Tal.«

Als Utopist technischer Entwicklungen hat Döblin, auch noch in anderer Hinsicht, *Mafarka* aufmerksam gelesen, und Marinettis Gestalt eines mehr als menschlichen Wesens, modern gemischt aus Organischem und Technischem, kehrt fratzenhaft, grauenhaft überquellend, tragischen Bewußtseins, ein riesenhaftes Spottbild wissenschaftlicher Interventionen, in *Berge Meere und Giganten* (1924) wieder. Mafarka konstruiert seinen Sohn, als Flugmaschine seiner Zeit, aus Draht, Energie, Muskeln und Segeltuch (für die Flügel), und dieser technologische Ikarus oder aviatische Golem (vorausgenommen, wahrscheinlich, im Bilde animalischer Kriegsmaschinen, der waffenstarrenden Elefanten in Flauberts *Salammbô* und in der Giraffenartillerie Mafarkas) triumphiert allegorisch im Finale des afrikanischen Romans, indem er sich der zerbröckelnden Welt enthebt und zum Mars hinschwingt. Er kehrt dann als futuristische Wunschfigur des *uomo meccanico dalle parti cambiabili* (der neue Mensch mit austauschbaren Ersatzteilen) oder als *uomo moltiplicato*, erhaben über menschliche Gefühle und Bewegungen zum Tode hin, in Marinettis Manifesten und Erklärungen wieder, vor allem in den Jahren 1910–15. In *Berge Meere und Giganten* führt uns Döblin, fasziniert und kritisch, das fatale Ende dieser Wissenschaftszüchtungen und Retortenschöpfungen vor Augen. Durch die bei der Enteisung Grönlands freigewordene Energie sind die biologischen Verhältnisse der Erde außer Rand und Band geraten, unbekannte, riesige, brutale Saurier und Echsen bedrohen die Menschen, und die Wissenschaftler, wenn es noch Wissenschaftler sind, schaffen gigantische »Menschentürme«, die sich, wie Festungen und Kriegsmaschinen, dem Todesflug der Bestien in den Weg stellen, selbst Bestien mit menschlichem Bewußtsein, krebsartig wuchernde *uomini moltiplicati*, in deren Hervorbringung sich das Fleisch, die konstruierende Wissenschaft und die Erde verbunden haben: »die Riesenwesen, mühselig gurgelnd und schluckend, wurzelten in dem Tier- und Pflanzenboden. Ihre Beine waren von den Hüftgelenken, dem Becken an knollig versteift; breit standen die Beine, verbreiterten sich massig nach abwärts, gingen in Stränge aufgelöst, ihren Fleischcharakter verlierend, in die Bodenmasse über. Von da strömten Säfte und Nährmassen in ihren Leib. Durch ihre Bauchdecken, in die Weichen wucherten Baumstämme und Tierrümpfe in sie, breiteten sich in dem Gekröse aus, brachen in die Därme ein, verlöteten mit ihnen. Tierblut, Pflanzensäfte ergossen sie in die Därme, die sich langsam hoben senkten, wurmartig zusammenzogen und streckten. Dies war die Bewegung, die man in halber Höhe der Menschentürme sah: das langsame Hin und Her der Därme, die sich versteiften hoben und ihren Krampf lösend wieder herunterstiegen.«[26]

Döblin mag, als Kritiker und Theoretiker, über die Unzulänglichkeiten der befreiten Worte in Marinettis »Bataille« gespottet haben, aber als Schriftsteller versucht er, die Möglichkeiten der reduzierten Syntax und der *parole in libertà* besser und wirksamer zu erproben, mehr als 15 Jahre lang. Er hält dabei, ähnlich wie der Vitalist Marinetti, aber radikaler und weniger eklektisch, an dem Grundbegriff einer unendlichen Lebenskraft und ihrer Gestaltungen fest und arbeitet immer dann mit einer reduzierten Syntax, die zuletzt isolierte Substantiva hervortreibt, sobald es ihm unmöglich wird, Zerstörungen oder Feste der Lebenskraft in grammatisch geordneter Syntax zu präsentieren; die Lebenskraft, der »Tausendfuß Tausendarm Tausendkopf«[27], bricht durch die ordentliche Systematik der Artikulation. In den *Drei Sprüngen des Wang-lun*, auch chronologisch seiner Beschäftigung mit dem Futurismus am nächsten (1912/13), sind es, wie bei Marinetti, vor allem die wiederholten Schlacht- und Gefechtsszenen, welche die Syntax reduzieren und die Substantiva aus dem grammatischen Zusammenhang lösen, allerdings nur in begrenzten Blöcken, wie sporadisch, und zuzeiten von ganzen Sätzen zumindest eingeleitet: »Spitze Bambuslanzen bohrten sich durch anrennende Leiber. Über Rükken meuchelnder Soldaten wuchteten Balken und Wurzelkloben. Maulaufreißen, Ächzen, Dumpfen, Knallen. Schweißdampf, dünne Blutsäulen, unregelmäßiger Rhythmus von Stille und Gebrüll.«[28] An anderen Stellen, wie in der großen Schlacht zwischen Brüdern und Mandschuren, wird die Syntax noch rudimentärer und wie überspült von der Lawine des Substantivischen, das allerdings einer wechselnden Bestimmung durch Eigenschaftswörter noch nicht ganz entbehrt, »Blitzen von Schwertern, krachende

Dreschflegel, langgezogenes Stöhnen der Gespießten, Beile, die durch die Luft flogen, schon träumende Brüder, Bauern bei der Arbeit, Röcheln, Wiehern, stumme Grimassen, eiserne Hände von Sattel zu Sattel, Schweiß, Staub, nasses Blut vor geblendeten Augen, Pfeile von der Stadt her. An den Fenstern der Häuser, auf den Dächern, an der Stadtlehne willenloses Schluchzen, atemloses Keuchen, Wutausbrüche, Umarmungen, Hinsinken.«[29] Die traditionelle Zeichensetzung und die vielen Kommata verraten noch ein ungestörtes Bewußtsein von den Normen der Syntax, aber auch das wird sich später verflüchtigen, in den entscheidenden Augenblicken wenigstens, so in dem atemlosen Bericht über die Zerstörungen des Uralkriegs, in *Berge Meere und Giganten*, »zusammengepflastert Steinblöcke Häuserreste Lehmmassen Eisenteile Räder Fensterladen«[30].

Marinettis Rhetorik beharrt nicht auf Schlacht und Krieg als dem einzigen epischen Anlaß, den Satz zu zerstören und die Substantive zu befreien (obwohl das den *Sturm*- und *Lacerba*-Lesern, und anderen auch, so erscheinen mochte), und Döblin ist dem futuristischen Axiom vom Konflikt zwischen Grammatikalität und Lebensprinzip, nicht weniger als in seinen chinesischen Schlachten, dort besonders nahe, wo er in der narrativen Anschauung der gesteigerten Lebensfülle und der irdischen Energie, die zuallererst Leben zerstört und schafft, die Grammatik hinter sich läßt, samt Periode und Satzzeichen, und die Leben signalisierende Gegenwärtigkeit in seinen eigenen *parole in libertà* demonstriert. Ich denke nicht so sehr an *Berlin Alexanderplatz* und die futuristische Synchronie der Mieter, Büros und Wohnküchen (Kapitel 10) als an die epische Vergegenwärtigung des barocken Wien (im *Wallenstein*), mit der pluralen Autonomie der substantivischen Menschenwelt, den eingesprengten Relativsätzen und der Folge befreiter Wörter, die ihre Herkunft aus dem antiken Asyndeton nicht verbergen: »Umeinander trieben in Häusern Spelunken Kellern lärmende stille kranke Menschen, Haushalter Schaffner Kellermeister Küchenjungen Rauchfangkehrer Goldmacher Gewandschneider Spengler Kalendermacher Brauknechte Messerschmiede Wanderburschen Kaufherren Ratsschreiber Kerzengießer Hökerinnen Witwen, die nach einem Mann schnappten, Dragoner, die nicht dienen wollten, Lumpen, die das Leben in der Sackgasse schön fanden, Bauern, denen der Viehhändler um die Ohren schlug, Pergamentmacher Riemer Häutekäufer Messingschläger Kuppler mit Halseisen, eilige dünne Juden, Advokaten Kommissionäre quarrende Kinder im Sand, wandernde Buchhändler aus Sachsen, Böhmen mit bemalten Brieflein im Umhängekästen.«[31] In *Berge Meere und Giganten* steht aber der »Tausendkopf«, oder die ontologische Lebenskraft, die schöpferisch und zerstörend durch Geschlecht und Geschlechter schlägt, selbst in Frage, und Döblin steigert das Asyntaktische (wo sich die Lebensenergie den Menschen unterwirft) über die bloße Reihung hinaus zu einem ekstatischen Stottern und Stammeln, das sich den Artikulationen August Stramms zu nähern beginnt. So in den Liebesbezeugungen Venaskas, mehr »malayisch als europäisch«[32] in ihrem Antlitz, das Frauen wie Männer wie wahllos an ihren schlangenhaften Körper zieht, »dies Andrängen Zubodenrollen Herumgleiten Herabgleiten Heraufgleiten Sichannageln Abreißen Abwerfen. Das herrische zornige Schreien Keifen wie mit einem Wesen, das nicht anwesend ist, das Sprudeln Stöhnen Keifen Flehen Drohen Wüten. Und wieder Abzittern Lächeln sanftes Flüstern Betteln schmeichelndes Umschlingen.«[33] Noch deutlicher das futuristische Prinzip der *compenetrazione* und der aufgedröselten Grammatik (sie gehen notwendig zusammen) im Augenblick, da sich die in den Turmalinschiffen gesammelte Lebenskraft die Menschen unterwirft und sie dazu treibt, in bloßem Instinkt die Vereinigung nicht allein mit dem Fleisch, sondern auch mit den Dingen zu suchen: »Süße Nacht, süßes Leben. Liebe Stangen, liebes Geländer, Erbarmen. Liebe Menschen Bretter Seile Masten Bleche. Liebe Jacke, rauhe Wolle, Erbarmen. Meine Finger, mein Leib, lieber Arm, lieber Hals. Mein Hals, mein Hälschen, meine Haut, mein Kinn, Erbarmen. Ah, welches Unglück.«[34] Döblin war die ganze Richtung Stramms zuwider, aber an solchen Stellen ist er eben dabei, Stramms Erosgedichte noch einmal zu schreiben.

»Döblinismus« und Futurismus sind nicht Gegensätze (in der schriftstellerischen Praxis Döblins sind motivische und rhetorische Züge Marinettis nachgeahmt und aufgehoben), aber ich kann die spekulative Frage, warum sich Döblin an einer Wende seines Schriftstellerlebens von den Futuristen angezogen fühlte, zuletzt nur mit einem Blick auf seine frühe Prosa oder gar den Subtext ihrer gedanklichen Voraussetzungen beantworten. Der junge

Döblin, cand. med. et phil., hatte damals seine Gründe, Fritz Mauthner zu bewundern, den skeptischen Sprachphilosophen mehr noch als den damals in Berlin so einflußreichen Redakteur und Kritiker[35]. Döblin hegte seine eigenen Zweifel an der Wahrheitsfähigkeit der Sprache, und er ersuchte Mauthner um die Erlaubnis, ihm das Manuskript seines späteren Romans *Der schwarze Vorhang* vorlegen zu dürfen. Er bemerkte in seinem Brief (24. Dezember 1903), daß es Mauthner interessieren könnte, den »Widerspruch zwischen dem durchschauten Blendwerk eines Wortes« [Liebe] und den »verführenden Kräften« zu beobachten, welche die wirklichen Menschen überwältigen[36]. Die Welt, so hieß es in diesem Roman, bestand nicht allein aus Zufällen, denn sie stützten sich auf »große und kleine Worte«, die dem Zufall »die Macht« bewahrten, die »er sich mit einem leichten Sprung und Sturz aus dem weißen Ungefähr und Unausdenkbaren ergriffen hat«[37]. Worte haben Funktionen, aber keine Substanz, und in seinen »Gesprächen mit Kalypso« (vor allem in der vierten, fünften und siebenten Fortsetzung, *Sturm*, 1910) stellt Odysseus/Döblin zunächst die Frage, wie musikalische Töne mit Dingen verflochten sind, und definiert dann eine Zeichentheorie im Sinne Mauthners und der Sprachskepsis. Als Schriftsteller und Sprachdenker befindet sich der junge Döblin in einem peinigenden Zwiespalt, »das Wort, die Silbenverbindung hat nichts mit dem gemeinsam, das sie bezeichnet«, und dennoch sollen die Künste, darunter auch die Wortkunst, »dem Ton, der Farbe, dem Stein nachgehen [...] und die Eigentümlichkeit, Selbstwilligkeit und Freiheit des Stoffs erfassen«[38]. Weder Kalypso noch Odysseus sind allerdings fähig, diese älteste Grundfrage aller Sprachphilosophie zu beantworten, wie man nämlich die »Selbstwilligkeit« der Welt erfassen könnte, aber leider mit Zeichen, die nichts mit der Selbstwilligkeit der Dinge zu tun haben, oder sachlich zu sein mit Zeichen, die andere Sachen sind als die, die sie bezeichnen.

Die Futuristen erschienen gerade im fruchtbaren Augenblick. Sie setzten Döblins Zweifel an der Sprache ihre unleugbare Kühnheit und lärmende Selbstgewißheit entgegen und schwächten seine Skepsis, indem sie der Syntax, nicht dem Wort, alle Schuld für die Wirkungslosigkeit der traditionellen Sprache zuschoben und dem denkenden Schriftsteller die Möglichkeit eröffneten, mit dem kompositorischen Gedanken der Gleichzeitigkeit und der *compe-*

netrazione zu spielen und die befreiten Wörter auf ihre Leistungsfähigkeit hin zu prüfen. Döblins Schlüsselwort, oder gar Schlachtruf, war »Sachlichkeit« oder das Vermögen des Schriftstellers, die »Eigentümlichkeit« und »Selbstwilligkeit« der Welt zu fassen; und selbst im kritischen »Offenen Brief« nannte Döblin Marinetti einen »Kameraden im heißen Wirklichkeitsdrang«, der nichts »Äußerliches« duldete (I.3). Der eingeschlagene Weg des Futurismus zu »Plastik, Konzentration und Intensität« war richtig – wenn Marinetti nicht, in seinem Übertreibungsdrang, »Sachlichkeit« und »Dinglichkeit« verwechselt und die Unendlichkeit der Welt auf einen technologisch bestimmten Weltbegriff reduziert hätte. Leider war er auch noch unbedacht genug, diese Verengungen (in denen das Onomatopoetische einen natürlichen Zusammenhang von Weltlaut und Wortlaut vorzutäuschen hatte) zur Orthodoxie zu erheben. Döblin war, ohne das genauer zu wissen, auf der Suche nach der Kunst Flauberts; und obgleich er, ähnlich wie Marinetti, lässig auf die Irrwege Emma Bovarys als eine allzu amouröse Romanhandlung herabgeblickt hätte, war es ihm um das Weltgesättigte und das Ungerührt-Genaue des Epischen zu tun. Flauberts *Salammbô* fiel ihm nicht rechtzeitig in die Hände, und so gab er sich mit ihrem entfernten Abglanz in *Mafarka le Futuriste* zufrieden und versuchte, diesen Abglanz in *Wang-lun* und anderen historischen Romanen, und zum Glück der deutschen Leser, an Kälte, Feuer und Sachlichkeit zu übertreffen.

Coda: Günter Grass und Döblins »futuristische Komponente«

In seinen Anfängen zählte Günter Grass, auch in Fragen der Literaturtheorie, zur Ohne-mich-Generation, die sich in der frühen Gruppe 47 versammelte, und die Kritiker auf beiden Seiten des Atlantiks hatten mit Gedanken an den pikaresken Roman und den Surrealismus ihr gutes Auskommen, wenn sie über die *Blechtrommel* schrieben. Das war seit den späten sechziger Jahren schwieriger, denn Grass' Schreibweise veränderte sich rapide, vor allem in *Örtlich betäubt* (1969) und der späteren Prosa; und die Rezensenten begannen über den verantwortungslosen oder undisziplinierten

Schriftsteller zu klagen, anstatt nach dem Grund der Veränderungen zu suchen. In dieser Hinsicht konstituiert Grass' Essay »Über meinen Lehrer Döblin«, zuerst als Vortrag in der Berliner Akademie der Künste (1967), eine private und theoretische Erklärung von besonderem Gewicht; und es ist sein eigener Hinweis auf Döblins vorbildliche Prosa, der meine Frage herausfordert, ob sich Grass, als später Schüler Döblins, nicht näher an die Futuristen und Marinettis Theorie herangeschrieben hat, als die Rezensenten glaubten. Der Sozialist Grass und der »anarchisierende« Nationalist Marinetti, zuzeiten ein Verbündeter Mussolinis und zuzeiten in der nationalen Fronde gegen ihn, sind durch Welten getrennt, aber das will noch nicht heißen, daß sie nicht (mit Döblin als Mittler) in bestimmten Forderungen an die narrative Sprache einer Meinung zu sein vermöchten.

Grass' Verhältnis zu Döblin ist durch Bücher bestimmt, nicht durch persönliche Begegnungen. Er fand, oder suchte, die Möglichkeit nicht, den älteren Döblin der Besatzungszeit kennenzulernen; und obwohl er selbst gerne gegen Autoren und Leser polemisiert, welche Bücher aller Erfahrung vorziehen, gibt er auch zu, daß sein dankbarer Enthusiasmus für Döblin ganz und gar seiner Lektüre entstammt. Die Hinweise im Akademievortrag beziehen sich alle auf die Döblin-Ausgabe, die Walter Muschg im Jahre 1960 in die Wege leitete, ohne zunächst viele Leser zu finden; die Edition lag beim Verlag »wie Blei«[39]. Wie andere deutsche Intellektuelle beschäftigt sich Grass mit Döblins Theorie und Praxis der Jahre 1920–40, nicht mit den späteren Gedanken und Arbeiten; auch er will nichts mit Döblin, dem Katholiken, zu tun haben, konzentriert sich auf Döblins Ideen über Marinetti und seine Praxis in *Wang-lun*, »dem ersten futuristischen Roman«[40], *Wallenstein* (ganz besonders), *Berge Meere und Giganten* und *Berlin Alexanderplatz* und erklärt, er könnte sich seine eigene Arbeit »nicht vorstellen«, ohne an die »futuristische Komponente« in den Arbeiten Döblins zu denken[41].

Grass entdeckt in Döblin eine wahlverwandte Abneigung gegen die vereinfachende Monotonie vererbter Erzählformen, gegen die literarische Psychologie und die lineare Handlung, welche die energische Fülle der Welt reduziert; und wenn Grass Döblin rühmt, in *Wang-lun*, Menschen und Gebirge in epische Bewegung gesetzt zu haben, erinnert er an Döblins Enthusiasmus für Marinettis *Mafarka*, in dem sich Menschenmassen und Landschaften wie Federn bewegen. Ihn interessiert Döblin als Polemiker gegen dünne und blutarme Prosa, aber zugleich als Verteidiger des »Kinostils«, der disparate Materialien zusammenschiebt, und der epischen Perioden, die das Nebeneinander und das Hintereinander verknüpfen. Grass hebt »die große, gleichzeitige Bewegung«[42] (also die futuristische *simultaneità*) in Döblins Prosa hervor und zitiert Sätze, welche eben jene Gleichzeitigkeit der Vorgänge fassen, in der sich die unbegrenzte Gegenwart der Welt manifestiert. Aus dem Kontext gelöst wäre es schwierig zu sagen, ob solche Sätze von Döblin oder von seinem Schüler stammen; aus *Wallenstein* oder aus dem *Butt*, »ein Abt biß seinem Kapaun das Bein ab, addierte, während es zerkrachte, das zurückgebliebene kurpfälzische Silbergeschirr, das ihm in Böhmen von frommen Wallonen überreicht war« (Döblin).

Grass betont in Döblins Theorie und Praxis die Idee des aus verschiedensten Elementen konstituierten »Kinostils«, aber auch die futuristische Gleichzeitigkeit der narrativen Vorgänge, wenn nicht der Geschichte selbst, und gibt Lesern und Kritikern die Möglichkeit, die Veränderungen seiner Prosa genauer zu bestimmen, vor allem im *Butt* (1977) und in den späteren Arbeiten. Als ein Roman, der sich dem Gedanken widersetzt, ein Roman zu sein (zumindest im Verstande der Tradition), war der *Butt* seit Erscheinen ein Fisch des Anstoßes für die Kritiker. Grass charakterisiert seine eigene Methode ironisch, indem er die Tafelgespräche der Äbtissin Margarete Rusch (im Buch seine Lieblingsfigur) als »unterschwelliges Gebrabbel«[43] beschreibt und Gargantuas deutsche Schwester ihrer Fähigkeit wegen rühmt, »mehrere Handlungen, aber auch lehrreiche Abhandlungen gleichzeitig abspulen« zu können, »ohne einen Faden fallen zu lassen«[44]. Margarete Rusch gelingt es sozusagen instinktiv, gerade das zu tun, was Grass programmatisch tun möchte, indem er sich Döblins futuristische Erzähltechnik zu eigen macht. Auch ihm schwebt eine Ordnung vor, die durch die Idee der Gleichzeitigkeit aller Vorgänge getragen wird und die Notwendigkeit nach sich zieht, allem Linearen als einer Folge durch findige Maßnahmen entgegenzuarbeiten, welche die Zeit aufhalten oder, als ein Nacheinander, zumindest schwächen. Die Geschichte mag sich in »Zeitweilen« öffnen, aber die epischen Charaktere haben die Neigung, in die verschiedenen und doch analogen Momente gestalthaft zurückzukehren oder unter neuen Namen zu inkarnieren. Im *Butt* identifiziert sich der Erzähler mit allen halbwegs passablen männlichen Wesen der kaschubischen oder Danziger Historie, und alle Stammesköchinnen, ob aus Steinzeit oder anderen Perioden, kehren als Mitglieder des feministischen Tribunals wieder, das über den Butt zu Gericht sitzt. Charakteristische Gesten und alltägliche Verrichtungen, die auf den ersten Blick wenig gewichtig scheinen, halten das Fliehen der Zeit wirksam auf; Frauen und Männer beißen immer wieder in knackende Äpfel und zeigen so ihre Liebe zueinander, wie ein historischer Katalog demonstriert; skeptische Zuhörerinnen halten den Kopf immer ein wenig schief, wenn sie sich über den Enthusiasmus der Männer amüsieren, wie die Beispiele aus Steinzeit und der polnischen Moderne beweisen; und wenn die schwangere und unvorsichtige Ilsebill über einen Graben springt und stürzt, kompiliert der Erzähler sogleich eine Liste ähnlicher Episoden in früheren Zeiten. In seinem späteren Buch *Kopfgeburten* (1982) besteht Grass darauf, alle epische Zeit sei durch eine vierte Dimension der »Vergegenkunft«[45] gebildet, und das Wortspiel, das an James Joyce erinnert, verdeckt die Herkunft des Gedankens aus der futuristischen *simultaneità* nicht ganz.

In seiner Auseinandersetzung mit Döblin hat Grass seine theoretische Unschuld ein für allemal verloren, und seine Bemerkungen über den »Lesenden Arbeiter«, die er im Jahre 1974 anläßlich des 50. Geburtstags der Büchergilde Gutenberg publizierte, enthalten Gedankenreihen, welche die Erwägungen des Döblin-Vortrags ergänzen und in die zeitgenössische Lebenspraxis fortführen. Es ist eine Polemik, die sich gegen alle richtet, die in dem Gedanken befangen sind, Arbeiter könnten nur die simpelste Art von Literatur lesen, und Grass definiert sein Argument durch eine futuristische Parallele zwischen den technologischen Prozessen der industriellen Produktion und den Komplikationen des modernen Erzählens. Es entstammt dem Geist jenes frühen Futurismus, der das Interesse Antonio Gramscis und Anatoli Lunatscharskis zu erregen vermochte. Grass erklärt, daß die Menschen in den Fabriken besser qualifiziert sind als andere, schwierige Prosa zu lesen und zu verstehen, weil sie ihre Voraussetzungen aus der alltäglichen Erfahrung kennen, »Arbeiter [sind] durchaus in der Lage, vielschichtig, ja, kompliziert verschränkte und vom Widerspruch lebende Bücher zu lesen«, denn »die Situation des Industriearbeiters [ist] kompliziert – verschränkt und nur in ihren Widersprüchen darstellbar«[46]. Die Ästhetik der neuen Schreibweise korrespondiert den Erfahrungen der materiellen Produktion; sie sprengt, meint Grass (indem er terminologisch auf Döblin und den Futurismus zurückgeht), alle Konventionen der Abfolge, »alle linearen Übereinkünfte und chronologischen Harmonien [...] mit ihren Schüben, Stauungen und Entladungen [...] diese Ästhetik bezieht weit mehr Arbeitswelt ein, als jenen Autoren, die ihr verpflichtet sind, bewußt zu sein scheint«[47]. Das Argument ist ihm immerhin von solcher Bedeutung, daß er es auch noch im *Butt*, drei Jahre später, wiederholt und auf dem Schlüsselbegriff der *simultaneità* in der Gestalt der »gestauchten Zeit« und des »Überlappens« besteht[48]. Das Herausfordernde dieser neuen Gedanken liegt darin, daß sie, durch Vermittlung Döblins, an die avantgardistischen Großväter von 1909 erinnern.

9. Walden, Ruggero Vasari und das kulturpolitische »Interregnum« 1933/34

In der intellektuellen Entwicklung des Kunstfreunds und *Sturm*-Redakteurs Herwarth Walden bildet das Jahr 1921 einen Einschnitt, dessen Bedeutung dem rückblickenden Chronisten deutlicher sein mag als Waldens Zeitgenossen oder ihm selbst[1]. In den späten Kriegsjahren und in der Zeit unmittelbar darauf faßte Walden seine ästhetischen Einsichten endlich in Buchpublikationen und Essayreihen zusammen; und nachdem sich die literarische Aufmerksamkeit des *Sturm* mehrere Jahre lang, und mit einiger Ausschließlichkeit, auf August Stramm und seine Nachfahren, die mechanischen und die erfindungsreichen, gerichtet hatte, begann Walden wieder, wie es in den frühen Jahren des *Sturm* seine erste Neigung gewesen war, die künstlerischen Vorgänge jenseits der deutschen Grenzen genauer zu beobachten. Der Kriegsprovinzialismus des *Sturm*, zumindest in künstlerischen Fragen, war dahin; in Kunst und Literatur knüpfte Walden wieder internationale Beziehungen an, suchte Kontakte zu jüngeren Schriftstellern in Belgien und Ungarn und erneuerte seine Bemühungen, die künstlerischen Tendenzen Italiens zu repräsentieren, die gerade im *Sturm*, in den Jahren 1912–16, ihre Dolmetscher und Verteidiger gefunden hatten. Man könnte von einer zweiten futuristischen »Phase« des *Sturm* sprechen, wenn es nicht ebenso deutlich wäre, wie sehr sich diese zweite »Phase« auf Erinnerungen an die erste, vor dem Krieg, gründete und wie sie sich, ungeachtet weniger Ausnahmen, mit eklektischen Talenten zufriedengeben mußte. Vielleicht war das der Grund dafür, daß Walden darauf bestand, seinen Nachruf auf Umberto Boccioni (den genialsten der Futuristen) im unveränderten Wortlaut sechs Jahre nach dem Tod des Künstlers noch einmal im *Sturm* zu publizieren[2].

Walden fand in den frühen zwanziger Jahren einen neuen futuristischen Freund und Mitarbeiter, und es ist nicht einfach zu entscheiden, was er dem Sizilianer Ruggero Vasari verdankte oder ob ihn Vasari, dem ein missionarischer Eifer für die futuristische Sache nicht fern lag, nicht für seine Zwecke manipulierte (man könnte ähnliche Fragen auch über Marinetti aufwerfen). Vasari[3], geboren zu Messina, ging im sizilianischen Acireale und in seiner Heimatstadt zur Schule, unternahm unmittelbar nach Kriegsende eine *grand tour* in die europäischen Metropolen, studierte Agrikultur an der Universität Bologna und dann Rechtswissenschaften in Turin, wo man ihm allerdings die »Laurea« für seine Arbeit über *La personalità della prostituta* (*Die Persönlichkeit der Prostituierten*, 1922) verweigerte (erst im Jahre 1924 fand sich der unkonventionelle römische Jurist Enrico Ferri bereit, sie zu akzeptieren). Der dreiundzwanzigjährige Poet und Dramatiker ließ sich Ende 1921, oder Anfang 1922, in Berlin nieder, wo er den Zweiten Weltkrieg überdauern sollte, und eine Porträtphotographie, die er Walden zu Anfang des Jahres 1922 widmete, spricht schon in einer persönlichen Widmung von der neuen Freundschaft zwischen ihm und dem Herausgeber des *Sturms*. Warum Vasari, Futurist und Faschist, gerade ein Jahr vor Mussolinis sogenanntem »Marsch auf Rom« nach Berlin reiste, wird nicht leicht zu beantworten sein; der Turiner Mißerfolg mag ihn dazu gedrängt haben, ins Ausland zu gehen (der junge Dramatiker wählt die mythische Theaterstadt Berlin?), aber es ist nicht ganz ausgeschlossen, daß er als »intransigenter« Futurist und in dieser Hinsicht ein Verbündeter Marinettis, Mussolinis pragmatische Bereitschaft, sich mit Papst, König und Bürgertum zu verständigen, nicht akzeptieren wollte und zu einer faschistischen Fronde zählte, die sich später (1936–38), zumindest in Fragen der Kunst und Literatur, noch deutlicher konturieren sollte. Symptomatisch jedenfalls, daß ihn Libero Altomare, ein anderer futuristischer Lyriker, später mit Marinetti und der Journalistin Margherita Sarfatti (einst Mussolinis Freundin jüdischer Herkunft) in Rom im Gespräch beobachtete und daran seine eigenen Gedanken knüpfte[4]. Ich schreibe es Vasari zu, daß Walden in Heft 4 des Jahrgangs 1922 Marinetti mit einer »theatralischen Synthese« (D.5) nach langer Zeit wieder zu Wort kommen ließ[5] und in den Heften 7/8 (Juli/August 1922) eine Anthologie neuer italienischer Texte publizierte, in welcher ältere und jüngere Futuristen in der Überzahl waren. Die Auswahl der Texte hatte ganz ohne Zweifel Vasari für ihn getroffen.

Walden war kühn oder störrisch genug, diese Sammlung italienischer Texte (welche dem frühen italienischen Sonderheft der *Aktion* nachgebildet war) in der Originalsprache und ohne Parallelübersetzung zu veröffentlichen[6]. Das Ganze eine Anthologie des »Jungen Italien« zu nennen war aber metaphorisch eher als historisch gemeint, denn viele Schriftsteller, die Walden/Vasari den italienischkundigen Lesern präsentierten, waren schon im *Sturm* und in der *Aktion* zu Wort gekommen, so Marinetti selbst, der hier mit einer Parole-in-libertà-Komposition, »Il cracracracranio della notte« (Der Kokokokopf der Nacht), erschien; Aldo Palazzeschi, der in einem Gedicht, »La fontana malata« (Die kranke Fontäne), noch mehr als sonst mit Lauten experimentierte; Paolo Buzzi, mit einem Text über Igor Strawinsky; Corrado Govoni mit einem Gedicht, »Le sere orfane e tristi« (Die Abende verwaist und traurig), die an den französischen Symbolisten Marinetti erinnerten; und Luciano Folgore mit seinem Gedicht »L'uomo di cera« (Der Mensch aus Wachs). Die jüngeren Autoren der Anthologie standen Vasari ganz besonders nahe; den ehemaligen Stoßtruppkämpfer, politischen Aktivisten und futuristischen Dichter Mario Carli bewunderte er vor allen anderen, und Guglielmo Jannelli und Luciano Nicastro waren sizilianische Futuristen, die schon im Weltkrieg politische Massenversammlungen abgehalten und in der von Jannelli (1915 in Ragusa) gegründeten Zeitschrift *La balza futurista (Der futuristische Volant)* die revolutionären und nationalen Forderungen des Futurismus lange vor Caporetto und Mussolinis *Fasci* erhoben hatten[7]. Durch die Entscheidungen Vasaris war die zweite futuristische »Phase« des *Sturms* geradezu sizilianisch orientiert, und das heißt auf eine Form des politischen Futurismus hin, welche die aggressiv-nationalistischen, aber auch die anarchistischen Elemente des Anbeginns aufbewahrte. Das entsprach genau Marinettis Entschluß, die Futuristen aus dem Faschismus der Epoche 1920–24 herauszuhalten (das änderte sich, als der Faschismus die Macht *besaß*).

Ich erhebe die Frage, ob Vasari Herwarth Walden nicht in aller Freundschaft gebrauchte, weil die meisten der italienischen Beiträge im *Sturm* (1922 und später) den Intentionen folgten, die Vasari zu gleicher Zeit in seiner eigenen Berliner Publikation proklamierte. Vasari, der sich als Direktor der futuristischen Bewegung bezeichnete, publizierte im Jahre 1922 acht Hefte seiner Zeitschrift *Futurismus* in deutscher Sprache; man sollte von einer Propagandaschrift in monatlichen Folgen sprechen. Das Textmaterial des *Futurismus* besteht aus stolzen Rechenschaftsberichten über die neuesten Triumphe der Bewegung in Paris und in den italienischen Provinzen, deutschen Übersetzungen jüngerer Manifeste (zum Beispiel über den Taktilismus oder das Theater der Überraschung[8]) und aus kurzen Charakteristiken berühmter italienischer Futuristen und ihrer neuen japanischen und europäischen Verbündeten, einschließlich Y. Nagano und T. Murayama, Alexander Mohr und Rudolf Belling. In der Reihe der futuristischen Charakterköpfe erscheint Marinetti natürlich an erster Stelle und Vasari, loyal porträtiert von seinem sizilianischen Freund Nicastro, gleich an zweiter; Folgore, einer der Poeten des futuristischen Beginns, an neunter und letzter und lange nach Jannelli, dem Gründer der *Balza futurista*. Das sizilianische Interessengeflecht nimmt der Zeitschrift aber nichts an kulturhistorischem Interesse; die internationalen Verbindungen Marinettis treten deutlicher zutage (durch die Malerin Růžena Zátková auch zu den Tschechen), und der russische Formalist Wiktor Schklowski, der damals im provisorischen Exil in Berlin lebte, zeigte in einem Essay über den Maler Iwan Puni Geist und listigen Humor (Oktober 1922). Nicht weniger offenbar sind, in Text und Textaustausch, die engen Beziehungen zum *Sturm*. Marinettis »Drama der Gegenstände« »Jetzt kommen sie« (D.6), eine geistvolle Scharade bloßer Dinge, die szenisches Leben gewinnen, wird hier (November/Dezember 1922) und dort publiziert[9] (hier ergibt sich, daß Rudolf Blümner den Text übersetzte), Nicastro- und Jannelli-Texte sind auch im *Sturm* zu finden[10], und Waldens Nachruf auf Boccioni, im *Sturm* schon zweimal abgedruckt, erscheint hier noch einmal, zum drittenmal (Oktober 1922).

Im Herbst 1922 war es allerdings mit der Publikation des Berliner *Futurismus* zu Ende, und Vasari (der auch Yvan Goll übersetzte) fand bis in die späten zwanziger Jahre mit seinen poetischen und dramatischen Texten Zuflucht in Waldens *Sturm*. In seinem kosmischen Stück *Maschinenangst (L'angoscia delle macchine)*, das im Grunde einer traditionellen Machart nicht entbehrt, sucht er, wie die älteren Futuristen, die Konfrontation mit der Maschinenwelt und fühlt sich doch gedrängt, das Primat des Geistes und der empfindsamen Humanität (anders als Marinetti) über das Mechanische der Maschinenwelt zu proklamieren. Vasaris Freund Gino Gori, der im *Sturm* einen einführenden Kommentar zu Vasaris Szenen publizierte[11], sprach mit Recht davon, daß Vasaris kosmisches Theater »den Gedanken des Futurismus modifiziere«. In

Maschinenangst zeigt sich Vasari als Science-fiction-Dramatiker und als Zeitgenosse Georg Kaisers, Karel Čapeks *(R. U. R.)*, Fritz Langs oder gar Hans Dominiks; keine Maschinentrunkenheit mehr, eher Zweifel an der mechanischen Kollektivität. Die Szenen, die Walden in der deutschen Übersetzung Lilly Nevinnys publizierte[12], spielen in einer Raumstation, in welcher ein Weltdiktator namens Tonkir mit zwei seiner Mitdiktatoren die Welt reguliert. Er wird bedrängt von seinen (drei) faustischen Seelen, die ihm zunächst vergebens seine Menschlichkeit ins Gedächtnis zurückrufen wollen, und einer Delegation von Frauen, die man aus einer virilen Nachbarzivilisation exilierte und die nun um Heimatrecht auf Tonkirs Gestirn bitten. Der Weltdiktator bramarbasiert noch im Stil Mussolinis: »Ich bin Tonkir, die Triebkraft dieses Reiches, das süchtig ist nach den Planeten [...] der Schöpfer all dieser Maschinen, die dem Himmel trotzen«[13], aber er hat den Glauben an die Sinnhaftigkeit seiner Macht längst verloren, und er verzweifelt an seinen Un-Taten; »allen habe ich ein einziges Gehirn gegeben... alle haben das Gleiche gedacht... ich habe die Individualität getötet«[14]. Mit seiner Selbstvernichtung zerfällt das Imperium, und »dann stimmen die Maschinen mit den Sirenen einen beklemmenden unheilvollen, gellenden Gesang an«[15]. Als Dramatiker und Futurist war der Faschist Vasari weit davon entfernt, die Macht, die Maschine und die Gemeinschaft anzubeten.

Vasaris Text »Unter den Linden – Kurfürstendamm« (J.1), die letzte futuristische *Sturm*-Publikation (1926) von einiger Bedeutung, kombiniert die Technik der *parole in libertà*, einschließlich der »Analogien« Marinettis, mit gelegentlichen Bemühungen, Francesco Cangiullos graphische Kompositionen des Textes nachzuahmen. Vasari schreibt als Großstadtflaneur, der einen Spaziergang durch das Zentrum Berlins unternimmt, Unter den Linden, Friedrichstraße, Leipziger Straße, Potsdamer Platz, Lützowufer, Wittenbergplatz, Kurfürstendamm. Seine Textelemente antizipieren Walter Ruttmanns rhythmische Montage im Film »Berlin – Symphonie einer Großstadt« (1927); Kommandos, Ausrufe, Verkehrssignale, Reklamen, Wahlparolen, Inventurankündigungen, Firmennamen, Zeitungsartikel sind in Großbuchstaben hervorgehoben; Zahlen und Börsenkurse werden mathematisch zitiert (auch wenn es sich um die »Börse« der Homosexuellen handelt), und an zumindest zwei Stellen präsentiert sich der Text als Versuch, die futuristische *simultaneità* der Ereignisse graphisch darzustellen, links, Mitte, rechts, oder, wie die Hotels und Lokale am Potsdamer Platz, durch eine Klammer zusammengefaßt. Der Flaneur hält Potsdamer Straße 134a inne, wo sich die Redaktion des *Sturms* befindet, zollt Walden und Blümner besonderen Respekt, und manche seiner Zeilen haben Einsicht und Witz. Die Ausverkaufsankündigung der Firma Wertheim nennt er »die wunderbarste Maschine die störrische Sparsamkeit der Kleinbürger zu zerstören«, die Gedächtniskirche einen »versteinten Dinosaurus der nur legale Amouren in seinem Wanst empfängt«, und der Kurfürstendamm erregt ihn zu einem hymnischen Schluß: »Du bist der Priap von ganz Berlin / Du wirst einst mein Grab sein / Tagsüber umschwirren mich die Autos mit der Musik ihrer Motoren / Des Nachts entzünden mir die Huren eine Perlenkette aus elektrischen Lampen.« Wenn es einen Berliner Futurismus gibt, wie ihn Walter Muschg postulierte, dann ist er schon hier zu finden und nicht erst zwei Jahre später in Döblins *Berlin Alexanderplatz*.

Die Bundesgenossenschaft von *Sturm* und *Futurismus* und Vasaris *Sturm*-Publikationen bezeugen, daß Waldens Neigung für die futuristische Kunst eine längere Geschichte hat, als es die Ausstellung von 1912 und die ihr folgenden Streitgespräche nahelegen. Er fuhr bis in die späten zwanziger Jahre und die dünnen *Sturm*-Hefte fort, futuristische Malerei und Graphik auszustellen, wenigstens sporadisch, und zu reproduzieren. Selbst noch in der 168. *Sturm*-Ausstellung (im März 1928) präsentierte Walden Bilder und Graphik des Futuristen Arturo Ciacelli, der in Stockholm und später in Wien lebte, und publizierte als letztes Zeugnis einer langen und steten Sympathie für futuristische Experimente Ciacellis Bilder in Heft 5, Jahrgang 19 (1928) des *Sturms* – zu einer Zeit, da sich der Futurismus, oder seine zweite Generation, längst in die faschistische Kunstpolitik verwickelt hatte und Walden seinerseits im *Sturm* der Generallinie der KPD folgte, die sich damals allerdings noch nicht auf realistische Forderungen festgelegt hatte. Vasari, der Statthalter des Futurismus in Berlin, informierte Marinetti über die deutschen Entwicklungen, und als der schon einsamere Walden am 16. September 1928 seinen 50. Geburtstag feierte und seine Freunde, darunter Blümner, Heinrich Mann, László Moholy-Nagy und der Pariser Surrealist Philippe Soupault, ein internationales Festkommitee organisierten, da war auch Marinetti, inzwischen Mitglied der königlich-italienischen Akademie, unter den Gratulanten[16] und feierte seinen »lieben und großen Herwarth Walden«, den »starken und genialen Erneuerer, dem man die Ankunft des Futurismus in Deutschland« verdankte. Er telegraphierte wörtlich: »A Herwarth Walden si deve la difesa eroica e tenace di tutte le avanguardie artistiche e letterarie in Germania.« (»Herwarth Walden verdanken wir die heroische und hartnäckige Verteidigung aller künstlerischen und literarischen Avantgarden in Deutschland.«) Man mag Marinetti manches nachsagen, nicht aber einen Mangel an künstlerischer Solidarität, selbst unter veränderten Umständen.

Solange Vasari mit Walden zusammenarbeitete und seine Arbeiten im *Sturm* veröffentlichte, war er geneigt, sich selbst als futuristischen Dramatiker und literarischen Avantgardisten vorzustellen, aber nach Waldens Emigration in die Sowjetunion und Hitlers Machtergreifung begann er seine faschistische *tessera* auszuspielen und seine Publikationen, darunter eine Anthologie der neuen italienischen Literatur und eine politische Schriftenreihe, an die breitere Öffentlichkeit des NS-Staates zu richten. Er wollte dem Futurismus, jetzt als einer faschistischen Bewegung, eine Rolle in der nationalsozialistischen Kulturpolitik sichern und schlitterte zuletzt zwischen die Fronten des Machtkampfes zwischen Goebbels und Rosenberg, ohne je wirksame Verbündete gefunden zu haben. Vasaris Anthologie *Junges Italien* (1934), welche der »zeitgenössischen italienischen Dichtung« ein Jahr nach Hitlers Machtergreifung neue Freunde unter den deutschen Lesern sichern will, ist ein merkwürdiges Dokument seines Missionsbewußtseins. Das breite Panorama der italienischen Autoren verdeckt weder seine futuristischen Ansprüche noch seinen Narzißmus. Das Buch enthält auch Szenen aus einem seiner kosmischen Dramen, diesmal *Raun* (1932), und Lobsprüche aus der Feder eines Freundes. Vasari geht aber in der Konstruktion seines trojanischen Pferdes, das die italienische Avantgarde in die nationalsozialistische Kulturpolitik schmuggeln will, mit einiger Umsicht zu Werke. Bedeutende ältere und jüngere Autoren der jüngsten Vergangenheit und der Gegenwart fehlen nicht (so etwa Gian Pietro Lucini, Luigi Pirandello, mit einer Szenenfolge aus seinem Stück »Enrico IV«, Corrado Alvaro oder Giuseppe Ungaretti), aber die Futuristen, deren revolutionäre Impulse Vasari besonders hervorhebt, sind in der Überzahl, ältere, wie Aldo Palazzeschi oder Luciano Folgore, und mit ihnen die Stimmen der zweiten futuristischen Generation, wie Mario Carli oder Emilio Settimelli, deren Stimmen schon in der italienischen Sondernummer des *Sturms* (1922) oder im selben Jahr in Vasaris *Futurismus* zu hören waren. Vasari bleibt darauf bedacht, oder angewiesen, die redaktionellen Traditionen des *Sturms* in der Wahl der Dolmetscherinnen und Dolmetscher fortzusetzen. Else Hadwiger, die damals in einer Wohnung am Kurfürstendamm wohnte, dominiert als Übersetzerin mit mehr als 20 italienischen Autoren und Autorinnen, darunter Frau Marinetti, Carli und Ungaretti; und Rudolf Blümner, der einstige Erfinder der absoluten Poesie, präsentiert sich als Übersetzer dreier Dichter. Ich frage mich nur, ob diese Übersetzer wußten, daß Vasari die Anthologie auf dem Vorsatzblatt Hermann Göring widmete, »dem Freund Italiens in Verehrung«, und auf dem Waschzettel eine Erklärung von Rudolf Heß zitierte, dem »Stellvertreter des Führers«, der das Buch »sehr wertvoll« fand – oder ob sie damit einverstanden waren, daß Vasari die Traditionen der deutschen und der italienischen Avantgarde durch seine Widmung zu decken suchte, an den Kondottiere Göring, noch Staatsminister ohne genauer festgelegte Aufgaben.

In der Schriftenreihe *Italien in Vergangenheit und Gegenwart*, die Vasari im selben Jahr (1934) im Leipziger Verlag Max Möhring herausgab, wird die Absicht noch deutlicher, dem faschistischen Italien, das auch das Futuristische sein soll, systematische Aufmerksamkeit zu sichern. Vasari betonte das Faschistische, indem er fünf von acht Heften der Schriftenreihe Giuseppe Renzetti anvertraute, damals Präsident der italienischen Handelskammer in Deutschland. Oberst a. D. Renzetti schrieb nicht nur über den korporativen Staat (Heft 1), die italienische Finanzpolitik (Heft 2) und *Dopolavoro* (Heft 6), die faschistische Kraft-durch-Freude-Institution, sondern auch über »Faschismus, Jugend und die Intellektuellen« (Heft 5) und über »Kunst und Kultur im faschistischen Italien« (Heft 7). Die offizielle Handelskammer-Perspektive wurde aber zugleich durch drei Hefte anderer Autoren eingerahmt oder begrenzt; der angesehene Kunsthistoriker Richard Muther berichtete über »Leonardo da Vinci und seinen Einfluß« (Heft 4), und Kurt Liebmann, der im *Sturm* zu den weniger begabten Strammianern gezählt und viele Hefte der späten Kriegszeit mit seinen bemühten Gedichten gefüllt hatte, schrieb in Heft 8 über »Nietzsches Kampf und Untergang in Turin« (mit dem verschämt legitimierenden Untertitel »Nietzsche und Mussolini«). Vasari selbst behielt es sich vor, in Heft 3 seiner Schriftenreihe den Essay »Flugmalerei – Moderne Kunst und Reaktion« (J.2) zu publizieren, und geriet durch eben diese Verteidigung der futuristischen *Aeropittura* (deren Ausstellung in Hamburg und Berlin er zu organisieren half) prompt in den Machtkonflikt zwischen zwei Gruppen von Nationalsozialisten, von denen die einen den Expressionismus als revolutionär nordische Kunst zu retten versuchten, während die anderen solche Bemühungen als kulturbolschewistisch verdammten.

Vasari wird es nicht entgangen sein, daß sein futuristischer Begriff der Künste, den er kulturpolitisch noch immer mit einem subversiven und ästhetisch kühnen Faschismus der ersten Stunde zu verbinden suchte, seine Entsprechungen in den Gedanken und Forderungen junger nationalsozialistischer Künstler, Studenten und Kritiker hatte, die nicht bereit waren, die völkische Verdammung des Expressionismus ohne Protest, oder gar Gegenangriffe, hinzunehmen[17]. Der Expressionismus, vor allem in den Werken Barlachs[18], Noldes oder Schmidt-Rottluffs, hatte die Kunst revolutioniert, und der Nationalsozialismus, als umwälzende Bewegung, sollte, so glaubten sie, seine Errungenschaften fortsetzen und vollenden, anstatt ihn, wie es der »Kampfbund« Alfred Rosenbergs seit Jahren tat, als »undeutsch« zu diffamieren. Vasari und die innere Opposition der jungen Berliner Nationalsozialisten, die sich im NS-Studentenbund versammelten, waren gleicher Meinung über das »Bürgerliche« und »Reaktionäre« der biederen Realisten und der politischen Kitschiers. Die öffentlichen Kundgebungen der Studenten vor der Berliner Börse, auf dem Tempelhofer Feld und vor allem im Auditorium Maximum der Universität (29. Juni 1933) unter dem Motto »Jugend kämpft für deutsche Kunst« und mit begeisterten Reden gegen das Völkisch-Dumpfe signalisierten noch eine Labilität der kunstpolitischen Situation, an die sich, auch in der noch liberalen Presse, verfrühte Hoffnungen zu knüpfen begannen. In Berlin war man geneigt, Goebbels (der seit Frühling 1933 als Minister für Volksaufklärung und Propaganda fungierte) eines Sinnes mit den jungen Leuten zu wissen, ohne sich Rechenschaft über seine machtpolitischen Motivationen ablegen zu wollen. Immerhin hatte sein Berliner Gauorgan *Der Angriff* gegen den Rosenbergschen Kampfbund polemisiert, und der junge Maler Hans Weidemann, sein Protegé im Ministerium, stand der Kunstopposition nah.

Das kulturpolitische »Interregnum« von Frühling 1933 bis September 1934 und die Kundgebungen der Studenten ermutigten auch die Älteren, zumindest in vereinzelten Zeitungsartikeln und Erklärungen ihre Stimmen zu erheben. Gottfried Benns »Bekenntnis zum Expressionismus«, den er mit Kubismus und Futurismus in eine »letzte große Kunsterhebung Europas« zusammendrängte[19], und Rudolf Blümners Verteidigung des Futurismus (J.3) waren symptomatisch für den historischen Moment, in dem sich die studentische Opposition nachzuweisen bemühte, daß die moderne Kunst dem revolutionären Staat eher verbündet als feind sei. Blümner argumentiert mit futuristischen Gedanken, die ihm Vasari geradezu in die Feder diktiert; der Futurismus, so betont Blümner, ist noch lange nicht zum Stillstand gekommen und umfaßt in Italien tausend kreative Anhänger, »unter denen, was besonders zu bedenken ist, die Studenten eine nicht geringe Rolle spielen«. In den Argumenten tritt oft die alte jugendbewegte oder linke Abneigung gegen »das Bürgerliche« zutage, in der sich frühe Futuristen, Vasari, die deutsche Avantgarde und die NS-Studenten zusammenfinden. Mussolinis Bundesgenossen, so fährt Blümner in seiner politischen Geschichtsklitterung fort, waren gerade die Intellektuellen, »während sich der Mittelstand und vor allem der spießige Teil des Bürgertums lange Zeit zurückhaltend, abwartend oder ablehnend verhielt«. Blümner wiederholt die Zwecklegenden von einem intimen Kampfbündnis Mussolinis und Marinettis, um auf das »Wesentliche« zu kommen, und das ist seine Behauptung: »die Idee des Futurismus und also der gesamten ihm so nah verwandten radikalen Kunst Europas war in völliger Uebereinstimmung mit der Idee des Faschismus.« Der ehemalige Schauspieler Blümner zollt dem kosmischen Dramatiker Vasari das höchste Lob und berichtet zuletzt über die italienische »Flugmalerei«, welche den Deutschen nicht lange unbekannt bleiben sollte.

Der futuristische Enthusiasmus für Piloten und Flugzeuge ist seit Marinettis frühen Manifesten offenbar, aber die *Aeropittura* zählt eher zu späteren Entwicklungen, die sich (in diesem Falle) von den Luftbildern Fedele Azaris (1926) und den Arbeiten Gerardo Dottoris im Flughafen von Ostia (1929) herleitet. Die Prinzipien der Flugmalerei waren entschieden antimimetisch und gegen alle Nachahmung selbst der Erdformen gerichtet (J.2); die »wechselvollen Perspektiven des Flugs« bilden, so sagte das von Vasari ins Deutsche übertragene Manifest[20], eine »völlig neue Wirklichkeit«, die »mit der traditionellen und starren Wirklichkeit der Erdperspektive nichts mehr gemein hat«; und da der Maler im Flugzeug selbst an der *velocità* teilhat, bringt die neue Methode »die völlige Mißachtung der Einzelheiten und den Zwang zur Umformung und zusammenfassenden Neuschöpfung« mit sich, die den Weg zu einer »neuen, außerirdischen Geistigkeit« öffnet. Schwer zu sagen, wer den Gedanken faßte, eine *Aeropittura*-Ausstellung in Hamburg und Berlin gerade im Herbst und Winter 1934 zu veranstalten; die Organisation der Ausstellung war eine hochoffizielle Angelegenheit, an der Regierungsämter und Parteihierarchien ihren Anteil hatten – auf italienischer Seite Marinetti als Mitglied der Akademie, die italienische Botschaft in Berlin, Botschafter Vittorio Cerruti und seine Räte, und Vasari; auf deutscher Seite waren Göring (der seine Gründe haben mochte, sich für Flugmalerei zu interessieren), Goebbels und der Erziehungsminister Rust unter den Schirmherren zu finden. Die Vernissage der Hamburger Ausstellung, die Arbeiten unter anderem von Enrico Prampolini, Mino Rosso, G. A. Ambrosi, Gerardo Dottori und Benedetta Marinetti zeigte, fand am 28. Februar im Hamburger Kunstverein statt, eingeleitet durch einen Vortrag Vasaris (der dann auch die Völkischen durch ein Interview im *Hamburger Fremdenblatt* provozierte), und einen Monat später, am 25. März in Berlin, in der einstigen Galerie Flechtheim am Lützowufer. Die Parteispitzen des amtlichen Ehrenausschusses waren allerdings nicht zur Eröffnung erschienen, denn Robert Scholz, Rosenbergs Sprecher für die Fragen der Künste, hatte im *Völkischen Beobachter* (J.4) am Morgen der Vernissage einen polemischen Aufsatz veröffentlicht, der sich gegen Vasari wandte, Marinetti (nicht eben ganz zu Unrecht) als Anarchisten[21] charakterisierte und zuletzt, unter Berufung auf Giorgio De Chirico, eine junge »bodenständige Kunst« gegen den schon altersschwachen Futurismus ausspielte.

Über die Erwartungen des Publikums und die Eröffnungsreden

der Berliner *Aeropittura*-Vernissage berichtete Gert H. Theunissen (J.5) mit kritischer Sympathie für die Futuristen und mit einer polemischen Spitze gegen den *Völkischen Beobachter* in den Spalten der neuen Zeitschrift *Die Kunst der Nation*, in der sich, geschützt durch die taktische Duldung Goebbels', die NS-Kunstopposition und ihre Verbündeten, auch außerhalb der Partei, seit Ende Oktober 1933 gegen Rosenberg und seine völkische Linie versammelten. Theunissen glaubte in der Galerie sogar einen Hauch von verwegener Schickeria zu spüren; »Diplomaten, Prinzen, Künstler, elegante Frauen mit modernsten Ansprüchen und Dichter aus dem Geschlechte der Ringelnatze und anderer Zauberer« waren anwesend und »einige finster dreinblickende Reaktionäre, die geduldig ihr Todesurteil erwarteten«. Er beschrieb Marinetti, den ersten Redner, als »Mann mit Krallen, Witz, Geist und mit den Gesten eines Herrschers« und gestand, er hätte sich vergebens gegen Marinettis Proklamationen gestemmt, denn seine Exzellenz sprachen »als Dichter und Besessener«, er »stöhnt, verflucht, heiligt, schnellt empor, taucht unter, springt wie ein Raubtier den Zaudernden an, rattert und blitzt« (noch immer wie 1912). Theunissen betonte, daß Blümner, der andere Redner, »aus dem *Sturm*-Expressionismus verdienstvoll hervorgegangen« war und auf die Verbindungen zwischen den Futuristen und »den deutschen Abstrakten« hingewiesen hatte; über Vasari, den dritten Redner, mußte er nichts Genaueres sagen, denn Vasaris Rede (ein Teil seiner Hamburger Ansprache) wurde im selben Heft der *Kunst der Nation* publiziert. Ungeachtet aller Hegel-Zitate und Beschwörungen von Mythos und Rasse definierte Theunissen seine kulturpolitische Meinung sehr deutlich. Er plädierte für das gute Alte und *Moderne* und, mit anderen Zitaten aus Pascal, Nietzsche und Oscar Wilde, gegen ein »geistig verarmtes Bürgertum«, das sich den Manifestationen des Spirituellen und der Phantasie ängstlich versperren wollte. Kausalität, Stofflichkeit, Nachahmung, das alte muffige Bürgertum (mitsamt Rosenberg) kamen auf die eine Seite, Freiheit, Modernität, Phantasie, Jugend und Expressionismus auf die andere, seine Seite zu stehen.

Am Abend nach der Eröffnung der Ausstellung veranstaltete die »Union Nationaler Schriftsteller« (Präsident Hanns Johst, Vizepräsidenten Gottfried Benn und Reichsdramaturg Rainer Schlösser) einen offiziellen Empfang im Festsaal des Hauses der

Deutschen Presse, Tiergartenstraße 16, »Preis des einfachen Gedecks ohne Getränke, MK 2 –, Gesellschaftsanzug, Uniform«. Es war eine gespenstische Fete. Sie versammelte noch einmal die italienischen Futuristen Marinetti und Vasari, die NS-Funktionäre der völkischen und der kunstoppositionellen Richtung und die letzten Stellvertreter der Weimarer Moderne, Gottfried Benn, Sibyl und László Moholy-Nagy, Kurt Schwitters und Rudolf Blümner (zu Hause wartete die jüdische Frau), zumindest unter einem Dache, denn die Offiziellen saßen an einem hufeisenförmigen Arrangement und die von Marinetti persönlich eingeladenen Künstler an kleinen Tischen. Benn begrüßte »Exzellenz« Marinetti, »den Hersteller und Direktor des Futurismus«, in seiner amtlichen Funktion und kombinierte in seiner Rede (J.6) den Ausdruck höchster Bewunderung für Marinettis historische Errungenschaften (manche davon, wie die Einzelheiten des faschistischen Appellrituals, wären richtiger D'Annunzio und seinen Fiume-Legionären zuzuschreiben) mit dem verzweifelten Versuch, den expressionistischen Stil in das nationalsozialistische Deutschland hinüberzuretten. Benn hoffte, Marinetti werde in Rom darüber berichten, »daß die neue deutsche Gesinnung die beste alte in sich aufgenommen hat und unter der bedeutenden Führung berufen ist, an dem untheatralischen, an dem großartig kalten Stil mitzuarbeiten, in den Europa hineinwächst«.

Zum Entsetzen seiner Freunde[22] in Berlin und einstigen Leser[23], nun im Exil, sprach Benn von der »Form« als dem Lebensgesetz des neuen Deutschland, »Form und Zucht; [...] Zucht und Stil im Staat und in der Kunst«, und sah in ihnen die »Grundlage des imperialen Weltbildes«, das er kommen sah. In seiner Polemik gegen die alte Kunst, die der Nachahmung und der Psychologie, wiederholte Benn allerdings Gedanken, die Alfred Döblin schon vor zwei oder drei Jahrzehnten proklamiert hatte; der »kalte Stil«, den Benn mit dem Futurismus identifizierte, »[warf] die stupide Psychologie des Naturalismus hinter sich [, durchstieß] das faul und zäh gewordene Massiv des bürgerlichen Romans [...] und [ging auf] das Grundgesetz der Kunst [zurück]: Schöpfung und Stil«. Wer von den Tafelnden die Widersprüche und Selbstillusionen dieser Rede vernahm, ist eine andere Frage. Marinetti mangelte es an deutscher Sprachkenntnis, er sprach dem Rheinwein zu und rezitierte, um die spröde Stimmung dieser avantgardistischen

Walpurgisnacht zu lockern, *parole in libertà* aus seinem alten onomatopoetischen Text »Adrianopoli Assedio Orchestra«. Kurt Schwitters, so schreibt Sibyl Moholy-Nagy in ihren Erinnerungen über diesen Abend,[24] war beim ersten Wort des Gedichts aufgesprungen »und rezitierte dann, wie ein Pferd, das den richtigen Ton hört«, sein Gedicht *Anna Blume* in den »Lärm polternder Stimmen und scharrender Stuhlbeine« (si non è vero è ben trovato). Ich könnte mir gut vorstellen, daß der Kraft-durch-Freude-Funktionär, dem sich der betrunkene Schwitters als arischer Künstler vorstellte, niemand anderer war als der Maler Hans Weidemann, der allerdings ganz auf seiten der modernen Künstler stand (er war, gegen den Willen Goebbels', von Hitler selbst im November 1933 aus seinem Ministerialamt entfernt worden, weil er Emil Nolde in die Jury eines künstlerischen Wettbewerbs berufen wollte, und hatte in der KdF-Organisation seine Zuflucht gefunden[25]).

In der labilen Situation des Frühlings 1934 gab die *Aeropittura*-Ausstellung der kulturpolitischen Diskussion neuen Antrieb; im Grunde stand aber nicht der Futurismus selbst zur Frage, sondern die Chancen der Weimarer Moderne in der NS-Diktatur. Otto Andreas Schreiber setzte das Streitgespräch in der Zeitschrift *Kunst der Nation* (J.7) fort, indem er die Errungenschaften des Futurismus allzu »romantischer Prägung« einschränkte, um zugleich gegen den »Kleinbürger« zu polemisieren, der nur nach einer »gängigen Malmethode« fragte, und Alfred Rosenberg notierte mit einiger Verspätung in seinem Tagebuch, »in Kulturfragen« fange nun »ein regelrechtes Tauziehen an«[26]. Er verwickelte seinen Konkurrenten Goebbels in einem gelegentlich Heß zugeleiteten Briefwechsel[27], in dem er bittere Klage darüber führte, daß Goebbels und andere die Schirmherrschaft über die futuristische Ausstellung übernommen hatten; den »leidigen Höhepunkt« der Bemühungen, der artgerechten Kunst in den Rücken zu fallen, »bildete zweifellos der geglückte Versuch, eine futuristische Ausstellung von Berliner Kunstbolschewisten auf dem Umweg über Italien durchzuführen [...] es war Ihnen vielleicht auch nicht bekannt, daß der Eröffner dieser Ausstellung ein viele Jahre lang in Berlin tätig gewesener kunstbolschewistischer Redner von der Gruppe ›Der Sturm‹ [Blümner] war«. Hitler nutzte den Nürnberger Reichsparteitag vom September 1934, um seine zukünftige Kunstpolitik festzulegen, und sprach, mit und gegen Rosenberg, von »zwei Gefahren«, welche der deutschen Kunst drohten, die eine von seiten der »Kubisten, Futuristen, Dadaisten u.s.w.« und die andere von seiten der »Rückwärtse« mit ihren »Bahnhöfen in originaldeutschem Renaissance-Stil«. Mit der öffentlichen Wirkungsmöglichkeit der Moderne war es zu Ende. Schreiber und Weidemann zogen sich in den Kraft-durch-Freude-Apparat zurück und veranstalteten Ausstellungen moderner Kunst für Arbeiter in den Fabrikbetrieben (selbst der junge Gramsci wäre einer solchen Idee nicht abgeneigt gewesen, hätte sie nicht der »Volksgemeinschaft« dienen müssen), und die Zeitschrift *Kunst der Nation* stellte im Sommer 1935 ihr Erscheinen ein. Rudolf Blümner war nur noch einmal, durch die Freundschaft des Regisseurs G. W. Pabst, in einer kleinen Rolle im Film *Paracelsus* (1943) zu sehen, ehe er im schon befreiten Berlin, im September 1945, verhungerte.

In den späteren dreißiger Jahren fand sich der Futurismus in Italien selbst in die Defensive gedrängt[28]. Die faschistische »Rechte« begann sich der Rosenbergschen Argumente von 1934 zu bedienen, um die italienische Moderne, einschließlich der »rationalistischen« Architekten und der Futuristen, als Kulturbolschewiken im Bündnis mit dem internationalen Judentum zu verfemen. Die italienische Diskussion entzündete sich rasch an der Münchener Ausstellung »Entartete Kunst« (Juni 1937) und steigerte sich in den Monaten der faschistischen Rassengesetzgebung und ihrer publizistischen Vorspiele (Juli–November 1938) zu offener Denunziation. Die Futuristen versuchten mit Erfolg, die Verteidiger der Moderne gegen die Reaktionäre in den faschistischen Zeitschriften *Quadrivio* und *Il Tevere* zu mobilisieren, und Marinetti, unermüdlich wie in der Epoche seiner Jugend, hielt eine Ansprache im Sender Rom 2, veröffentlichte eine Verteidigung der italienischen Moderne im *Giornale d'Italia* und organisierte eine Kundgebung Intellektueller und Künstler gegen die faschistische Rechte im römischen »Teatro delle arti«. Die futuristische Zeitschrift *Artecrazia*, redigiert im Sinne Marinettis von Mino Somenzi (jüdischer Herkunft, Fiume-Legionär und früher Faschist) ging in ihren berühmten Folgen 117 (3. Dezember 1938) und 118 (11. Januar 1939) zum Gegenangriff über. Somenzi selbst polemisierte gegen die fetten und korrupten Pseudofaschisten, die sich dem Antisemitismus verschrieben hatten, und veröffentlichte eine gemeinsame Erklärung Marinettis und der Architekten Sartoris und Terragni (später ermordet im KZ Mauthausen), welche die internationale Avantgarde vom Vorwurf des jüdischen Kulturbolschewismus zu reinigen suchte (Marinettis Katalog berühmter Künstler, die *keine* Juden waren, konnte auch falsche Wirkungen zur Folge haben). Die Berliner Vorgänge, vom Frühling 1934, wiederholten sich, wenn auch in anderen Formen und mit Korrekturen, an der römischen Jahreswende von 1938/39; und jenseits des Brenners bemerkte nur die kühne Wiener Zeitschrift *Plan*[29] kurz vor dem Einmarsch der Wehrmacht, mit welcher Energie Marinetti die modernen Künste verteidigt hatte. Italien war aber nicht Deutschland, auch nicht in kulturpolitischer Hinsicht, und obwohl (da Mussolinis prodeutsche Politik in Aszendenz war) die Zeitschrift *Artecrazia* polizeilich eingestellt wurde, fuhren Marinetti und seine schon wenigen Getreuen fort, futuristische Texte und kriegerische *tavole parolibere* zu publizieren. Er ging, mit 70 Jahren, als Freiwilliger mit den italienischen Truppen nach Stalingrad und an den Don, kehrte in die Republik von Salò zurück und starb am 2. Dezember 1944 in Bellagio. Die Familie bestattete ihn auf dem Friedhof von Mailand. Sein Freund Herwarth Walden, der den Futurismus nach Deutschland gebracht hatte, ging ihm im Tode um drei Jahre voraus. Er wurde im März 1941 im Moskauer Hotel »Metropol« verhaftet und starb am 31. Oktober desselben Jahres in einem Gefängnis in Saratow. Ruggero Vasari, der letzte Statthalter des Futurismus in Deutschland, überlebte den Zweiten Weltkrieg in Berlin, man weiß nicht wie, und kehrte erst im Jahre 1949 nach Italien zurück. Der alte Mann schwieg, und als er in seiner Heimatstadt Messina starb (1968), wußten die Jüngeren nicht mehr, wer er gewesen.

Ein Blick zurück

Von der Wirkung des italienischen Futurismus in der Literatur Deutschlands zu sprechen heißt doppelt vereinfachen: einmal, indem man die Literatur von den anderen Künsten abhebt, und ein andermal, indem man die deutschen Vorgänge aus dem Zusammenhang der europäischen Geschehnisse zu schälen können glaubt. Der Futurismus sah sich als totale Revolution menschlicher Schöpfungskräfte und Beziehungen. Das Literarische war nur *ein* Element seiner Intentionen, die sich, mit nicht geringerer Intensität, auf die graphischen und bildenden Künste richteten, das Theater, den Film, die Photographie, die Technologie der Verkehrs- und Verständigungssysteme, und auf, oder besser: gegen, die Institutionen der Ehe, der akademischen Bildung, der überkommenen Besitzverhältnisse (zumindest in den frühen Programmen), gegen Polizei, Heer und Advokatenparlamente. Das deutsche Interesse an futuristischen Texten bezeugt selbst schon den Effekt ideologischer Filter, welche die Totalität der Ansprüche auf das Ästhetische reduzierten und (mit Ausnahme der Gedanken des gleichgestimmten konservativen Revolutionärs Moeller van den Bruck) so funktionierten, als ob alle anderen futuristischen Forderungen Angelegenheiten der italienischen Gesellschaft wären und für die deutsche irrelevant. In meiner Darstellung sind die komplizierten Beziehungen deutscher Schriftsteller zum Futurismus notwendig isoliert; und indem ich von Döblin, Stramm, Ball, Däubler oder Becher spreche, begebe ich mich zugleich der Möglichkeit, Verhältnisse der modernen deutschen Kunstgeschichte aufzunehmen, und wie es Dorothea Eimert in ihrer Studie (1974) über den Einfluß des Futurismus auf die deutsche Malerei unternommen hat, auf die futuristischen Interessen der »Pathetiker«, darunter Ludwig Meidner, Wilhelm Morgner und August Macke, der »rheinischen Expressionisten«, einschließlich Heinrich Campendonks oder Ernst Henselers, oder auf die futuristischen Affinitäten Franz Marcs, Lyonel Feiningers, Otto Dix' oder des frühen George Grosz' einzugehen. Der frühe deutsche Film oder das Theater des Berliner Expressionismus zeigten sich unempfindlich für futuristische Experimente, aber ich muß auch eingestehen, daß Marinettis »Theatersynthesen« (zu lesen im späten *Sturm*) eher dem surrealistischen Theater verbündet waren und auf eine spätere Wiederentdeckung durch die absurde Szene der sechziger Jahre warteten und daß die dramatischen Entwürfe Ruggero Vasaris nicht eben geeignet waren, die Aufmerksamkeit seiner Berliner Theaterkollegen zu erregen.

Der englische Kritiker John Willet schrieb vor einigen Jahren, daß die europäische Avantgarde gerade dort ihre kreative Chance hatte, wo der Erste Weltkrieg alte Gesellschaften erschütterte oder gar zerstörte, also in Deutschland und Rußland, nicht in England oder Amerika. Die Geschichte der futuristischen Wirkungen in Mittel- und Osteuropa bezeugt eher, daß die Erschütterungen des Weltkriegs die Aufmerksamkeit für radikale Experimente steigerten, nicht begründeten. Die Wirkungen der italienischen Avantgarde gehen dem Weltkrieg um Jahre voraus und setzen sich in vielen Fällen in den Kriegsjahren fort; und selbst das verletzliche Portugal, wo der Futurismus Epoche machte, ist kein schlüssiges Gegenbeispiel. Die Kulturtraditionen Deutschlands und Rußlands waren schon erschüttert, *ehe* sie vom Krieg betroffen wurden, und anderswo, etwa in Polen, im tschechischen Böhmen und in Brasilien, war man empfindlich, neugierig und offen und schloß sich keinesfalls gegen avantgardistische Impulse ab. Deshalb hätte man allen Grund, das deutsche Interesse für den italienischen Futurismus als einen Akt internationaler Prozesse zu sehen, an denen sich Schriftsteller, Lyriker und Theoretiker französischer, russischer, portugiesischer, tschechischer, brasilianischer und anderer Nationen beteiligten; und so befinden sich Walden, Döblin, Ball, Däubler, Stramm und Becher in produktivster Gesellschaft, zusammen mit Guillaume Apollinaire und Blaise Cendrars, den Russen Welemir Chlebnikow, Wassili Kamenski oder David Burliuk; den Polen Jerzy Jankowski und Bruno Jasieński; dem Ukrainer Michail Semenko; den linksradikalen Tschechen Stanislav Kostka Neumann, Vítězslav Nezval, Jaroslav Seifert und Karel Teige; und den Portugiesen und Brasilianern Alvaro de Campos (eigentlich Fernando Pessoa), Manuel Bandeira und Mário de Andrade. Die futuristischen Affinitäten sind es eben, die den sogenannten Expressionismus, der sonst eine Angelegenheit der deutschen Literatur bliebe, dem internationalen Gespräch über die neuen Möglichkeiten der Poesie und der Sprache öffnen und mit ihm verbinden.

Die Antwort auf die Frage, welche Redakteure, Schriftsteller und Übersetzerinnen als Vermittler und Vermittlerinnen des Futurismus in Deutschland wirkten, bestätigt und korrigiert unsere Topographie des expressionistischen Zeitalters. In Wien dachte man, am Anfang des Jahrhunderts und ein wenig später, die tieferen und folgenschwereren Gedanken, aber Berlin, die Metropole der modernen Lyrik und des neuen Films, war der produktive Umschlagplatz und die febrile Zentralbörse der Gedanken und Texte, und in der Übermittlung des Futurismus sind Waldens *Sturm* und Pfemferts *Aktion* von erster Bedeutung; im *Sturm* die Futuristenausstellungen, Hans Jacobs Übersetzungen der Manifeste und Waldens Freundschaft mit dem jungen Döblin und mit Stramm; in Pfemferts *Aktion*, nach ihrer Umkehr in futuristischen Dingen, die italienische Sondernummer und Däublers Gedichte. In anderer Hinsicht sind unsere Vorstellungen zu korrigieren. Else Hadwiger, die in der traditionellen Literaturgeschichte nur als Witwe des Prager symbolistischen Dichters Viktor Hadwiger erscheint, darf, als begabte Übersetzerin italienischer Lyrik und Mittlerin zwischen zwei Literaturen, genauere Aufmerksamkeit fordern, und sie war es ja auch, die Hugo Ball und ihren passionierten Freund Johannes R. Becher zur Lektüre der Futuristen anhielt. Merkwürdig ist auch die erneute Rolle Triests im Netz mitteleuropäischer Verbindungen; der Triestiner Däubler war der einzige deutsche Schriftsteller, der in den Jahren 1912/13 an den Kundgebungen der italienischen Futuristen teilnahm und seinen Freund Moeller van den Bruck über seine Eindrücke und Gedanken unterrichtete (auch der Triestiner Italo Tavolato geistert als Kenner und Berichterstatter deutscher und österreichischer Literaturvorgänge über die Szene). Zuletzt, in den zwanziger und frühen dreißiger Jahren, ist die Berliner Verbindung mit dem sizilianischen Futurismus bemerkenswert. Ruggero Vasari, der sich am frühen, sozialrevolutionären Futurismus der Zeitschrift *La balza futurista* (Ragusa) orientierte und den Futurismus, und zugleich den Expressionismus, unter ausdrücklicher Berufung auf den Revolutionär Mussolini zu verteidigen suchte, geriet unausweichlich mit den Nationalsozialisten in Konflikt.

Die futuristische Revolution der Sprache enthält aber auch ein konservatives Element, das in einem Blick auf die sprachkritischen Gedanken anderer Innovatoren und avantgardistischer Gruppen nur noch deutlicher hervortritt. In einem historischen Kontext, der die Geschichte der klassischen Grammatik und der Sprachphilosophie zur Kenntnis nimmt, erscheint Marinetti in seiner futuristischen Hierarchie der Wortklassen (an der er auch dort festhält, wo er mit den »befreiten Worten« optisch experimentiert) nicht ganz so revolutionär, wie er es seine Zeitgenossen glauben machen wollte – vor allem nicht in seiner Überzeugung von der Wichtigkeit des Substantivs, das er in den Klassifizierungen immer vor dem Infinitiv des Verbums nennt. In der Geschichte der Grammatik ist das ein passatistischer Rückfall in den metaphysischen Glauben an das Primat des Nomens, das (von Aristoteles logisch begründet) von den Grammatikern bis in die Mitte des 18. Jahrhunderts axiomatisch bejaht wird, ehe dann englische Neoplatoniker, holländische Philosophen und deutsche Idealisten, von Johann Gottfried von Herder bis Wilhelm von Humboldt, den Vorrang der Genese, der Bewegung und des Verbums betonen; »das Verbum allein ist der das Leben enthaltende und Leben verbreitende Mittelpunkt« (Humboldt). Im Zusammenhang mit der Sprachskepsis seiner eigenen Zeit, vor allem im Vergleich mit Fritz Mauthner oder Gertrude Stein, tritt Marinettis aristotelisches Vertrauen in das Nomen und in das seines Zeitaspekts beraubte und deshalb hypostasierte Verbum noch deutlicher hervor – ganz im Gegensatz zu Marinetti verdammt Mauthner das Nomen als Emblem einer falsch konstruierten Welt metaphysischer Substanzen, und Gertrude Stein nennt es, in ihrer idiosynkratisch-pragmatischen Art, *not interesting*, zumindest nicht in der Prosa. Unter den Sprachskeptikern ist Marinetti der eigentliche Optimist, der unveränderlich daran glaubt, daß es genüge, die prinzipiellen Wortarten aus der syntaktischen Sklaverei zu befreien, um den Glanz und die Kraft der Welt wieder in ihnen zu inkarnieren.

Das heißt aber auch, daß die Wirkungen des literarischen Futurismus in Deutschland vor allem von den ersten Axiomen seiner revidierten Rhetorik ausgingen, von der Zerstörung des Satzes, der Herrschaft des Nomens und des Infinitivs und der »Analogie«, und nicht von einer zweiten oder graphischen Stufe, welche die Sprache, oder genauer ihre typographischen Zeichen, einer linearen Anordnung enthebt und in anderen als traditionellen Reihen, die im Italienischen und Deutschen von links nach rechts zu lesen sind, über die Druckfläche verteilt. Im Ersten Weltkrieg hatten nur die Züricher Dadaisten Gelegenheit, diese Versuche genauer zur Kenntnis zu nehmen, aber die Wirkung der *tavole parolibere*, von Umberto Boccioni und Francesco Cangiullo her, wird erst später sichtbar und fließt, vielleicht durch Kurt Schwitters und den Spätfuturisten Carlo Belloli, nach dem Zweiten Weltkrieg in die »konkrete Poesie« ein, die sich aus der Hinterlassenschaft der Avantgarden zu konstituieren beginnt. Das wäre eine (andere) Untersuchung wert.

Anmerkungen

1. Die Sturm-Ausstellung der italienischen Futuristen in Berlin (1912). Widerhall und Streitgespräche. Walden, Marinetti, Boccioni, Balla

1 Christa Baumgarth, *Geschichte des Futurismus* (Reinbek, 1966), 80–87. Über den Widerhall in Frankreich, P. A. Jannini u. a., *La fortuna del futurismo in Francia* (Rom, 1979), mit ausgezeichneter Dokumentation, und über die Londoner Geschehnisse, William C. Wees, *Vorticism and the English Avant-Garde* (Toronto, 1972), 87–118.
2 Vgl. »Futurismo e Marinettismo«, gemeinsame Erklärung Aldo Palazzeschis, Giovanni Papinis und Ardengo Sofficis, in *Lacerba* 3 (1915), 50.
3 Brief Marinettis an Walden (Februar/März 1912). Maria Drudi Gambillo/Teresa Fiori (Hrsg.), *Archivi del Futurismo* (Rom, 1958), I, S. 235.
4 Nell Walden/Lothar Schreyer, *Der Sturm: Ein Erinnerungsbuch an Herwarth Walden und die Künstler aus dem Sturmkreis* (Baden-Baden, 1954), 15.
5 »Die Denunziation als Rettung«, *Sturm* 3 (1912), 108, S. 25.
6 Walden/Schreyer, *Der Sturm*, 15.
7 Alfred Döblin, *Autobiographische Schriften und letzte Aufzeichnungen* (Olten, 1980), 467.
8 Martin, *Futurist Art and Theory*, Kap. V, X.
9 Alle Zitate nach dem Text im *Sturm* 3 (1912), 103, S. 822–824.
10 *Ibid.*
11 Alle Zitate nach dem Text im *Sturm* 3 (April 1912), S. 3–5.
12 Martin, *Futurist Art and Theory*, Kap. X.
13 Drudi Gambillo/Fiori, *Archivi*, I, S. 239.
14 Walden/Schreyer, *Der Sturm*, 11/12. Das Zitat weiter unten, *ibid.*
15 »Abwehr«. *Sturm* 3 (1912), 109, S. 33.
16 *Ibid.*
17 *Ibid.*, S. 33–34.
18 »Fritz Stahl«, *Sturm* 3 (1912), 108, S. 127.
19 »Wider Herrn Stahl«, *Sturm* 3 (1912), 115/116, S. 86.
20 *Pan* 2 (1912), 37, S. 1019–1020.
21 *Pan* 2 (1912), 24, S. 711–712.
22 *La Voce* 4 (1912), 23, S. 833.
23 *Sturm* 3 (1912), 109, S. 34.
24 Ich folge hier der Darstellung George C. Averys, in: *Expressionism Reconsidered: Relationships and Affinities,* hrsg. von Gertrud Bauer Pickar und K. E. Webb (München, 1979), 24–29.
25 Vgl. die Briefe, in Drudi Gambillo/Fiori, *Archivi*, I, S. 235–297.
26 *Ibid.*, S. 239–241. Eine Übersetzung des Textes, ein wenig gekürzt, in Baumgarth, *Geschichte des Futurismus*, 83–85.

27 Drudi Gambillo/Fiori, *Archivi*, I, S. 240.
28 Vgl. Baumgarth, *Geschichte des Futurismus*, 73–74. Die »Strafexpeditionen« gehören später zum festen Terrorrepertoire des faschistischen Squadrismo.
29 Drudi Gambillo/Fiori, *Archivi*, I, S. 241–242.
30 »La Voce«. *Sturm* 3 (1912), 113, S. 72–73.
31 Vgl. Baumgarth, *Geschichte des Futurismus*, 73.
32 »Dalle riviste tedesche«, *La Voce* 4 (1912), 23, S. 832–833.
33 Drudi Gambillo/Fiori, *Archivi*, I, S. 243.
34 *Ibid.*, S. 244.
35 Baumgarth, *Geschichte des Futurismus*, 86.
36 *Tagebücher von Paul Klee 1898–1918*, hrsg. v. Felix Klee (Köln, 1957), Notizen 916 und 914.
37 Drudi Gambillo/Fiori, *Archivi*, I, S. 245.
38 *Ibid.*, S. 253.
39 *Sturm* 4 (1913), 172/173, S. 74.
40 Vgl. Martin, *Futurist Art and Theory*, 173–181, und Friedrich W. Heckmanns, »Giacomo Balla in Düsseldorf«, in: *Futurismus 1909–1917*, Katalog Städtische Kunsthalle Düsseldorf, 1974, unpaginiert.
41 »Simultanéité futuriste«, *Sturm* 4 (1913), 190–191, S. 15.
42 *Sturm* 13 (1922), 7/8, S. 97–98.

2. Ein politisches Intermezzo: Arthur Moeller van den Bruck

1 Vgl. »Primo manifesto politico« (1909) und »Secondo manifesto politico« (1911), in: F. T. Marinetti, *Teoria e invenzione futurista*, hrsg. v. Luciano De Maria (Mailand, 1983), 337–340.
2 Alfred Döblin, *Autobiographische Schriften und letzte Aufzeichnungen* (Olten, 1980), 469.
3 Nell Walden, *Herwarth Walden: Ein Lebensbild* (Berlin/Mainz, 1963), 21.
4 Klemens von Klemperer ist nicht ihrer Meinung und führt die frühe Politisierung des Ästheten auf seine Pariser Maurice-Barrès-Lektüren zurück (in einem Manuskript, das mir der Autor freundlichst zur Verfügung stellte).
5 Ich folge hier seinen Aufsätzen in *Die Moderne Literatur* (Leipzig, 1899–1901), Bde. II–X.
6 24. März 1909.
7 Arthur Moeller van den Bruck, *Die italienische Schönheit* (München, 1913), 1.
8 *Ibid.*, S. 6.
9 *Ibid.*, S. 506–548.
10 *Ibid.*, S. 743.
11 *Ibid.*, S. 745.
12 Alle Zitate aus »Contro i professori« (Mai 1910), in: Marinetti, *Teoria e invenzione*, 306–310.
13 *Ibid.*, S. 235–253.
14 *Ibid.*, S. 248–249.
15 *Ibid.*, S. 289.

16 Armin Mohler, *Die konservative Revolution in Deutschland* (Stuttgart, 1950), S. 12.
17 Adolf Dressler, »Der politische Futurismus als Vorläufer des italienischen Faschismus«, in: *Preussische Jahrbücher* 217 (1929), S. 334–342, und 219 (1930), S. 80–82.

3. Der Schriftsteller Marinetti. Lyrik, Manifeste, »befreite Worte«. Seine ersten deutschen Leser und Kritiker

1 Von Rudolf Kurtz, Vorabdruck im *Sturm* 3 (1912), 136/137, S. 218.
2 Rudolf Leonhard, »Futuristen in Berlin«, Nachdruck in: Paul Pörtner, *Literaturrevolution 1910–1925* (Darmstadt, 1960), II, S. 80–88. Vgl. Anmerkung 33.
3 Walter Vaccari, *Vita e tumulti di F. T. Marinetti* (Mailand, 1959), eher freundlich zugetan als verläßlich, aber mit interessanten Familienphotographien. Vgl. die biographische Chronologie in Marinetti, *Teoria e invenzione*, XV–CX.
4 Gustave Kahn, *Premiers poèms, avec un Préface sur le vers libre* (Paris, 1897, 2. Aufl.), 31.
5 *Ibid.*, S. 30.
6 *Ibid.*, S. 6. Vgl. die Erörterung dieser Fragen bei Benjamin Hrushovsky-Harshav, »On Free Rhythms in Modern Poetry«, in: *Style in Language*, hrsg. v. Th. Sebeok (Boston, 1960), und Rudolf Kloepfer, »Vers Libre – Freie Dichtung«, *LiLi* 1 (1971), 81–106.
7 *Enquête internationale sur le vers libre*, hrsg. v. F. T. Marinetti (Mailand, 1909).
8 *Ibid.*, S. 21–31, vor allem S. 21 und 26.
9 *Ibid.*, S. 57.
10 *Ibid.*, S. 41–42.
11 *Ibid.*, S. 75.
12 Richard Dehmel und Arno Holz sind weiter unten in einiger Ausführlichkeit zitiert.
13 *Ibid.*, S. 130.
14 *Ibid.*, S. 129.
15 *Ibid.*, S. 142–148.
16 *Ibid.*, S. 144–145.
17 Henri Albert, »Un Manifeste littéraire allemand«, in: *Mercure de France* 8 (1893), S. 68.
18 *Mercure de France* 22 (1897), S. 403, und 65 (1907), S. 554.
19 *Ibid.*
20 *Mercure de France* 67 (1907), S. 228.
21 *Ibid.*, S. 439.
22 *Enquête internationale*, 61–62.
23 *Ibid.*, S. 62–64.
24 *Ibid.*, S. 66–69.
25 *Ibid.*, S. 69.

26 Alle Zitate aus F. T. Marinetti, *Futuristische Dichtungen* (Berlin-Wilmersdorf, 1912), 2. Vorabdruck im *Sturm* 3 (1912), 136/137, S. 218.

27 Vgl. die Angaben in F. T. Marinetti, *Scritti francesi*. Introduzione, testo e note a cura di Pasquale A. Jannini (Rom, 1979), I, Einleitung.

28 *Ibid.*, S. 339.

29 Der französische Text *ibid.*, S. 338–339.

30 Gaetano Mariani, *Il primo Marinetti* (Florenz, 1970), 19–20.

31 Der französische Text in Marinetti, *Scritti francesi*, I, S. 58.

32 Vgl. Felix Philipp Ingold, *Literatur und Aviatik. Europäische Flugdichtung 1909–1927* (Basel/Stuttgart, 1978), 19–39.

33 Rudolf Leonhard, »Futuristen in Berlin«, ursprünglich in den Beiblättern zu »Die Bücherei Maiandros« (1912). Nachdruck bei Paul Pörtner, *Literaturrevolution*, II, S. 86–88.

34 Rudolf Leonhard, »Marinetti in Berlin 1913«, in: Paul Raabe (Hrsg.), *Expressionismus – Aufzeichnungen und Erinnerungen der Zeitgenossen* (Olten, 1965), 121–124.

35 Vgl. Pär Bergmann, *Modernolatria et simultaneità* (Uppsala, 1942), 231–325.

36 Marinetti, *Teoria e invenzione*, 20.

37 *Ibid.*, 23.

38 *Ibid.*, S. 26. Claudio Cambone jr. hat sich in einer Semesterarbeit (Yale College 1988) mit den französisch-italienischen Übersetzungsfragen des Zweiten Manifests auseinandergesetzt. Der Übersetzer war damals noch ein Gymnasiast, der sich literarisch nützlich machen wollte; später war er Chefdolmetscher der UNESCO. Vgl. Hans Jacob, *Kind meiner Zeit* (Köln, 1962).

39 *Ibid.*, CXXV.

40 *Ibid.*, S. 79–80 (Mai 1913).

41 Neudruck: *Dada-Cabaret Voltaire* (Paris, 1981), 38–39 (Marinetti), und 46 (Cangiullo).

4. Franz Pfemferts »Aktion«. Theodor Däubler und der Futurismus

1 *Aktion* 2 (1912), 7, S. 178.

2 *Aktion* 1 (1911), 27, S. 850–855.

3 *Aktion* 2 (1912), 27, S. 842.

4 *Ibid.*, S. 850–851.

5 *Aktion* 3 (1913), 34, S. 813–815.

6 *Aktion* 2 (1912), 27, S. 850–851.

7 *Aktion* 4 (1914), 14, S. 294.

8 *Aktion* 4 (1914), 7, S. 142–144.

9 *Aktion* 3 (1913), 37, S. 878–880.

10 Vgl. mein Kapitel über Johannes R. Becher.

11 *Aktion* 4 (1915), 1/2, S. 9–10.

12 *Aktion* 6 (1916), 7/8, S. 103–104.

13 *Ibid.*

14 *Aktion* 3 (1913), 28, S. 671–692.
15 *Sturm* 7 (1916), 1, S. 10–11.
16 *Aktion* 12 (1922), 19/20, S. 262, und 39/40, S. 550–551.
17 *Aktion* 15 (1925), 19/20, S. 529–533.

5. Walden, Marinetti und August Stramm

1 Vgl. Werner Rittich, *Kunsttheorie, Wortkunsttheorie und lyrische Wortkunst im ›Sturm‹* (Greifswald, 1933), und Kurt Möser, *Literatur und die große Abstraktion: Kunsttheorien, Poetik und abstrakte Dichtung im ›Sturm‹* (Erlangen, 1983), besonders instruktiv.
2 Herwarth Walden, »Kritik der vorexpressionistischen Dichtung«. 4. Fortsetzung. *Sturm* 12 (1921), 1, S. 6.
3 Herwarth Walden, *Einblicke in Kunst* (Berlin, 1917), 9.
4 *Ibid.*
5 Herwarth Walden, »Einblicke in Kunst« [Vortrag]. *Sturm* 6 (1916), 21/22, S. 122.
6 Arno Holz, *Revolution der Lyrik* (Berlin, 1899), 23.
7 *Ibid.*, S. 27.
8 *Ibid.*, S. 24.
9 *Ibid.*, S. 27.
10 *Ibid.*
11 *Sturm* 3 (1912), 111, S. 43–46.
12 *Sturm* 4 (1913), 160/161, S. 26.
13 *Sturm* 2 (1911), 78, S. 624.
14 *Sturm* 3 (1912), 113, S. 73.
15 *Sturm* 6 (1915), 13/14, S. 74.
16 Walter Muschg, *Von Trakl zu Brecht* (München, 1961), 57–82; Elmar Bozzetti, *Untersuchungen zu Lyrik und Drama August Stramms* (Köln, 1961), 268–323; René Radrizzani, *[Stramm:] Das Werk* (Wiesbaden, 1963), 379–488; Arnold Bauer, *Die Literatur des Expressionismus* (Stuttgart, 1966), 16–56; Carmine Chiellino, *Die Futurismusdebatte* (Frankfurt/Bern, 1978), 149–169; Patrick Bridgwater, »The Sources of Stramm's Originality«, in: J. D. Adler/J. J. White (Hrsg.), *August Stramm: Kritische Essays* (Berlin, 1979), 31–46.
17 Vgl. auch Chiellino, *Futurismusdebatte*, 152–153.
18 Vgl. auch Chiellino, *Futurismusdebatte*, 153–154; Radrizzani, *Das Werk*, 466–467, und Bauer, *Die Literatur des Expressionismus*, 45–47.
19 Herwarth Walden, »Das Begriffliche in der Dichtung«, in: *Expressionismus/Kunstwende* (Berlin, 1918), 38.

6. Futurismus, Dada, Christentum: Hugo Ball

1 Hugo Ball, *Flucht aus der Zeit* (Luzern, 1946), 79 (30.3.1916).
2 Vgl. die Angaben in G. E. Steinke, *The Life and Works of Hugo Ball* (Den Haag, 1967).

3 *Flucht aus der Zeit*, 71 (2.2.1916).
4 *Flucht aus der Zeit*, 5–6 (undatiert).
5 Hugo Ball, *Briefe 1911–1927*, hrsg. v. Annemarie Schütt-Hennings (Einsiedeln, 1957), 33.
6 *Ibid.*, S. 36 (18.2.1914).
7 *Flucht aus der Zeit,* 20–21 (datiert Neujahr 1915).
8 Vgl. die vom Herausgeber Hans Burkhard Schlichting kompilierte Chronik, in: Hugo Ball, *Der Künstler und die Zeitkrankheit* (Frankfurt a. M., 1984), 432.
9 *Flucht aus der Zeit*, 35 (9.7.1915).
10 Nachdruck in: *Dada 1916–1922* (Paris, 1981), 22–23 (Dune, z. T.) und 30 (Addioooo).
11 Ball, *Briefe*, 64.
12 Vgl. Hugo Ball, *Der Künstler und die Zeitkrankheit*, 40.
13 *Ibid.*
14 *Flucht aus der Zeit*, 107 (16.8.1916).
15 *Ibid.*

7. Der Futurist Johannes R. Becher

1 So z. B. Norbert Hopster, *Das Frühwerk Johannes R. Bechers* (Bonn, 1969), und Michael Rohrwasser, *J. R. Becher: Politiken des Schreibens* (Basel, 1980).
2 Johannes R. Becher, *Die Gnade eines Frühlings* (Berlin, 1912), 19.
3 *Ibid.*, S. 52–53.
4 Becher, *(CH CI=CH) 3 As (Levisite) oder der einzig gerechte Krieg*, in: *Gesammelte Werke* (Berlin, 1968), X, 165.
5 Vgl. Hopster, Frühwerk, 47.
6 Marinetti, *Teoria e invenzione*, 74–75.
7 Hopster, *Frühwerk*, 39 (Fußnote/Archiv Marbach).
8 Ich folge hier Roy F. Allen, *Literary Life in German Expressionism and the Berlin Circles* (Göppingen, 1974), 342–345.
9 *Verbrüderung* (Leipzig, 1916), 17–21.
10 Becher, *Päan gegen die Zeit* (Leipzig, 1918), 69–71. Auch in: *Ausgewählte Gedichte I: 1911–1918* (Berlin, 1965), in: *Gesammelte Werke*, I, 352–354.
11 Becher, *Päan gegen die Zeit*, 132. Nicht in den *Ausgewählten Gedichten*.
12 Becher, *Ausgewählte Gedichte I*, in: *Gesammelte Werke*, I, 59–64. Erstdruck: *Verfall und Triumph* (Leipzig, 1914).
13 *Ibid.*, S. 136–141. Erstdruck: *Verfall und Triumph* (1914).
14 *Ibid.*, S. 399–400. Der ursprüngliche Band *Das Neue Gedicht* war 1917 ausgedruckt, wurde aber erst 1918/19 ausgeliefert.
15 Becher, *Verteidigung der Poesie* (Berlin, 1960, 2. Aufl.), 164.
16 Georg Heym, *Dichtungen und Schriften* (Hamburg, 1960), III, 140. »Es ist alles ein Nebeneinander« (21. 7. 1910).
17 Chiellino, *Die Futurismusdiskussion*, 175–199.
18 Becher, *Gnade eines Frühlings*, 27.
19 *Ibid.*, S. 53.

20 Becher, *Verfall und Triumph*, 15.
21 *Ibid.*, S. 21.
22 *Ibid.*, S. 33.
23 *Ibid.*, S. 27.
24 *Ibid.*, S. 28.
25 *Ibid.*, S. 34.
26 *Ibid.*, S. 33.
27 *Ibid.*, S. 35.
28 *Ibid.*, S. 36.
29 Becher, *An Europa/Neue Gedichte* (Leipzig, 1916), 104.
30 Becher, *Die Heilige Schar* (Leipzig, 1918), 21.
31 Becher, *Das Neue Gedicht* (Leipzig, 1918), 469.
32 Becher, *An Europa/Neue Gedichte*, 88.
33 *Ibid.*, S. 29.
34 Becher, *Verbrüderung* (Leipzig, 1916), 25.
35 Becher, *Das Neue Gedicht*, 181.
36 *Ibid.*, S. 179.
37 *Ibid.*
38 Becher, *An Europa/Neue Gedichte*, 67.
39 Becher, *Die Heilige Schar*, 9.
40 Becher, *Das Neue Gedicht*, 463.
41 *Ibid.*, S. 473.
42 *Ibid.*, S. 477.
43 *Ibid.*
44 *Ibid.*, S. 446.
45 *Ibid.*
46 Becher, *Die Heilige Schar*, 14.
47 *Ibid.*, S. 67.
48 Becher, *Das Neue Gedicht*, 446.
49 Becher, *Die Heilige Schar*, 9.
50 *Ibid.*, S. 72.
51 *Ibid.*, S. 431.
52 Becher, *Das Neue Gedicht*, 446.
53 *Ibid.*, S. 456.
54 Becher, *An Europa/Neue Gedichte*, 55.
55 Becher, *Das Neue Gedicht*, 186.
56 *Ibid.*
57 *Ibid.*
58 *Ibid.*, S. 155.
59 Becher, *Maschinenrhythmen* (Berlin, 1926), 33.
60 Antonio Gramsci (hrsg. u. übersetzt v. Sabine Kebir), *Marxismus und Literatur* (Hamburg, 1983), 48. Vgl. Jean Thibaudeau, »Le futurisme dans les écrits de Gramsci«, in: Giovanni Lista (Hrsg.), *Marinetti et le futurisme* (Lausanne, 1977), 115–122.
61 *Ibid.*
62 *Ibid.*, S. 49f. Hervorhebungen von Gramsci.

8. Noch einmal: Döblin (Grass) und Marinetti

1 In der stetig anwachsenden Literatur vgl. Walter Muschg, *Von Trakl zu Brecht* (München, 1961), 198–243; Armin Arnold, *Die Literatur des Expressionismus* (Stuttgart, 1966), 69–106; Klaus Müller-Salget, *Alfred Döblin* (Bonn, 1972), 105–107; Carmine Chiellino, *Die Futurismusdebatte* (Bern, 1978), 111–148; Judith Ryan, »From Futurism to Döblinism«, in: *German Quarterly* 54 (1981), 415–426; und David Dollenmayer, »Alfred Döblin, Futurism, and Women«, in: *Germanic Review* 61 (1986), 138–145.

2 In: Döblin, *Erzählungen aus fünf Jahrzehnten* (Olten, 1977), 185–200.

3 »Von der Freiheit eines Dichtermenschen«, in: *Aufsätze zur Literatur* (Olten, 1963), 23–32.

4 *Ibid.*, S. 23.

5 *Ibid.*, S. 24.

6 *Ibid.*

7 *Ibid.*

8 F. T. Marinetti, *Mafarka le Futuriste* (Paris, 1910), X.

9 Muschg, *Von Trakl zu Brecht*, 198–243.

10 Arnold, *Die Literatur des Expressionismus*, 69–106.

11 Müller-Salget, *Döblin*, 105–107.

12 Döblin, *Berlin Alexanderplatz* (Berlin, 1965), 60.

13 *Ibid.*

14 Vgl. Heidi Thomann Tewarson, »Von der Frauenfrage zum Geschlechterkampf: Der Wandel der Prioritäten im Frühwerk Alfred Döblins«, in: *German Quarterly* 58 (1985), 202–222. Ich nutze ihre Hinweise auf S. 221.

15 Marinetti, *Mafarka*, IX–X.

16 Z. B. »Democrazia futurista«, Abschnitt 7 und 8 [1919], in: Marinetti, *Teoria e invenzione*, 368–374.

17 Z. B. im Aufsatz »Die Frau in der Klassengesellschaft«, in: Döblin, *Schriften zur Literatur und Gesellschaft* (Olten, 1972), 12–17.

18 Döblin, *Berge Meere und Giganten*, 66.

19 Döblin, »Bemerkungen zu Berge, Meere und Giganten«, in: *Aufsätze zur Literatur*, 345.

20 Marinetti, *Mafarka*, VII.

21 Marinetti, *Mafarka*, 30.

22 *Ibid.*, S. 32.

23 Arnold, *Die Literatur des Expressionismus*, 69–79.

24 Dollenmayer, in: *Germanic Review* 61 (1986), 138–145.

25 Döblin, *Die drei Sprünge des Wang-lun* (Olten, 1960). Vgl. Dollenmayer, in: *Germanic Review* 61 (1986), 141.

26 Döblin, *Berge Meere und Giganten*, 419.

27 *Ibid.*, S. 9.

28 Döblin, *Die drei Sprünge des Wang-lun*, 181.

29 *Ibid.*, S. 230.

30 Döblin, *Berge Meere und Giganten*, 97.

31 Döblin, *Wallenstein* (Olten, 1965), 67.

32 Döblin, *Berge Meere und Giganten*, 464.

33 *Ibid.*, S. 38.

34 *Ibid.*, S. 372.
35 Vgl. Joachim Kühn, *Gescheiterte Sprachkritik: Fritz Mauthners Leben und Werk* (Berlin, 1975), 272–273; Walter Eschenbacher, *Fritz Mauthner und die deutsche Literatur um 1900* (Frankfurt a. M., 1977), 132; und Armin Arnold, »Les styles, voilà l'homme! Döblins sprachliche Entwicklung bis *Berlin Alexanderplatz*«, in: Ingrid Schuster (Hrsg.), *Zu Alfred Döblin* (Stuttgart, 1980), 41–56. Wertvolle Einsichten in Heidi Thomann Tewerson, *Alfred Döblin: Grundlagen seiner Ästhetik und ihrer Entwicklung 1900–1933* (Frankfurt a. M., 1979).
36 Döblin, *Briefe* (Olten, 1970), 21.
37 Döblin, *Der schwarze Vorhang* (Berlin, 1919), 76.
38 *Sturm* 1 (1910), 13, S. 100, und 14, S. 108.
39 Günter Grass, *Essays Reden Briefe Kommentare* (Darmstadt, 1987) = *Werkausgabe* X, 236.
40 *Ibid.*, S. 239.
41 *Ibid.*
42 *Ibid.*, S. 241.
43 Günter Grass, *Der Butt* (Darmstadt, 1977), 245.
44 *Ibid.*
45 Günter Grass, *Kopfgeburten* (Darmstadt, 1980), 130.
46 *Werkausgabe* X, 667.
47 *Ibid.*
48 Grass, *Der Butt*, 543.

9. Walden, Ruggero Vasari und das kulturpolitische »Interregnum« 1933/34

1 Vgl. Georg Brühl, *Herwarth Walden und ›Der Sturm‹* (Berlin, 1983), 66–76, und das Verzeichnis seiner Publikationen, S. 320–328. Neuerdings auch M. S. Jones, *Der Sturm: A Focus of Expressionism* (Columbia, S. C., 1984).
2 *Sturm* 13 (1922), 7–8, S. 97–98. Ursprünglich im *Sturm* 7 (1916), S. 70–71.
3 Die biographischen Angaben über Vasari in Mario Verdone, *Teatro del tempo futurista* (Rom, 1969), 20–22. Ich bin Herrn Dr. Manfred Boerner für manches Berliner Gespräch über Vasari sehr dankbar.
4 Libero Altomare, *Incontri con Marinetti e il futurismo* (Rom, 1954), 78.
5 »Der Mietsvertrag«, in: *Sturm* 13 (1922), 4, S. 51–52.
6 Mario Allegri, »Futurismo in Germania: Due fascicoli italiani della Aktion (1916) e dello Sturm (1922)«, in: *Cristallo* 2 (1984), 25–40.
7 »L'azione prefascista dei futuristi in Sicilia narrata da Guglielmo Jannelli«, in: Marinetti, *Teoria e invenzione*, 519–530.
8 Die Originaltexte in Marinetti, *Teoria e invenzione*, 174–184 (Il Tattilismo, 1921) und 166–167 (Il teatro della sorpresa, gemeinsam mit Francesco Cangiullo, 1921).
9 *Sturm* 13 (1922), 7/8, S. 100.
10 »Prigionia« (Nicastro) in *Sturm* 13 (1922), 7/8 [?], S. 106–107, und »Attimo di meraviglia« (Jannelli), S. 102–104.

11 *Sturm* 16 (1925), 1, S. 1–6.
12 *Ibid.*, S. 6–14.
13 *Ibid.*, S. 9.
14 *Ibid.*, S. 12.
15 *Ibid.*, S. 14.
16 *Sturm* 19 (1928), 7, S. 291.
17 Ich folge hier Hildegard Brenners verdienstvoller Darstellung in *Die Kunstpolitik des Nationalsozialismus* (Reinbek, 1963), 63–86. Vgl. Enrico Crispolti, *Il mito della macchina e altri temi del futurismo* (Trapani, 1969), und die sachhaltige und kritische Analyse in E. Crispolti/M. Hinz/Z. Birolli (et. al.), *Arte e fascismo in Italia e in Germania* (Mailand, 1973), und die Beiträge von Hanne Bergius (171–174) und Lionel Richard (174–181) in: Giovanni Lista (Hrsg.), *Marinetti et le futurisme* (Lausanne, 1977).
18 Darüber im einzelnen bei Ernst Piper, *Ernst Barlach und die nationalsozialistische Kunstpolitik* (München, 1983).
19 In der Wochenzeitung *Deutsche Zukunft*, 5.11.1933. Vgl. Brenner, *Kunstpolitik*, 74.
20 Der italienische Text in Marinetti, *Teoria e invenzione*, 197–201.
21 János Riesz erinnert uns mit Hinweis auf den Text des ersten Manifestes daran, daß Marinetti in der Moskauer Expressionismusdiskussion 1937/38 als »Museumsstürmer« bezeichnet wurde. Vgl. *Arcadia* 11 (1976), 288.
22 Oskar Loerke schrieb in einem Brief an Hans Hennecke, am 20.4.1934, »was Benn über Marinetti sagt, wie er George verrenkt und was er Grausiges daraus für die Zukunft folgert: ich würde erstarren, glaubte ich ein Wort davon.« *Gottfried Benn: Katalog der Ausstellung des deutschen Literaturarchivs im Schiller-Nationalmuseum Marbach am Neckar* (1986), 224.
23 Klaus Mann zitiert diese Stelle in seinem Beitrag zur Moskauer *Expressionismusdebatte*, hrsg. v. Hans Jürgen Schmitt (Frankfurt a. M., 1973), S. 45.
24 Sibyl Moholy-Nagy, *László Moholy-Nagy: Ein Totalexperiment* (Mainz, 1950), 91–93.
25 Brenner, *Kunstpolitik*, 78.
26 *Ibid.*, S. 78–79.
27 *Ibid.*, S. 82–83.
28 Vgl. Enrico Crispoltis erschöpfende Darstellung aus den Quellen in *Il Mito della macchina*, 601–843. Leider liegt dieser wichtige Teil des Buches noch nicht in deutscher Übersetzung vor.
29 Ruth Gross, *›Plan‹ and the Austrian Rebirth* (Columbia, S. C., 1982), S. 35.

Dokumentation

Abkürzungen:
ED = Erstdruck
ND = Neudruck
Ü = Übersetzung

A. *Futuristische Manifeste (Auswahl), in der Reihenfolge ihrer Veröffentlichung in deutscher Sprache*

A.1 Filippo Tommaso Marinetti, »Manifest des Futurismus«, in: *Der Sturm* 3 (1912), 104, S. 828–829 [Ü: Jean-Jacques]. – ED in: *Figaro*, Paris 1909. Vom Verfasser unterzeichnet am 20. Februar 1909.

A.2 Valentine de Saint-Point, »Manifest der futuristischen Frau«, in: *Der Sturm* 3 (1912), S. 26–27 [Ü: Jean-Jacques]. – Von der Verfasserin unterzeichnet am 25. März 1912.

A.3 Filippo Tommaso Marinetti, »Tod dem Mondschein! Zweites Manifest des Futurismus«, in: *Der Sturm* 3 (1912), 111, S. 50–51 [Teil I–II], und 112, S. 57 [Teil III–IV] [Ü: Jean-Jacques]. – ED in: Filippo Tommaso Marinetti, *Poesia*, Mailand 1909.

A.4 Filippo Tommaso Marinetti, »Die futuristische Literatur. Technisches Manifest«, in: *Der Sturm* 3 (1912), 133, S. 194–195 [Ü: Jean-Jacques]. – ED: 1912. Vom Verfasser unterzeichnet am 11. Mai 1912. – ND in: Paul Pörtner, *Literaturrevolution 1910–1925. Dokumente, Manifeste, Programme*, Bd. II: *Zur Begriffsbestimmung der Ismen*, Neuwied 1961, S. 47–56 [eckige Klammern = hieraus Revisionen].

A.5 Filippo Tommaso Marinetti, »Supplement zum technischen Manifest der Futuristischen Literatur«, in: *Der Sturm* 3 (1913), 150–151, S. 279–280 [Ü: Jean-Jacques]. – ED: 1912. Vom Verfasser unterzeichnet am 11. August 1912. – ND in: Christa Baumgarth, *Geschichte des Futurismus*, Reinbek 1966, S. 171–173 und 250–251 [Ü von »Schlacht Gewicht + Geruch«: Christa Baumgarth].

A.1. *Filippo Tommaso Marinetti*
Manifest des Futurismus

Wir hatten die ganze Nacht gewacht, meine Freunde und ich, unter den Lampen der Moscheen, deren Kupferkuppeln, die ebenso durchbrochen waren wie unsere Seele, doch elektrische Herzen hatten. Und indem wir in unserer angeborenen Faulheit auf üppige Perserteppiche traten, stritten wir an den äußersten Grenzen der Logik und bedeckten das Papier mit wahnsinnigen Schriftzeichen.

Ein unendlicher Stolz dehnte unsere Brust, uns allein stehen zu sehen, wie Leuchttürme oder wie weiter vorgeschobene Vorposten, gegenüber dem Heer feindlicher Sterne, die in ihrem heimatlichen Biwak kampieren. Allein mit den Mechanikern in den höllischen Heizräumen der großen Schiffe, allein mit den schwarzen Fantomen, die den roten Leib der Lokomotiven füttern, allein mit den Trunkenen, die mit ihren Flügeln gegen die Mauer schlagen.

Und plötzlich werden wir durch das Rollen der zweistöckigen Straßenbahnen abgelenkt, die hüpfend und buntscheckig vor lauter Licht vorüberfahren, wie der aus seinem Bett getretene Po plötzlich die Weiler überfällt und entwurzelt, um sie mit sich über Kaskaden und Wirbel bis ans Meer zu ziehen.

Dann wurde das Schweigen noch tiefer, drückender. Da wir dem abgezehrten Gebet des Kanals und dem Knirschen der Gebeine der todkranken Paläste in ihrem Bart von Grün lauschten, brüllten unter unserem Fenster plötzlich die hungrigen Automobile.

– Los, meine Freunde, sagte ich. Gehen wir! Endlich sind die Mythologie und das Ideal überwunden. Wir werden der Geburt des Zentauren beiwohnen, und bald werden wir die ersten Engel fliegen sehen! – Wir werden die Pforten des Lebens erschüttern müssen, um ihre Angeln und Riegel zu prüfen!... Gehen wir! Seht die erste über die Erde aufgehende Sonne!... Nichts kommt dem Glanz ihres roten Schwertes, das zum ersten Male streitet in unserer tausendjährigen Finsternis gleich.

Wir näherten uns den drei schnaubenden Maschinen, um ihre Brust zu streicheln. Ich streckte mich auf meiner Maschine aus wie ein Leichnam auf der Bahre, aber ich richtete mich plötzlich unter dem Lenkrad auf, – diesem Guillotine-Hackmesser –, das meinen Magen bedrohte.

Wirbelnd entführte uns der Wahnsinn uns selbst und trieb durch die steilen, tiefen Straßen wie ausgetrocknete Wildbäche. Hier und da tauchten an den Fenstern Lampen auf, die uns lehrten, unsere mathematischen Augen zu verachten.

– Die Witterung, rief ich, die Witterung genügt dem Rotwild!...

Und wir jagten wie junge Löwen den schwarzhaarigen Tod, der vor uns in den weiten, malvenfarbigen, lebenden Himmel lief.

Und dennoch hatten wir keine ideale Gebieterin, die ihre Gestalt bis in die Wolken streckte, noch eine grausame Königin, der wir unsere wie byzantinische Ringe gewundenen Leichname hätten geben können! Nichts, um zu sterben, wäre es auch nur der Wunsch, endlich unseres nur allzu drückenden Mutes ledig zu sein!

Wir sausten dahin und zermalmten auf den Schwellen der Häuser die Hunde, die sich unter unsere brennenden Pneumatiks legten, wie Kragen unter Plätteisen.

Der geliebkoste Tod überholte mich an jeder Kurve, um mir artig seine Pfote zu geben und um sich dann wieder mit einem Geräusch knackender Kinnbacken der Erdoberfläche anzuschmiegen, indem er mir aus den Wasserlachen sammetweiche Blicke zuwarf.

– Verlassen wir die Weisheit wie einen scheußlichen Gang, und betreten wir wie von Stolz gepfefferte Früchte den ungeheueren, magenweiten Mund des Windes!... Geben wir uns dem Unbekannten zum Fraße, nicht aus Verzweifelung, nein, nur um die unergründlichen Vorräte des Absurden zu bereichern!

Kaum hatte ich diese Worte gesagt, als ich mich plötzlich um mich selbst drehte wie ein trunkenes Pudelhündchen, das sich in den Schwanz beißt; und plötzlich sind zwei Radfahrer nicht einverstanden, die vor mir wie zwei überzeugende und sich widersprechende Ueberlegungen torkeln. Ihr Auf- und Niederwallen beherrscht mein Terrain... Wie langweilig! Puh! Ich bremste kurz und aus Ekel pflanzte ich mich – bums! – Hintern über Kopf in einen Graben...

O, mütterlicher, mit schlammigem Wasser gefüllter Graben! Fabrik[g]raben! Mit vollem Munde kostete ich deinen stärkenden

Schlamm, der mich an die schwarze Brust meiner sudanesischen Amme erinnerte!

Als ich meinen kotigen, übelduftenden Körper erhob, fühlte ich wie das rote Schwert der Freude süss mein Herz durchbohrte.

Eine Menge Grundangler und podagristische Naturforscher hatten sich aus Schreck um das Wunder gesammelt. Mit geduldiger und kleinlicher Seele hoben sie eisernes Wurfgarn, um mein Automobil gleich einem schlammüberzogenen Haifisch zu angeln. Langsam tauchte es hervor und hinterliess seine schwere Karosserie und komfortable Polsterung wie Schuppen im Graben.

Man glaubte ihn tot, meinen guten Hai, aber mit einem einzigen Streicheln über seinen allmächtigen Rücken, weckte ich ihn auf, und schon ist er wieder aufgerichtet und läuft mit ganzer Geschwindigkeit auf seinen Flossen.

Mein Gesicht war mit dem guten Schlamm der Fabriken überzogen, voll Metallruß, voll unnützen Schweißes und himmlischer Schlacke. So diktierten wir, mit verbundenen Armen unter dem Mitleid der weisen Fischer und der Naturforscher unsere ersten Absichten allen auf dieser Erde lebenden Menschen:

Manifest des Futurismus

1 Wir wollen die Liebe zur Gefahr singen, die gewohnheitsmässige Energie und die Tollkühnheit.

2 Die Hauptelemente unserer Poesie werden der Mut, die Kühnheit und die Empörung sein.

3 Wie die Literatur bisher die nachdenkliche Unbeweglichkeit, die Ekstase, dem Schlummer gepriesen hat, so wollen wir die aggressive Bewegung, die fiebrige Schlaflosigkeit, den gymnastischen Schritt, den gefahrvollen Sprung, die Ohrfeige und den Faustschlag preisen.

4 Wir erklären, daß der Glanz der Welt sich um eine neue Schönheit bereichert hat: um die Schönheit der Schnelligkeit. Ein Rennautomobil, dessen Wagenkasten mit großen Rohren bepackt sind, die Schlangen mit explosivem Atem gleichen, ein heulendes Automobil, das auf Kartätschen zu laufen scheint, ist schöner als der »Sieg bei Samothrake« [eigentlich: die Statue der Siegesgöttin von Samothrake; P.D.].

5 Wir wollen den Mann preisen, der am Lenkrad sitzt, dessen gedachte Achse die auf den Umkreis ihrer Planetenbahn geschleuderte Erde durchbohrt.

6 Der Dichter muß sich mit Wärme ausgeben, mit glanzvoller Verschwendung, um den begeisterten Eifer der Uranfänglichen zu vergrößern.

7 Nur im Kampf ist Schönheit. Kein Meisterwerk ohne agressives Moment. Die Dichtung muß ein heftiger Ansturm gegen unbekannte Kräfte sein, um sie aufzufordern sich vor den Menschen zu legen.

8 Wir sind auf dem äußersten Vorgebirge der Jahrhunderte!... Wozu hinter uns blicken, da wir gerade die geheimnisvollen Tore des Unmöglichen brechen? Zeit und Raum sind gestern dahinaufgegangen. Wir leben schon im Absoluten, denn wir haben schon die ewige, allgegenwärtige Schnelligkeit geschaffen.

9 Wir wollen den Krieg preisen, – diese einzige Hygiene der Welt – den Militarismus, den Patriotismus, die zerstörende Geste der Anarchisten, die schönen Gedanken, die töten, und die Verachtung des Weibes.

10 Wir wollen die Museen, die Bibliotheken zerstören, den Moralismus bekämpfen, den Feminismus und alle opportunistischen und Nützlichkeit bezweckenden Feigheiten.

11 Wir werden die arbeitbewegten Mengen, das Vergnügen, die Empörung singen, die vielfarbigen, die vieltönigen Brandungen der Revolutionen in den modernen Hauptstädten; die nächtliche Vibration der Arsenale und Zimmerplätze unter ihren heftigen, elektrischen Monden; die gefräßigen Bahnhöfe voller rauchender Schlangen; die durch ihre Rauchfäden an die Wolken gehängten Fabriken; die gymnastisch hüpfenden Brücken über der Messerschmiede der sonndurchflimmernden Flüsse; die abenteuerlichen Dampfer, die den Horizont wittern; die breitbrüstigen Lokomotiven, die auf den Schienen stampfen wie riesige, mit langen Röhren gezügelte Stahlrosse, und den gleitenden Flug der Aeroplane, deren Schraube knattert wie eine im Winde wehende Flagge und die klatscht wie eine beifallstobende Menge.

In Italien veröffentlichen wir dieses feurige, gewaltige Manifest, durch das wir heute den *Futurismus* schaffen, weil wir Italien von seinem Krebs von Professoren, Archäologen, Ciceronen und Antiquaren befreien wollen.

Italien ist lange genug der große Markt der Trödler gewesen. Wir wollen es von den unzähligen Museen befreien, die es wie unzählige Kirchhöfe bedecken.

Museen, Kirchhöfe!... Wirklich identisch sind sie im finsteren Berühren ihrer Körper, die einander nicht kennen. Oeffentliche Schlafstellen, wo man auf ewig verhaßten und unbekannten Wesen gegenüber schläft. Reziprokes Ungestüm der Maler, die sich mit Linien- und Farbenschlägen gegenseitig in demselben Museum töten.

Man besuche sie jedes Jahr, wie man alljährlich die Gräber seiner Lieben besucht... Einverstanden!... Man lege meinetwegen jährlich der »Gioconda« Blumen zu Füßen, wir verstehen es!... Aber täglich unsere Traurigkeit, unseren zerbrechlichen Mut und unsere Unruhe in die Museen spazieren führen, das lassen wir nicht zu!... Will man sich denn vergiften? Will man verwesen?

Was kann man gut an einem alten Bilde finden, wenn nicht die mühseligen Verrenkungen des Künstlers, der sich bemüht, die undurchdringbaren Tore zu durchdringen, nur weil er wünscht seinen Traum auszudrücken?

Ein altes Bild bewundern heißt unsere Empfindsamkeit auf eine Totenurne verschwenden, statt sie nach vorn zu schleudern mit heftigen Stößen, die schöpfen und tatkräftig sind. Will man denn so seine besten Kräfte durch die Bewunderung des Vergangenen verschwenden, um gänzlich erschöpft, geschwächt zu sein?

In Wirklichkeit ist der tägliche Besuch der Museen, der Bibliotheken, der Akademien (dieser Friedhöfe verlorener Anstrengungen, dieser Golgatha gekreuzigter Träume, dieser Register gebrochenen Schwunges) für den Künstler dasselbe, was verlängerte Vormundschaft für intelligente, an ihrem Talent berauschte Jünglinge ist.

Für Tatkranke, Invaliden und Gefangene, meinetwegen. Es ist vielleicht ein Balsam für ihre Wunden, die bewunderungswürdige Vergangenheit, da ihnen die Zukunft versagt ist... Aber wir wollen so etwas nicht, wir jungen, starken, lebendigen Futuristen!

Laßt sie doch kommen, die guten Brandstifter mit den karbolduftenden Fingern!... Da sind sie! Da sind sie ja!... Steckt doch die Bibliotheken in Brand! Leitet die Kanäle ab, um die Museen zu überschwemmen!... Ha! Laßt sie dahintreiben, die glorreichen Bilder! Nehmt Spitzhacken und Hammer! Untergrabt die Grundmauern der hochehrwürdigen Städte!

Die Aeltesten von uns sind dreißig Jahre alt; wir können also wenigstens zehn Jahre unsere Pflicht tun. Sind wir vierzig Jahre, so mögen Jüngere und Tapfere uns in den Papierkorb werfen wie unnütze Manuskripte! Von weither werden sie uns entgegenkommen, tanzend nach dem leichten Rhythmus ihrer ersten Gedichte. Mit ihren hakenförmigen Fingern werden sie in die Luft kritzeln und vor den Türen der Akademien den guten Geruch unserer verwesenden Geister einatmen, die schon den Katakomben der Bibliotheken versprochen sind.

Aber wir werden nicht da sein. Sie werden uns in einer Winternacht mitten auf dem Lande vor einem düsteren Hangar finden bei unseren bebenden Aeroplanen; und wir werden uns gerade die Hände über dem Feuer unserer Bücher von heute die Hände wärmen und hoch wird die Flamme aus ihnen unter dem Fluge ihrer Bilder herausschlagen.

Sie werden uns umringen, keuchend vor Angst und Aerger, und verzweifelt durch unseren stolzen unermüdlichen Mut; sie werden sich auf uns stürzen mit ebenso viel Haß, wie ihr Herz trunken von Liebe und Bewunderung für uns sein wird. Und die starke, heilige Ungerechtigkeit wird hell aus ihren Augen strahlen. Denn Kunst kann nur Gewalt, Grausamkeit sein.

Die Aeltesten von uns sind dreißig Jahre alt, und doch haben wir schon Schätze vergeudet. Schätze der Kraft, Liebe, Mut und strengem Willen, eilig, im Delirium, ohne zu rechnen, im Handumdrehen, zum Atemverlieren.

Blickt uns an! Wir sind nicht außer Atem... Unser Herz ist nicht im mindesten erschöpft! Denn Feuer, Haß, Schnelligkeit ernähren es!... Das setzt euch in Erstaunen? Ja, weil ihr euch nicht einmal erinnert gelebt zu haben. Auf dem Gipfel der Welt stehend schleudern wir noch einmal unsere Herausforderung den Sternen zu!

Eure Einwürfe? Genug, genug! Versteht sich! Wir wissen sehr gut, was unsere schöne falsche Intelligenz uns bestätigt. – Wir sind nur, sagt sie, der Inbegriff und die Verlängerung unserer Ahnen. – Vielleicht! Meinetwegen!... Was tuts?... ...Aber wir wollen nicht begreifen. Wiederholt ja nicht diese infamen Worte! Kopf hoch! Das ist besser!

Auf dem Gipfel der Welt stehend schleudern wir noch einmal unsere Herausforderung den Sternen zu!

A.2. *Valentine de Saint-Point*
Manifest der futuristischen Frau

»Wir wollen den Krieg preisen, diese einzige Hygiene der Welt – den Militarismus, den Patriotismus, die zerstörende Geste der Anarchisten, die schönen Gedanken, die töten, und die Verachtung des Weibes.«

Erstes Manifest des Futurismus
von *F. T. Marinetti*

Die Menschheit ist mittelmäßig. Die meisten Frauen sind den meisten Männern weder überlegen noch unterlegen. Beide sind gleich. Beide verdienen dieselbe Verachtung.

Die gesamte Menschheit war stets das Kulturgebiet, aus dem die Genien und Helden beider Geschlechter hervorgegangen sind. Aber es gibt in der Menschheit, wie in der Natur, für die Blüte günstige Augenblicke. In den Sommern der Menschheit, wenn die Sonne das Gelände verbrennt, sind Genien und Helden im Ueberfluß vorhanden.

Wir sind am Anfang eines Frühlings; es fehlt eine Ueberfülle an Sonne, es fehlt an geflossenem Blut.

Weder Frauen noch Männer sind schuld an diesem Versinken im Treibsande, unter dem alle wirklich jungen, an Schwung und Blut reichen Wesen leiden.

Es ist absurd, die Menschheit in Frauen und Männer einzuteilen. Sie besteht nur aus *Weibheit* und *Mannheit*. Jeder Uebermensch, jeder Held, sei er noch so episch, jedes Genie, sei es noch so mächtig, ist nur der verschwenderische Ausdruck einer Rasse und einer Epoche, weil es eben aus weiblichen und männlichen Elementen besteht, aus Weibheit und Mannheit: weil es ein vollkommenes Wesen ist.

Ein nur-männliches Individuum ist ein Vieh; ein nur weibliches Individuum das Weibchen.

Mit der Gesamtheit, mit den Augenblicken der Menschheit steht es genau wie mit den Individuen. Die fruchtbaren Perioden, in denen aus dem keimenden Kulturgebiet die meisten Helden und Genien erstehen, sind an Mannheit und Weibheit reiche Zeiten.

Die Zeiten, die nur heldenlose Kriege hatten, weil der epische Hauch alle gleich machte, waren ausschließlich Epochen der Männer; die Zeiten, die den heroischen Instinkt verleugneten und die, der Vergangenheit zugewandt, sich in Friedensträumen verzehrten, waren Epochen der Frauen.

Wir leben am Ende einer dieser Zeitläufte. *Was den Frauen ebenso wie den Männern am meisten fehlt, ist Mannheit.*

Deshalb hat der Futurismus trotz seinen Uebertreibungen doch recht.

Um unseren in der Weibheit erstarrten Rassen Mannheit wiederzugeben, muß man sie bis zur Brutalität heraufreißen. Aber allen beiden, Männern und Frauen, muß man ein neues Energiedogma auferlegen, um *endlich* zu einer höheren Menschheit zu gelangen.

Jede Frau muß weibliche und männliche Eigenschaften besitzen, sonst ist sie eben das Weibchen. Der Mann, der nur Kraft ohne Intuition besitzt, ist Vieh. Aber in der Zeit des Weibischen, in der wir leben, ist nur die gegenteilige Uebertreibung heilsam: Die Bestie soll man als Beispiel wählen.

Genug der Frauen, deren »blumenrankigen, um ihre Knie am Morgen des Abschieds geschlungenen Arme« die Soldaten fürchten müssen; genug der Frauen, die als Krankenwärterinnen die Schwächen und Alter ewig machen, die die Männer knechten zu ihrem persönlichen Vergnügen oder materiellen Nutzen!... Genug der Frauen, die Kinder gebären nur für sich, sie hüten vor jeder Gefahr, vor jedem Abenteuer, also vor jeder Freude; die ihre Tochter der Liebe, ihren Sohn dem Kriege streitig machen!... Genug der Frauen, die als Buhlerinnen am Herde verführerisch das Blut der Männer und Kinder aussaugen; genug der tierisch verliebten Frauen, die begehrend sich ausgeben, um neue Kräfte zu empfangen.

Die Frauen: die Erinnyen, die Amazonen; die Semiramis, die Jeanne d'Arc, die Jeanne Hachette; die Judith und die Charlotte

Corday; die Kleopatra und die Messalina: die Kriegerinnen, die wilder kämpfen als die Männer, die Geliebten, die anstacheln, die Zerstörerinnen, die die schwächsten zermalmen und die Zuchtwahl durch den Stolz oder die Verzweiflung unterstützen, »die Verzweiflung, durch die das Herz seine ganze Kraft hergibt«.

Mögen die nächsten Kriege Heldinnen auferstehen lassen wie Katharina Sforza. Sie sah bei der Belagerung ihrer Vaterstadt von den Wällen, wie der Feind ihren Sohn bedrohte, um sie dadurch zur Uebergabe zu zwingen. Aber sie offenbarte ihr Geschlecht heldenmütig und rief: »Tötet ihn, ich bin fruchtbar genug, um andere zu gebären!«

Ja, »die Welt verwest vor lauter Weisheit«, aber es liegt in ihrem Instinkt, daß die Frau nicht weise, nicht friedliebend, nicht gut ist. Weil es ihr an Maß gebricht, wird sie in einer schläfrigen Epoche der Menschheit sicher zu weise, zu friedliebend, zu gut. Ihre Intuition, ihr Vorstellungsvermögen sind zugleich ihre Stärke und ihre Schwäche.

Sie ist die Individualität der Masse: sie begleitet den Festzug der Helden. Fehlen sie, rühmt sie die Dummen.

Nach dem Apostel, dem Erreger des Geistes, läßt die Frau, die Erregerin des Fleisches, Blut fließen oder sie hemmt es; sie ist Kriegerin oder Pflegerin. Dieselbe Frau legt sich in derselben Epoche je nach dem Ereignis des Tages auf die Schienen, hindert den Soldaten ins Feld zu ziehen oder wirft sich dem siegreichen Sportchampion an den Hals.

Deswegen darf ihr keine Wandlung fremd sein. Deswegen muß man sich an *sie* wenden, statt sie zu verachten. Es ist die fruchtbarste Eroberung, die man machen kann, die begeisterndste, die die Anhänger vervielfacht.

Aber kein Feminismus. Der Feminismus ist ein politischer Irrtum. Der Feminismus ist ein Gehirnfehler der Frau, den ihr Instinkt bald erkennen wird.

Man darf der Frau keines der von den Feministen geforderten Rechte geben. Sie ihr geben hieße nicht die von den Futuristen ersehnte Wandlung, im Gegenteil, einen Ueberfluß an Ordnung herbeiführen.

Der Frau Pflichten auferlegen heißt, sie ihrer ganzen fruchtbaren Macht berauben. Die Ueberlegungen und Erörterungen der Feministen werden ihr uranfängliches Verhängnis nicht zerstören:

sie können es nur fälschen und es zwingen, sich auf Umwegen zu offenbaren, die zu noch schlimmeren Irrtümern führen.

Seit Jahrhunderten stößt man den Instinkt der Frau mit Füßen, man schätzt nur ihre Reize und ihre Zärtlichkeit. Der blutarme Mann, der mit seinem Blute geizt, will sie nur als Krankenpflegerin; mehr fordert er nicht. Sie hat sich bändigen lassen. Aber schrei ihr ein neues Wort zu, stoß einen Kriegsschrei aus, und freudig wird sie wieder ihrem Instinkt folgen und zu ungeahnten Eroberungen voranschreiten.

Braucht ihr Waffen, sie werden sie schärfen.

Und wieder wird sie die Zuchtwahl unterstützen. Wenn sie auch schwer das Genie erkennt, weil sie sich immer nur an den vorübergehenden Ruf hält, hat sie doch immer den stärksten, den Sieger, belohnt. Sie kann sich der großen Ueberlegenheit nicht entziehen.

Möge die Frau ihre Grausamkeit, ihre Heftigkeit wiederfinden, die sie auf den Besiegten losstürzen läßt, weil er eben besiegt ist, die sie so weit treibt, ihn zu verstümmeln. Man höre auf, ihr geistige Gerechtigkeit zu predigen, die zu erlangen sie sich vergeblich bemüht. Frauen, werdet erhaben, ungerecht wie die Natur.

Aller Kontrolle entledigt, mit wiedergefundenem Instinkt, werdet ihr euren Platz unter den Elementen wieder einnehmen und das Geschick dem bewußten Willen der Männer entgegenstellen. Seid die egoistische, wilde Mutter, die eifersüchtig ihre Kinder hütet, indem sie über sie alle Rechte und Pflichten ausübt, solange die Kinder körperlich ihres Schutzes bedürfen.

Möge der Mann, von der Familie befreit, ein Leben voll Kühnheit und Eroberung führen, wenn er die physischen Kräfte besitzt, als Sohn oder Vater. Der Mann, der sät, hält nicht bei der ersten Furche, die er düngt.

In meinen »Poèmes d'orgueil« und in »La soif et les mirages« habe ich den Sentimentalismus verleugnet als eine verächtliche Schwäche, der die Kraft vermindert und tötet.

Die Wollust ist eine Kraft, weil sie die Schwachen zermalmt, die Starken zur Hingabe von Kräften, also zu ihrer Erneuerung erregt. Jedes heroische Volk ist sinnlich. Die Frau ist der verlockendste Preis.

Die Frau muß Mutter oder Geliebte sein. Wahre Mütter sind immer mäßige Geliebte, und Geliebte mäßige Mütter. Im Leben ergänzen sich beide. Die gebärende Mutter bringt mit der Vergangenheit die Zukunft, die Geliebte verkündet die Sehnsucht nach der Zukunft.

Schluß: die Frau, die durch ihre Tränen und durch ihre Sentimentalität den Mann zu ihren Füßen zurückhält, ist verächtlicher als das Mädchen, das aus Prahlerei ihren Liebhaber dazu treibt, mit dem Revolver in der Hand seine prahlerische Herrschaft über die Niederungen der Stadt zu behaupten; sie zeigt wenigstens eine einer besseren Sache würdigen Energie.

Frauen, ihr waret zu lange in Moral und Vorurteilen irrgläubig; kehrt zu eurem erhabenen Instinkt zurück, zur Wildheit, zur Grausamkeit.

Während die Männer sich bekriegen und kämpfen, schafft ihr Kinder als blutigen Tribut für den Krieg und den Heroismus, denkt an die Forderung des Schicksals. Laßt sie wachsen nicht für euch, für euer Vergnügen, sondern in schrankenloser Freiheit zur Blüte.

Statt die Männer unter das Joch der erbärmlichen sentimentalen Bedürfnisse zu bringen, treibt eure Söhne, eure Männer, sich selbst zu übertreffen.

Ihr schafft sie. Ihr könnt alles über sie. Ihr schuldet der Menschheit Helden. Gebt sie ihr!

A.3. *Filippo Tommaso Marinetti*

Tod dem Mondschein!

Zweites Manifest des Futurismus

I

Futuristen!

– Hört, große flammenschleudernde Dichter, Brüder!... Hört! Paolo Buzzi, Federico De Maria, Enrico Cavacchioli, Corrado Govoni, Libero Altomare! Verlassen wir Paralysia, zerstören wir Podagra! Wir wollen den großen futuristischen Schienenweg auf den Gaurisankar, den Gipfel der Welt legen!

Wir verließen die Stadt mit einem geschmeidigen, sicheren Schritt, der tanzen wollte und Hindernisse suchte. Um uns und in unseren Herzen die gewaltige Trunkenheit der alten europäischen Sonne, die zwischen weinfarbenen Wolken einhertorkelte. Ja, sie schlug uns mit ihrer purpurtropfenden Fackel mitten ins Gesicht, dann zerplatzte sie, indem sie sich selbst ins Unendliche ausspie.

Wirbel feindlichen Staubes; blindmachende Verschmelzung von Schwefel, Kali und Salzen für die Kirchenfenster des Idealen!... Guß eines neuen Sonnenglobus!... Bald werden wir ihn sehen!

– Feiglinge! Feiglinge... rief ich aus und wandte mich an die Bewohner von Paralysia, die sich unten in Massen stauten; einer Masse von irisierenden Kugeln für unsere Zukunftskanonen...

»Feiglinge! Feiglinge!... Was schreit ihr denn wie bei lebendigem Leibe geschundene Iltisse?... Fürchtet ihr, daß wir eure Hütten einäschern?... Noch nicht! Wir müssen uns doch wohl im nächsten Winter Heizmaterial besorgen! Inzwischen sprengen wir alle Traditionen in die Luft wie wurmstichige Brücken!... Krieg? Gewiß!... Unsere einzige Hoffnung, unsere Existenzberechtigung und unser Wille... Ja, der Krieg! Gegen euch, die ihr zu langsam sterbt, und gegen alle Tote, die unseren Weg versperren!...

»Gewiß, unsere Nerven fordern den Krieg und verachten die Frauen! Sicherlich, denn wir fürchten ihre blumenrankigen, um die Knie am Morgen des Abschieds geschlungenen Arme! Was gehen uns die Frauen an, die häuslichen, die Invaliden, die Kranken und alle klugen Ratgeber? Ihrem unbeständigen, von düsteren Kämpfen zitterndem Schlummer und schreckniszerschnittenen Leben ziehen wir den gewaltsamen Tod vor; wir verherrlichen ihn als den einzigen, der des Menschen würdig ist, des Raubtieres würdig ist. Wir wollen, daß unsere Kinder fröhlich ihrer Laune folgen, brutal den Greisen sich entgegensetzen und auf das pfeifen, was die Zeit geheiligt hat. Das empört euch?... Ihr pfeift mich aus?... Lauter!... Ich habe die Beleidigung nicht verstanden!... Stärker!... Was? Ehrgeizig?... Natürlich!... Wir sind ehrgeizig, denn wir wollen uns nicht an eurem stinkenden Fell reiben, schlammfarbene, übelriechende Herde, die auf den alten Wegen der Erde einhertrottet!... Aber »ehrgeizig« trifft die Sache nicht auf den Kopf... Wir sind eher junge, trunkene Artilleristen... Und wohl oder übel müßt ihr eure Trommelfelle an den Lärm unserer Kanonen gewöhnen!...

»Aber das ist es auch noch nicht! Sucht doch selbst! Was sagt ihr? Verrückte?... Hurrah! Bravo! das ist das Wort!... Das Wort, auf das ich wartete... Oh, oh, der Fund der Funde! Nehmt dieses Wort aus massivem Gold, sorgfältig und in feierlicher Prozession, tragt es nach Hause, um es in dem eifersüchtigsten eurer Keller einzuschließen! Mit diesen Worten zwischen den Fingern und auf den Lippen werdet ihr noch zwanzig Jahrhunderte leben können. Ich, ich sage: die Welt verwest vor lauter Weisheit!...

»Deswegen lehren wir heute den methodischen, den täglichen Heroismus; die Liebe zur Verzweiflung, die das Herz mit aller Kraft zu arbeiten anhält; die Gewöhnung an die Begeisterung; die Hingabe an den Rausch...

»Wir lehren das Untertauchen in den düsteren Tod unter den festen, weißen Augen des Idealen! Und wir werden mit gutem Beispiel vorangehen, indem wir uns dem rasenden Schlachtenschneider hingeben, der uns eine scharlachrote Uniform anmessen und dann unsere von Projektilen gebürsteten Haare mit Flammen salben wird. Wie die Hitze eines Sommerabends die Felder mit einem glitzernden Meer von Johanniswürmchen salbt.

»Jeden Tag müssen die Menschen ihre Nerven mit tollkühnem Stolze elektrisieren!... Die Menschen müssen in einem einzigen Coup um ihr Leben spielen, ohne auf die betrügerischen Croupiers und ohne auf die Balance des Roulette zu achten, indem sie sich auf dem grünen Tuch des Krieges wälzen, von der wiegenden Lampe der Sonne ausgebrütet... Die Seele muß – hört ihr – muß den Körper in Flammen setzen, wie ein Brandschiff, das gegen den Feind gesandt ist, gegen den ewigen Feind, den man erfinden müßte, wenn er noch nicht existierte!...

»Betrachtet dort in der Ferne die Getreideähren, die in Millionen in Schlachtordnung aufgestellt sind! Diese Aehren, geschmeidige Soldaten mit zarten Bajonetten, verherrlichen die Macht des Brotes, das sich in Blut verwandelt, um sprudelnd dem Horizont entgegenzueilen. Das Blut – merkt es wohl – hat nur Wert und Glanz, wenn es aus dem Gefängnis der Arterien durch das Feuer oder das Schwert befreit worden ist!... Allen *bewaffneten* Soldaten der Erde werden wir zeigen, wie man sein Blut vergießen muß; aber vorher muß die große Kaserne, in der ihr haust, gereinigt werden, ihr Insekten... Bald wird es getan sein!... Inzwischen könnt ihr Wanzen die alten, schmutzigen Betten aufsuchen, in denen wir nicht mehr schlafen wollen.«

Als ich ihnen den Rücken wandte, fühlte ich an meinen schmerzenden Schultern, daß ich in dem riesigen schwarzen Netze meines Wortes zu lange dieses gebundene, kranke Volk mitgeschleppt hatte, dieses wurmstichige Volk, das in der letzten Lichtwelle, die der Abend an den Klippen meiner Stirn vorübertrieb, wie ein Fisch zappelte.

II

Die Stadt Paralysia, mit dem Geschrei ihrer Hühnerhöfe, mit dem machtlosen Stolz gebrochener Säulen, mit ihren angeschwollenen Kuppeln, die eine ärmliche Statue gebaren, ihren launenhaften Zigarettenwolken über kinderspielzeughaften Mauern, die beim geringsten Stoß umzufallen drohten: die Stadt verschwand hinter uns, tanzend, wie unser schneller Gang es gerade wollte...

Vor mir, in der Entfernung von einigen Kilometern, erschien plötzlich der Palast der göttlichen Irren. Er lag auf der Kuppe eines zierlichen Hügels, der wie ein junges Huhn einherstolzierte.

– Brüder, – sagte ich – ruhen wir uns das letztemal aus, bevor wir zum Bau des großen futuristischen Schienenweges aufbrechen!

Wir lagerten uns in dem unermeßlichen Narrenhaus der Milchstraße, im Schatten des Palastes der Lebenden. Sofort hörte der Lärm der großen Hämmer, Raum und Zeit, auf. Aber Paolo Buzzi konnte nicht schlafen, denn sein gekrümmter Körper zuckte unter den Stichen der giftigen Sterne, die uns von allen Seiten überfielen.

– Bruder – murmelte er – verjage diese Bienen, die auf der purpurnen Rose meines Willens summen.

Dann schlief er wieder ein in dem visionären Schatten des phantasiebeladenen Palastes, aus dem der eintönige, wiegende, breite Gesang der ewigen Freude emporstieg.

Enrico Cavacchioli schlief und träumte mit lauter Stimme:

– Ich fühle meinen zwanzigjährigen Körper, der sich verjüngt! Mit immer gebrechlicheren Schritten schreite ich meiner Wiege entgegen... Bald werde ich wieder in den Leib meiner Mutter zurückkehren!... Alles ist also erlaubt!... Ich will zierliche Vasen, um sie zu zerbrechen!... Städte, um sie zu zermalmen, menschliche Ameisenhaufen, um darin zu wühlen!... Ich will die Winde zähmen und sie an der Leine halten... Ich will eine Meute von Winden mit geschmeidigen, fließenden Windhundrücken, um die welken, bärtigen Wolken zu jagen!

Das Atmen meiner Brüder klang wie der Schlummer, wie das ewige Anlaufen eines gewaltigen Meeres auf den Strand. Aber der unversiegbare und sprudelnde Enthusiasmus der Morgenröte hielt sich nicht mehr in den Bergen, so sehr hatte die Nacht mit allen Düften und heroischem Schwung aufgeräumt.

Paolo Buzzi, emporgehoben von dieser Flut von Delirium, wand sich wie unter dem Schrecken eines Albdrucks.

– Hört ihr das Schluchzen der Erde? Sie liegt im Sterben, im Schauder des Lichts!... Zuviel Sonnen haben sich über ihr fahles Lager gebeugt! Laßt sie schlafen, jetzt, immer!... Gebt mir Wolken, damit ich ihre Haare und ihren weinenden Mund verbergen kann!...

Bei diesen Worten streckte uns die Sonne vom Ende des Horizontes ihr feuriges, rotzitterndes Lenkrad entgegen.

– Auf, Paolo! – schrie ich da. Nimm dieses Rad!... Ich weihe dich zum Chauffeur der Welt!... Aber, wir werden der großen Arbeit des futuristischen Schienenweges nicht gewachsen sein!... Noch ist unser Herz voll unreinen Gerümpels: Pfauenschwänzen, pompösen Wetterhähnen und schön parfümierten Taschentüchern!... Und wir haben aus unserem Hirn noch nicht die düsteren Weisheitsameisen verjagt... Wir brauchen Verrückte!... Auf! Befreien wir sie!...

Wir näherten uns den von Sonnenfreude strahlenden Mauern, indem wir ein düsteres Tal durchwanderten. Dreißig Metallkräne hoben kreischend kleine Wagen voller dampfender Wäsche empor: dummes Waschhaus dieser von aller Logik reingewaschenen Reinen!

Zwei Irrenärzte erschienen kategorisch auf der Schwelle; aber da ich nur eine Automobillampe in der Hand hatte, so zerschmetterte ich ihnen den Schädel mit deren Griff aus blankgeputztem Kupfer.

Aus den weitgeöffneten Toren strömten die Verrückten, Männer und Frauen, zerlumpt und halbnackt, zu Tausenden, wie ein Gießbach... wie etwas, womit man das runzelige Gesicht der Erde jünger machen und schminken kann.

Die einen wollten sogleich die funkelnden Glocken schwingen wie Spazierstöcke aus Elfenbein; andere spielten Reifen mit Kupferkuppeln! Die Frauen kämmten ihre langen Wolkenhaare mit Spitzen der Sterne.

– O Verrückte, meine geliebten Brüder, folgt mir! Wir werden den Schienenweg auf die Gipfel aller Berge legen, bis ans Meer!... Wieviel seid ihr?... Dreitausend!... Zu wenig!... Uebrigens wird die Langeweile und die Eintönigkeit bald euren schönen Schwung erschöpfen!... Schnell! Laßt uns die Raubtiere in den Menagerien um Rat fragen, die vor den Toren der Hauptstadt lagern!... Sie sind die einzig lebenden, die einzig entwurzelten und die, die am wenigsten vegetieren!... Auf!... Nach Podraga!... nach Podraga!...

Und man zog los: Sprudeln einer gewaltigen Schleuse...

Die Armee des Wahnsinns stürzte von Ebene zu Ebene, strömte in die Täler, stieg wieder zu den Gipfeln mit schicksalsbestimmtem Schwunge, leicht, wie eine Flüssigkeit in riesigen kommunizierenden Gefäßen und bombardierte mit Schreien, Stirnen, Fäusten die Mauern Podragas, das wie eine Glocke tönte.

Die Wärter, die betrunken waren, wurden getötet oder zu Boden getreten; die tosende Flut überschwemmte den riesigen kotbedeckten Gang der Menagerie, deren vergitterte Boxen voll tanzender Felle waren und in dem Geruch des Urins wilder Tiere schwammen und leichter hin- und herschwankten als die Kanarienvögelkäfige in den Armen der Verrückten.

Sogleich machte das Regiment der Löwen die Stadt jünger. Die empörten Mähnen, die umfangreiche Anstrengung der hebelförmigen Kruppen ließen die Fassaden skulpturenbedeckt erscheinen! Ihre reißende Kraft, die das Pflaster aushöhlte, verwandelte die Straßen in Tunnels mit gesprengten Decken... Die ganze schwächliche Vegetation der Einwohner Podragas wurde in den Ofen geschoben. Die Häuser voller solcher heulenden Zweige zitterten unter dem Platzregen des Schreckens, der auf die Dächer prasselte.

Mit plötzlichen Bewegungen und clownhaften Verrenkungen bestiegen die Verrückten rittlings die schönen gleichgültigen Kuppen der Löwen, die sie nicht fühlten... Und die bizarren Reiter ergötzten sich an den friedlichen Schlägen mit dem Schweife, die sie mehr als einmal aus dem Sattel warfen... Plötzlich hielten die wilden Tiere, die Verrückten schwiegen vor den Mauern, die sich nicht mehr rührten...

– Die Alten sind tot! Die Jungen sind geflohen!... Um so besser!... Schnell!... Man raube die Statuen und Blitzableiter!... Leert die Goldkästen!... Goldbarren und Münzen!... Wir werden alle Edelmetalle wieder zusammenschmelzen, um den großen futuristischen Schienenweg legen zu können!...

Man ging hinaus, die Verrückten gestikulierten, die Löwen, Tiger, Panther, auf denen die Verrückten ohne Sattel ritten, warfen ihre Reiter hin und wieder ab, die von der Trunkenheit zerlumpt, erstarrt, zerzaust und zerrissen sind. Podraga glich nur noch einem riesigen Faß, das voll reichen Weines war, der sich kräuselte, indem er zu den Toren hinfloß, zu den Toren mit den sonoren Zugbrücken, zitternden Trichtern.

Wir durchquerten die Ruinen Europas und betraten Asien, indem wir die terrorisierten Horden Podragas und Paralysias verstreuten, wie eilige Sämänner ihre Samenkörner mit kreisender Gebärde verstreuen.

III

Es war tiefe Nacht auf dem persischen Plateau, dem erhabenen Altar der Welt, dessen riesige Terrassen volkreiche Städte tragen. In unendlich langer Reihe, längs des Schienenweges, beugten wir uns keuchend über die Antimon- und Manganschmelztiegel, deren leuchtende Explosion von Zeit zu Zeit die Nackten erschreckte. Wir blieben im Kreis, bewacht von der majestätischen Runde der Löwen, die mit starr nach hinten gerichtetem Schweif und mit fegenden Mähnen den tiefen, schwarzen Himmel mit ihrem hellen Gebrüll durchbohrten.

Aber langsam durchdrang das laue, glänzende Lächeln des Mondes die zerplatzten Wolken... Und als er schließlich wie von grauem Akaziensafte übergossen schien, da fühlten die Verrückten, wie ihr Herz sich aus ihrer Brust löste und zur Oberfläche der flüssigen Nacht emporstieg...

Plötzlich zerriß ein lauter Schrei die Luft; man schrie durcheinander; man lief zusammen... Ein junger Verrückter mit den Augen einer Jungfrau war wie vom Blitz erschlagen auf den Schienenweg gefallen.

Schnell hob man seinen Leichnam auf. Er hielt zwischen seinen Händen eine weiße, sehnsüchtige Blume, deren Griffel wie die Zunge einer Frau zitterte. Einige wollten sie berühren, doch dies war unheilvoll, denn sogleich mit der Leichtigkeit einer Morgenröte, die über dem Meere aufgeht, löste sich – welch Wunder – von der welligen Erde schluchzendes Grün.

Aus der bläulichen Brandung der Wiesen tauchten wie Dampf

die Haare unzähliger Schwimmerinnen auf, die seufzend den Kelch ihres Mundes und ihrer feuchten Augen öffneten. In dem Meer von Duft sahen wir dann einen Fabelwald um uns herum wachsen, dessen gewölbte Blattdächer von dem schmeichelnden Vorüberstreichen eines nur zu langsamen Windes erschöpft zu sein schienen. Und über allem bittere Zärtlichkeit... Die Nachtigallen tranken den duftenden Schatten mit lautem Freudengluckgluck; ein andermal wollten sie vor Lachen ersticken, indem sie Versteck spielten wie mutwillige, schalkhafte Kinder... Süßer Schlummer erfaßte das Heer der Verrückten, die vor Entsetzen zu schreien begannen.

Sofort stürzten die Raubtiere zu ihrer Verteidigung herbei: dreimal, zu springenden Knäueln zusammengepfercht, mit klammernden Ansprüngen explodierender Wut griffen die Tiger die unsichtbaren Phantome an, von denen die Tiefe dieses Zauberwaldes erbebte... Endlich war die Bresche geschlagen, gewaltige Konvulsion getöteten Blattwerks, das durch sein Stöhnen die fernen, schwatzhaften Echos aus den Nischen der Berge weckte. Aber als wir uns Seite an Seite bemühten, unsere Beine und Arme von den letzten, uns liebevoll umklammernden Lianen zu befreien, fühlten wir die sinnliche Luna mit den schönen, warmen Schenkeln, die sich schmachtend unseren von Müdigkeit gebrochenen Rückgraten hingab. Jemand schrie in die luftige Einsamkeit der Berge:

»Tod dem Mon[d]schein!«

Die einen rannten zu den nächsten Kaskaden; riesige Räder wurden montiert, und Turbinen verwandelten die Schnelligkeit der Wasser in magnetische Spannung, die an Drähten über Stangen in die leuchtenden, summenden Globen kletterte.

So ließen dreihundert elektrische Monde durch ihre glänzenden, kreidefarbigen Strahlen die alte, grüne Liebeskönigin verblassen.

Und der militärische Schienenweg wurde gelegt, ein närrischer Schienenweg, der den Kamm der höchsten Gebirge entlangführte, wohin sich sogleich unsere wuchtigen, von unseren grellen Schreien widertönenden Lokomotiven von Gipfel zu Gipfel warfen; sie sausten in die Abgründe, kletterten überall wieder hinauf, auf der Suche nach lüsternen Abgründen, nach unmöglichen Kurven und Zickzacks...

Weit im Umkreis bezeichnete unser grenzenloser Haß den

flüchtlingbedeckten Horizont... Es waren die Horden von Paralysia und Podagra, die wir nach Hindostan zurückwarfen.

IV

O leidenschaftliche Verfolgung!... Wir überschreiten den Ganges!... Endlich, endlich jagte der ungestüme Atem unserer Brust die abschüssigen, feindseligen Wolken vor uns her, und wir sahen am Horizont die grünlichen, hüpfenden Wogen des Indischen Ozeans, der mit Goldstrahlen tändelt. Tief im Golf von Oman und von Bengalen bereitete er heimlich die Invasion des Festlandes vor.

Sogleich streckte die unendliche Masse der von den Verrückten gerittenen Raubtiere unzählige Köpfe über die Wogen, unter dem Wirbel der Mähnen, die den Ozean zu Hilfe riefen. Und der Ozean antwortete auf diesen Aufruf: er wölbte seinen Riesenrücken und erschütterte die Vorgebirge, bevor er Anlauf nahm. Lange versuchte er seine Kraft, indem er seine Hüften wellte und seinen Bauch in rhythmischem Klippklapp krümmte zwischen seinen weiten, elastischen Grundfesten.

Dann, mit einem gewaltigen Schlage seiner Hüften erhob der Ozean seinen massigen Körper und stieg weit über das bisherige Ufer... Da begann die furchtbare Invasion.

Umhüllt von den stampfenden Wogen, die großen Globen aus weißem Schaum glichen und die die Kuppen der Löwen bespritzten, schritten wir daher... Die hinter uns im Halbkreise aufgestellten Löwen verlängerten das Krachen, den zischenden Geifer und das Heulen des Wassers. Manchmal betrachteten wir vom Gipfel der Hügel, wie der Ozean sein riesiges Profil aufblies wie ein unermessen großer Walfisch, der sich vorwärts stößt auf Millionen von Flossen. So führten wir ihn bis an die Kette des Himalaya und stießen die wimmelnden Horden Paralysias und Podagras zurück, indem wir uns bemühten, sie gegen die Seiten des Gaurisankar zu drängen.

»Schnell, schnell, Brüder... Sollen die Tiere uns überholen?... Wir müssen in der ersten Reihe bleiben trotz unserer Schritte, die die Säfte der Erde aussaugen!... Pfui über unsere besudelten Hände und über unsere wurzelgehemmten Füße!... O wir armen, unstet umherschweifenden Bäume!... Wir brauchen Flügel! Bauen wir also Aeroplane!«

»Blau sollen sie sein!« schrieen die Verrückten. »Damit wir uns besser vor dem Feinde verbergen und uns besser dem Azur des Himmels mischen können, wenn der Wind über die Gipfel fegt!«

Die Verrückten raubten in den Pagoden alte türkisblaue, Buddha geweihte Mäntel, um ihre Flugapparate zu bauen.

Wir schnitten unsere futuristischen Aeroplane aus der ockerfarbenen Leinwand großer Segel. Die einen haben Flügelverwindung und erheben sich, durch ihren Motor, wie ein blutiger Kondor das von ihm geraubte Lamm trägt. Mein Apparat ist ein vielzelliger Dreidecker mit Schwanzsteuerung, 100 HP., acht Zylinder, 80 kg... Zwischen meinen Füßen befindet sich eine ganz kleine Mitrailleuse, die ich durch einen Druck auf einen Stahlknopf abfeuern kann...

Und man fliegt los, berauscht von geschickter Steuerung, von dem schnellen, leichten, knatternden Flug im Rhythmus eines Trinklieds.

Hurra! Endlich verdienen wir, die große Armee der Verrückten und entfesselten Raubtiere zu befehligen! Hurra! Wir beherrschen unsere Nachhut: den Ozean und seine Hülle schäumender Kavallerie!... Vorwärts, Verrückte, Löwen, Tiger und Panther! Unsere Aeroplane werden eure Standarten sein!... Unsere Aeroplane werden eure leidenschaftlichen Geliebten sein!... Sie schwimmen mit offenen Armen auf der Brandung des Blattwerkes. Nachlässig recken sie sich auf der Schaukel der Winde! Seht, dort oben rechts, diese blauen Schiffchen... Das sind die Verrückten, die ihre Aeroplane in der Hängematte des Südwindes schaukeln!... Ich, ich sitze wie ein Weber vor dem Webstuhl und webe den seidigen Azur des Himmels!... Gefallen euch diese frischen Täler, diese mürrischen Berge, über deren Gipfel wir fegen?... Gefallen euch diese Herden rosiger Schafe, die sich an die Abhänge der Hügel klammern und sich dem Abend hingeben?... Einst liebtest du sie, meine Seele!... Nein! Nein! Genug! Niemals mehr wirst du so geschmacklos sein! Das Schilfrohr, aus dem wir einst Flöten schnitzten, bildet jetzt das Gerippe meines Aeroplans!... Sehnsüchtiges Heimweh! Rausch des Triumphs!...

Bald werden wir die Bewohner Podagras und Paralysias erreicht haben, denn wir halten unseren Kurs trotz allen Gegenwindes... Was zeigt das Anemometer?... Dieser Wind hat eine Geschwindigkeit von hundert Kilometern in der Stunde! Um so besser!...

Ich steige auf zweitausend Meter, um das Plateau zu überfliegen... Da, da sind die Horden... Dort, dort vor uns und schon unter uns! Seht, gerade unter uns, wie zwischen dem Grün der Wiesen und Wälder dieser menschliche Gießbach dahinbraust!... Dieser Lärm? Das Krachen der Bäume! Ah, ah! Alle sind sie gegen die Wand des Gaurisankars gedrängt!... Und wir werden ihnen eine Schlacht liefern!... Hört ihr unsere Motore, wie sie vor Freude klatschen?... He, großer Indischer Ozean, heran!

Feierlich folgt er uns, stürzte die Wälle der ehrwürdigen Städte, warf die berühmten Türme um, die in ihrer klingenden Rüstung alten Rittern glichen, und die jetzt von dem marmornen Sattelbogen der Tempel heruntergerissen wurden.

Endlich, endlich seid ihr vor uns, ameisenwimmelnde Horden Podagras und Paralysias, die ihr die schönen Abhänge der Berge wie ein schrecklicher Aussatz bedeckt! Flügelschlagend fliegen wir euch entgegen, rechts und links die Löwen, unsere Brüder, und hinter uns die drohende Freundschaft des Ozeans, der uns Schritt für Schritt nachkommt, um jedes Zurückweichen unmöglich zu machen!... Das ist eine einfache Vorsichtsmaßregel, denn wir fürchten euch nicht!... Aber ihr seid unzählig!... Wir könnten wohl unsere Munitionen erschöpfen, würden wir alt während des Blutbades!... Ich werde die Schußlinie festsetzen!... Achthundert Meter! Achtung!... Feuer!... O Rausch, wie einst in der Schule zu spielen!... Oh! Rausch, mit dem Tode Murmeln zu spielen!... Und ihr könnt sie uns nicht mehr klauen!... Noch weiter flieht ihr... Dieses Plateau wird rasch überflogen sein... Mein Aeroplan rollt auf seinen Rädern, gleitet auf seinen Kufen, und von neuem erhebt er sich!... Ich richte mich im Winde auf... Bravo, die Verrückten! Auf zum Kampf! Da!... Ich reiße die Zündung zurück, um glatt zu landen, – Gleitflug, großartige Stabilität – mitten im Handgemenge!

Der Sieg ist unser, sicherlich, denn schon werfen die Verrückten ihre Herzen in den Himmel wie Bomben!... Achthundert Meter!... Achtung!... Feuer!... Unser Blut?... Ja, all unser Blut, in Strömen, um die kranke Morgenröte der Erde wieder zu färben!... Wir werden dich zwischen unseren rauchenden Armen erwärmen, arme, siechende, fröstelnde Sonne, die über dem Gipfel des Gaurisankars vor Kälte zittert!

A.4. *Filippo Tommaso Marinetti*

Die futuristische Literatur

Technisches Manifest

Im Aeroplan auf einem Oelzylinder, den Kopf am Bauche des Aviatikers, fühlte ich plötzlich die lächerliche Leere der alten, von Homer ererbten Grammatik. Stürmisches Bedürfnis die Worte aus dem Gefängnisse der lateinischen Periode zu befreien. Sie hat natürlich – wie alles dumme – einen großen Kopf, einen Schmerbauch, zwei Beine und zwei Plattfüße, aber niemals zwei Flügel. Sie kann gehen, einige Augenblicke laufen, um fast gleichzeitig schnaufend anzuhalten.

So sprach der surrende Propeller, während ich in einer Höhe von zweihundert Metern über die mächtigen Schlote Mailands flog. Und er fügte hinzu:

1 Man muß die Grammatik [Syntax] dadurch zerstören, daß man die Substantiva nach der Art ihrer Entstehung anordnet.

2 Man muß das Verb im Infinitiv gebrauchen, damit es sich elastisch dem Substantiv anpaßt und es nicht dem »Typ« [Ich] des Schriftstellers unterwirft, der beobachtet oder erfindet. Das Verb im Infinitiv kann einzig den Sinn der Fortdauer des Lebens und die Elastizität der wahrnehmenden Intuition geben.

3 Man muß das Adjektiv beseitigen, damit das nackte Substantiv seine eigentliche Färbung behält. Das Adjektiv, das das Prinzip der Abstufung und Nüancierung in sich trägt, ist unvereinbar mit unserer dynamischen Vision, da es einen Stillstand, eine Überlegung voraussetzt.

4 Man muß das Adverb beseitigen, die alte Agraffe, die die Wörter zusammenhält. Das Adverb gibt dem Satze einen langweilig gleichmäßigen Ton.

5 Jedes Substantiv muß seine Verdopplung haben, das heißt, das Substantiv muß ohne Konjunktion dem Substantiv folgen, dem es durch Analogie verbunden ist. Beispiel: Mann – Torpedoboot, Frau – Hafen, Menge – Brandung, Platz – Trichter, Tür – Maschinenhahn [Ventil].

Die aviatische Schnelligkeit hat unsere Weltkenntnis vervielfacht; deshalb wird die Erkenntnis durch Analogie dem Menschen immer natürlicher. Man soll also die Redewendungen: wie, gleich, ebenso wie, ähnlich unterdrücken. Besser noch sollte man den Gegenstand mit dem von ihm erweckten Bild zu einem kennzeichnenden Wort zusammenziehen. [Man sollte unmittelbar den Gegenstand mit dem Bild, das er erweckt, verschmelzen und das Bild in perspektivischer Verkürzung mit einem einzigen wesentlichen Wort geben.]

6 Keine Interpunktion mehr. Wenn die Adjektiva, Adverbien und die Konjunktionen unterdrückt sind, dann macht sich die Interpunktion selbst überflüssig, in der Abwechslung eines lebhaften, durch sich selbst geschaffenen Stiles, ohne die absurde Unterbrechung, durch Komma und Punkte. Um gewisse Bewegungen hervorzuheben und ihre Richtung anzugeben, wird man sich der mathematischen Zeichen $\times + : - = > <$, und der musikalischen Zeichen bedienen.

7 Der Schriftsteller hat sich bis jetzt der unmittelbaren Analogie überlassen. Er hat beispielsweise ein Tier mit einem Menschen verglichen, oder wieder mit einem Tier, was fast Photographie ist. Er hat beispielsweise einen Fox-Terrier mit einem ganz kleinen Vollblut verglichen. Andere Vorgeschrittenere können denselben Fox-Terrier mit einer kleinen Morsemaschine vergleichen. Ich vergleiche ihn mit wallendem [kochendem] Wasser. Es ist dies eine immer ausgedehntere Steigerung von Analogien auf immer tiefere, wenn auch sehr fernliegende Beziehungen [eine immer großzügigere Steigerung von Analogien, immer tiefere, dichtere, wenn auch fernliegendere Beziehungen].

Analogie ist nur die tiefe Liebe, die fernstehende, offenbar verschiedene und feindliche Dinge verbindet. Nur mit weiten Analogien kann ein orchestraler Stil, der gleichzeitig polymorph, polyphon und polychrom ist, die Leben der Materie umfassen.

Wenn ich in meiner »Bataille de Tripoli« einen von Bajonetten starrenden Laufgraben mit einem Orchester, eine Mitrailleuse mit einer verhängnisvollen Frau [Femme fatale] vergleiche, so habe ich anschaulich einen großen Teil des Weltalls in einer kurzen afrikanischen Schlachtepisode eingeführt [eingefangen].

Die Bilder sind nicht Blumen, die man mit Sparsamkeit auswählen und pflücken muß, wie Voltaire sagte. Sie bilden das Blut selbst der Dichtung. Die Dichtung muß eine ununterbrochene Folge neuer Bilder sein, ohne die sie blutarm und bleichsüchtig ist.

Je mehr die Bilder weite Beziehungen enthalten, desto länger behalten sie ihre bestürzende Kraft. Man muß, sagt man, die Betroffenheit des Lesers schonen. Ach! wo! Kümmern wir uns lieber um die unangenehme Abnutzung der Zeit, die nicht nur die Wucht, sondern auch die beizende Kraft des Ausdrucks eines Meisterwerkes zerstört. [Sorgen wir uns um die fatale Korrosion der Zeit, die nicht nur den Ausdruckswert, sondern auch die Überraschungskraft (das verblüffend Neuartige) eines Werkes zersetzt.] Haben nicht unsere zu oft begeisterten Ohren Beethoven und Wagner »abgenutzt«? Man muß also in der Sprache zerstören: Bilder-Clichés, farblose Metaphern, also fast alles.

8 Es gibt keine Kategorien vornehmer oder gräßlicher, eleganter oder ärmlicher, übertriebener oder natürlicher Bilder. Die Intuition, die sie wahrnimmt, kennt keine Rücksichtnahme oder Parteilichkeit. Der vergleichende Stil ist also unumschränkter Herrscher der ganzen Materie und ihres intensiven Lebens.

9 Um die aufeinanderfolgenden Bewegungen eines Gegenstandes darzustellen, muß man eine Kette der Analogien bilden, die er hervorruft, eine jede gedrängt, in ein kennzeichnendes Wort zusammengefaßt.

Ein eindrucksvolles Beispiel einer Kette von Analogien, die nur durch traditionelle Syntax verborgen wird, ist dies zum Beispiel:

»Gewiß, Sie sind, kleine Mitrailleuse, eine reizende Frau, unglückverheißend und göttlich, am Steuer eines unsichtbaren 100 PS, der schnaubt und vor Ungeduld stampft... Und bald werden Sie den Umkreis des Todes erreicht haben, Sie werden dem verderblichen Helmbusch oder dem Siege entgegenlaufen! Wollen Sie anmutige, farbvolle Madrigale über dieses Thema? Nach Ihrem Belieben, gnädige Frau! Ich finde, Sie gleichen auch einem gestikulierenden Volksredner, dessen beredte und unermüdliche Zunge seine erregten Zuhörer bis ans Herz rührt. Sie sind in diesem Augenblick ein allmächtiger Steinbohrer, der den allzu festen Schädel der Nacht anbohrt. Sie sind auch ein stählernes Walzwerk, eine elektrische Drechselbank, und was noch? ... ein großes, verkohlendes Schilfrohr, das schneidet und die metallischen Spitzen der letzten Sterne verschmelzen macht.« (Bataille de Tripoli.)

In gewissen Fällen muß man die Bilder je zwei zu zwei vereinigen, wie eine Kanonenkugel im Fluge einige nebeneinander stehende Bäume durchbohren kann.

Um alles zu entwickeln und zu erfassen, was es an Flüchtigem und Unfaßbarem in der Materie gibt, muß man ein engmaschiges Netz von Analogien bilden, das man in das Meer der Erscheinungen versenken wird [ein engmaschiges Netz von Bildern und Analogien, das man in das mysteriöse Meer der Phänomene auswirft]. Abgesehen von der traditionellen Form ist folgender Satz aus meinem Roman »Mafarka der Futurist« ein solch engmaschiges Netz: »All die herbe Süße seiner Jugend stieg aus seiner Kehle, wie vom Schulhof die Schreie der Kinder zu ihren alten Lehrern aufsteigen, die an die Brüstung des Dachgartens gelehnt, die Schiffe aufs offene Meer fliehen sehen.«

Noch drei Beispiele:

»Um den Brunnen Bumelianas, unter dichtbelaubten Olivenbäumen zusammengekauert drei Kamele, lässig im Sande, die vor Freude ihren Speichel wie eine Wasserrinne fließen ließen [vor Zufriedenheit gurgelten wie eine alte steinerne Traufe]. Und dies Geräusch mischte sich mit dem Fauchen der Dampfpumpe, die die Stadt mit Wasser versorgt.«

»Gekreisch und futuristische Dissonanzen in dem tiefen Orchester der krumm sich öffnenden Laufgräben mit den wiederhallenden Höhlungen inmitten dem Auf und Ab der Bajonette, Violinbogen, die der rote Taktstock des himmlischen Dirigenten begeistert aufflammen läßt.«

»Er sammelt mit einer weiten Armbewegung die zerstreuten Flöten der Vögel in den Bäumen und die klagenden Harfen der Insekten, das Knacken der Aeste und das Knirschen der Steine... Plötzlich winkt er den Pauken der Suppennäpfe und aneinanderstoßenden Gewehre ab, um mit voller Stimme unter Begleitung des gedämpften Orchesters alle Sterne in goldenem Gewand singen zu lassen, an der Rampe des Himmels. Und siehe, eine Dame bei diesem Schauspiel. Weit ausgeschnitten zeigt die Wüste ihren ungeheuren Busen mit den feuchten Kurven, rosig geschminkt unter den glänzenden Steinen der verschwenderischen Nacht.« (Bataille de Tripoli)

10 Da jede Art von Ordnung notwendig das Ergebnis eines vorsichtigen Verstandes ist, muß man die Analogien orchestrieren, verteilen nach einem Maximum von Ordnung. [Da jede Ordnung unvermeidlich das Produkt einer vorsichtigen Intelligenz ist, muß man die Bilder orchestrieren, nach Maßgabe einer maximalen Ordnung.]

11 Man muß das »Ich« in der Literatur zerstören, das heißt alle Psychologie. Die Menschen sind vollkommen verblödet durch Bibliotheken und Museen und einer schrecklichen Logik und Weisheit unterworfen: das interessiert nicht mehr [der Mensch... er interessiert überhaupt nicht mehr]. Man muß sie also in der Literatur abschaffen. Man muß sie durch die Materie ersetzen, deren Wesen man mit der Intuition fassen muß, was Physiker und Chemiker niemals erreichen werden. Man muß die Objekte in Freiheit überraschen, ihre launenhaften Beweger, das Atmen, die Empfindsamkeit und den Instinkt der Metalle, der Hölzer, des Gesteins. Man muß die erschöpfte Psychologie der Menschen durch die lyrische Eindringlichkeit der Materie [das Besessensein von Materie] ersetzen.

Hütet Euch, der Materie menschliche Gefühle zu unterschieben, erratet liebe[r] ihre verschiedenen unmittelbaren Anlässe, die kraftvolle Fähigkeit sich zu zerstreuen, die zahllosen Moleküle und die Wirbel der Elektronen [sagt lieber ihre verschieden wirkenden Impulse aus: ihre Kräfte der Kompression, Ausdehnung, Kohäsion, Zersetzung, das massenhafte Rasen der Moleküle oder der Wirbelwind der Elektronen]. Man muß nicht Dramen der vermenschlichten Materie geben. Die Festigkeit einer Stahlplatte erweckt unsere Teilnahme durch sich selbst, die unverständliche und übermenschliche Verbindung ihrer Moleküle und Elektronen, die sich etwa dem Eindringen eines Shrapnells widersetzen. Von nun an ist die Hitze eines Stücks Eisen oder Holz weit anregender als das Lachen oder Weinen einer Frau.

Wir wollen in der Literatur das Leben eines Motors geben, dieses neuen instinktiven Tieres, dessen Hauptinstinkt wir kennen, wenn wir die Instinkte der einzelnen Kräfte erkannt haben, aus denen er besteht.

Es gibt nichts interessanteres, für den futuristischen Dichter wenigstens, als die Bewegung der Klaviatur eines mechanischen Pianinos. Der Kinematograph bietet uns den Tanz eines Gegenstandes, der sich teilt und sich ohne menschliche Hilfe wieder zusammensetzt. Er zeigt den Schwung eines Tauchers, dessen Füße aus dem Wasser ragen und heftig auf das Sprungbrett aufprallen. Er zeigt uns Menschen, die zweihundert Kilometer in der Stunde laufen. Lauter Bewegungen der Materie außerhalb der Gesetze der Intelligenz als Produkt einer bedeutsamen Substanz.

Außerdem muß man die Leichtigkeit (Flugfähigkeit) [das Gewicht (die Schwerkraft)] und den *Geruch* (Verteilungsfähigkeit) der Gegenstände wiedergeben, was man bisher in der Literatur versäumt hat. Man muß sich etwa bemühen, die Landschaft in Gerüchen anzugeben, die ein Hund wahrnimmt, die Motore hören und ihre Reden wiedergeben.

Die Materie wurde immer von einem Ich beobachtet, das zerstreut ist, kalt, zu eingenommen von sich und voller Vorurteile der Weisheit und menschlicher Besessenheiten.

Der Mensch versucht mit seiner jungen Freude oder mit seinem alten Schmerz die Materie zu besudeln, die weder jung noch alt ist, die eine bewundernswerte Stetigkeit an Feuer, Begeisterung, Bewegung und Zerstreuung besitzt. Die Materie ist nicht froh noch traurig. Ihre Substanz besteht aus Mut, Wille und absoluter Kraft. Sie gehört vollkommen dem erfinderischen Dichter, der sich von dern [!] traditionellen, schwerfälligen, engen, an den Boden geketteten Syntax wird befreien können, die weder Arme noch Flügel hat, denn sie wird nur vom Verstand geleitet. Nur der unsyntaktische Dichter, der sich der losgelösten Wörter bedient, wird in die Substanz der Materie eindringen können und die dumpfe Feindlichkeit, die sie von uns trennt, zerstören.

Die lateinische Periode, die wir bisher gebrauchten, war eine anspruchsvolle Geste, durch die eine anmaßende und kurzsichtige Intelligenz das vielgestaltige und geheimnisvolle Leben der Materie zu bändigen versuchte. Die lateinische Periode war Totgeburt.

Die tiefe Intuition des Lebens verbindet Wort an Wort nach der unlogischen Entstehung, sie gibt die Hauptlinien einer intuitiven Psychologie der Materie. Sie entstand in meinem Geiste hoch oben im Aeroplan. Als ich die Objekte von diesem neuen Gesichtspunkte betrachtete, nicht von vorn oder von hinten, sondern von oben, also verkürzt, da konnte ich die alten Fesseln der Logik und das Blei [die Bleileitungen] der alten Begriffe zerstören.

Die Ihr mich geliebt habt und mir bis jetzt gefolgt seid, futuristische Dichter, Ihr waret wie ich begeisterte Bilderkonstrukteure und kühne Analogienforscher. Aber das engmaschige Netz der Metaphern ist beschwert durch die bleierne Logik. Ich rate Euch, es zu erleichtern, damit Eure Geste in das Unendliche es fortschleudert: breitet es auf dem weiten Ozean aus.

Zusammen werden wir etwas erfinden, was ich drahtlose Vorstellung nenne. Einst werden wir zu einer noch wesenseinheitlicheren [wesentlicheren] Kunst gelangen, wenn wir erst die ersten Ausdrücke unser Analogien zu unterdrücken wagen und nur eine ununterbrochene Folge von zweiten Ausdrücken geben. Wir müssen darauf verzichten, verstanden zu werden. Verstanden zu werden ist überflüssig. Wir haben auch schon darauf verzichtet, als wir Fragmente futuristischer Sensibilität mit Hilfe der traditionellen Verstandessyntax ausdrückten.

Die Syntax war eine Art abstrakte Geheimschrift, die dem Dichter dazu diente, die Menge über die Farben, die Musik, Plastik und Architektur der Welt zu belehren.

Die Syntax war eine Art Unterhändler und langweiliger Führer [Dolmetscher und monotoner Fremdenführer]. Man muß diesen Zwischenträger [Vermittler] beseitigen, damit die Literatur unmittelbar in das Weltall gelangt und einen Körper mit ihm bildet.

Unbestreitbar unterscheidet sich mein Werk einfach von den übrigen durch die große Wucht der Analogien. Sein erstaunlicher Bilderreichtum wirkt beinahe wie die Unordnung der logischen Interpunktion. Es beginnt mit dem ersten futuristischen Manifest, die Synthese eines 100 PS. mit tollster Geschwindigkeit.

Warum soll man sich noch der verzweifelt dahinrasenden Räder bedienen, jetzt, da man sich vom Boden trennen kann! Befreiung des Wortes, schweifende Flügel der Einbildung, analogische Synthese: die Erde, mit einem einzigen Blick umfaßt, mit einem einzigen, wesentlichen Worte gestaltet.

Man schreit: »Eure Literatur wird nicht schön sein! Wir werden nicht mehr eine Wortsymphonie haben mit den harmonischen Schwankungen und beruhigenden Kadenzen.« Natürlich. Ein Glück. Im Gegenteil, wir werden alle brutalen Töne gebrauchen, alle ausdrucksvollen Schreie des heftigen Lebens, das uns umkreist.

Gebrauchen wir das »Häßliche« in der Literatur und töten wir überall die Feierlichkeit. Nehmt doch nicht die Allüren von Hohepriestern an, wenn Ihr mir zuhört. Man muß täglich den »Altar der Kunst« anspeien. Wir betreten die unbegrenzten Gebiete der freien Intuition. Nach dem freien Vers auch das freie Wort [die Worte in Freiheit (Parole in libertà)].

Es gibt nichts Absolutes noch Systematisches. Das Genie hat heftige Stürme und schlammige Ströme. Es erfordert manchmal analytische und erklärende Langsamkeiten. Man kann seine Sensibilität nicht plötzlich erneuern. Die toten Zellen sind mit den lebenden vermischt. Die Kunst bedeutet das Bedürfnis sich zu zerstören und sich zu zerstreuen, indem sie, eine riesige Gießkanne, das Land mit Heldentum überschwemmt. Die Mikroben, vergeßt es nicht, sind notwendig für das Blut und für die Kunst, für die Verlängerung des Waldes unserer Adern, der sich außerhalb unseres Körpers ins Unendliche des Raumes und der Zeit ausdehnt.

Futuristische Dichter! Ich habe Euch den Haß gegen die Bibliotheken und Museen gelehrt; nur um Euch auf den Haß gegen die Intelligenz vorzubereiten, indem ich die göttliche Intuition erweckte, das charakteristische Geschenk der lateinischen Rassen. Durch die Intuition werden wir den scheinbar unverrückbaren Widerstand brechen, den unser menschliches Fleisch vom Metall der Motore trennt.

Nach der Herrschaft der Lebenden beginnt das Reich der Maschinen. Durch die Bekanntschaft und Freundschaft der Materie, von der die Gelehrten nur die physikalisch-chemischen Beziehungen kennen, bereiten wir die Schöpfung des mechanischen Menschen mit Ersatzteilen vor. Wir werden ihn vom Todesgedanken befreien und daher auch vom Tode, dieser höchsten Definition logischer Intelligenz.

A.5. *Filippo Tommaso Marinetti*
Supplement zum technischen Manifest der Futuristischen Literatur

Ich verachte die Schwätzer und die Ironiker, und ich beantworte die skeptischen Fragen und die wichtigen Entgegnungen, die die europäische Presse meinen technischen Manifest der futuristischen Literatur entgegengeschleudert hat.

1/ – Die, die verstanden haben, was ich mit »Haß der Intelligenz« sagen wollte, glauben hier den Einfluß der Philosophie Bergsons zu erkennen. Sie wissen sicher nicht, daß mein erstes episches Gedicht »La Conquête des Étoiles« (Die Eroberung der Sterne, 1902) auf der ersten Seite folgende drei Verse Dantes trug:

»*O insensata cura de[i] mortali*
Quanto son diffettivi sillogismi
Quei che ti fanno in basso batter l'ali«

(Paradies, elfter Gesang) und folgende Gedanken Edgar Poes:

»...Der poetische Geist – die erhabenste Fähigkeit, wir wissen es jetzt, da ja wichtige Wahrheiten uns nur durch diese Analogie enthüllt werden konnten, deren Beredsamkeit, der Vorstellungsgabe gegenüber einwandfrei, für die schwache, einsame Vernunft nichts bedeutet.«

Edgar Poe: Gespräch zwischen Monos und Una

Weit vor Bergson stimmten diese schöpferischen Geister mit dem meinen überein: sie zeigten ihre Verachtung und ihren Haß gegen die schwache, einfältige Intelligenz und sprachen alle Rechte der intuitiven und divinatorischen Vorstellungsgabe zu.

2/ – Wenn ich von Intuition und Intelligenz spreche, so will ich nicht von zwei vollkommen getrennten und verschiedenen Gebieten reden. Jeder schöpferische Geist hat während seines Schaffens feststellen können, daß sich intuitive Erscheinungen mit der logischen Intelligenz verweben. Folglich ist es unmöglich, genau den Augenblick zu bestimmen, da die unbewußte Inspiration aufhört und der klarsehende Wille beginnt. Manchmal verursacht der Wille plötzlich die Inspiration, manchmal begleitet er sie. Nach einigen Stunden mühseliger und angestrengter Arbeit befreit sich plötzlich der schöpferische Geist vom Gewicht aller Hindernisse und wird gleichsam das Opfer einer merkwürdigen spontanen Auffassung und Ausführung. Die schreibende Hand scheint sich vom Körper zu lösen und sich ins Freie zu verlängern, weit, weit weg vom Gehirn, das ebenfalls losgelöst vom Körper ätherisch geworden ist und von oben mit erschreckender Klarheit die unerwarteten Sätze betrachtet, die der Feder entfließen.

Betrachtet dieses herrschende Gehirn unbeweglich oder lenkt es wirklich die Sprünge der Einbildungskraft, die die Hand erschüttern? Es ist unmöglich, sich darüber Rechenschaft abzulegen. Ich habe – physiologisch – in solchen Augenblicken nur ein leeres Gefühl im Magen bemerken können.

Unter »Intuition« verstehe ich einen fast vollkommen intuitiven und unbewußten Zustand, unter »Intelligenz« einen fast vollkommen intellektuellen und bestimmt wollenden Zustand des Gedankens.

3/ – Die ideale Poesie, von der ich träume, und die nur die ununterbrochene Reihe der zweiten Analogieausdrücke wäre, hat nichts mit der Allegorie zu tun. Die Allegorie ist allerdings die Reihe der zweiten Ausdrücke mehrerer Analogien, aber diese sind alle *logisch* verbunden. Die Allegorie ist manchmal auch der zweite entwickelte und peinlich beschriebene Ausdruck einer einzigen Analogie.

Ich will hingegen die unlogische weder applikative noch intuitive Reihe der zweiten Ausdrücke zahlreicher, unverbundener, entgegengesetzter Analogien geben.

4/ – Alle begab[t]e Stilisten haben mühelos feststellen können, das Adverb ist ein unveränderliches Wort, das das Verbum, das Adjektiv oder ein ein [!] anderes Adverb modifiziert, es ist sogar eine musikalische Agraffe, die einzelne Töne einer Periode aneinanderklemmt.

5/ – Ich halte es für nötig, Adjektiv und Adverb wegzulassen, weil sie gleichzeitig oder nacheinander die bunten Fesseln, die nüancierten Draperien, die Sockel, Brückengeländer oder Balustraden der traditionellen lateinischen Periode sind. Durch einen klugen Gebrauch von Adjektiv und Adverb erhält man das melodiöse und eintönige Gleichgewicht des Satzes, seinen fragenden oder gewichtigen Ton und seinen ruhenden und abgestuften Fall wie das Anlaufen der Wellen auf den Strand. Mit dem identischen Eindruck, der immer derselbe bleibt, behält die Seele ihren Atem, zittert ein wenig, fleht um Trost und atmet auf, wenn die Flut der Worte zurückläuft mit ihrer Kieselsteininterpunktion und ihrem Schlußecho.

Adjektiv und Adverb haben eine dreifache Bestimmung: erklärend, dekorativ und musikalisch. Dadurch geben sie den schweren oder leichten, langsamen oder schnellen Wert des Substantivs an, das sich im Satz bewegt. Sie sind die Stöcke und die Krücken des Substantivs. Ihre Länge und ihr Gewicht regulieren den Schritt des Stils, der so immer unter Vormundschaft ist, und sie hindern ihn, den Flug des Vorstellungsvermögens wiederzugeben.

Wenn zum Beispiel dasteht: »Eine schöne und junge Frau geht rasch über Marmorfliesen«, so beeilt sich der traditionelle Geist zu erklären, daß diese Frau jung und schön ist, obwohl die Intuition ganz kurz eine schöne Bewegung gibt. Nachher erklärt der traditionelle Geist, daß die Frau geht. Dann wird er hinzufügen, daß sie schnell geht und endlich, daß sie über Marmorfliesen geht.

Dieses rein erklärende Vorgehen, das des Unvorhergesehenen ganz beraubt ist, lastet von vornherein auf allen Arabesken, Zickzacks und Umwegen des Gedankens: es hat keine Daseinsberechtigung mehr. Man ist ungefähr sicher, daß man sich nicht irrt, wenn man gerade das Gegenteil tut.

Unweigerlich gibt man dem Substantiv seinen wesentlichen, gesamten und typischen Wert wieder, wenn man Adjektiv und Adverb unterdrückt.

Ueberdies setze ich unbedingtes Vertrauen in das Gefühl des Abscheus, das ich für das Substantiv hege, das daherschreitet, begleitet von seinem Adjektiv wie von einer Schleppe oder einem Pudelhündchen. Manchmal hat das Substantiv ein Adjektiv vorn und ein Adverb hinten wie die beiden Reklamezettel eines Sandwichmannes. Lauter unerträgliche Zustände.

6/ – Deswegen benutze ich die abstrakten mathematischen Zeichen, die die Mengen angeben sollen: denn sie ziehen alle Erklärungen ohne Füllsel zusammen und vermeiden die gefährliche Angewohnheit an allen Enden des Satzes Zeit zu verlieren durch peinliches Feilen, durch kostbare Fassungen.

7/ – Die von der Interpunktion befreiten Worte werden sich gegenseitig mit ihren Strahlen erhellen, ihre verschiedenen Magnetismen durchkreuzen, indem sie dem beständigen Dynamismus des Gedankens folgen. Eine weiße Stelle, die mehr oder weniger lang sein wird, wird dem Leser die Ruhe oder das Schlafen der Intuition andeuten. Die großen Buchstaben werden dem Leser die Substantive bezeichnen, die eine bedeutende Analogie zusammenfassen.

8/ – Die Zerstörung der traditionellen Periode, das Abschaffen des Adjektivs, des Adverbs und der Interpunktion werden notwendiger den Zusammenbruch der nur zu sehr gerühmten Harmonie des Stils mit sich bringen, so daß der futuristische Dichter endlich die onomatopoetischen Kakophonien wird benutzen können, die die unzählbaren Geräusche der sich bewegenden Materie geben.

All diese elastischen intuitiven Anschauungen, durch die ich mein technisches Manifest der futuristischen Literatur vervollständige, haben sich in meinem Gehirn nacheinander entfaltet und mein neues futuristisches Werk geschaffen: eines der bezeichnendsten Fragmente folgt:

Bataille
Poids + Odeur

Midi ¾ flûtes glapissement embrasement toumbtoumb alarme Gargaresch craquement crépitation marche Cliquetis sacs fusils sabots clous canons crinières roues caissons juifs beignets pains-à-huile cantilènes échoppes bouffées chatoiement chassie puanteur cannelle   fadeurs flux reflux poivre rixe vermine tourbillon orangers-en-fleur filigrane misère dés échecs cartes jasmin + muscade + rose arabesque mosaïque charogne hérissement   savates mitrailleuses = galets + ressac + grenouilles Cliquetis sacs fusils canons ferraille atmosphère = plomp + lave + 300 puanteurs + 50 parfums pavé matelas détritus crottin charognes flic-flac entassement chameaux bourricots tohubohu cloaque   Souk-des-argentiers dédale soie azur galabieh pourpre oranges moucharabieh arches enjambement bifurcation placette pullulement   tannerie cireurs gandouras burnous grouillement couler suinter bariolage enveloppement excroissances fissures tanières gravats démolition acide-phénique chaux pouillerie Cliquetis sacs fusils sabots clous canons caissons coups-de-fouet drap-de-soldat suint impasse à-gauche entonnoir à-droite carrefour clair-obscur étuves fritures musc jonquilles fleur-d'oranger ecoeurement essence-de-rose piège ammoniaque griffes excréments morsures viande + 100 mouches fruits-secs carroubes pois-chiches pistaches amandes régimesbananes dattes toubtoumb   bouc cousscouss-moisi aromates safran goudron oeuf-pourri chien-mouillé jasmin cassie santal oeillets faisandage intensité bouillonnement fermenter tubéreuse Pourrir s'éparpiller furie mourir se-désagréger morceaux miettes poussière héroïsme elminthes fusillade pic pac pun pan pan menthe mandarine laine-fauve mitrailleuses cliquets-de-bois léproserie plaies en-avant   chair moite crasse suavité éther Cliquetis sacs fusils canons caissons roues benjoin tabac encens anis village ruines brulé ambre jasmin maisons éventrements abandon gargoulette toumbtoumb violettes ombrages puits ânon ânesse cadavre écrabouillement sexe exibition   ail bromes anisette brise poisson sapin-neuf romarin charcuteries palmiers sable cannelle   Soleil or balance plateaux plomb ciel soie chaleur rembourrage pourpre azur torréfaction Soleil = volcan + 3000 drapeaux atmosphère précision corrida furie chirurgie lampes   rayons bistouris étincellement linges désert clinique × 20000 bras 20000 pieds 10000 yeux mire scintillation attente opération sables chaufferies Italiens Arabes : 4000 mètres bataillon chaudières commandements pistons sueur bouches fournaises crénomdenom en-avant huile vapeur ammoniaque > cassies violettes fientes roses sables miroitement tout marcher aritméthique traces obéir ironic enthousiasme bourdonnement coudre dunes oreillers zigzags repriser pieds meules crissement sable inutilité mitrailleuses = galets + ressac + grenoilles

Avant-gardes : 200 mètres chargez-à-la-baïonette en-avant Artères gonflement chaleur fermentation cheveux aisselles chignon rousseur blondeur haleines + sac 30 kilos prudence = bascule ferrailles tire-lire mollesse : 3 frissons commandements pierres rage ennemi aimant légèreté gloire héroïsme Avant-gardes : 100 mètres mitrailleuses tataratataratarata Avant-gardes : 20 mètres bataillons fourmis cavalerie araignées routes gués général îlot estafettes sauterelles sables révolution obus tribuns nuages grils fusils martyrs shrapnels auréoles multiplication addition division obus soustraction grenade rature ruisseler couler éboulement blocs avalanche Avant-gardes : 3 mètres mélange va-et-vient collage décollage déchirement feu déraciner chantiers éboulement carrières incendie panique aveuglement écraser entrer sortir courir éclaboussement Vies fusées coeurs friandises baïonnettes fourchettes mordre dépécer puer valser bondir rage curée explosions obus gymnastes fracas trapèzes explosion rose joie ventres arrosoirs têtes foot-ball éparpillement Canon 149 élephant artilleurs cornacs hissa-hoo colère leviers lenteur lourdeur centre gargousse jockey méthode monotonie trainers distance grand-prix gueule parabole x lumière tonnerre massue infini Mer = dentelles émeraudes fraîcheur élasticité abandon mollesse cuirassés acier concision ordre Drapeau-de-combat (prairies ciel-blanc-de-chaleur sang) = Italie force orgueil-italien frères femmes mère insomnie brouhaha-de-camelots gloire domination cafés récits-de-guerre Tours canons virilité volées écrection télémètre extase toumbtoumb 3 secondes toumbtoumb flots sourires rires plaff plouff glouglouglouglou cachecache cristaux vierges chair bijoux perles iodes sels bromes jupons gaz liqueurs bulles 3 secondes toumbtoumb officier blancheur télémètre croix feu mégaphone la-hausse-à-4-millemètres tous-les-hommes à-gauche assez chacun à-son-poste inclinaison-7-dégrés érection splendeur jet percer immensité azur femelle dépucelage   acharnement couloirs cris labyrinthe matelas sanglots défencement désert lit précision télémètre monoplan poulailler-de-théâtre applaudissements   monoplan = balcon rose roue tambour trépan taon déroute arabes boeufs sanguinolence abattoir blessures refuge oasis umidité éventail fraicheur   sieste rampement germination effort dilatation-végétale je-serai-vert-demain restons-mouillés conserve-cette-goutte-d'eau faut-grimper-3-centimètres-en-6 jours colle-ta-tige-pour-résister-contre-20-grammes-de-sable-et-3000-grammes-de-ténèbres voie-lactée cocotier étoiles noix-de-coco lait ruisseler jus délices

Schlacht
Gewicht + Geruch

Mittag ¾ flöten gestöhn gluthitze *bumbum* alarm Gargaresch krachen knattern marsch Geklirr tornister gewehre hufe nägel kanonen mähnen räder kisten juden schmalzgebäck ölkuchen kantilene kramläden dunstwolken schillern augenbutter gestank zimt   schimmel flut und ebbe pfeffer rauferei schmutz wirbel blühender-apfelsinenbaum filigran elend würfel schachfiguren karten jasmin + muskatnuß + rose arabeske mosaik aas stacheln pfusch   maschinengewehre = kies + brandung + frösche Geklirr tornister gewehre kanonen schrott atmosphäre = blei + lava + 300 gerüche + 50 düfte pflaster matratze abfälle pferdemist aas klipp-klapp anhäufung kamele esel *bumbuuum* latrine Suk-der-silberschmiede labyrinth seide blau galabieh purpur apfelsinen muscharabie bögen hinübersetzen gabelung platz wimmeln   gerberei schuhputzer perserhemd burnus gewimmel triefen schwitzen buntscheckigkeit verwirrung auswüchse schlitze höhlen schutt abbruch karbolsäure kalk lausepack   Geklirr tornister *tatatatata* hufe nägel kanonen kisten peitschenschläge uniformtuch wollfett sackgasse links trichter rechts straßenkreuzung helldunkel schwitzbad gebäck moschus binsenblume orangenblüte übelkeit rosenessenz hinterhalt ammoniak krallen kot bisse fleisch + 1000 fliegen dörrobst karuben erbsen pistazien mandeln bananenbüschel datteln *bumbum*   schimmliger-kuskussu aromata safran teer faules-ei begossener-hund jasmin akazie sandelholz nelken hautgout intensität aufwallen gären tuberose verfaulen zerstreuen wut sterben zerfallen stücke krümchen staub heldentum *tatatata* gewehrfeuer *pink pank pum pam pam* mandarine rote-wolle maschinengewehre klappern heim-für-aussätzige wunden vorwärts feuchtes fleisch schmutz lieblichkeit äther geklirr tornister gewehre kanonen kisten räder benzoëharz tabak weihrauch anis dorf ruinen brandgeruch bernstein jasmin häuser einreißen aufgabe terrakottakrüge *bumbum* veilchen schatten brunnen eselchen eselin kadaver niedermetzeln geschlecht zurschaustellung knoblauch brom anisett brise fisch frische-tanne rosmarin selchereien palmen sand zimt Sonne gold waage schalen blei himmel seide wärme polsterung purpur blau rösterei sonne = vulkan + 300 fahnen atmosphäre genauigkeit stierkampf wut chirurgie lampen strahlen operationsmesser gefunkel wäsche wüste klinik × 20000 arme 20000 füße 10000 augen visierkörner funkeln erwartung kampfhandlung sand kesselraum Italiener Araber 4000 meter bataillone heizkessel befehle kolben schweiß münder hochöfen bei gott vorwärts öl *tatatata* salmiak > akazien veilchen mist rosen sand spiegelung alles marschieren arithmetik spuren gehorchen ironie begeisterung summen nähen dünen kopfkissen zickzacks ausbessern füße schleifsteine knirschen sand nutzlosigkeit maschinengewehre = kies + brandung + frösche Vorhut: 200 meter pflanzt-die-bajonette-auf vorwärts schlagadern anschwellung wärme gärung haare achselhöhlen haarknoten rotblond blond atemzüge + tornister 18 kilo vorsicht = schaukel schrott sparbüchse weichheit : 3 schauder befehle steine wut feind magnet leichtigkeit ruhm heldentum vorhut: 100 meter maschinengewehre gewehrschüsse ausbruch geigen messing *pink pum pank pank bim bum* maschinengewehre *tataratatarata* Vorhut: 20 meter bataillone-ameisen reiterei-spinnen straßen-furten generalinselchen meldereiter-heuschrecken sand-revolution haubitzen-volksredner wolken-gitter gewehre-märtyrer schrapnells-heiligenscheine multiplikation addition division haubitzen-abziehen granate-tilgung triefen fließen erdrutsch blöcke lawine Vorhut: 3 meter durcheinander hin-und-her festkleben loslösen zerreißen feuer entwurzeln baustellen erdrutsch steinbruch brand panik verblendung zermalmen eintreten hinausgehen laufen kotspritzer leben-raketen herzen-leckerbissen bajonette-gabeln beißen zerschneiden stinken tanzen springen wut jagdhunde-explosion haubitzen-turner getöse-trapeze explosion rose freude leiber-

gießkannen köpfe-fußball verstreuung Kanone 149-elefant
artillerist-elefantenführer ho-ruck zorn hebel langsamkeit schwere
mittelpunkt ladung jockey methode eintönigkeit trainer entfer-
nung großerpreis gleichnis × licht *zang-bum-buuum* keule unend-
lich Meer = spitzen-smaragde-frische-spannkraft-aufgabe-weich-
heit panzerschiffstahl-knappheit-ordnung Kriegsfahnen (wiesen
weißer-himmel-aus-warmem-blut) = Italien kraft italienischer-
stolz brüder frauen mutter schlaflosigkeit geschrei-der-ausrufer
ruhm herrschaft café kriegsberichte Türme kanonen-mann-
haftigkeit-flüge aufrichten entfernungsmesser verzückung *bum-
bum* 3 sekunden *bumbum* wellen lächeln lachen schick-schack piff-
paff gluckgluckgluckgluck versteckspielen kristalle jungfrauen
fleisch juwelen perlen jod salze brom röckchen gas liköre blasen 3
sekunden bumbum offizier weiße entfernungsmesser kreuz
feuer ticktack lautverstärker ansteigen-auf-4-tausend-meter alles-
nach-links genug alles-halt 7-grad-neigung aufrichtung pracht
strahl durchbohren unermeßlichkeit blau-weib entjungferung
erbitterung gänge schreie labyrinth matratzen schluchzen
durchbrechen wüste bett präzision entfernungsmesser eindecker
galerie beifall eindecker = balken-rose-rad-trommel boh-
rer-viehbremse > arabische niederlage ochse bluttriefend
schlachthaus wunden zuflucht oase feuchtigkeit fächer frische
mittagsruhe kriechen keimen anstrengung pflanzliche-aus-
dehnung morgen-werde-ich-grüner-sein wir-bleiben-naß be-
wahre-diesen-wassertropfen wir-müssen-3-zentimeter-hinauf-
klettern-um-widerstand-zu-leisten-gegen-20-gramm-sand-und-
3000-gramm-finsternis milchstraße-kokospalme sterne-kokos-
nüsse milch triefen saft wonne

B. Verteidigungen und Kritiken der futuristischen Kunstausstellungen (1912–16)

B.1. Alfred Döblin, »Die Bilder der Futuristen«, in: *Der Sturm* 3 (1912), 110, S. 41–42.

B.2. Ferdinand Avenarius, »Futuristen« [Auszüge], in: *Kunstwart* 25 (1912), 17, S. 278–281.

B.3. Max Deri, »Die Futuristen« [Auszüge], in: *Pan* 2 (1912), 29, S. 817–821.

B.4. Karl Kraus [Notiz], in: *Die Fackel* 14 (1912), 351–353, S. 53–54. © Suhrkamp Verlag, Frankfurt a. M. 1986.

B.4.1. Herwarth Walden, »Notiz«, in: *Der Sturm* 3 (1912), 115–116, S. 86.

B.5. Franz Marc, »Die Futuristen«, in: *Der Sturm* 3 (1912), 132, S. 187.

B.6. Herwarth Walden, »Umberto Boccioni« [Nachruf], in: *Der Sturm* 7 (1916), 6, S. 70–71.

B.1. *Alfred Döblin*
Die Bilder der Futuristen

Einige Bemerkungen. Im voraus etwas über die Betrachtung dieser Bilder. Für eine Sinfonie, ein Quartett, ein Drama gilt das Hineinhören, Hineinlesen als selbstverständlich; ja man sieht sogar die Schwierigkeit des Verständnisses, die Langsamkeit des Hineinwachsens in das Kunstwerk als Charakteristikum, als Index seiner Güte an. Für die Malerei und Plastik nicht so: die Erleuchtung soll nur so von den Wänden knallen. Man passiert eine Ausstellung; mit jeder Kopfdrehung holt man sich einen Kunstwert herunter, wie die Jungens Spatzen beim Schützenfest. Hier die Grundnegation der Futuristen. Sie verlangen Zeit für sich. Jedes Bild ist ein Gedicht, eine Novelle, ein Drama; man liest das nicht in zwei Minuten. Man braucht schon mehr Zeit bei den Futuristen als bei den Pointillisten und Impressionisten; mit den vier Schritten an die gegenüberliegende Wand und »rechtsum kehrt« ist es nicht getan. Ein Bild will gedeutet sein. Es stellt eine Aufgabe. Für eine Mark Eintritt bekommt man nicht sechzig Kunstwerte, sondern sechzig Aufgaben. Eine Ausstellung ist keine Stehbierhalle. Man kann futuristische Bilder nicht in Ullsteinausgaben kaufen. Das Kunstwerk verlangt Disziplin, Eindringen, Bemühung, Bemühung. Dies ist es, daran fehlt es, daher alle Mißverständnisse. Die Bemühung fehlt; der Verderb des Publikums durch zehnmal durchgekaute Kost; seine Gewöhnung an den breitgetretenen Quark. Der Zuschauer hat vor dem Bild in jeder Hinsicht das Maul zu halten; vor das Urteil haben die Götter das Verständnis und nicht das Maul gesetzt. Kein Kunstwerk fällt vom Himmel; wieviel weniger ein Kunstverständnis. Der erste Eindruck besagt so wenig wie der zehnte; erst der zwanzigste bringt manchmal einen Dämmer. Der Zuschauer hat vor dem Bild zu lernen, sich einzufühlen; er hat es angesichts von Kunstwerken durchaus als Gnade zu empfinden, hier zugelassen zu werden. Kein Kunstfortschritt wird auch der Masse etwas bedeuten – mag sie ihre Wohnungen in Boxhagen-Rummelsburg oder in der Lennéstraße aufschlagen –, wenn ihr nicht von Kindheit eingebläut wird durch Lehrer, Kritiker, Kenner: daß sie ist, was sie ist, nämlich dumm, kaum fähig aufzunehmen, zum Kretinismus geneigt, ein Hemmnis jedes wahrhaften

Fortschritts, ein Greuel jedes Musischen; daß die einzigen Menschen die Könner jeder Art sind, an die sie sich zu drängen hat, hinter denen sie herzukriechen hat, selbst wenn sie sie anspeien und treten.

*

Der Futurismus ist kein Prinzip und hat kein Prinzip. Aber im Plural: er hat Prinzipien, also elementare Einsichten. Der Futurist lehnt zum Beispiel als Maler die Theatralik ab. Es ist im Grunde fabelhaft, daß den Malern nicht ihre Beziehung zu den Kulissenschiebern längst aufgefallen ist. Vor dem Bild sitzt ein Parkett; jedes Bild »stellt sich« vor einem Parkett. Dies ist grundschlecht; entspricht nicht der Würde der Kunst, ihrer Heimlichkeit, Einsamkeit, Versunkenheit. Das Alpha des Futuristen: écrasez l'infame, nämlich den Zuschauer. Das Bild hat sein Zentrum in sich. Sollte das schon als enorme Neuerung oder als Dubiosum betrachtet werden, wenn das Bild wie mit Röntgenstrahlen gesehen erscheint, durchlöchert von vorn nach hinten, durchrieselt mit Licht von allen Seiten, transparent die Menschen, die massiven wohlgerundeten Mauern? Das ist keine Naturwissenschaft, kein fragwürdiges Recht des Malers, sondern das Recht, seine Phantasie zu sehen, wie und wohin sie will – nicht wie Herr Müller, der verblüfft vor dem Bild steht; – es ist ein triumphierender Faustschlag seiner Seele auf ihr ureigenes Gebiet, das sie wieder beschlagnahmt. Denn – es ist keine Neuigkeit – die Malerei ist eine Kunst; die Augen sind blind, die Ohren sind taub; nur die Seele sieht und hört.

Eine Szene zu malen lohnt nicht der Mühe. Nur unter Umständen, unter erschwerten Glücksumständen lohnt es. Wer als Dichter oder routinierter Skribent ist fähig, in eine knappe Seite den Reichtum eines mächtigen Gefühls zusammenzupressen? Wer kann da mehr als Stichworte geben? Und wer es fertigbringt, hat sicher nur ein Kunststück gemacht. Seht die vielen der älteren Maler an: diese krampfhafte Bemühung der guten unter ihnen, in jedem Punkte intensiv und lebendig zu sein, jedes Eckchen mit Empfindung auszustatten. Dieses Aengstigen; und der Raum ist so wahnsinnig klein; und zum Schluß die Erkenntnis: es ist nicht halb, nicht ein viertel, was ich wollte. Mit einem Ruck macht sich der Futurist Platz, stößt den Alb von seiner Brust. Worauf kommt es doch an? Nicht auf die entseelte blöde Szene, das Objekt, sondern auf – mich, auf mich, auf mich und auf nichts weiter. Was sind Wellen, Berge, Gesichter, Farben, Linien gegen mich! Er ist nicht Nachschöpfer, sondern Neuschöpfer. Die Beseeltheit ist alles. Und so haben alle alten und guten Meister gedacht. Wie lächerlich die malerischen Prinzipien, die formalen Zusammenhänge, wo die Wucht, die Süße, die Zärtlichkeit und der Jähzorn des Gefühls sprechen will! Sehen Sie das Bild *Boccionis*: das Lachen. Der Maler tanzt wie ein Trunkener um den Hut einer Frau; immer wieder kehrt der Hut, gesehen von oben, von rechts, von links, schräg, aufgestellt. Der Maler sieht sich nicht satt an dem spiegelnden Marmortisch, der wie ein Leitmotiv durch alle Elane des Bildes wandert; und immer wieder zünden zwei Hände über einer roten Flamme eine Zigarette an. Severini sieht das Gesicht seiner ruhelosen Tänzerin veilchenfarben zweimal über die Fläche gehen; sie dreht sich in Ganzfigur; den Zylinder im Nacken sieht ihr ein Kavalier zu, und aus dem Boden des Bildes stechen zwei schwefelgelbe Katzenaugen. Kein Vordergrund, kein Hintergrund, nicht Zeit, nicht Raum; auf dem Urgrund liegt alles gemächlich, – und so malt man ein Porträt!

*

Der Maler hat nicht die eine Dimension, die Fläche, die er zu zwei, drei umtauschen muß, sondern unendlich viel, sondern genau so viel, als ihm seine Phantasie gewährt. Der Eisenbahnzug saust über die eisernen Schienen; man sieht ihn nicht; man sieht nur die schrägen Telegraphenglocken; verzerrte, apathische, müde Gesichter fliegen durch den trüben Wind, gespensterhaft. Zeit und Raum verschiebt sich. Ach es ist so billig, das alles literarisch, unmalerisch zu nennen. Wie wenig nennt Ihr malerisch, wie dürftig und armselig ist für Euch diese Kunst. Weil Ihr nicht das Freiheitsgefühl des Schaffenden kennt, in dem sich alle Kunstwerke rechtfertigen, den psychischen Grund, aus dem alle Neuerungen auftauchen. Dieser psychische Grund, der wie ein schlagendes Wetter ist; diese stahlharten Kondorflügel, für deren schneidendes Tönen und Rauschen sich erst die Ohren schärfen müssen. Ist nicht, was man auf manchen dieser Bilder sieht, wie das Ei des Kolumbus? Nichts ist uns von der Literatur so geläufig als die sogenannte Bildlichkeit der Sprache; aber gerade für die, deren Sache Bildlichkeit von Natur ist, galt hier das »Hände weg!« Sie mußten naturwissenschaftlich exakt sein, mußten sich wie geschlagene Kinder hinter die Objekte verstecken. Wir von der Literatur tauchen beherzt durch alle Meere der Welt, über alle Dünen weg; huschen vom König Rampsenit zum großen Cäsar, und lehnen uns, wenn unser Herz es verlangt, hinunter zur kleinen Dirne Lulu. Unsere Worte können wie Kuheuter strotzen von Fülle, die stärker sättigt als Milch. Aber sie, die Maler, dürfen sich nur anhangsweise äußern, oder zwischen den Zeilen. Wie oft ist schon gesagt, daß »die Erde unter den Füßen der tobenden Masse zu leben anfängt«, wie echt ist diese Empfindung – und welcher Maler hat bisher dies Erdbeben, leibhaftig, rund und erschütternd, gemalt? Ich habe viele Schlachtfelder auf der Leinwand gesehen, aber ich sah mich vergebens um nach der Schlacht zwischen all den Soldaten, dem Pulverdampf, den schwarzen Kanonen. Warum haben sie nur nicht den Mut zu sich, zu ihrer Phantasie, zu ihrem Erlebnis? Bekennen, bekennen! Das Entsetzen, das Mitleid, die Wut, das Grauen in Euch, heraus damit auf die Leinewand. Die Soldaten da sind aus Zinn gegen Euch, die Kanonen nur aus Holz gegen Euch, die die einzigen in dieser Schlacht aus Eisen sind. Vom Leder das Eisen! Seid Ihr nicht mehr als Maler – nämlich Künstler? Die Revolution von Russolo: Mit ausgestreckten Armen ein Zug von tausend Menschen, ein rasender, unheimlicher Trupp, aus dem rote Feuer brechen; die Häuser versinken in Grau, die Häuser knicken vor ihrem Ansturm ein und flattern wie vom Wind zerblasen über ihnen, vor ihnen, neben ihnen, nicht mehr als eine wesenlose Lichterscheinung. Seht den »Pan-Pan-Tanz«! Was ist alle Wirklichkeit, zum tausendsten Male, wo es sich um Kunst handelt, um eine andere, freiere, stolzere Realität, um die des triumphierenden Menschen? Es ist nicht geschehen mit der Tat des Prometheus, der Ueberwindung der Natur, ihrer Einspannung in Maschinen; es gibt noch mehr Lasten zu ziehen als Holzfuder und Steinblöcke. Nicht mehr hat alle Natur und Wirklichkeit dem Künstler zu sein, als der starke Gaul, den er peitscht, der ihm seinen schweren, schweren, oft so schweren Wagen zieht: aber alle Werte ruhen auf diesem Wagen. Mit Hü und Hott zieht er gerade den Wagen, aber wenn der Künstler will, so kann er fliegen, und als eine Bremse hinter dem Ohr des Gaules summen, und die Schindmähre stechen und brummen.

*

Der Futurismus ist ein großer Schritt. Er stellt einen Befreiungsakt dar. Er ist keine Richtung, sondern eine Bewegung. Besser: er ist die Bewegung des Künstlers nach vorwärts. Es kommt auf die einzelnen Werke nicht an. Es ist zum jammern, daß das Land der »Innerlichkeit« sich den Mut zu sich von außen einblasen lassen muß. Aus dem Lande der Farben und schönen Menschen kommt die Lehre zu uns, zu uns: »die Seele ist alles«. Unsere Maler machen Experimente, sie studieren die Gesetze der Farben, Linien, Flächen. Sie sind ehrlich – es ist zum Lachen – während das Haus brennt.

Ich bin kein Freund der großen und aufgeblasenen Worte. Aber den Futurismus unterschreibe ich mit vollem Namen und gebe ihm ein deutliches Ja.

B.2. *Ferdinand Avenarius*
Futuristen

Die Futuristen, die jetzt in Berlin ausgestellt haben, sind fast allerseits ausgelacht worden [...] Und dennoch meine ich: man sollte dem »Sturm« für die Ausstellung dieser revolutionären Italiener danken. Jedes aufrichtige und fleißige Mühen hat ein Recht dazu, den Kunstfreunden zu dem Versuche vorgeführt zu werden, ob ihnen eine Einfühlung darein gelingt, und kein Kunstfreund wird diesen Versuch ohne einen Gewinn irgendwelcher Art machen. Und daß der Begleittext der Maler nach Größenwahn klingt, darf uns nicht stören. Da die Verfasser augenscheinlich an die umstürzende und neuschaffende Gewalt ihrer Ideen glauben, so haben sie ein subjektives Recht, sich für kolossale Kerle zu halten. Va bene, wir denken anders als sie. Aber ihre Begleittexte und »Manifeste« *brauchen* wir, wenn wir über sie klar werden wollen. Wir kämen ohne die Worte, wo überhaupt, langsamer zur richtigen Einstellung auf die Bilder, und werden ja gewiß nicht so töricht sein, Maler nach der Logik ihrer Schriftsätze einzuschätzen.

[...] die Futuristen übersehen, daß man auf ihre Weise den Eindrücken nicht nur zufügt, sondern auch wegnimmt. Schon im allerbanalsten Sinne: zeichne ich einen Leib durchsichtig, um mitzeigen zu können, was hinter ihm ist, so muß *seine* Erscheinung weniger kräftig werden. Das braucht nichts zu schaden, wenn ich einen Geist oder eine Erinnerung und sonst etwas Assoziiertes geben will. Will ich aber, wie, beispielsweise, ein Futurist, ein zechendes Fräulein auf einem Sofa ins Bewußtsein bringen, so nimmt ihre »Verglasung« durchaus vom Wesentlichen weg und schwächt damit den Eindruck des Ganzen. Werden gar, zu ähnlichen Zwecken, Glieder weggeschnitten, so natürlich noch mehr. Dann aber: Löse ich den körperbildenden Raum auf, so verzichte ich damit auf das, was uns Menschen *unmittelbar* überzeugt, das heißt so: wie *die* Welt das tut, in der wir sind. Denn wir leben nun einmal zwischen Körpern im Raum. Auch Licht und Farbe, erst »ein Körper macht es schön, ein Körper hemmt's auf seinem Gange«, das »so viel es strebt, verhaftet an den Körpern strebt«. Wir wachen und träumen in den Anschauungsformen des *Raums*. Ich fürchte, auch was futuristisch »strebt«, befreit von dieser »Verhaftung« nicht. Es entsteht höchstens ein seelisches Dämmern im Beschauer, kein waches Erleben. Und auch kein wacher Traum. Griffelkunst, Ornament, angewandte oder freie Baukunst, sie alle regen Raumgedanken oder Raumgefühle an. Was aber die Futuristen geben wollen, ist ein Zwischeneinander von Malerei und Musik, von Raum- und Zeitkunst. Käme Bewegung hinzu, so wäre dergleichen denkbar, wie in der Wandlungszene des Parsifal, wo »die Zeit zum Raum wird«. Man kann sich einen kinematographischen Futurismus vorstellen, der das Ersehnte verwirklicht. Ich glaube, der wird kommen und wird einmal sogar höchst Bedeutsames schaffen, bewegte Gewebe von Wirklichkeiten und Vorstellungen, die noch Ungewohntes eindringlich erleben lassen. Nun wollen die Futuristen ja Bewegungs*gefühle* anregen, und wo ihnen das glückt, ergrünen auch Oasen, das ganze Werk als solches aber könnte nur gerettet werden, wenn sich, wie beim Kinobild, *alles* zeitlich Vorgestellte auch bewegte oder zu bewegen schiene. Und so fehlt der Futuristenmalerei als Ganzem doch die Zeit- sowohl wie die Raumanschauung. Sie bringt mit allerhand Linien- und Farbenreizen, die nicht bestritten werden sollen, alles in allem nicht viel mehr zustande, als eine Art mehr oder minder geistreicher musikalischer Tapetenmuster.

Daß kein waches Träumen dabei entsteht, scheint mir deshalb das Wichtigste, weil die Form des Traumes, die jeder aus dem Erlebnis kennt, eben deshalb auch die einzige Form ist, in der ein unmögliches verwickeltes Geschehen zum wirklichen Nacherleben gebracht werden kann. Nämlich: man *kann* alles geben, was die Futuristen wollen, nur kann man es nicht auf ihre Weise. Man *kann* Vergangenes und Gegenwärtiges gleichzeitig, man *kann* Gesehenes und Gedachtes zusammen, man *kann* in verschiedenen Größenmaßstäben zugleich, man *kann* in realistischen und unrealistischen Farben zugleich, man *kann* schließlich, worauf die Futuristen so großes Gewicht legen, »Rhythmen« und Bewegungsgefühle überhaupt ganz unrealistisch und doch sehr stark erregen, man kann wirklich mit Stimmungen beinahe zaubern – wenn man vom Traume das wache Träumen lernt. *Jedes* der Elemente, die uns die Futuristen zeigen, kommt im Traume dann und wann vor. Aber er versteht seine Sache besser: er löst den Augeneindruck der Wirklichkeit *nicht* in herumspringendes Stückwerk auf, er läßt *eine* Raumvorstellung entstehen und nur *in* ihr das Unwirkliche leben. Vor solch traummäßigen Werken stehen wir, wie im Traume selbst, unterm körperhaften Eindruck des belebten *Raums*, und es wirkt das Unwirkliche um so stärker, je anschaulicher, das heißt je körpermäßiger es mit dem uns Vertrauten verbunden ist. Je mehr sich futuristische Bilder solchen Werken nähern, je mehr sprechen oder wenigstens: stammeln sie auch zu unsrer Phantasie [...]

B.3. *Max Deri*
Die Futuristen

Es gibt ein wissenschaftliches Ideal: Je constate, je ne juge pas. Man mag sich darüber verwundern. Eigentlich (im Ernst gesprochen) mag es gleichgültig sein, ob sich die Erde um die Sonne oder die Sonne um die Erde dreht. Es *ist* gleichgültig. Biologisch hat sich nichts verändert, seit man durch »Anpassung der Gedanken an die Tatsachen« Tag und Nacht anders »erklärt«, das heißt beschreibt, als vor dreitausend Jahren. Und nun gar ob der Jupiter fünf oder sieben oder neun oder gar keine Monde hat: biologisch hat tatsächlich der Erfinder der Gummischuhe oder gar der der Schiffsschraube weit Wichtigeres geleistet. Und denkt man gar an den Riesenkreis der »Wissenschaft vom Nichtwissenswerten«, dann fragt man mit Recht, wieso und wozu.

Dabei ist der Ursprung nicht zweifelhaft. Ursprünglich erforschte man wahrscheinlich wirklich nur Dinge, von denen man sich einen biologischen Vorteil erwartete. Aber dann wurde das Forschen, das heißt das Beobachten Selbstzweck, und immer kompliziertere Geschehnisse mußten sich eine Beschreibung ihrer Verwicklungen aus bereits bekannten, einfacheren Vorgängen gefallen lassen.

Tut einer nun etwas, was keinen rechten Sinn zu haben scheint, und aus den gewöhnlichen menschlichen Tuns-Gepflogenheiten stark herausfällt, so hat man entweder die Wahl, dieses Tun unter Aufwand eines geistigen Energieverbrauches neu zu beschreiben, seine Gedanken wieder einmal einem stark außergewöhnlichen Gedankenkomplex neu anzupassen; oder ihn, unter Vermeidung der neuen Arbeit, einen Verrückten oder einen Schwindler zu nennen. Dann hat man den Fall – wenn man nicht Irrenarzt ist und so die Beschreibung außergewöhnlicher seelischer Sachverhalte zu seinem Lebensberuf (zu dem, womit man zur Vermeidung der Langeweile die Zeit totschlägt) gemacht hat – erledigt. Und ist mit dem Phänomen fertig.

Doch scheint es wahrlich leichtfertig, eine ganze Anzahl erwachsener Menschen rasch immer dann für verrückt zu erklären, wenn sie einen Komplex stark neuartiger Tatsachen bringen. Und es erscheint geradeheraus unverschämt und ohne jede irgendwie berechtigte Ueberhebung, eine Gruppe erwachsener Menschen, neunzehn erwachsene Menschen en bloc als bewußte Schwindler und Lügner zu erklären, weil ihre seelische Verhaltungsweise auf den ersten Blick mit der uns aus eigenem Erleben oder aus der gewöhnlichen Erfahrung der Erlebensweise anderer bekannten Art nicht stimmen mag.

[...]

Auf die Futuristen führt die andere Linie, die des immer stärkeren Zusammendrängens des Zeitfaktors auf einen Moment. Von den frühen Bildern Manets zu den späteren (je constate, je ne juge pas) läßt sich Schritt vor Schritt, ja Fuß vor Fuß, ein ständiges Uebergehen von Dauer-Darstellungen zu Momentan-Darstellungen beobachten (in Deutschland von den Gänserupferinnen Liebermanns zu seinen badenden Jungen, Reitern am Meere, ebenfalls mit allen Zwischenstufen). In dieser innigen Verbindung des möglichst feinen und nuancierten Farblichen mit dem möglichst Momentanen der Darstellung bietet sich der reife Impressionismus Frankreichs und Europas um die Wende des Jahrhunderts.

Sehe ich in die Natur hinein, und halte dabei mein Auge ruhig, fixiere einen festen Punkt des Naturausschnittes, so wird nur dort die Form und die Farbe klar und gefaßt erscheinen. Was sich, außerhalb des »gelben Flecks«, noch auf der Netzhaut abbildet, ist mehr, minder undeutlich und gegen die Ränder des Sehfeldes immer mehr verwaschen und auch räumlich verschoben.

Male ich nun den sichtbaren Naturausschnitt ab, so verfahre ich erfahrungsgemäß meistens so, daß ich nicht bloß einmal sondern hundertemale fixiere. Die Stelle, die ich gerade male, wird fixiert, also deutlich gesehen. Alle diese Fixationspunkte male ich nun nebeneinander, so daß ich auch beim fertigen Bilde überallhin sehen kann, und immer, wenn ich hinsehe, eine deutlich durchgeführte Form finde.

Nun kann man die Fixationspunkte vermindern. Das findet sich vielfach in der Kunstgeschichte. Die Spätantike kennt diese Art zu malen, das Barock im Süden und im Norden und schon gar das Rokoko. In der Entwicklung der modernen Malerei nun gar sind seit der Mitte des neunzehnten Jahrhunderts alle Uebergangsstufen zu beobachten. Es stellt sich vorerst eine mehr, minder große Fixations-Sphäre ein; was um diese Sphäre herumliegt, wird undeutlich gesehen und auch so gemalt. Der Beschauer bleibt mit seiner Aufmerksamkeit innerhalb dieser Sphäre, und nimmt das Herum-Liegende als Begleitung, als Milieu, aus dem heraus sich die eigentliche Bildzone verdichtet. Man schränke nun diese Fixationszone immer mehr ein, man verringere die Fixations-Akte, und man kommt schließlich zu *einem* Fixations-Punkt, zu dem extrem »impressionistischen«, zu dem reinen »Eindrucks-Bild«, das vom Beschauer nun auch ein Einstellen des Auges auf eine ganz enge Fixations-Szene verlangt, nicht mit *wanderndem* Auge, sondern mit festgestelltem gesehen sein will.

[...]

Doch wieder einmal war die Welt *noch* um ein Eckchen reicher, als die Voraussicht. Und die, die *auf der Linie* der eben geschilderten Entwicklung keine neue Möglichkeit mehr sehen wollten, hatten schlecht beobachtet. Und das waren wir alle.

Beobachtet man nämlich genau, belauscht man sich wirklich in den »gewöhnlichen« Stunden des Daseins, so merkt man bald, daß auch das Fixieren einer Zone oder eines Punktes bereits eine außergewöhnliche Seelenverfassung ist. Einen großen Teil des Daseins verbringt man in »Tagträumen«, indem man die Erinnerungsvorstellungen im Kopfe ihr eigen Spiel treiben läßt. Beweglich und ziemlich ungeordnet reiht sich Element an Element, und schließt sich ohne feste Haltung aneinander. *Diese* seelische Verfassung nun zu malen, gibt allerdings einen Naturalismus, der noch über den Impressionismus hinausgeht. Dieser Naturalismus erst zieht die letzte Konsequenz, malt wirklich das menschliche Gehirn ab, in einer beliebigen Stunde des Daseins, ohne jede Veränderung, ohne jedes »Ordnen« auf einen bestimmten Zweck hin. Und das gibt die Mehrzahl der Bilder der Futuristen: ungeordnete Erinnerungsvorstellungen irgendeines Erlebnisses, in jener Flüssigkeit und losen Verbindung beibehalten, in der sie sich bei wirklich ehrlicher Selbstbeobachtung in uns vorfinden.

So werden bei unvoreingenommenem Anschauen diese Bilder, die für verrückt oder schwindelhaft erklärt wurden, völlig klar. »Eisenbahnzug in voller Fahrt«. Jeder hat schon beobachtet, wie beim Rasen eines Zuges in voller Fahrt bei 180 Kilometern Geschwindigkeit, in der Nacht, etwa bei etwas nebliger Luft, die Fenster der Wagen Lichtschweife haben, der Schlot der Lokomotive einen Feuerschweif hinter sich läßt. Und wie die Bäume, wenn man vorbeisaust, sich neigen, wie Häuser und Fabrikschlote schief zu stehen scheinen. Dies nun wird gemalt. Richtig ist, daß zwei Anschauungen miteinander kumuliert werden; wie ich den Zug von außen sehe; und wie ich die Gegenstände längs der Bahn sehe, wenn ich im Zuge drin sitze. Aber diese beiden Anschauungen *sind* eben in unserer Erinnerung verbunden. Unsere Vorstellungen besitzen ohne weiteres die Möglichkeit der Verschiebung und Verbindung von Erinnerungen verschiedener Erlebnisse. Und tatsächlich hat die Erinnerungsvorstellung eines Blitzzuges *beide* Elemente: die des von außen gesehenen Zuges, und die der Fensterbilder des im Zuge Fahrenden vereint an sich. Bin ich nun konsequent naturalistisch, ordne die Erinnerung möglichst wenig, lasse sie möglichst echt, so muß ich ein Bild malen, das die Erinnerungsvorstellungen ebenso kumuliert, wie mein Gehirn. –

Und so geht's ins Vielfache. Die »Erinnerungen einer Nacht« umfassen Reste von hundert Erlebnissen. Da finde ich beim Zurückträumen die Hand des Mädchens vor dem Champagnerglas am Tisch, den Saal der Tanzenden, den Kopf des Mädchens en face, gleichzeitig im Profil, finde mich selber, wie ich Arm in Arm mit ihr den Ballsaal verlasse, finde die Erinnerungsreste an die Droschke, an die aufgehende Sonne, an zwei lange Schattenmänner gegen diese Sonne. Und indem ich dies alles so male, wie es mir gerade in der Erinnerung aufsteigt, entsteht natürlich, ungezwungen und wahrhaft ein Bild wie das von Russolo – schade nur, daß es die kitschigsten, fürchterlichsten Farben hat. –

Und so geht es weiter. Der »Pan-Pan-Tanz in Monico« von Severini, noch amüsanter sein Bild vom »Boulevard«, gibt den wirbelndsten, reichsten, lebendigsten Eindruck eines Tanzsaales, einer belebten Straße, ungeordnet, wie er sich bietet, festgehalten. *Gar* kein Fixationspunkt ist mehr auf dem Bilde. Hatte Courbet noch das ganze Bild durchfixiert, gingen die späten Impressionisten bis auf das Fixieren eines Punktes oder einer ganz engen Zone herab, so fixiert der Futurist überhaupt nicht mehr; er läßt den Blick unfest, schweifend über das Ganze hingehen, und malt dann die Erinnerungsbilder dieses lebendig-beweglich aufgenommenen Ganzen. Und in dieser Konsequenz, *gar keinen* festen Blickpunkt mehr zu geben, ein Bild zu malen, das nun überhaupt nicht mehr fixiert wird, in diesem so sicher gezogenen letzten Schluß aus der Entwicklung des vorangegangenen halben Jahrhunderts liegt das so eminent psychologisch Interessante des Futurismus.

Nur der Name ist falsch. Grundfalsch. Wie man sieht, ist nichts von »Zukunft« in diesen Bildern. Es ist die letzte Konsequenz der Vergangenheit. »Perfektionisten« oder noch besser »Plusquamperfektionisten« (»ich *hatte* gehabt«) müßten sich diese Maler, allerdings nur in dieser Gruppe, nennen.

Nur in dieser Gruppe deshalb, weil die ganze Vereinigung der Futuristen nicht einheitlich ist. Sie enthält auch Elemente von etwas Zukünftigem. Es geht ja überhaupt ziemlich stark durcheinander in dieser Malergruppe. Ein großer Teil der Bilder war allerdings in *so* bösen Farben gemalt, daß man es den Meisten kaum verübeln kann, wenn sie sich um das »Problem« nicht kümmerten. Wer sich aber durch die oft gräßliche »malerische Haltung« der Werke nicht abschrecken ließ, der fand noch zwei wichtige Dinge.

Erstens das Wiedererwachen des *Inhaltes* im Bilde; allerdings von den Meisten als »Literatur« beschimpft und abgetan; doch das sind die nicht ganz Weitsichtigen. Zweitens aber steckte in manchen Bildern noch etwas Symbolhaftes, stark Zukünftiges, das nur deshalb keine Anerkennung fand, weil es etwas errechnet war. Man müßte des längeren darüber reden. Vielleicht bietet sich Gelegenheit. –

Je constate, je ne juge pas. Es hat sich gezeigt, wir konnten beobachten, oder, was dasselbe ist: wir haben bewiesen, daß den futuristischen Bildern ein ernstes, faßbares, psychologisches Problem zugrunde liegt. Man schimpfe die Leute nicht Lügner und Schwindler.

B.4. *Karl Kraus*

Absichtlichkeit und Zudringlichkeit von Mißverständnissen, die sich um das Eindringen der Fackel in Berliner literarische Interessen gebildet haben, legen mir die Pflicht auf, das Folgende zu erklären: Das Eindringen der Fackel in Berliner literarische Interessen ist mir peinlich. Jeder Anhänger, den ich in Berlin verliere, ein Gewinn. Ich habe nie von irgend jemand Förderung, Verbreitung, Eintreten, Wohlwollen oder Begeisterung erwartet, verlangt oder auch nur – wie nachgewiesen werden kann – stillschweigend geduldet. Wer in Kneipen oder Kneipzeitungen das Gegenteil behauptet, wäre ein Schmierfink, auch wenn er nicht zufällig die »fünf Frankfurter« verfaßt hätte. Ich habe mit Berliner literaturpolitischen Bestrebungen, mit Futuristen, Neopathetikern, Neoklassizisten und sonstigen Inhabern von Titeln ebensowenig zu schaffen wie mit Wiener Kommerzial- oder Sangräten. Ich hasse das Publikum; aber ich zähle die Schmarotzer an seinen Mißverständnissen zum Publikum. Ich stehe *nicht* auf dem Standpunkt, daß jeder Gymnasiast, dem die in unserer Zeit vorhandenen Süchte und Dränge und sonstigen ekelhaften Plurale zu einem »Niveau« verholfen haben, mehr taugt als Mörike, Eichendorff und Lenau. Ich bin *nicht* der Meinung, daß die Meinung in der Kunst genügt, glaube, daß das bloße Rechthaben gegen den Journalismus mit ihm identisch ist, und sage, daß jeder, der schlicht behauptet, daß Herr Rudolf Lothar ein Übel sei, sich einer Verdoppelung des Herrn Rudolf Lothar schuldig macht. Ich sage, daß Polemik vor jeder anderen Art von schriftlicher Äußerung durch Persönlichkeit legitimiert sein muß, damit nicht die Null zum Übel, sondern das Übel nullifiziert werde. Polemik ist eine unbefugte Handlung, die ausnahmsweise durch Kunst zum Gebot wird. Lyrik ohne Berechtigung greift den Täter an: der schlechte Angriff alle Unbeteiligten. Ich halte Polemik, die nicht Kunst ist, für eine Angelegenheit des schlechten gesellschaftlichen Tons, die dem schlechten Objekt Sympathien wirbt. Ich halte das Manifest der Futuristen für den Protest einer rabiaten Geistesarmut, die tief unter dem Philister steht, der die Kunst mit dem Verstand beschmutzt. Ich halte das Manifest der futuristischen Frau, der ich jede perfekte Köchin vorziehe, für eine Handlung, der ein paar lustlose Rutenhiebe zu gönnen wären. Ich halte Else Lasker-Schüler für eine große Dichterin. Ich halte alles, was um sie herum neugetönt wird, für eine Frechheit. Ich bin dem Komponisten der Dafnis-Lieder für einen der seltenen Eindrücke dankbar, die ich Abgesperrter zu mir einließ. Ich achte und beklage einen Fanatismus, der nicht sieht, daß unter den Opfern, die er der Kunst bringt, diese selbst ist. Ich verfluche eine Zeit, die den Künstler nicht hört; aber sie zwingt ihn nicht, ihr das zuzuschreien, was er ihr nicht zu sagen hat. Ich weiß, daß die schonungsloseste Wahrheit über diesen Punkt noch immer so viel Ehre übrig läßt, daß das Gesindel ringsherum keinen Anlaß zur Freude haben kann. Überhaupt möchte ich jedem einzelnen in dieser Hunnenhorde, aus der kein Attila entsteht, jedem einzelnen dieser Literaturhamster, die kein Fell geben, den Rat erteilen, nichts von meiner Mißbilligung polemischer Minderwertigkeit oder lyrischen Dilettantismus auf den andern zu beziehen, sondern alles auf alle. Auch möchte ich bitten, den Verkehr mit mir in jeder Form abzubrechen und im Pendeln zwischen Verehrung und Büberei es definitiv bei dieser zu belassen, aber so, daß kein Aufsehen entsteht. Man soll mir keine Drucksorten und keine Briefe schicken. Ich weiß Bescheid. Es wäre mir peinlich, wenn ich genötigt wäre, Berlins kulturelle Mission als einer straßenreinen Stadt gegen den Schönheitsdreck zu verteidigen und nachzuweisen, daß der übelste Abhub der Wiener Geistigkeit sich jetzt dort vor den Betrieb stellt. Ich bin für Asphalt und gegen Gallert. Ich bin für Berlin: nämlich für die Chauffeure und gegen die Neutöner, für das Reviersystem und gegen die Weltanschauung, für die Kellner und gegen die Gäste.

B.4.1. *Herwarth Walden*
Notiz

Karl Kraus zwingen »Zudringlichkeit von Mißverständnissen, die sich um das Eindringen der Fackel in Berliner literarische Interessen gebildet haben« Erklärungen abzugeben. Karl Kraus ist ein Gegner des Sturms, ich bin ein Anhänger der Fackel. Ich halte die Fackel sogar für einwandsfrei, seitdem Karl Kraus ihr einziger Mitarbeiter ist. Wenn man sich den größten Schriftsteller der deutschen Sprache, den einzigen, der auch Künstler ist, zum Mitarbeiter gewinnen kann, ist nichts zu verlieren. Um Mißverständnissen von Mißverstandenem vorzubeugen, muß ich erklären: Ich habe mich nie mit Futuristen, Neopathetikern und Neoklassikern identifiziert. Hingegen brachte ich Beiträge von Malern und Schriftstellern, die es für nötig hielten, sich zu Gruppen zu vereinigen. Ich bin doch gewiß gegen Ismen. Aber Neoklassikern habe ich noch nie zur Oeffentlichkeit verholfen. Ich bin aber sogar auch gegen Iker. Ich habe auch nie behauptet, daß Moerike, Eichendorff und Lenau weniger taugen, als Lissauer, Werfel und Heym. Denn alle diese Herren sind keine Künstler. Ich halte Polemik, die Kunst ist, für eine Angelegenheit des Aestheten. Nur Karl Kraus bildet die Ausnahme. Ich halte Else Lasker-Schüler nicht nur für eine große Dichterin, sondern für die stärkste künstlerische Begabung Deutschlands. Ich halte ihre Epigonen für ebenso talentlos wie Epigonen aller Zeiten. Mir ist es gegeben, die Kunst dort zu sehen, wo selbst Karl Kraus das Opfer wird. Der größte Schriftsteller in deutscher Sprache ist vielleicht durch diese Eigenschaft verhindert, den Künstler in der Malerei so zu erleben, wie ich es kann. Ueber meine Musik haben wir jedenfalls dieselbe Meinung. Obgleich ich auch der Meinung bin, daß die Meinung in der Kunst nicht genügt. Es kommt darauf an, wer die Meinung hat. Ich stelle auch gern fest, daß Karl Kraus niemals gewünscht hat, ich möge für ihn eintreten oder für ihn etwas tun. Ich richte mich durchaus nicht nach Wünschen. Aber auch gegen Wünsche werde ich mich nicht hindern lassen, meine Meinung zu sagen, die Kunst ist.

B.5. *Franz Marc*
Die Futuristen

Was dem Hundezüchter die schwarzen Lefzen und andere Merkmale der reinen Rasse seiner Hunde sind, das ist für den modernen Bilderkenner der Begriff der »peinture«. Wer sich nicht näher auskennt, sieht in das Züchterbuch. Die »peinture« ist bei Bildern, was die »Blume« der guten Weine ist, Gefühlssache. Wer sich auch hier nicht auskennt, sieht auf die Etikette, die die Firma aufgeklebt hat. Und dann kommt die Blamage. Der Picassosammler läuft in die Futuristenausstellung und schreit: sehr schön, wunderschön, aber keine peinture, meine Herren. Da antwortet ihm ein Klügerer: ma pittura, signore. Damit hört die Unterhaltung auf. Man kann ihm dann ein japanisches Gedicht oder etwas, das mindestens so schön ist und nicht immer nur von Kranichen und Pflaumenblüten handelt, vorlesen:

»Wenn man ein Fenster öffnet, tritt der ganze Lärm der Straße, die Bewegungen und die Gegenständlichkeit der Dinge draußen plötzlich in das Zimmer.«

Oder:

»Die Macht der Straße, das Leben, der Ehrgeiz, die Angst, die man in der Stadt beobachten kann, das erdrückende Gefühl, das der Lärm verursacht.«

Und solche Dinge zu malen gelang den Futuristen, vorzüglich sogar. Carra, Boccioni und Severini werden ein Markstein der Geschichte der modernen Malerei sein. Wir werden Italien noch um seine Söhne beneiden und ihre Werke in unseren Galerien aufhängen.

B.6. *Herwarth Walden*
Umberto Boccioni

Nun hat auch Italien den größten künstlerischen Verlust erlitten: Umberto Boccioni ist am 18. August durch Sturz vom Pferde gestorben. Er ist vierunddreißig Jahre alt geworden.

Der Name Boccioni bedeutet für Italien und damit für Europa die Befreiung von der Auffassung der Kunst als Kunstgeschichte. Die Durchschnittsmaler der ganzen Erde lebten und leben seit Jahrhunderten von den Meistern der Renaissance, alle die unzähligen Schüler und Schülersschüler wurden von der Kunstgeschichte zu Meistern ernannt, ihre Kopien der wenigen wirklichen Meister in sämtlichen Museen und staatlichen Instituten dicht nebeneinander und übereinander aufgehängt. Die Rahmen vergoldeten verbräunte Bilder und die Namen ihrer Macher wurden in das goldene Buch der Kunstgeschichte sorgfältig notiert. Rahmen und Bücher sind geduldig. Der Satz des Buchs der Kunstgeschichte bleibt ewig stehen und das Gold der Rahmen wird nachgeblättert. So wirken die Bilder, so werden die Bilder immer verbräunter, bis der gesunde Mensch über die Farbe wischt, die Schminke ist. Boccioni fuhr mit seiner starken Hand durch die Galerien Italiens, der Staub von Jahrhunderten fiel hinunter, die sogenannte alte Kunst war tot und damit das Geschäft Italiens. Museumsdirektoren und Hotelwirte protestierten. Die Gebildeten der ganzen Erde waren entrüstet. Weil Einer gerüstet in den Kampf zog. Die Gebildeten taten, was Entrüstete tun: sie schrieen. Der Sieger ist stets unbeliebt. Die Gebildeten fühlten sich der Schätze ihres Gedächtnisses beraubt. Sie hatten den ganzen Satz des dicken Buches auswendig gelernt. Die wohlgezählten Namen sollten nicht einen Centesimo wert sein. Wo doch jede namenlose Madonna namenlose Heere von Deutschen und Engländern nach Italien zog. Alle Börsen waren ihnen geöffnet. Und da zu jedem Geschäft ein guter Name gehört, wurde Italien zur Kunstbörse der Welt ernannt. Mit *der* Kunst liessen sich Geschäfte machen, aber die Kunst macht keine Geschäfte. Boccioni war ein Romane und wurde ein Künstler, der also das Romantische hassen mußte. Er fühlte und wußte, daß Kunst Ordnung ist. Ordnung, die Romantiker Militarismus nennen. Darum erklärte Boccioni der

Erde den Krieg: »Wir wollen den Krieg preisen – diese einzige Hygiene der Welt – den Militarismus, den Patriotismus«. Dieser Satz Boccionis ist so oft falsch verstanden worden, als man Bilder zu verstehen sucht. Nicht nur Bilder, auch Gedanken werden in das beliebte Reich der Tatsachen hinabgezogen. Alles Unglück dieser Erde stammt von der Verwirklichung des Geistigen. Davon, daß Gleichnisse in Bar umgesetzt werden. Während doch alles Vergängliche nur ein Gleichnis ist. Kunst ist Gleichnis und Gleichnis ist Tat. Was wir tun, ist geschehen und was wir nicht tun, geschieht. Es gibt keine andere Anschauung für den Künstler und für die Kunst. Diese Anschauung ist keine Richtung, es ist das Schauen. Boccioni war für den Krieg als geistiges Phänomen. Er war Künstler und wollte wie jeder Künstler das sogenannte Leben aus der Kunst drängen. Als er im Uebermut seines Kunstgefühls Kunst in das sogenannte Leben treiben wollte, stürzte er. Kunst ist unmenschlich, sie tötet, wer sie vermenschlichen will. Boccioni sah den Irrtum seiner Jugend. Wenige Tage vor seinem Tode schrieb er: »Aus dieser Existenz werde ich mit einer Verachtung für alles hervorgehen, das nicht Kunst ist. Nichts ist furchtbarer als die Kunst. Alles was ich gegenwärtig sehe, ist ein Spiel gegen einen richtiggezogenen Pinselstrich, einen harmonischen Vers, einen wohlgesetzten Akkord. Alles, damit verglichen, ist Sache des Mechanischen, der Gewohnheit, der Geduld, des Gedächtnisses. Es gibt nur die Kunst.«

Mitten im Tode sind wir vom Leben umfangen. Die Werke bestehen, wenn auch die Leiber verfallen. Du bist ein Künstler, mein Freund Boccioni, Du hast den Guten Deiner Zeit genug getan. Und wenn Franz Marc, der Deine Bilder liebte, Dir nun die Hand reicht, gedenket dessen, der für Euch lebt, auf daß Ihr lebet.

C. *Die Entdeckung der futuristischen Politik; Arthur Moeller van den Bruck (1912/13)*

C.1. Arthur Moeller van den Bruck, »Die Probleme des Futurismus«, in: *Der Tag*, Berlin, 18. Juli 1912, S. 1–3.

C.2. Arthur Moeller van den Bruck, »Die radikale Ideologie des jungen Italien« [Auszüge], in: *Deutsch-Österreich* 1 (1913), 52, S. 1269–1275.

C.1. *Arthur Moeller van den Bruck*
Die Probleme des Futurismus

Der Futurismus ist eine neue Begeisterung. Er empfängt seinen Namen von einer Abrechnung mit dem Gewesenen, die gründlich und endgültig sein soll, von einem Haß auf alles, was sich in der Gegenwart noch von einer abgestandenen Vergangenheit erhalten hat, und von einer ebensolchen Liebe zu allem, was sich aus einer schöpferischen Gegenwart in die Zukunft hinein entwickeln will. Sind wir zu weit gegangen? fragten Jahr für Jahr die Reaktionäre der modernen Bewegung, und ihre Zahl wuchs, bis es schließlich kaum einen gab, der nicht an irgendeiner Stelle und aus irgendeinem Grunde auswich und in die Reihe der Zurückgebliebenen wieder eintrat, aus der er doch eben erst, um sie zu bekämpfen, hervorgetreten war. Wir sind noch nicht weit genug gegangen, antworten jetzt die Futuristen! Der Futurismus selbst ist die Fortsetzung der modernen Bewegung vom Ausgange des vorigen Jahrhunderts, und alle diejenigen, die damals Führer, nicht nur Mitläufer waren und ihre modernen Gedanken wirklich zu Ende dachten, ihre modernen Gefühle wirklich zu Ende lebten, gehörten ihm bereits an. Nietzsche war sein Seher. Walt Whitman war sein Sänger. Dostojewski war sein Arzt und Geheiligter. Doch Nietzsche vermochte uns nicht vor neuer Sentimentalität, Walt Whitman nicht vor neuer Romantik, Dostojewski nicht vor neuer Banalität zu bewahren. Jenseits von diesen Rückschlägen, denen wir ausgesetzt waren, setzt nun der Futurismus ein, um Ernst zu machen mit der großen Umwertung aller Werte, die Nietzsche versprach, Ernst mit der Epik eines neuen Tempos und einer neuen Kameradschaft, die Walt Whitman verkündete, Ernst mit der Vertiefung unserer Menschenauffassung, mit der Dostojewski die mystisch-fatalistische Psychologie unseres Innenlebens aufdeckte.

Vieles unterscheidet die neue Bewegung von der alten, der ganze Unterschied des zwanzigsten Jahrhunderts vom neunzehnten Jahrhundert liegt dazwischen, und nur die allgemeine Richtlinie, die bereits aufgegeben wurde und nun wieder aufgenommen wird, ist beiden Bewegungen schließlich gemeinsam. Der Futurismus besitzt eine wesentlich tiefere Einsicht in weltgeschichtliche

Zusammenhänge und eine wesentlich bessere Kenntnis unserer ewig-menschlichen Natur. Er hat erlebt und gelernt. Er kennt den Zusammenbruch der modernen Bewegung, die ihm selbst die Bahn brach. Er weiß, vor welchen Gewalten moderne Menschen versagten, an welchen Gesetzen moderne Menschen scheiterten. Er ist überzeugt, daß nur Folgerichtigkeit bis zur Rücksichtslosigkeit in jedem Kampfe zu siegen vermag, während sich mit dem ersten Kompromiß unfehlbar die Niederlage einstellt. So erklärt er sich denn selbst bereit zur äußersten Konsequenz. Die Wahrheit wird seine Kraft. Er spricht aus, was alle ahnen, und wonach doch keiner handelt. Damit verblüfft er und ist doch nur sachlich. Ja, auf der Grundlage derselben Zeitanschauung sehen wir, daß die futuristischen Forderungen beinahe im Gegenteil derjenigen münden, die man bis dahin als moderne Forderungen zu stellen pflegte. In dem Liberalismus vor allem, der sein Lebensrecht und seine Übergangsbedeutung im neunzehnten Jahrhundert hatte, während er im zwanzigsten nur noch ein Anhängsel der Entwicklung ist, wird die wachsende Unzeitgemäßheit erkannt. An der physischen Verweichlichung, intellektuellen Untiefe, moralischen Schlappheit, die im Gefolge des Liberalismus herziehen, können die Völker höchstens zugrunde gehen. Statt der Relativismen der liberalen Ideale werden daher Absolutheiten zu futuristischen Dogmen erhoben. Der Moralismus wird bekämpft, weil er doch nur eine Angst vor dem Mut ist. Die Feigheiten einer jeden opportunistischen, die Faulheiten einer jeden utilitaristischen Anschauung werden öffentlich ausgesprochen. Dem Skeptizismus wird der Enthusiasmus entgegengesetzt. Der Feminismus, derjenige der Frauen und derjenige der Männer, wird mit Verachtung, der Pazifismus mit Hohn behandelt. Der Krieg dagegen wird als die einzige Hygiene der Welt gepriesen, und der Militarismus und Patriotismus, die Einheit, die sie bilden, als die Kraftquelle der Nationen verherrlicht.

Es ist ein vollkommener Wandel der Gesinnung in dieser Generation, und wenn man nach den Schlagwörtern allein urteilen wollte, dann könnte man glauben, daß die Postulate des Futurismus nichts anderes enthielten als das mehr oder weniger unausgesprochene Programm des Konservativismus. Und doch ist alles ganz anders, ist neu und jung und frisch, ist zukünftiger gemeint, ist um der Zukunft willen gemeint. Der Konservative will in seinem geheimsten Grunde gar nicht die Gegenwart bewahren, sondern zur Vergangenheit zurückkehren, und eine Zukunft kann er sich nur dann als wünschenswert vorstellen, wenn sie genau so ausfällt, wie eben jene Vergangenheit, an der er hängt, einmal gewesen ist. An dieser Macht eines angeborenen und übererbten Gefühles werden alle Modernisierungsversuche des Konservativismus am Ende sich brechen. Der Futurist dagegen hängt mit Leidenschaft an einer Zukunft, die es erst zu schaffen gilt, die größer sein wird, als vordem je eine Vergangenheit gewesen ist, und deren Ungewißheiten ihn gerade locken und reizen. Nur daß er dabei kein Utopist ist, wie der sozialistische Phantast, sondern ein Praktiker, wie der amerikanische Pionier! Nur daß er ablehnt, wenn man ihm mit einer Gleichheit von Völkern oder von Menschen kommt! Nur daß er weiß, wie doch ein selbstbewußtes Volk stärker ist als zehn charakterlose, und ein selbständiger Mensch stärker als hunderttausend persönlichkeitslose!

Anderseits verbürgt die feste Stellung, die der Futurist in der Gegenwart hat, die unbedingte Modernität des Futurismus. Er kennt alle modernen Probleme, an denen er im Gegensatz zum konservativen Menschen, der sie womöglich ablehnt, einen tätigen Anteil nimmt, und über die er im Gegensatz zum sozialistischen Menschen, der befangen in ihnen steckt, eine freie Überschau besitzt. Auch der Futurist ist stolz auf das Land, das ihn geboren hat, und wir können uns denken, daß er sich der Rückbestände an Volkskraft freut, die eine gesunde Bauernschaft und ein echtes Landleben verbürgen. Aber stolzer ist er doch noch auf die Opfer, die dasselbe Volk mit seinem Leben und Leibe in der Großstadt bringt. Der Futurist wird immer dort zu finden sein, wo Werte geschaffen werden, und Werte, weiß er, entstehen nur auf jener Linie voll Unruhe, Versuch und Gefahr, die als der eigentliche Ausdruck des modernen Lebens diesem vorgelagert ist. Hochöfen und Fabriken, das Treiben in den Häfen und an den Bahnhöfen, das Leben am Hangar, die Kurve, die ein Torpedoboot schneidet, die Majestät, mit der ein Luftschiff zieht, sind seine Entzückungen. Die Monumentalität der Menge reißt ihn hin, und in der Katharsis des anarchistischen Terrors noch erkennt er eine Form des sozialen Heroismus und eine moderne Tragödie. Er selbst ist weder Sozialist noch Anarchist. Dem Sozialismus und dem Anarchismus steht er so fern oder nahe, wie er dem Konservativismus fern und nahe zugleich steht. Der Sozialist möchte die Macht aufteilen, der Nihilist sucht sie zu vernichten, der Futurist will sie benutzen. Und nur deshalb, weil Konservative und Futuristen, die Erben der Vergangenheit und diese Vorkämpfer einer neuen Zukunft, sich in der gleichen Anerkennung alles Männlichen, alles Tapferen, alles Entschlossenen als Vorbedingung jeglicher Macht verbunden fühlen, ist eine Charakterverwandtschaft zwischen ihnen. Doch mit seiner Ideologie geht der Futurist weit über den Konservativen hinaus, schon deshalb, weil er nicht nach Prinzipien, die ihm überkommen sind, sondern nach Ideen, die er selbst hervorbringt, sein Weltbild bestimmt. Persönlich ist er vor allem Organisator, und als solcher Individualist. In Männern wie dem Großen Kurfürsten, wie Napoleon oder Cecil Rhodes erkennt er die wirkenden Energien der Geschichte. Doch fühlt er eine aufrichtige Neigung zu der Masse, deren er sich als Mittel bedienen wird, und nur eine starke Geringschätzung für diejenigen Führer der Masse, die glauben, daß Masse aus sich selbst heraus je irgendwelche Zwecke erreichen kann. Über die soziale Demokratie hinaus erhebt sich der Gedanke eines sozialen Imperialismus. Und zum ersten Male werden die Mächte als Forderungen formuliert, die den Sozialismus aus seinen eigenen Voraussetzungen heraus überwinden werden, nach ewigen Gesetzen, nach denen sich geschichtliche Entwicklung immer nur mit dem Individuum, mit dem einzelnen, und wär's mit einem einzelnen Volk, aber niemals mit der volklosen Menge verbinden kann.

Der Futurismus ist eine kulturelle Bewegung. Er will vor allem auf die Kunst hinüberwirken und uns hier – was die moderne Bewegung nicht gekonnt hat – von dem Verhängnis befreien, daß auf Kunst regelmäßig Kitsch folgt. Die Methode, die er dazu empfiehlt, ist die der Zerstörung. Es ist die Stelle, an der wir uns entsinnen, daß der Futurismus aus dem Süden zu uns kommt. Und es ist zugleich die Stelle, an der wir uns entschließen müssen, wenn wir uns den Futurismus als Element, wie jedes bewegende der Zeit, in uns aufnehmen, seine anarchistische Ethik durch eine kategorische des Nordens zu ersetzen. Junge Völker haben nicht niederzureißen. Junge Völker haben aufzubauen. Doch den Mut der Voraussetzungslosigkeit sollen wir von dem Futurismus lernen – in dem Sinne, in dem Adolf Loos und Peter Behrens unsere ersten Futuristen im Architektonischen sind. Kein Volk hat diesen Mut heute nötiger als das deutsche, das immer wieder in Eklektizismus zurückfällt. Von ihm kann nur Futurismus erlösen: der Wille zum reinen Ausdruck des Zeitalters. Es ist derselbe Wille, der in früheren Zeiten die großen Vergangenheitswerte geschaffen hat, die unser Konservativismus überaus verehrt. So sehen wir auch von dieser Seite her den Futurismus ergänzend neben ihn treten, freilich in einer Auffassung des Konservativismus, die heute verloren gegangen ist, und nach der konservativ sein immer nur heißen kann: Werte zu schaffen, die es einmal aufzubewahren gilt.

C.2. *Arthur Moeller van den Bruck*
Die radikale Ideologie des jungen Italien

Man hat sich diesseits der Alpen angewöhnt, bei jeder erwünschten Gelegenheit, wenn in der Presse oder unter den Parteien das Schlagwort des Futurismus fällt, mit einem Lächeln, einem Mißtrauen und einer Ueberhebung zu antworten. Man denkt an futuristische Kunst, die ihre Pro[b]leme freilich auf Gebieten sucht, auf denen sie für ein konventionelles Formempfinden niemals liegen können. Man ist sich nicht klar darüber, daß das bewußt Experimentelle dieser Kunst nur eine notwendige Uebergangserscheinung ist, die aus völlig sterilen Kulturzuständen herausführen soll. Man weiß vor allem nicht, daß Kunst überhaupt nur den kleinsten Teil eines sehr großen kulturpolitischen Programmes deckt, das sich wohl ursprünglich, als es von einem engen Kreise Mailänder Ideologen verkündet wurde, auf Literatur und Aesthetik beschränkte, das aber mehr und mehr, in dem Grade, wie es eine Sache der Oeffentlichkeit geworden ist, seine Forderungen für Sittlichkeit und Staatsleben, Nationalgefühl und Volkstum aufstellt. Schon deshalb ist diese bald mehr banale, bald mehr rabiate Verulkung, in der sich Liberale und Antiliberale, Konservative und Sozialisten, Klerikale und Nationalisten zusammenfinden, was an sich schon verdächtig sein sollte, ist nur das Zeichen einer tiefen politischen Unbildung, die freiwillig darauf verzichtet, die Probleme Europas in dieser Zeit zu kennen, Länder und Völker aus deren eigenen Voraussetzungen zu verstehen und das Allgemeingültige vom Besonderen zu unterscheiden. Man vergißt völlig, hört darüber hinweg, übersetzt nicht zurück, daß Futurismus für den Italiener Wille zur Zukunft bedeutet, eine Sache, von der das Ernsteste der Nationen abhängt. Und man übersieht praktisch, daß eine Anwendung dieses Willens zur Zukunft bereits in jener italienischen Politik liegt, die als die einzige heute noch politische Geschäfte macht, bei denen der betreffende Staat nicht verliert, sondern gewinnt, und hinter der, was wichtiger ist, ein Volk von einer Geschlossenheit der Gesinnung steht, wie wir sie jetzt in keinem zweiten europäischen Staatswesen wiederfinden. Ganz Italien ist inzwischen futuristisch geworden, nicht dem Schlagwort nach, sondern der Sache nach. Sein politischer Aufschwung und sein kultureller Ehrgeiz ist futuristisch, und nur die wenigen, doch zähen, verzögernden, beharrungsfanatischen Kräfte, die ihm im eigenen Lande entgegenwirken, sind – um in den beiden Schlagworten zu bleiben, die mehr und mehr alle italienischen Gegensätze umschließen – passatistisch. Das Schlagwort des Futurismus selbst aber, das bei uns so sehr erheitert, vielleicht auch erschreckt, ist die Parole der jungen Generation geworden, des Besten, das ein Volk haben kann, seiner Seele und seines Willens zu neuen Entwicklungsvorgängen, seiner eigenen nationalen Jugendlichkeit, deren naiver und noch dazu im Volkstemperamente liegender Maßlosigkeit man die Radikalismen ihrer Ideologie auch dann zu Gute halten muß, wenn es eben die Ideologie des Radikalismus ist.

[...]

Doch ist die Bewegung, wie jede in einem Volke, nur aus dem Lande zu erklären, aus dem sie kommt: hier aus Italien – obwohl Wesensseiten von allen anderen Ländern und Völkern in dem Maße mitgelten, wie diese sich in einer ähnlichen Lage befinden. Italien, das schon in mittelalterlichen Doktrinen den Liberalismus geschaffen oder doch vorbereitet hat, lange bevor er auf England, oder gar Frankreich oder gar Deutschland übergriff, ist wie alle romanischen Länder durch die Jahrhunderte mit Liberalismus übersättigt. Nur dies unterscheidet Italien namentlich von Frankreich, daß es die Folgen des Liberalismus nicht in einer Katastrophe gleich der französischen Revolution auf den eigenen Leib zu nehmen brauchte, daß sein Volkskörper vielmehr aus der Lethargie, mit der er die weltgeschichtlichen Vorgänge vom fünfzehnten bis zum achtzehnten Jahrhundert begleitete, erholt, unverbraucht und völlig unversehrt hervorging. Zugleich bekam Italien genügenden Abstand zu den Ereignissen des neunzehnten Jahrhunderts, um die Gründe zu erkennen, warum diejenigen Mächte, wie Deutschland, an die der Liberalismus kaum heranreichte, schließlich siegreich aus den allgemein-europäischen Auseinandersetzungen hervorgingen, und daß diese Gründe in einem ganz bestimmten Konservativismus lagen. Italien selbst verdankte seine Einigung einer wesentlich unfranzösischen, einer eher preußischen Auffassung jenes Gedankens der Nationalität, den ein Italiener, Napoleon, nach Frankreich hinübergeworfen hatte und der in Italien am besten in Piemont verstanden worden war. Cavour, nicht Mazzini, hat diese Einigung schließlich geschaffen. Die Erben der Carbonari aber, ihnen in manchen Zügen einer Propaganda verwandt, die heute nur nicht mehr heimlich zu sein braucht, sondern sich laut, ja lärmend äußern kann, sind die Futuristen. Sie nehmen die echteste italienische Ueberlieferung einer demagogischen, aber auch enthusiastischen Ideologie auf, und wenn wir ihre Vertreter von der Klicke lösen, die sich gebildet hat, vielmehr als einen Typus erfassen, in dem das neue Italien sich auszudrücken sucht, dann sind sie, in einer sehr veränderten, sehr unromantischen, sehr realpolitischen Zeit auf eine gleichwohl idealistische Weise die Ersten, in denen sich Massimo d'Azeglios Verkündung erfüllt: »Nun, da wir Italien gemacht haben, gilt es, die Italiener zu machen!« In ihnen schließt sich der Kreislauf einer Entwicklung, die vom Liberalismus einst ausging, die nun aber, je nach den zeitlichen Notwendigkeiten, ihn durchzuführen oder abzustoßen bereit ist, und von der zugleich der Konservativismus, der ihr von Norden her begegnete, modern durchdacht, von seinen Befangenheiten gelöst und erweiterten Anwendungsmöglichkeiten zugeführt wurde.

Auf der Platform dieser Entwicklung, die heute vollzogen vor uns liegt und, wie die neuen Formulierungen beweisen, zu einer neuen Auseinandersetzung mit Weltideen wie Weltmächten bereit ist, muß man verstehen, wenn der Futurismus mehr Macht für den italienischen König verlangt, wenn er sich, als eine Bewegung von – wie nicht stark genug wiederholt werden kann – modernen, unreaktionären, eher proaktionären Menschen, in keiner Weise scheut, mitten in der Zeit des blühenden und verblühenden Parlamentarismus ein souveränes und absolutes Italien zu fordern. Dasselbe Italien, in dessen jungen Generationen während eines vollen Jahrhunderts die Idee der Republik zu rumoren pflegte, ist heute frei genug, unsentimental und undoktrinär, nachdem es erkannt hat, daß republikanische oder auch nur konstitutionelle Staatsform eine Behinderung für aktive Politik ist, auf das radikale Gegenteil dieser Staatsform in einer modern-monarchischen Zentralgewalt hinzuarbeiten. Es ist der Mut der Sachlichkeit in diesen Forderungen, die Ueberspannungen zu sein scheinen und die doch, wenn man ihnen auf den Grund geht, nichts anderes wollen, als die Sache, um die es sich handelt, statt sie zu verschleiern, wie es der Brauch ist, ganz im Gegenteil zu enthüllen. Dies trifft kein Mißverständnis mehr als dasjenige, welches wir um das viel beredete Wort von »dem Krieg als der einzigen Hygiene der Welt« ausgebreitet finden. Wer die politische Heuchelei unserer Zeit nicht mitmacht, die Haager Friedenspaläste erbaut und zugleich fortgesetzte Riesenrüstungen auf sich nimmt, ganz abgesehen davon, daß sie ruhig duldet, wie Krieg auf Krieg folgt, und wer zugleich, über sein eigenes Zeitalter hinaus, den Blick für Weltgeschichte hat, in der er immer wieder Rassen und Imperien aufsteigen sieht, die durch Kampf sich zu behaupten suchen, der wird sich sagen, daß in diesen ewigen Zusammenstößen, deren ungeheuerste uns vielleicht erst bevorstehen, nur das sieggewohnte Volk zu siegen vermag. Und wer nur ein wenig Kenner unserer menschlichen Natur ist, wer weiß, wie der Mensch sinkt, dem es wohl geht, und wie der steigt, dem es schlecht geht, wie wir im Genusse verkommen und in der Entbehrung uns vollenden, der wird dem ewig Dorischen, oder Makedonischen, Römischen, Preußischen, das noch die Achse jeder männlichen Staatengründung gewesen ist, mehr vertrauen als dem verweichlichten Alexandrinertum, dessen politische Aeußerung wir im Pazifismus erleben. Und er wird völlig bereit sein, ein Prinzip aus diesem Vertrauen zu machen und den Nachdruck nun zwar nicht auf den Krieg, aber auf Hygiene zu legen, nicht auf den Krieg um des Krieges willen, aber auf die Gesunderhaltung der Arten durch Selbstbehauptung, und durch jene Tüchtigkeit, mit der noch immer diejenigen Völker, die keinem Ernstfalle auswichen, sich am längsten ruhmvoll erhalten haben. Und ebenso wird die Forderung einer »zynischen und aggressiven Politik« verständlicher, wenn man auf die diplomatische Heuchelei unserer Tage verzichtet und sich dafür lieber an Nietzsche erinnert, der mit seinem Mute zur Offenheit sagte: »Große Dinge verlangen, daß man von ihnen schweigt oder groß redet, groß, daß heißt zynisch, und mit Unschuld.« Die amoralische Ethik, die mit und ohne unser Zutun die Weltgeschichte in rücksichtslosen Völkeregoismen durchwaltet, hört deshalb nicht auf, sittlich zu sein. Und gewiß läßt sich ihre historische Wahrheit leichter ertragen, wenn wir die Aufrichtigkeit zu ihr haben und uns durch politische Wahrhaftigkeit von ihr erlösen.

Es steckt sehr viel Selbstüberwindung in dem Futurismus, sehr viel Ueberwindung des neunzehnten Jahrhunderts zu den Zwekken des zwanzigsten. Man erkennt dies nirgendwo deutlicher als dort, wo der Irredentismus mehr und mehr durch Imperialismus verdrängt wird. Es ist gewiß eine Verdrängung gegen das eigene Gefühl, aber da der Futurismus bereit ist, sich ganz auf den Willen zu stellen, so muß er auch bereit sein, politische Empfindlichkeitsregungen gegen die staatlichen und wirtschaftlichen Notwendigkeiten zurückzustellen. Es trifft dies vor allem das Verhältnis zu Oesterreich. Der moderne Italiener weiß, daß von den zwei Forderungen: Primat Italiens im Mittelmeer! und Panitalianismus auf dem Festland! sich aus weltpolitischen Gründen und außeritalienischen Zusammenhängen, die den nationalgeographischen Wünschen übergeordnet sind, nur die eine oder die andere verwirklichen lassen wird, und daß die imperialistische wichtiger als die irredente für Italien ist. Er weiß, daß die Frage gar nicht: Oesterreich oder Italien? lautet, sondern: Italien oder Frankreich? und ebenso nicht: Triest oder Venedig? sondern: Marseille oder Genua? weil die Ausbreitung des italienischen Volkstums schon lange nicht mehr nach Nordosten, sondern nach Südwesten weist. Ja er weiß, daß Italien das innere Recht auf Triest fehlt, daß hier nicht nur eine Rassenscheide sich erhebt, die das Slavo-Oesterreichertum vom Romanentum trennt, sondern auch eine Scheide der Weltwirtschaft, die Triest unter ein modernes Hansabewußtsein stellt, das jeder Triestiner, der deutsche wie der italienische, als den Stolz seiner Vaterstadt, der alten freien Reichsstadt im Habsburgerstaate, zu haben vermag. Und nur Eines verlangt er auf diesem alten Boden, dem einst von Rom und Venedig aus die erste Kultur gebracht worden ist: die geistige Achtung, die dem Italiener als dem Vertreter einer auch jetzt noch italienischen Ortskultur, nicht Staatskultur, zukommt und die sich ganz selbstverständlich in der freien Verstattung äußern müßte, nach Belieben Dante ehren zu dürfen und bei Bedarf sich eine eigene Universität halten zu können. Erst wo den Italienern in Triest und Trient diese Achtung versagt wird, da »zwingt Oesterreich«, wie unparteiisches Denken einen Betrachter hat schreiben lassen, »die Italiener des Regno, im Imperialismus den Irredentismus wieder auftauchen zu lassen«. Und doch sollte österreichische Politik, wenn sie so von modernen Menschen geleitet würde, wie die italienische dies wird, schöpferisch und von sich aus die weltgeschichtlichen Probleme erfassen, um die es sich hier handelt: Probleme, die Italien, als das steigende Prinzip im Romanentum, vor die Anwartschaft auf das Erbe Frankreichs im Mittelmeer, Oesterreich dagegen, als die geborene Pioniermacht Mitteleuropas, vor die Anwartschaft auf das Erbe von Byzanz stellt – Probleme, die beide gelöst werden können, wenn nur die beteiligten Mächte sich über ihre Voraussetzungen einigen und die Politik des Dreibundes, wie hier immer wieder verlangt worden ist, über alle Mißtrauen hinweg, endlich für alle Teile tätig und fruchtbar gemacht wird.

Der Futurismus ist eine Notwendigkeit für Italien, und er ist es – wenn er in der Politik ruhig den Menschen überlassen werden darf, die, ohne der Klicke anzugehören, gleichwohl in seinem Sinne arbeiten, weil ganz Italien heute in einer futuristischen Atmosphäre lebt – allerdings auch dort, wo bis jetzt der größte Ruhm Italiens gelegen hat, wo es mit Werten angefüllt erschien über die Grenzen des Landes hinaus bis in alle Museen der Welt: in der Kunst. Von dieser Kunst ging die Klicke aus, gegen sie stellte sie sich, bezweifelte ihre Werte, nicht für die Vergangenheit, aber für Gegenwart und Zukunft, und erregte damit, als sie nun futuristische Kunstwerke gegen die traditionären stellte und uns, was bei der Internationalität des Kunstmarktes und der Transportabilität von Kunstwerken möglich war, zur Beurteilung übersandte, unseren allerheftigsten Widerspruch. Aber auch diese Kunst muß aus dem Lande verstanden werden, von dem sie kommt. Wir dürfen nicht vergessen, daß Italien, genau so wie es mit Liberalismus gesättigt ist, auch mit Akademismus überladen wurde. Während die Politik im neunzehnten Jahrhundert den Bann der Doktrinen brach und in eine ganz andere Anschauungsweise hinüberlenkte, die dem Lande durch Tatkräfte und Bewegungsmöglichkeiten die innere Freiheit auch nach außen hin wiedergab, blieb die Kultur in ihrer eigenen Kopie befangen, und die Kunst in einer Sterilität, die bezweifeln ließ, ob überhaupt noch schöpferische Kräfte im Volke vorhanden waren. Die Galerien Italiens, soweit man sie mit Erzeugnissen des neunzehnten Jahrhunderts füllte, sind Schreckenskammern, in denen man vor eine Wehleidigkeit oder Süßlichkeit des Gefühls, eine Armseligkeit der Erfindung, eine Ohnmacht der Form hintritt, die ärger sind als in jedem anderen europäischen Epigonentum. Die Denkmäler des jungen Italien, alle diese trefflich gemeinten, aber übel geratenen Garibaldi, Umberto und Vittore Emanuele, sind ganz und gar unfähige, lächerliche, eher karikaturistisch als monumental wirkende Glorifizierungen, denen man in dieser künstlerischen Nullheit nicht unter den Eklektizismen von Paris oder Berlin begegnet. Und die Kunde, die von den Universitäten kommt, zeigt eine nicht minder leistungslose Wissenschaft, alexandrinisch, wie Wissenschaft immer ist, aber problemarm, wie sie nicht zu sein braucht. Nicht unseren Größten, nicht unseren Kleineren hatte Italien irgend eine Erscheinung zur Seite zu stellen. Mommsen schrieb in dieser Zeit die römische Geschichte, die die klassische bleiben wird. Marés, selbst Böcklin, selbst Hildebrandt würden in ihrer paganen Romantik, wenn nur Italien sie hervorgebracht hätte, wie eine Versöhnung und Erlösung empfunden worden sein. Bloß rhetorische Poeten traten im Zusammenhange mit der nationalen Bewegung hervor, wie Carducci. Aber darüber hinaus war Leere. Italien schien alles gesagt zu haben, was es zu sagen hatte. Geistig schien wahr zu bleiben, was politisch unwahr geworden: Lamartines Italien, die Erde der Toten. Gegen diese Hoffnungslosigkeit, die kein ehrgeiziges Geschlecht ertragen kann, empörte sich der Futurismus. Er war auch hier, was er überall ist: radikal. Und aus diesem seinen Radikalismus sind zunächst die bekannten Formulierungen gekommen, die nach der Seite der Kritik das Programm des Futurismus füllen: Aufhebung von Akademien und Konservatorien, Kampf gegen die Denkmälerei, die das Land entstellt statt zu verschönen, Verbot der Fremdenindustrie, die demütigend ist, weil sie künstlerisch wertlos ist. Aber es gab gar keine andere Wahl. Wohin man mit der bloßen Erinnerung und ihrer Pflege kam, daß man nirgendwohin mit ihr kam, hatte man ja in Beweisen vor Aller Augen, schädlich und schändlich genug. Die große Vergangenheit hing Italien mit dem Blei von Jahrhunderten an. Wenn Italien noch einmal eine schöpferische Zukunft haben wollte, dann mußte es auf diese unschöpferisch gewordene Vergangenheit verzichten. [...]

Die Probleme des Futurismus sind unsere Probleme – obwohl die unseren über jene hinausgehen und Manches, was für Italien erreicht werden muß, mit einer geringeren, Anderes freilich auch mit einer stärkeren Heftigkeit einschließen. Aber sie sind es, und wir erkennen, daß sie es sind, sobald wir die Besonderheit der Problemstellung, die der Futurismus in Italien erfahren hat, aus den nationalen und historischen Vorbedingungen verstehen und die Unterschiede in der Entwicklung, die zwischen Volkstümern und Erdstrichen immer bestehen, in Anrechnung bringen. In manchen Beziehungen macht Italien heute seine Conradi-Zeit durch. Auch bei uns gab es vor zwanzig Jahren diese Jugend, von der die Forderung der Modernität radikal zu Ende gedacht wurde. Das Postulat einer ganz neuen Stofflichkeit, die nur in der Zeit und in den unmittelbaren Gegenwartserlebnissen ihrer Menschen wurzeln sollte, wurde damals nicht minder gestellt. In der Dichtung setzte sich dieselbe, jetzt in Italien wiederkehrende Regellosigkeit eines freien Verses durch, der den gereimten ersetzen sollte. Selbst in der Malerei war Munch, den wir heute in seiner Modernität beinahe als klassisch empfinden, ganz Futurist. Aber dann bekamen wir für unser sich weitendes Bewußtsein von allem Nietzsche, der als Einzelner die ungeheure Last dieser Uebergangszeit, ihre Sprengung, ihre Entfesselung, auf sich nahm und der, trotzdem er oder vielleicht weil er prometheisch erlag, befreiender gewirkt hat, als ein generatives Wollen von noch so begeisterten Stürmern gekonnt hätte. In anderen Dingen ist uns wieder Italien voraus. Es braucht uns deshalb nicht Vorbild zu werden. Aber es ist Beispiel in sich. Hier gehört vor allem sein vornehmster Wert, diese Verbindung, wir wollen nicht sagen, von Literatur mit Politik, aber von Ideologie mit Nationalismus hin. Während für die romanische Jugend Liberalismus, Skeptizismus, Kosmopolitismus längst überwunden wurden, sind sie der germanischen noch ein Denkproblem, wenn auch eines, das uns von den Unerbittlichkeiten unserer Wirklichkeitsprobleme, die Müßiggängereien eines rein schöngeistigen Getriebes und Getues nicht dulden, immer mehr aberzogen wird. Schon sind wir mit unseren Ideen in die Verwirklichung eingetreten, die man nicht von Jünglingen erwarten kann, aber von Männern erwarten muß. Aus den Versuchen und Wandlungen, getragen von einem wachsenden Rassenbewußtsein, gerechtfertigt durch eine in ihren Achsen verschobene Weltwirtschaft, steigt das Diorama einer modernen Kultur auf, die wir Europa schaffen. Hamburg und Triest sind die Pole unseres Welthandels, Kiel und Essen die Zentren unserer Weltstellung. In der Architektur verwirklichen die stereometrischen Formen, die von Peter Behrens und Anderen ausgehen, eine rein moderne Sehweise. Der Typ unseres Menschen selbst ändert sich und bekommt jene moderne Schärfe, die sich im Antlitz des Aviatikers und in der Haltung der Marine am radikalsten zusammenzieht und hier alle Romantik und alles Barock, die uns von unseren letzten Stilepochen noch anhaften, aus Geistigkeit wie Körperlichkeit merzt, um zu der nächsten auch im Leben zu gelangen. In Dichtung und Malerei aber, die auch den Ausdruck dieser Zeitlichkeit wieder in einem Ewigen festzuhalten suchen, dringen wir immer mehr vom Stofflichen zu einem neuen Seelischen vor. Abstoßung, Aufarbeitung und Einbeziehung in größere Zusammenhänge ist unser Problem geworden. Wenn wir es gelöst haben, wird sich zeigen, daß auch diese moderne Kultur wieder nur unserer zugleich nationalen und universalen Ueberlieferung entstieg, die sich in einem nächsten großen neuen Zeitalter fortsetzte – nicht anders, wie man erkennen wird, daß die Formen, und sogar die Kunstformen, mit denen sich Italien an diesem Zeitalter beteiligte, über die Experimenthaftigkeiten hinaus, mit denen es einsetzte und sich austobt, wieder nur echt italienisch gewesen sind.

D. *Texte futuristischer Dichter in zeitgenössischen deutschen Übersetzungen (Auswahl)*

D.1. Filippo Tommaso Marinetti, »À l'automobile de course«, in: *Der Sturm* 3 (1912), 106, S. 36.

D.2. Filippo Tommaso Marinetti, »An das Rennautomobil«, in: ders., *Futuristische Dichtungen,* Berlin-Wilmersdorf o. J. [1912], S. 3–4 [Ü: Else Hadwiger].

D.3. Filippo Tommaso Marinetti, »Der Abend und die Stadt«, *ibid.*, S. 4–5 [Ü: Else Hadwiger].

D.4. Filippo Tommaso Marinetti, »Gegen die Syllogismen«, *ibid.*, S. 7–8 [Ü: Else Hadwiger].

D.5. Filippo Tommaso Marinetti, »Der Mietvertrag. Theatralische Synthese«, in: *Der Sturm* 13 (1922), 4, S. 51 [Ü: Rudolf Blümner].

D.6. Filippo Tommaso Marinetti, »Jetzt kommen sie. Drama der Gegenstände«, in: *ibid.*, S. 51–52 [Ü: Rudolf Blümner].

D.7. Aldo Palazzeschi, »Verbotene Spielerei«, in: *Der Sturm* 6 (1915), 1–2, S. 9 [Ü: Theodor Däubler].

D.8. Aldo Palazzeschi, »Wer bin ich?«, in: *ibid.* [Ü: Theodor Däubler].

D.9. Aldo Palazzeschi, »Der Bummel«, in: *ibid.*, S. 9–10 [Ü: Theodor Däubler].

D.10. Paolo Buzzi, »Lied der Eingeschlossenen (I reclusi)«, in: *Die Aktion* 4 (1914), 44–45, S. 855–858 [Ü: Else Hadwiger].

D.11. Paolo Buzzi, »An den Hafen«, in: ders., *Ein futuristisches Diptychon*, Berlin-Wilmersdorf 1920, S. 2–5 [Ü: Else Hadwiger].

D.12. Luciano Folgore, »Der Marsch«, in: *Die Aktion* 6 (1916), 7–8, S. 94 [Ü: Else Hadwiger].

D.13. Corrado Govoni, »Seele«, in: *ibid.* [Ü: Else Hadwiger].

D.1. *Filippo Tommaso Marinetti*
À l'automobile de course

Dieu véhément d'une race d'acier,
Automobile ivre d'espace
qui piétines d'angoisse, le mors aux dents stridentes!
O formidable monstre japonais, aux yeux de forge
nourri de flamme et d'huiles minérales,
affamé d'horizons et de proies sidérales,
je dechaîne ton coeur aux teuf-teuf diaboliques,
et tes géantes pneumatiques, pour la danse
que tu mènes sur les blanches routes du monde.
Je làche enfin tes brides métalliques et tu t'élances,
avec ivresse, dans l'Infini libérateur!...

Au fracas des abois de ta voix...
voilà que le Soleil couchant emboite
ton pas véloce accélérant sa palpitation
sanguinolente au ras de l'horizon...
Il galope là-bas, au fond des bois... regarde!...

N'importe, beau démon, je suis à ta merci... prends-moi!
Sur la terre assourdie malgré tous ses échos,
sous le ciel aveuglé malgré ses astres d'or,
je vais éperonnant ma fiévre [!] et mon désir
à coups de glaive en pleins naseaux!...
Et d'imstant en instant, je redresse ma taille
pour sentir sur mon cou qui tressaille
s'enrouler les bras frais et duvetés du vent.

Ce sont tes bras charmeurs et lointains qui m'attirent!...
Ce vent, c'est ton haleine engloutissante,
Insondable Infini qui m'absorbes avec joie!...
Ah! Ah!... des moulins noirs, dégingandés, ont tout à coup
l'air de courir sur leurs ailes de toile baleinée
comme sur des jambes démesurées...

Voilà que les Montagnes s'apprêtent à lancer
sur ma fuite des manteaux de fraîcheur somnolente.
Là! Là! regardez! ... à ce tournant sinistre! ...
Montagnes, ô Bétail monstrueux! ô Mammouths
qui trottez lourdement, arquant vos dos immenses,
vous voilà dépassées ... noyées ...
dans l'écheveau des brumes! ... Et j'entends vaguement
le fracas ronronnant que plaquent sur les routes
vos jambes colossales aux bottes de sept lieues! ...

Montagnes auk [!] frais manteaux d'azur! ...
Beaux fleuves respirant au clair de lune! ...
Plaines ténébreuses! Je vous dépasse au grand galop
de ce monstre affolé ... Etoiles, mes Etoiles,
entendenz [!] – vous ses pas, le fracas des abois
et ses poumons d'airain croulant interminablement?
J'accepte la gageure ... avec Vous, mes Etoiles! ...
Plus vite! ... encor plus vite! ... et sans repit, et sans repos! ...
Lâchez les freins! ... Vous ne pouvez? ... Brisez-les donc! ...
Que le pouls du moteur centuple ses élans!
Hurrah! Plus de contact avec la terre immonde! ...
Enfin, je me détache et je vole en souplesse
sur la grisante plénitude
des Astres ruisselant dans le grand lit du ciel.

D.2. *Filippo Tommaso Marinetti*
An das Rennautomobil

Feuriger Gott aus stählernem Geschlecht,
Automobil, das fernensüchtig
geängstet stampft, in scharfen Zähnen das Gebiß!
Japanisch-fürchterliches Untier, schmiedefeueräugig,
mit Flammen und mit Ölen aufgenährt,
nach Horizonten gierig und nach Sternenbeute,
des Herzens teuflisches Töff-Töff befrei ich dir
und deine riesigen Pneumatiks

zum Tanze auf der Erde weißen Straßen.
Ich lasse den metallenen Zügel los und du
stürmst trunken in befreiende Unendlichkeit! ...

Bei deiner Stimme bellendem Lärm
fügt sich die sinkende Sonne deinem Schritt
und stärker wird ihr blutiges Beben
am Rand des Horizonts ...
Dort jagt sie hin im Walde – schau! ...

Daß ich in deiner Macht bin, schöner Teufel – sei's!
Über die Erde, taub trotz allen Widerhalls,
unter dem Himmel, blind trotz aller Sterne,
sporn ich mein Fieber an und mein Verlangen
mit Messerstößen in die offnen Nüstern! ...
Und immer wieder richte ich mich auf,
daß ich an meinen bebenden Hals sich schmiegen fühle
des Windes frische, flaumig-weiche Arme.

Denn es sind deine zauberhaften fernen Arme, die mich ziehn! ...
Der Wind ist deines Atems zehrender Hauch,
abgründige Unendlichkeit, die mich empfängt! ...
Die schwarzen lendenlahmen Mühlen scheinen plötzlich
zu laufen auf der Flügel aufgesteifter Leinwand
als übergroßen Riesenbeinen ...

Die Berge möchten über meine Flucht
schläfriger Frische Mäntel werfen.
Dort! dort! ... seht – da an jener finstern Kehre!
Berge, ihr riesenhafte Herde! Mammuts,
die langsam trabend ihre riesigen Rücken biegen,
da seid ihr überholt ... ertränkt
in Nebelsträhnen! Und ich höre dumpf
das schurrende Geräusch der Siebenmeilenstiefel
an euren ungeheuren Füßen, das die Straße füllt.

Ihr Berge mit dem Mantel blau von Frische,
ihr schönen Flüsse unterm Mondlicht atmend,
Ebenen voll Dunkelheit! Ich sause euch vorbei

im Jagen meines tollen Ungetüms. Ihr meine Sterne,
hört ihr sein Rennen, seines Bellens Lärm,
seiner metallnen Lungen unaufhörlich Atmen?
Ich geh die Wette ein ... mit euch, ihr Sterne!
Schneller! Noch schneller! Ohne Ruh und Reue!
Die Bremsen los! Ihr könnt nicht? Brecht sie denn,
daß sich des Motors Schwung verhundertfacht!
Hurrah! Die niedre Erde fesselt mich nicht mehr.
Endlich befrei ich mich und fliege schon
berauscht hinein in alle Überfülle
des Sternenstroms im großen Bett der Nacht.

D.3. *Filippo Tommaso Marinetti*

Der Abend und die Stadt

Die Stadt ummauern Eitelkeit und Sonne ...

Verachtend allen Schreck der Dunkelheit,
die fern aufsteigt zum Angriff auf das Licht,
sträubt nun die Stadt mit rötlich glühender Hand
der Glockentürme tönend Rutenbündel in den Himmel,
daß der geschwungnen Türme schwarze Lanzen
des Abends müdes und erhabnes Fleisch verletzen.

Verwundet war der Abend; seine goldne Stimme schwieg
und sein erzitternder, von Schmerzen schwerer Leib
sank nieder auf die Stadt beim sanften Taubengirren.
Der Türme Unschuld weinte blaue Tränen
um ihrer Spitzen hilfloses Verbrechen.
Die Stadt, von Stolz und von Verachtung trunken,
geängstet von des Abends fernem Weinen
lehnt sich weit in die Ebene, die Nacht erharrend.
Ihr Angesicht, das Blut färbt und Entsetzen,
taucht in den Fluß, der seine Traurigkeit
abmüht, der Wolken schwere Felsen fortzuwälzen,
und ihre Lanzentürme schlanker wiederspiegelt.

Da hob der wunde Abend, keuchend von der Last
endloser Dunkelheiten, sein Gesicht
traurig zur Stadt und dachte an den nächsten Morgen.
Die Armen würden ihre Stimme dämpfen vor Entsetzen,
wenn sie sein rotes Blut sähn an des Himmels Mauern.

Über den Fluß gebeugt, der sich entfärbt,
füllt er mit wehem Wasser seine Schale
und tilgt die Spuren des Verbrechens mit erhabner Hand,
denn er vergab der mitleidlosen Stadt.

Er ging verwundet fort; im Grund des Auges
Gottes Barmherzigkeit... Sein Schritt ward sanft,
um nicht des Himmels Sterne zu zertreten.

Die Türme starben hin in blauen Tränen.

D.4. *Filippo Tommaso Marinetti*

Gegen die Syllogismen

Denn sie sind deine Wurfgeschosse, mächtige See,
die steingewordnen Leichen, die symmetrisch ruhn
in deinem Abgrund. Die Gelehrten sagen:
sie schwöllen an und lösten sich in Fäulnis auf.
Und die Gelehrten haben das bewiesen.
Was tut das? Ihre Weisheit ist umsonst.
Seht ihre Syllogismen schlotternd kommen
mit weißen Haaren unter spitzen Magiermützen,
die in die Wolken höhnen!
Seht ihre Schlüsse, deren fetter Leib
in X-Form bald sich öffnet, bald sich schließt,
grad wie man will, als ein bequemer Klappstuhl,
den unterm Arm ein Jäger mit sich trägt.
Die Schlottersyllogismen tanzen kreisend
rund um die Wahrheit, die ganz blau und lieblich ist.
Sie hält sich schwindlig ihre Augen zu.

Ha ha!
Die zarte Wahrheit, wie ganz kleine Mädchen,
erstarrt vor Graun, berührt sie ein Gelehrter

und sie verschwindet wie ein Zauberspuk,
ihr goldner Schleier nur bleibt in der ungeschickten Hand.
Ha ha!
Öffnet euch weit ihr Wellen, öffnet euch
mit einem riesigen Demantlachen zu den Sternen auf!
Zerreißt mit eurem blendenden Gelächter
der Stille Grabgewölbe!
Denn seht nur, die ohnmächtigen Syllogismen
weißhaarig und zerknittert lecken sie die Fußspur
der unfaßbaren heißersehnten Wahrheit!

Ich glaube nur noch meinen hohen leuchtturmhellen Traum,
ich glaube nur noch an sein goldnes Auge,
groß wie der herbstliche Mond
der die Tiefen der Nächte durchirrt!

D.5. *Filippo Tommaso Marinetti*

Der Mietvertrag

Theatralische Synthese

Das Schlafzimmer des Herrn Paul Dami. Durch das Halbdunkel sieht man ein weisses Bett. Paul Dami liegt in den letzten Zügen.
Der Freund tritt ein und wendet sich zum Dienstmädchen: Paul liegt im Sterben? Ist gar keine Hoffnung?
Das Dienstmädchen: Kaum ein Schimmer von Hoffnung. Die Kugel ist mitten durchs Herz gegangen.
Der Freund: Unbegreiflich! Sich wegen dieser Frau das Leben zu nehmen.
Das Dienstmädchen: Aber nein! Wegen der Wohnung hat er sich umgebracht. Ich werde Ihnen das Rätsel erklären. Sie wissen, dass Herr Dami wahnsinnig in diese Wohnung verliebt ist. Vor einiger Zeit bat er den Wirt, er möge ihm gestatten, ein Fenster zu öffnen,

das nach der Strasse hinausgeht. Er wollte von da aus den grossen Festzug sehen. Und dieser Idiot von Wirt hats ihm nicht erlaubt. Zufällig erfuhr Herr Dami vor drei Tagen, dass der Wirt mit einem neuen Mieter verhandelt. Der Gedanke, dass er diese angebetete und vergötterte Wohnung verlieren könne, hat ihn vor Schmerz rasend gemacht. Da griff er zum Revolver und schoss sich eine Kugel in die Brust.
Paul Dami spricht im Fieber: Feuer! Es brennt! Die Wohnung brennt! Ruft die Feuerwehr! (Er versinkt wieder in tiefen Schlaf.)
Der Arzt tritt ein, hinter ihm eine Dame, blond, schwarz gekleidet, sehr elegant. Sie nähert sich dem Bett des Sterbenden. Ihr Gesicht ist dem Publikum zugewendet.
Der Freund (zum Arzt): Ist hier gar nicht zu helfen?
Der Arzt (ernst und feierlich): Gar nicht. Wenn ein Herr in eine Wohnung tritt, – der Fall ist schwer, aber nicht ohne Hoffnung auf Heilung. Tritt jedoch die Wohnung in den Herrn, dann gibt es keine Hoffnung mehr.
In diesem Augenblick begibt sich die Dame auf die andere Seite des Bettes, wobei sie dem Publikum den Rücken zuwendet. Man sieht auf ihrem Rücken ein Plakat, das die Aufschrift trägt: *Zu vermieten*

Vorhang

D.6. *Filippo Tommaso Marinetti*
Jetzt kommen sie
Drama der Gegenstände

Ein Salon. Brennender Kronleuchter. Hinten, links, eine offene Tür nach dem Garten. An der linken Seitenwand ein grosser viereckiger Tisch mit bunter Decke. An der rechten Seitenwand, in der sich eine Tür befindet, ein Fauteuil mit hoher Lehne. Rechts vom Fauteuil vier verschiedenartige Stühle. Links vom Fauteuil vier weitere Stühle von verschiedenen Formen. Fauteuil und Stühle stehen dicht an der Wand.
Sowie sich der Vorhang gehoben hat, treten durch die Gartentür der Haushofmeister und zwei Bediente.

Der Haushofmeister: Jetzt kommen sie. Dass alles bereit ist! (Er geht hinaus.)
Die Bedienten stellen die acht Stühle in einen Halbkreis rechts und links vom Fauteuil. Dann gehen sie zur Gartentür und bleiben auf der Schwelle stehen. Indem sie dem Publikum den Rücken wenden, beugen sie sich mit dem Oberkörper hinaus, als ob sie nach den Gästen ausschauen. Eine Minute verharren sie regungslos. Dann stürzt der Haushofmeister atemlos herein.
Der Haushofmeister: Neuer Befehl. Sie sind entsetzlich müde. Kissen! Viele Kissen! (Er eilt hinaus.)
Die Bedienten gehen durch die rechte Tür hinaus. Nach einer Weile kommen sie zurück, mit Kissen schwer beladen. Sie rücken den Fauteuil in die Mitte des Zimmers und stellen die acht Stühle um ihn herum, sodass die Stuhllehnen dem Fauteuil zugekehrt sind. Sie legen die Kissen auf Fauteuil und Stühle und in grossen Haufen auf den Fussboden. Dann gehen sie zur Gartentür und schauen nach den Gästen aus, indem sie wieder dem Publikum den Rücken zukehren. Eine Minute bleiben sie unbeweglich stehen.
Der Haushofmeister stürzt atemlos herein: Neuer Befehl. Sie haben Hunger. Den Tisch decken!
Die Bedienten rücken den Tisch in die Mitte des Zimmers und stellen den Fauteuil und die Stühle rings um ihn herum. Dann fangen sie an den Tisch zu decken. Zuerst stellen sie eine grosse Vase in eine Ecke des Tisches. An eine andere Stelle des Tisches legen sie nichts als grosse Mengen von Brot. Dann stellen sie acht Weinflaschen dicht nebeneinander. Sämtliche Gedecke legen sie auf einen Haufen. Einen Stuhl lehnen sie dicht an den Tisch, sodass die hinteren Stuhlbeine in der Luft sind: Der Platz ist belegt! Dann gehen sie wieder zur Gartentür, wo sie zwei Minuten regungslos stehen bleiben und mit vorgebeugtem Oberkörper nach den Gästen ausschauen.
Der Haushofmeister (stürzt herein): Briccatirakamé-kamé! (Er eilt hinaus.)
Die Bedienten rücken den gedeckten Tisch, ohne an ihm etwas zu verändern, an seinen früheren Platz. Den Fauteuil stellen sie in schrägem Winkel vor die Gartentür und die acht Stühle in einer Reihe hinter ihn, sodass sie eine Diagonale über die ganze Bühne bilden. Sie löschen das Licht aus. Die Scene ist vom Mond, der

durch die Gartentür scheint, schwach beleuchtet. Ein Reflektor, der im linken Hintergrund des Gartens versteckt ist, wirft einen Lichtstrahl auf die Scene und zeichnet auf dem Fussboden die dunklen, scharfen Schatten der Stühle. Indem der Reflektor langsam gedreht wird, bewegen sich die Schatten langsam von Stuhl zu Stuhl bis zum Fauteuil. Die Bedienten kauern in einer Ecke des Salons. Mit geängstigten Gesichtern und am ganzen Leibe schlotternd, warten sie darauf, dass die Stühle auf Befehl des Fauteuils sich aus dem Zimmer begeben.

Vorhang

D.7. *Aldo Palazzeschi*
Verbotene Spielerei

Unsichtbare Spiegel bestreichen uns leise,
In Nebeln verkleidet,
Sie bleiben im Schatten ganz spurlos:
Kein Spiegelbild haben die Spiegel.
Kein Klecks ihrer Schatten zerspiegelt die Spiegel,
Es fehlen sogar alle goldenen Kleckse.
Ein Strahl bricht hervor über knallgelbes Licht
Und bloß auf das Strahlen verirren sich leichte,
Schwersichtbare Halbschimmer fliehenden Lichtes: Ein Spiegeln.
Sie gehen, zergehen behutsam.
Erst werden sie klar, langsam gedämpfter,
Gesichte erscheinen auf einmal,
Die weißesten aller Gesichte.
Leises Erbleichen verdächtigt nur selten ihr Schimmern
Und hie und da wehen auch segelnde Mäntel vorüber,
Sie wehen vereinzelt, behutsam, zersilbert.
Auf einmal verweilen die bleichen Gesichte.
Sie bleiben. Nun scheinen sie bunter.
Ihr Augenblick zuckt aus den Schleiern.
Was suchen in Eile zwei stechende Augen?
Sie sind wie im Fieber erschienen, verschieden!
Behutsames Nebeln zerknittert im Finstern,

Die Blicke verflimmern im Blitz von Geschmeiden.
Tiefer bestimmt sich,
Vernimmt sich das Treiben
Verwinzigter Pünktchen
In wirbelnden Würfeln.
Zwei eisige Würfel: Weit hinten Verweilen!
Die aufmerksam starrschwarzen Punkte erstrahlen.
Da schleichen ganz leicht und behutsam,
Beinahe schon hauchlos die Halbschimmer
Stechender Scheine an Schleiern vorüber: Das Spiegeln.
Sie gehen, zergehen behutsam.
Erst werden sie klar, langsam gedämpfter:
Sie gehen, zergehen behutsam.

D.8. *Aldo Palazzeschi* Wer bin ich?

Wer bin ich?
Etwa ein Dichter?
Nein. Und ich allein
Weiß das Nein.
Ein einziges Wort
Hat das Entsetzen ausgedrückt:
Berückt!
Nun so wäre ich ein Maler?
Nein!
Eine blasse Farbe
In der Seele leicht und weit:
Traurigkeit.
Ein Spielgeselle vielleicht?
Unerreicht!
Ich kenne nur einen tastenden Ton,
Der sanft über Stufen zu gehn sucht:
Sehnsucht.
Nein, etwas bin ich, bin ich doch!
Ich tue eine scharfe Linse,

Eine Linse, vor das Herz
Und die Leute sehen durchs Loch:
Ein Scherz!
Ich bin in der eigenen Seele ein Schauckler,
Mein einziger Gaukler.

D.9. *Aldo Palazzeschi*
Der Bummel

Wollen wir los?
Meinetwegen!
Zur Stickkunst
Fabrik von Spitzen und Einsätzen
Bestellungen, Liefrungen
Schwestern Purtaré
Zur Stadt Paris
Das allerletzte, das allerneueste!
Benediktus Pappenstiel
Nachfolger von Michael Hilf
Aelteste Apotheke
Gegründet im Jahre 1783
Wichtig für die Damenwelt!
Schönheit der Haut
Sammetweich
Die neueste unübertreffliche Seife
Prezisions-Uhren
43
Die Millionen-Lotterie
Altes Wirtshaus
Zur Taube
Mit Garten
Gassenschank
Laufer und Schwalbe
Erstes Stoffgeschäft
Niederlage von Wollwaren
Tuch und Flanell

Alte Möbel
Antiquitäten
26
26 A
Bismarckstraße
Papiergeschäft zum Fortschritt
Tüchtige Schneidergehilfen gesucht
Blutleere
Bankrott!
Allgemeiner Ausverkauf!
Um 90 Prozent herabgesetzte Preise
Freier Eintritt
Hôtel de l'Union
Zum König von Ungarn
Jakimowicz und Blecher
Moderne Heizeinrichtungen
Gasöfen, Thermosiphone
Hebbeltreppe
Früher Kreuzbergstraße
Ende der Saison
Feste Preise
Gotthelf Leitner
Schachteln und Cartonagen
Unerhörte Grausamkeit
Die Lieblingsbiskuits des Königs
Härtel und Weicher
Alte Brüdergasse
2 17 40 25 88
Kinematograph Splendor
Der Bauch von Berlin
Eine Reise durch Japan
Gustav hat Geburtstag
Große Attraktion
Arteriosklerose
Letzte Erfindung der Wissenschaft!
Die Vereinsamte am Bad
Wohlfahrtseinrichtungen
Ludwig Decker
Lampendepot

Holz, Kohle, Lignit
Antrazit
Sägespäne
Zapfen, Reisig
Professor Nikolaus Flisländer
Achtung junge Stutzer!
Hemden nach Maß
Gebrüder Bluffer
Maschinenöl
Reparaturen
Schornsteinfeger
Friseur
Blumengeschäfte
Buchhändler
Modistin
Druckerei
Café Germania
Wohnungen zu vermieten
Beim Portier!
193
Adam Schlüchter
Advokat
Alteisen
Bierstube
Thalia Theater
Manon von Massenet
Auftreten der Primadonna
Michaela Nahe
Gottfried Kellertheater
Der Hundezirkus
Letzte Matinée
Galoschenausbesserung
Schuster
Holzhandlung
Stadttheater
Volkstümliche Preise
Die Kinder von Niemandem
29
31

Bar zur Morgenröte
Anastasia Nagelschmidt
Hebamme
Antoinette Schwitzer
Manicure
Gabriel Wischer
Musikinstrumente
Wilhelm Föhnrich
Hochzeitskonfekt
Popper und Sohn
Kinderkonfektion

Wollen wir nochmals zurückgehn?
Meinetwegen!

D.10. *Paolo Buzzi*
Das Lied der Eingeschlossenen
(I reclusi)

Aus den Klöstern
Süß ist, abseits zu leben, ganz Gottes sein, alle Brüder,
reinlich die kleine Zelle, voller Rosen das Gärtlein,
das Kruzifix, das mahnt so: so leiden sie alle da draußen,
und der Totenkopf auch ist uns ein guter Geselle.
Und die hellen Schläge des Glöckleins, das uns zum Chor ruft
und zur Mahlzeit, zur Vesper, und leis uns in Schlaf klingt.
Süß uns Männern in weißen reinlichen Bärten
Süß uns Frauen in kurzen reinlichen Haaren!
Gleitet das Leben unseren Augen vorüber
sanft wie die Sonne an unsern Fenstern vorbeigeht.

Aus den Bordellen
Wir wissen nicht zu sagen, ob dies Leben süß sei oder bitter.
Noch gestern troff ich von Champagner und von Süßigkeit,
und morgen schon vielleicht deckt Eiter mich und Fäulnis.
Bei Tage leben wir fromm wie im Kloster unserer lieben Frau,

wir schreiben heim und sticken feine Leinenspitzen,
und kommt ein Liebenswerter, wird ihm keusche, jungfräuliche Liebe.
Des Nachts spazieren nackt wir zwischen vielen Männerblicken,
nur einen kleinen weißen Schleier tragen wir.
Wir wissen nicht, weshalb man draußen uns verachtet.
Doch Dichter gibt es, die uns ehren
und sagen, daß wir Priesterinnen sind des Tempels und der Zeit:
sie möchten, daß auf unsern Häusern
Glöckchen von Gold und Silber läuten,
in hellen Harfentönen klingen, klingen hell hin durch die Stadt.

Aus den Hospitälern
Hier stirbt man reihenweise. Denkt euch einen Friedhof
mit Gräbern, ausgerichtet, weiß und starr, und drauf der Sterbende.
Die Ärzte haben einen unausstehlichen Geruch,
die Pflegebrüder nur tragen ein wenig Weihrauchduft her.
Nun ist wohl Herbst. Vor unserm Fenster ließ man Bäume,
die scheinen schmerzlicher zu leiden noch als wir.
Wir wissen wohl, des Fleisches Blätter fallen ab, und Knochen bleiben.
Des Sonntags strömt die Menge her wie auf den Friedhof,
stößt an die Betten und beschmutzt die Läufer auf dem Gang
und bringt uns ungesunde Leckereien.

Aus den Gefängnissen
Wir haben keine Schuld! das Schicksal war zu stark!
Was ist dies? Noch die Welt, die uns geboren hat?
Wer Diebe und der Diebe Söhne plündert, wird gepackt,
wer mordet, seinen starken Armen zu gehorchen, wird gepackt
und kommt nie frei. Gebt uns die Todesstrafe wieder,
ihr Unverständigen! Enden ist so viel viel besser!
Jawohl, wir haben Köpfe, die man abmähn sollte!
Schön wär's! Baut eine Pyramide, pflastert Straßen mit den Leichen!
Wir haben keine Schuld! Drum laßt uns unsern Tod genießen,
die Schande auf den Plätzen und den Ruhm des morgendlichen Volkserschauerns.

Hier drinnen brütet Haß, der eines Tages
sich wütend auf die Menschheit stürzen wird
wie Pfeile Gottes aus dem schwarzen Himmel.

Aus den Irrenhäusern
Wir sind Astrale, Heilige und Teufel,
sind tolle Meteore, die man eingesperrt hat.
Wir wiederholen den Zusammenprall der Welten hinterm
        Horizont,
und Himmelskatastrophen leben fort in uns.
Kommt zu uns, Menschen, daß wir euch zerreißen,
wir sind das Heldentum des Menschenfraßes!
Wenn nicht die Gitter wären, Riegel, schwere Schlösser
und Bäder, die der Seele letzte Kraft erschlaffen,
wir sprängen aus den Fenstern
und führen euch wie Wölfe an die Kehle.
Empfangen sind wir von der grünen Wut der innersten Geweide,
in uns floß aller Völker faulster Saft zusammen,
wir zahlen für der Erde ewige Tollheit.
Doch wenn ihr glaubt, den Himmel zu durchrasen so wie Land und
        Meer,
werdet ihr sicher alle, alle toll,
und WIR sind dann Vernunft und sind Gesetz.

Von den Friedhöfen
Wir sind die Eingeschlossensten der Eingeschlossenen,
uns will man nicht mehr auf der Erde haben.
Kopfüber hätten sie ins Meer uns stürzen können,
an einen Luftballon gehängt ins Blaue treiben lassen!
Man gab uns nur die Grube des Papst Bonifaz,
und abends kommt ihr her, zu sehn, ob Flammen steigen.
Wir sind die Stillsten, glaubt, nicht die Gestorbensten!
Auf eurer Stumpfheit lasten unsere Scharen,
vom Strecken unserer Langweil bebt die Erde,
und eines Tages werdet ihr in euern Häusern in der Dämmerung
als Schildwacht ein Skelett an jeder Türe finden.
Dann werdet ihr die Leichen auf den Holzstoß tragen,
die Welt wird wieder Flammen haben, Licht und Freiheit.
Inzwischen schenken wir euch unsern kalten Phosphorschein,

die Blumen unsrer Nacht mit weißen Lichtchen
und unsre schmiegsam schlanken Fackeln
und warten auf der Zukunft Leichenbrände.

D.11. *Paolo Buzzi*
An den Hafen

Heil dir, du Atem der modernen Stadt!
Ich klammre meinen schwachen Lebenshauch an dich
ein Sohn verstorbener Vergangenheit
und will mit starkem Lebensstrom elektrisch mich durchdringen
hier, wo zehntausend Holz- und Eisenschiffe
erscheinen, kommen, bleiben, fortziehn, sich zerstreuen
zu Kämpfen, die sich weltenweit erstrecken
mit Elementen und mit Handelskniffen.
Euch schick ich meinen Jubelschrei, der tönt
von der Elbbrücke bis nach Altona.
Ich richte mich empor
ein schwächlich eidechshaftes Menschenwesen
dem stählernen Geschlecht der Krahne Trotz zu bieten.

Ich liebe dich, Freihafen! Meiner Seele Meer
ist voll von Häfen.
Da sind die schwanken Palisaden,
die zwanzigtausend Hectar eingeschlossener
ganz glatter Flut, ein Riesenspiegel im Titanenrahmen.
Und über die Bassins und Brücken weht
der Duft der fernen Meere – auch dein Götteratem,
Mittelmeer.
Es flattern tönend aller Länder Flaggen,
Hollands und Englands nachbarliche Laute klingen,
des Flutenmessers Turm reckt sich zum Himmel,
und auch der Semaphor der Zeit von Greenwich,
der stete Vorwurf an Europa: eine Stunde Rückstand!
Gegrüßt, ihr Anker Frankreichs,
Taue aus der Schweiz,

Islands Schiffsbüge mit unheimlich schreckensvollen
Schnitzereien
und ihr, ihr geisterhaften Boote aus den Fjorden,
Lieblinge träumerischer, glücklicher Nomaden.
Da sind die Gasometer – fünfundvierzigtausend Fuß Kubik –
die summen, großen Kesseln gleich, daraus der Hunger
gestillt wird allen Hungrigen der Welt.
Da sind die großen Luxusdampfer:
sie zeigen öffentlich die leckern Mähler
reich an Champagner und an Blumen,
Treibhäuser, Deck- und Wintergärten,
den Rausch der Töne und des Bühnenzaubers,
all die geheime zügellose Ueppigkeit
im Heim der Reichen,
die unbekümmert um der See apokalyptisches Geheul
sich vor dem Sturm zu sicherem Genuß
verschließen in die Bonbonnière der Kabine.
Glück auf, Kauffahrer der Levante
und aus Westafrika!
Der Ruch von Dattelbäumen und von Löwen
zieht heute Abend mit euch
und kehrt vom Kap der Stürme wieder
mit neuem Balsamduft und neuen wilden Tönen.
Die blaue Elbe sieht euch scheiden
und singt euch ihren Lobgesang –
die dicke deutsche Marketenderin.
Und noch zwei Augen sehen euch – latinische,
und denken an die Abfahrt andrer Schiffe,
belastet mit zahllosen Menschenschwärmen,
die Elendsduft aushauchen
und einen Klang von Tod und Nimmerwiederkehren.

Hier wächst die Leidenschaft der Riesen.
Da steht der Krahn von Molderhafen
vollkommen schön emporgetürmt
wie eine dreißig Meter hohe Jungfrau,
die hundertfünfzig Tonnen mit dem kleinen Finger hebt.
Schön ist sie und verliebt:
im Kreis umstehen sie

Lastträger und Poeten,
doch sie umarmt die Luft
und sendet wollustvolle Schreie
aus ihrem scharfgezähnten, hochzeitsstolzen Mund.
Ob der Umarmung jauchzen
die Fibern aller Männer bei der Arbeit,
und die lebendigen Säfte der Ermüdung strömen
befruchtend bei des Ungeheuers Küssen
auf Meer und Land, den Leib der Welt.

Schwarz ist das Wasser
wie mit Maschinenöl gesalbt und klatscht wie zähes Pech
beim Drehn der Dampferschraube;
der Schaum haucht Dünste aus von Schwefel und von Kohle,
den flüssigdunkeln Abgrund schmücken Farben
wie in den tiefsten Tiefen der Vulkane. Kalte Lava
kocht bei des Kieles scharfem Schnitt empor.
Die großen Schiffe stehn wie im Profile ausgeschnitzt
auf wagerechten Blöcken
von urweltlichem Holz,
am Himmel scheint
der schwere Schwaden eines Dauerbrands zu hängen.
Heil euch, ihr Dünste
entzündeter Kamine, schweißbedeckter Menschen!
O Welt des Handels!
ich sehe dich, und Schrecken faßt mich; denn unwissend, fremd,
rein, unbewußt, trieb ich doch selbst dein Fieber an.
Werfte und Docks, ich hab die Weltmeerseele,
die euch versteht, und alle meine Nerven
sind Harfensaiten nicht, sind Leitungsdrähte,
die Millionen Volt in alle Fernen tragen.
Auf diesen Wassern wandern
Getreide, Zucker, von Arabien Kaffee,
Salpeter, Felle, Wolle,
Maschinen, Eisenwaren, Schmuck,
alle die Kräfte, Speisen, die Getränke und die Launen
der Menschen. Und ich bleibe hier
und laß in mir mein eignes Weltall leuchtend wandern.

– – Unglücklich? – – vielleicht;
ewig versunken in des Lebens bittern Wellen,
verdammt zu jedem Pech und jedem Mist,
ein vorsintflutlich Untier, eingezwängt
in der modernen Kleidung knappen Schnitt,
die Frauen tödlich hassend,
weil gar zu leicht sie zu verstehn und zu besiegen sind.
Du Hafen, der den eisenstarken Rausch von heut und morgen
birgt,
dich bet ich an! und danke hier auf Knieen in dem schwarzen
Schlamm
meinen zwei fernen armen Alten,
die eines Tags sich küßten,
um heut mir deine wunderbare Leuchtestunde
zu geben, Arbeitsflamme,
die eine Welt verzehrt und sie ernährt
und immer klingender sie aufwärtstreibt
in das Getön der andern Welten,
das ganz allein der Dichter hört, allein von allen Sterblichen.

D.12. *Luciano Folgore*
Der Marsch

Du Mann, Du Weib,
Im Bettelkleid der Freiheit,
Die ihr von Stadt zu Stadt
Ein Netz
Von müden Märschen schreitend webt –
Du Mann, Du Weib,
Die ihr das Haar euch schort,
Damit der Winter
Mit eisigen Fingern
Kann euern Nacken pressen,
Damit der Sommer
Mit Sonnenhämmern
Das Hirn euch malmt –

Du Mann, Du Weib,
Die ihr die Schuh wegwarft
Und eure Füße
Von spitzen Steinen nagen laßt –
Du Mann, Du Weib,
Mit leeren Händen wandernd,
Daß ihr kein Brot habt
Und keinen Wein,
Und Wurzeln kaut
Und Pfützen trinkt –
Ihr Träger meiner neuen
Modernen Freiheit,
Euch bet ich an!
Du Mann bist ganz von Gold,
Du Weib bist golden,
Gold eure Worte
Und eure Mühsal,
Die Tränen auch sind Gold,
Die ihr wie große Münzen
Auf den Weg streut
Für die, so nach euch kommen
Und eure Tränen sammeln,
Die ihr im Weinen wissend wart.

D.13. *Corrado Govoni*
Seele

O dieses Grün von menthe-glaciale!
O dies Entzündungsrot!
O dies lebendige Himmelblau der Seele!
In seinem Sarg von blaugeschliffenem Glas
Wie eine Bonbonniere,
Wie eine Streichholzschachtel,
Wie eine Tabaksdose groß
Liegt das unreife Körperchen der Seele
Grad wie ein kleines rosa Seifenengelchen

In einer Jahrmarktsbude.
Ein Bernsteinkamm voll Rosen?
Ein blank Quecksilberröhrchen
Wie ein recht großes Thermometer?
Ein Heiligenknöchelchen in Silberfassung?
Ein Regenbogen unter Glas?
Die lebensfrische Lächelmaske
Auf eines Kranken wächsernem Gesicht?
Ein lau Almosen
Der Sonne auf verlassener Schwelle?
Im Wasserglase blasse Rose
Die auf dem Fensterbord verblättert?
Ein Spiegelchen aus Eis?
Oder diese Glocken,
Die sanften sonntäglichen Pillen
Für unsere schwächlich-kummervolle Seele!

E. *Franz Pfemferts »Aktion«. Theodor Däubler und die Futuristen*

E.1. Theodor Däubler, »Sang an Mailand« [Teil III], in: *Die Aktion* 5 (1915), 18–19, S. 222–225.

E.2. Theodor Däubler, »Futuristisches Tempo«, in: *Die Aktion* 6 (1916), 11–12, S. 137–142.

E.3. Theodor Däubler, »Im Kampf um die moderne Kunst« [Auszug], in: *Tribüne der Kunst und Zeit*, hrsg. v. Kasimir Edschmid, Bd. III, Berlin 1919. – Geschrieben am 18. Oktober 1918.

E.4. Theodor Däubler, »Simultanität« [Auszüge], in: ders., *Der neue Standpunkt*, Dresden 1919, S. 9–32.

E.5. Theodor Däubler, »Futuristen« [Auszüge], *ibid.*, S. 164–178.

E.1. *Theodor Däubler*
Sang an Mailand

Mailand wandelt unter eingeglasten Hallen,
Lila Schleppen überwältigen den Dom.
Durch Kometen scheinst du schattenlos zu wallen,
Überall ereignet sich ein Feuerstrom.

Flimmerkegel, Flammenpyramiden werfen
Sich auf Türme, die ein Flackerprall betäubt.
Linsen müssen noch das Kanteneck verschärfen,
Flache Trichter kreisen schneeig angestäubt.

Aller Glanz entfaltet sich in Glaskrystallen,
Nachttopase gaukeln aus dem Blau zum Schwarz,
Schreckensgelb kann Straßengas zusammenprallen,
Die Petroleumgeglobung gleicht dem Quarz.

Diamant! Vor jedem eingeführten Laden
Protzt elektrisch roh ein großer Kohinoor.
Bernsteinfenster. Lusterschnuppen, Lampenschwaden,
Goldstaubpforten, keilen sich ins Gasthoftor.

*

Alle Pracht aus Glas ist kantenscharf geschliffen,
Vor dem Stein der Weisen sitzt die brave Frau,
Trinkt das Bier, den Schaum, den Satz mit einbegriffen,
Trägt die falschen Edelsteine blaß zur Schau.

Blender klimpern wie elektrisch die Zigeuner,
Ihre Klänge schlagen hektisch wie auf Glas.
Blond die Geiger, bloß der Zembalist wird bräuner:
War eklektisch wer die Sechs zusammenlas?

Soll ich meinen Schatten zwischen Glas verlieren,
Denn was geben Spiegelspielereien auf?
Sollst du die Geschichte, das Geschick zervieren,
Angesichts des Hierseins nimm dich glatt in Kauf!

Nicht erschrecken, denn es gibt keine Gespenster!
Rückwärts kennst du dich bereits wie vorne aus:
Gelbe Leere schenken dir geputzte Fenster,
Grell und keck zerspiegelt dich das Scheibenhaus.

Finster war ein fernes Wesen eingetreten,
Zwischen Scherben kannte mich die Fremdgestalt,
Tücher, die sich steil um einen Turban drehten,
Machten drinnen über sieben Indern Halt.

Ein Fakier im Spiegel war zum Spaß gelungen,
Denn ich sah wie hinter mir etwas geschah,
Rasch ist er im Satz von Platz zu Platz gesprungen:
Aber jetzt steht bloß ein Teppichfeilscher da.

Dreifach zeigen mir gewittergrüne Scheiben,
Meine blauen Möglichkeiten schrill durchstreift.
Eine Lampe kann sich blutig weit verschreiben,
Rotverzackt, heraufgeblaut und gelbversteift.

Eine Zeitung wird jetzt ausgeschrieen.
Blätter kommen immer schneller nachgehetzt,
Rufer siehst du Knäule auseinanderziehen,
Dunkle Gruppen werden weiß zerfetzt.

*

Was zuletzt geschah zerknittert die Geschichte,
Bloß ein Augenblick ist meiner Hast geschenkt,
Wichtig sind die Meldungen und nicht die Wichte,
In die Welt bist du aus Zufall eingeschwenkt.

Fasse dein Ereignis nur auf die Sekunde.
Keine Schattenwache schleicht dir achtsam nach,
Bloß durch das Erlebnis kommt uns eine Kunde,
Wandre, dich umspiegelnd, durch das Schlafgemach.

Sein Gespenst darf man durch Kartenspiel verzetteln,
Langsam macht es deine Aussichtskreise klar.

Sieh, zu dir die letzte Schicksalszuckung betteln,
Noch ein Trumpf: Geschick und Dasein steuerbar!

Schon das Geld war eine dreiste Scheinbezweckung.
Scheine gelten dir bereits an Goldesstatt.
Spiel dich los aus unverzettelbarer Deckung:
Wunsch auf Trumpf: Und dir ergibt sich alles glatt.

*

Spiele durch die Politik mit As und Worten,
Was sich selbst zum Zwecke ward ist Spielerei.
Karodame tändle mit den Sofaborten,
Neuigkeiten schafft der Herzensbub herbei.

Pick und Treff sind Könige in Frauenhänden,
Völker legt man vor die besten Spieler hin,
Das Ereignis steht in braungebundnen Bänden,
Doch der Krieg kam Kartenspielern in den Sinn.

Einen Aufstand bringt den Bürgern als Bescherung,
Ganz entschicksalt bleibt den Rednern der Verstand!
Sorgt für Freiheit und für Volksbelehrung,
As auf As in der geschickten Kartenhand!

Schein um Schein, der stärkste König hat verloren!
In der Zeitung steht der Adel trostlos da.
Letzthin, nach den Tieren, ward der Mensch geboren,
Zufall, daß der Rundgang durch die Welt geschah!

Wandernder Sprachen erhabne Portale
Gletschern mit Pathos die Ströme entlang.
Klingende Spitzen mit sangbarem Tale
Kommen zum See mit melodischem Gang.

Frierende Flüsse, wie scheckige Tiere,
Rasen belanglos an Türmen vorbei:
Wasserfallhastiger sausender Stiere
Prachtvolles Da ist ein Wassernotschrei!

*

Gefahr! Gefahr? Das ganze Land kann sich beklagen:
Hat Aberwitz die Weltenwandlungen verhängt?
Denn Ahnungen von altverwandten Wahnsinnstagen
Versammeln sich aus aller Zeit heraufgedrängt.

Gefällte Wälder können unsern Traum bestürmen,
Sie wurden Meldungen und züngeln lichterloh.
Der hohe Forst soll Aufruhr in die Wolken türmen:
Ein fremder Vogel unterfliegt mich schadenfroh.

Du Urgeburt in mir, gebäre keine Schrecken:
Selbst wenn ich schuldig bin: Das Ich bleibt unversehrt!
Ein Nest in mir? Mit zwitschernden Belebungsflecken!
Gewissens Ibis du, dein Flug sei mir gewährt.

Wo ist das Leid? Die Eile haben wir geboren!
Du bist bereits wo dich das Wissen hinberief:
Die Wildnis ging für unsre Witternis verloren:
Es reut mich nicht, daß ich die Schicksalsnacht
verschlief.

E.2. *Theodor Däubler*

Futuristisches Tempo

Der Ölbaum trägt bereits die schwarzen Früchte:
Die langen Nächte bringen sie zu dunkler Reife.
In ihre Herbheit tropfen herbstliche Gerüchte:
Ich zage, wenn ich in die zarten Zweige greife.

Der goldne Ölstrom wird in tausend Häuser fließen
Und abends große Tropfen keuscher Furcht entzünden.
In Kirchen soll ein Baum mit Öllichtern ersprießen:
Es müssen Glühfrüchte die Frömmigkeit verkünden.

Nun flüchten langsam der Campagna blaue Stunden.
Das große Rom beleuchtet die versprengten Straßen,
Und Abendzüge züngeln auf als Feuerkunden
Der Riesenstadt, mit strengverschränkten
Flammenmaßen.

Gewundne Flammenwolken wälzen sich am Boden
Und flackern wie ein Schreck von Bäumen und Gebäuden.
Sie helfen mit das Fieberwuchten auszuroden,
Die Stadt kann Tausende verschleudern und vergeuden!

*

Die Bogenlampen krönen Sonnenuntergänge.
Ihr lila Scheinen wird den Abend überleben.
Sie geistern schwebend über lärmendem Gedränge:
Es muß verglaste Früchte andrer Welten geben!

Beschwichtigt nicht ihr Lichtgeträufel das Getöse?
Ich kann das Wesen dieser Lampen schwer vernehmen.
Die Sterne scheinen klug, der Mond wird gerne böse:
Warum erblaßt du, unter Straßendiademen?

*

Das Nahen der Mechanik fängt an aufzufallen!
Ein fremdes Reich erreicht uns hinter Riesenscheiben.
Da faßt dich das Verlangen nach verglasten Hallen:
Kristalle werden spiegelnd jedes Ding umschreiben.

Der Laden Farbenfahnen fiebern fahl ins Freie.
Der Straßenlampen Lichtschleppen zerknittern drinnen.
Die Zufallsflammen regeln sich in klarer Reihe:
Man sieht genau den kalten Glaskristall beginnen.

*

Dem Geist der leuchtenden Zusammenhänge
Gelingt es nun, den Zufall festzuhalten.
In uns ergreifen sich gezählte Gänge
Und zwingen dich durch Maße, frei zu schalten.

Nicht eine Herkunft hast du übergangen:
Mechanisch wird man von sich selbst getragen.
Doch kann der Mensch sein Anderssein erlangen.
Er wird: wenn Übergänge ihn erragen!

*

Erblickst du nie die eignen Flügeltüren?
So tritt heraus: Ich kann nur mich enthalten!
Ich muß mich rastlos zu mir selber führen,
Du faßt dich nur, hat man dich ganz zerspalten.

Du kannst dich selbst in andern wandeln.
Man ist sein eignes Spiel von Übergängen:
Wie andre kühn in mich herüberhandeln!
Dein Tod wird sich vor jede Auskunft drängen.

*

Der Sonnenuntergang mag durch die Nacht beharren.
In Hallen und Gebäuden strahlen seine Farben.
Die Lampen fangen an die alte Nacht zu narren:
Die letzten Nachrichten verprahlen Flammengarben.
Um Feuersäulen spuken bunt Reklamekarren,
Und Zeitungen verkünden rote Abendnarben.
Der Sternenrausch kann keine Großstadt blau durchzaubern,
Die Menschen wurden kühn zu blassen Nachtberaubern.

Das lila Licht beblaut Orangenpyramiden,
Und Datteldolden übergolden duftge Gluten.
Wie Tau ist dieses Licht, voll Leichtigkeit und Frieden:
Hier scheint die gute Frucht verdurchsichtigt zu bluten.
Dir wird, als wäre dieses Obst nur kaum hienieden,
Als ob Zitronen scheinbar bloß in Kisten ruhten.
Bananen übergrotten Glühlichter und Birnen,
Wie Tropenpracht verglast im Schein von fernen Firnen!

In silberner Ekstase schimmern die Geschirre.
Das kalte Licht hat seinen Würfel eingenommen.
Es scheint, daß manche Fliege über Messer schwirre:
In jedem Löffel ist ein Zitterwurm erglommen.

Der Scheibenschrein ist wie ein Anblick von Geklirre,
Man wundert sich, daß kein Geklapper aufgekommen!
Der Laden Gabelflucht vertreppt sich hinter Spiegeln,
Aus Silbertiegeln springt ein Schwarm von Lichterigeln.

Man soll über die Artigkeit der Bücher staunen:
In allen Sprachen stapeln Wichte sie zusammen!
Ein Umschlag, stumpf wie Sand, bedeckt die Gallierlaunen,
Gar altes Pergament begräbt die hehrsten
Dichtungsflammen.
Und welkes Braun verzaubert eines Kindes Staunen:
Wie nichtig wirken Mappen, die das Meer durchschwammen!
Das herbe Licht, das sie verklammert, scheint gegossen.
Ein Käfig? Hände klettern über Büchersprossen!

Verdecken Spitzenvorhänge ein Spaßtheater?
Im Fenster steht ein Wachshaupt zwischen Flachsperücken!
Aus Glasquasten bezittert Glühlicht einen Kater,
Frisöre freut es, Köpfe flink zurechtzudrücken.
Man handhabt, man bespiegelt Glatzen ... delikater ...
Macht Stutzer keck zurecht, um Mädchen zu berücken.
Die Jünglinge unter Gerüchen und Pomaden
Betätigen sich voll Behändigkeit im Laden.

Warum ist der Tabakkram taghell überglastet?
Mit seltner Sorgfalt prüfen Hände die Zigarren:
Wie kennerisch ein Daumen seinen Kauf betastet!
Die feinsten müssen lang auf ihrem Rang beharren,
Zigarrenstöße werden fort und fort durchhastet!
Seht, wie die Finger flink ihr Geld zusammenscharren!
Stets achtsam hat man die Havannas ausgeschachtelt,
Fakturen quadratiert und durch sich selbst geachtelt.

Wie auffallend ergrellt sind diese weiten Scheiben!
Belagert man die Bar mit ihren Wanderflaschen?
Nicht eine kann an ihrem Farbenplatz verbleiben.
Aus schwarzen Ärmeln sieht man danach haschen,
Ein flinkes Hinundher von nackten Tieren treiben,
Sich überhüpfen und einander überraschen.

Die Dame ruht als Bändgerin auf hohem Sessel,
Das Piepen und Gequiek besorgen blanke Kessel.

Kristallhaft preßt sich ein Kaffeehaus in die Straße:
Die Marmortische sind absinthgrün eingeschichtet.
Das Bogenlicht braucht festgestellte Würfelmaße:
Der lilaleere Saal bleibt einhellig durchlichtet.
Der Schatten schwand: und Schatten haschen sich zum
Spaße,
Doch fast zerperlt und blaß ins Blau gerichtet.
Gestalten gehn ins langgewohnte Abenteuer,
In lauter Schleier schlingt und glutet sie das Feuer.

Kristalle rücken an: die blanken Tramwaywagen!
So rasch, als wie der Tiber rauscht, kann jeder gleiten.
Bekannte Rhythmen dürfen unsern Alltag tragen:
So wird uns keine Großstadt neue Angst bereiten.
Wir staunen da über ein deutliches Behagen:
Von außen packen uns die eignen Eiligkeiten!
Die Fahrtkristalle wandern bernsteinbleich erlichtet,
Die Menschen scheinen Schatten blau hineingedichtet.

Die Großstadt birgt beherrschte Feuerkatarakte,
Automobile überbringen sie beim Rasen,
Dir wird, als ob dich die Panik der Wirbel packte,
Du siehst Geschwindigkeiten jäh um dich erglasen,
Dein zweifelfreier Stillstand wittert Wanderpakte,
Ein Flammenfall: Du schäumst elektrische Ekstasen!
Man sammelt sich, besänftigt durch die Bogenlichter,
Die schwere Finsternis erschüttern grelle Trichter.

*

In hellen Sälen ist ein Tagesglanz erglommen.
Das Morgenrot beschauert mich in Prachtgardinen.
Der Tau ist in Geschmeiden mancher Frau erschienen:
Ich sehe mir die Dämmerung entgegenkommen.

Wie ward das dunkle Blau aus unsrer Nacht genommen?
Wer bringt den Morgen dar in klaren Apfelsinen?

Wie uns die stillen Traumgestalten hold bedienen!
Wie bin ich vor des Tages Nahgesicht beklommen!

Die Damen können uns den Tag entgegentragen.
Aus jedem Fächerfächeln weht ein Scherzversprechen:
Im Wandelgange atmet morgendes Behagen.

Das lila Licht befiehlt den Farben aufzubrechen.
Nun sind sie da und führen manches Paar zum Tanze:
Auch die Musik verzaubert sich im bunten Glanze.

*

Das stillste Mondlicht spenden zauberhafte Hände,
Denn feine Damen fächeln sich in weiten Reihen,
Um holde Kühle ihren Büsten zu verleihen.
Und sie entflammen lächelnd kalte Farbenbrände.

Das Licht zerperlt um Luster und betaut die Wände.
Die blassen Brüste können sich mit Glanz beschneien,
Der Mond in Frauenhand verleiblicht Marmorweihen,
Es ist, als ob ein Fächelspiel die Form empfände.

Wird alle Huld und jeder Hauch zu Schmelz verglasen?
Es fängt die Schönheit sichtbar an im Saal zu kreisen,
Schon kann die Angst vor ihrem Nahen sacht verblasen.

Wie wunderbar die schlichten Einfälle vereisen!
Wir sind zu eigner Anmut ohne Furcht gekommen:
Das ist ein guter Mond: Wer atmete beklommen?

*

Der Marmor strahlt, erstrahlt, er kommt zu den
Matronen.
Das Bogenlicht will seine Mondheit offenbaren:
Ein stilles Silbern siegt, verspinnt sich in den Haaren
Und blaut wie Milch so milde über schweren Kronen.

Wie wehmutsvoll die Frauen unter Farben thronen:
Am Atmen kann man Art und Adel sanft gewahren.

Wie sich die Regungen um ihren Anstand scharen
Und hold die marmorne Vollendetheit betonen!

Wir können lila Schnee aus warmer Hand zerstäuben.
Er schleiert auf und fiebert über unsern Fingern,
Der Schläfen blasses Nervenperlen zu betäuben.

Wie leise sich der Flechten Blauheiten verringern
Und wie sich Farben wieder blau und bleich beschneien:
Es kann der Marmor kalt vom Farbenwahn befreien.

*

Der Marmor ward in lila Licht zum Alabaster.
Die Standbilder versuchen traumhaft zu verschäumen,
Und alte Luster gleichen taubestäubten Bäumen:
Wie eine Glitzerspinne leuchtet eine Aster.

Sie scheut, und so verscheucht sie heimlich die
Betaster.
Und tierhaft staunen Blumen in den blauen Räumen,
In denen Perlen fiebern und zum Monde träumen.
Und aus satanischen Smaragden flackern Laster.

Das ist ein Garten, wo die Pflanzen blaß verglasen,
Die Regenbogen und der bunte Tau beharren:
Im Marmorsaale wird der Samt zum roten Rasen.

Wie farbenfern die Antlitze nach Rang erstarren!
Der lila Marmorstrahl umblaut sie auch beim Tanze:
Ein Fürstenstern umadelt uns mit bleichem Glanze.

E.3. *Theodor Däubler*
Im Kampf um die moderne Kunst

Der Futurismus hat eigentlich bloß eine große Bedeutung für Italien. In diesem Bericht über eigne Erlebnisse, beim Emporkommen der jüngsten Kunst, können jedoch ein paar Seiten über den Futurismus nicht fehlen, denn ich stand, etwa ein Jahr lang, der Bewegung recht nah. Ein Futurist bin ich niemals gewesen. Erstens, weil ich aus rein geistigen Gründen keiner sein konnte: das Programm der Futuristen gefiel mir in vielen Punkten, ich selbst fühlte jedoch in mir bloß futuristische Elemente. Zweitens ist der Futurismus eine rein italienische Angelegenheit. Sechsundzwanzig Mitglieder: Schriftsteller, Maler, Bildhauer, Musiker bildeten, vor Ausbruch des Krieges, die Gruppe. Sie waren alle, bis auf die französische Dichterin Valentine de Saint-Point, Italiener. Selbst Guillaume Apollinaire, der den Futuristen noch näher stand als ich, zählte nicht eigentlich zu ihnen. Allerdings waren wir wohl damals, Apollinaire und ich, die zwei Menschen, die, ohne dazuzugehören, mit Futuristen am engsten freundschaftlich verbunden waren.

Italien, das Land der großen Vergangenheit, wollte sich selbständig und vollkommen verjüngen. Nicht mehr als Erde der Träumer, Beträumten und Umträumten durfte es leben: der Halbinsel starke Jugend verlangte, ohne sich amerikanisieren zu sollen, eine moderne, den andern Völkern gewachsne Ebenbürtigkeit im Geistigen und auch für die materiellen Dinge! Marinetti verstand wohl die große Sehnsucht der italienischen Jugend und schuf ihr den Futurismus, eine Art von neuem Männerbund, der sich die persönliche Entwicklung aller Beteiligten, in bestimmt moderner Richtung, und dann die Auswirkung der Idee im ganzen Land und drüber hinaus zur Aufgabe machte. Italien droht nämlich immer wieder einer zu starren Überlieferung, seiner Akademie zu verfallen. Die herrliche Vergangenheit kann zum Alp, einem wahren Verhängnis werden. Die Mittel dagegen müssen infolgedessen immer ganz radikal sein. Italien hat die Geburt der Renaissance gesehn. Es soll auch durch deren Entwurzlung, in der Heimaterde selbst, sich und die andern Völker beglücken, denn Werte dieser großen Vergangenheit gibt es für unsre Gegenwart kaum mehr.

Drum weg damit: Luft für eine Kunst, die den Fortschritten der Technik entspricht, Freiheit fürs Schrifttum, das ohne klassizistisch-humanistische Voraussetzungen schaffen kann, umschafft, auch zerstört. Daß der Futurismus, gleichzeitig mit der Abkehr von den Anschauungen der vergangnen Jahrhunderte, auch deren letzte Erfüllung, und zwar grade im Sinn des 15. und 16. Jahrhunderts bedeutet, wird einem, wenn man sich eingehend mit der Angelegenheit des Futurismus befaßt, klar. Aber die Wandlung, die immerhin voll Entschiedenheit hervortritt, mag man als maßgebend hinnehmen; den Ballast, den die Futuristen gewiß noch mitschleppen, beachte man weniger. Nur die Ablehnung des Individualismus, unsers wissenschaftlichen Geistes, dafür Neigung zu transzendenten Vorstellungen, frommes Hervorholen des innersten Seelenkerns kann einmal die vollständige Überwindung der Renaissance bedeuten. Auf diesem Wege waren Romantiker, war ein Ruskin schon viel weiter als des Futurismus führende Geister: Marinetti, Papini, Boccioni, Soffici, Buzzi. Sie lassen zwar auch den Individualismus nur innerhalb einer festgesetzten Richtung gelten, beanspruchen aber grade für das individuell und willkürlich festgesetzte Programm ihrer Gruppe die einzige Daseinsberechtigung. Sie glauben fast, in höchster Not, einen deus ex machina darzustellen. Ernst sind sie jedoch durchaus zu nehmen. Erstens weil alle wirklich begabten jugendlichen Italiener damals tatsächlich Futuristen wurden. Zweitens weil sie ihr Land innig liebten. Schließlich auch, weil sich ihr Erfolg, bei allem Widerspruch und Haß gegen sie, nur aus einer Notwendigkeit, etwas wie den Futurismus zu haben, erklären läßt.

Künstlerisch steht der Futurismus dem Impressionismus in manchem noch gar nicht allzu fern. Er gibt sich oft als Paroxismus des Impressionismus: er will Bewegung, plötzlichstes Erlebnis, dargestellte Eile schaffen. Kein Plein air, aber dafür häufig elektrisches Licht. Impressionisten waren oft und vielfach Tyrannen, wie alle Revolutionären: sie verlangten, in höchst beschränkter Weise, das Aufgeben jeder Literatur, was allerdings vielfach richtig ist, benörgelten aber auch argwöhnisch, wenn nicht grade das Geistige, so doch das visionäre Traumhafte, Kosmische, wenn es sich irgendwie gegenständlich äußerte. Nun unterscheidet sich der Futurist vom Impressionisten darin, daß er das alles wieder erlaubt. Er bestimmt aber, den Akt, bloß weil er von der Akademie mißbraucht wurde, durchaus zu vermeiden: die Anekdote, alles Historische, und eigentlich auch die Landschaft, verpönt er ebenfalls. Kurz, ein tyrannischer Verschwörer, wie sichs übrigens gehört! Es kann keine Gruppe von Genies geben und nur der Genius bleibt ganz unabhängig von allen Geboten einer Partei.

Der eigentlich Schöpferische hinterm Futurismus ist Picasso, in zweiter Linie Delaunay. Vom ersten haben die Futuristen die zertrümmerte Gestalt übernommen, teilweise auch den seelischen Aufbau ihres Bildes. Mit dem zweiten verbindet sie ihre Begeistrung für modernes Großstadtleben. Der Hauptwert der ganzen Bewegung lag jedoch im Enthusiasmus, der opferwilligen Überzeugung jedes einzelnen. Eine der hervortretenden Eigenschaften des Italieners von heute ist Skepsis. Zwei durchaus skeptische Geister waren auch immer Papini und Soffici, trotzdem traten grade diese beiden der häufig lähmenden Grundstimmung in ihrem Charakter entgegen. An eine sakrale Kunst konnte der Futurist nicht glauben, wohl aber sah er sich auserlesen, eine politische zu schaffen. Eine patriotische!

Der erste große Futuristenabend fand im Polytheama Rossetti in Triest statt. Es soll damals hoch hergegangen sein. Ein Wunder, daß niemand erschlagen oder in Haft zurückbehalten wurde. Seitdem breitete sich die Bewegung immer mehr aus, gewann an Bedeutung, über die Grenzen des Landes hinaus, wurde schließlich, während des Krieges, zu einer Macht.

Ich selbst verkehrte, im letzten Jahr vor dem Krieg, mit den meisten Futuristen, habe auch ihren großen Abend in Florenz, dann einen privatern in Prato mitgemacht. Nachahmungen solcher Futuristenveranstaltungen wurden überall, besonders gern in Universitätsstädten, veranstaltet. Studenten und Schauspieler verkleideten sich als Marinetti, Papini, Carrà, Boccioni, Tavolato und lockten eine große Menge Publikum ins Theater oder in den Saal, wo dann ein Höllenlärm losging. Meistens brachte so ein gefälschter Futuristenabend ein nettes Taschengeld ein. Die Beteiligung der Bevölkerung, besonders der Jugend, war bei echten und unechten Veranstaltungen recht groß. Kinder führten überhaupt in jener Zeit, anstatt Indianerschlachten Futuristenkämpfe auf. Die meisten Jungen wollten dabei lieber Futuristen als Antifuturisten sein.

Im Bürgertum war die Entrüstung natürlicherweise groß! Auch

bei den Herren Professoren und offiziellen Künstlern. In breitern Massen hielt man die Futuristen vielfach für Schlauköpfe, die, ohne etwas Tüchtiges gelernt zu haben, es unternahmen, ihren Lebensunterhalt durch Ulk und Unfug zu verdienen.

Es gab drei Hauptgruppen: Mailand, Florenz, Rom. Ich tat in Florenz mit. Alle Futuristen, besonders die Mailänder, reisten sehr viel. Zwischen Mitternacht und ein Uhr begegnen die beiden Schnellzüge, von Mailand nach Rom und von Rom nach Mailand, einander in Florenz. Wir brachten daher unsre Nächte meistens im Bahnhof, im Wartesaal I. Klasse, zu. Erstens weil er gut geheizt und immer offen war, zweitens weil wir immer für durchreisende Freunde zu treffen sein wollten. Die vielen Nächte, die wir da durchlebten, waren voll von Abenteuern: schöne Erinnrungen knüpfen sich daran. Als wir uns meistens gegen Morgen entschlossen aufzubrechen, mußte fast jeder in einer andern Richtung heimgehn. Mein Weg war ziemlich lang; er führte an berüchtigten Stellen vorbei. Jede Nacht erwartete mich, und an verschiednen Stellen auch andre Freunde, irgendein starker Bursch aus dem Volk: der war aber für jeden immer der gleiche, der dann, ohne übrigens einen von uns jemals anzusprechen, jeden, selbst aber in einiger Entfernung bleibend, nach Hause begleitete, damit keinem etwas geschähe. Wer mögen die Menschen gewesen sein? Wahrscheinlich fanatische Anhänger der Futuristen aus den tiefsten Schichten des Volkes! In der Sylvesternacht 1913 bis 14 wurden auch einige der Unsern in Florenz tatsächlich von einer viel größren Schar einfacher Leute angegriffen; sehr bald sammelten sich jedoch andre Gruppen volkstümlicher Gestalten, eilten den Angefallnen zu Hilfe und trieben die Angreifer in alle Winde.

Nun möchte ich noch etwas über die zwei Futuristenabende, denen ich beiwohnte, erzählen. Das Teatro Verdi in Florenz, es faßt gut viele tausend Personen, wurde gemietet. Als wir uns, eine halbe Stunde vor den angekündigten Vorträgen, in die große Loge der Futuristenfreunde, für etwa 10 Personen (es befanden sich schließlich bei 30 drin), begaben, hörte man schon in den Gängen Geschrei, Gebrüll und Hupengestöhne. Als wir eingetreten waren, wurde vor unsrer Logenbrüstung ein Plakat »Futuristi« ausgehängt, worauf sofort Bohnen und Kastanien auf uns herabzuhageln begannen. Auch wurde unsre aufreizende Inschrift, vielfach sofort, teilweise aber erst langsam, von andern Logen aus, durch

Behänge ihrer Brüstungen, die immer die Aufschrift »Passatisti« trugen, beantwortet. Endlich, mit ziemlicher Verspätung (Marinetti verspätet sich grundsätzlich, vielleicht um den Namen Futuristen gleich im Gefühl des Publikums, das alles Versprochne immer von der Zukunft zu erwarten hat, einzuführen) ging der eigentliche Hexensabbat los. Marinetti, Papini, Carrà, Boccioni, Soffici, ein Freund der Futuristen aus Neapel und der Herausgeber eines in Rom erscheinenden humoristischen Blattes, der gar nicht dazugehörte, der eben erst in Florenz aufgetaucht war, und mit auftreten wollte, erschienen im Rahmen der Riesenbühne. In den Bohnen- und Kastanienhagel mengten sich Schleuderwürfe von Kartoffeln, gesottnen Makkaroni, Tomaten und faulen Äpfeln. Marinetti wurde sofort getroffen, bekam eine geschwollne Backe; Soffici erhielt ein Kartoffelgeschoß aufs linke Bein und mußte von nun an hinken. Die übrigen blieben vorläufig unverletzt. Carrà sollte anfangen. Man hörte bloß seine ersten Worte. Er forderte eine Kleinigkeit: die Todesstrafe für unberufne Kritiker. Er nannte zwei Herrn: Diego d'Angeli und Ugo Ojetti; sie sollten sofort auf der Piazza Santa Croce hingerichtet werden. Noch entsetzlicheres Gelärm ging los; die Vorräte an Gemüse waren, wie sich zeigte, noch lange nicht erschöpft. Carrà traf ein stinkendes Ei auf den Schädel: er wankte zurück, blieb für den Abend kampfunfähig. Als zweiter: Giovanni Papini, ein Florentiner. Er hatte schon, kurz vorher, in Rom Ausbrüche der Wut durch seinen Vortrag im Teatro Costanzi erregt, wo er einen bösen »Insult gegen Rom« vorlas. Die Logen waren auch teilweise von Römern besetzt, die nach Florenz gekommen waren, um ganz besonders Papini aufs Korn zu nehmen. Er erlaubte sich nun auch in seiner Vaterstadt einen »Insult gegen Florenz« und begann: »Florentiner, Söhne von Lakaien, die Ihr von schimpflicher Fremdenindustrie lebt!« Kaum waren diese Worte gesagt, als ein Sturm auf die Bühne versucht wurde. Nur schwer konnten die Vordrängenden von Anhängern der Futuristen, die fanatisch: »Pfui, Mumien!« brüllten, zurückgehalten werden. Papini blieb noch zwischen Würfen von allerhand stehn, konnte aber nicht mehr weitersprechen. Sogar die elektrischen Glühbirnen schraubte das wildbrausende Publikum ab und schleuderte sie, als Säcke mit Kartoffeln und Grünzeug und Obst leer zu werden begannen, auf die Vortragenden. Nunmehr wäre wohl auch ein Einschreiten der Polizei unmöglich gewesen: Schlimmstes hätte sie selbst zu befürchten gehabt. Papini wurde nicht getroffen. Unglaublich! Schließlich trat er ab, ohne verstanden worden zu sein. Marinetti trat vor; er wollte Stellen aus seinem Epos »Der Eindecker des Papstes« vorlesen. Keine Möglichkeit: es erscholl im Haus ringsum der Ruf: »Evviva la Gioconda!« Wir verstanden zuerst nicht, worum es sich handelte. Im »Polytheama Nazionale« wurde d'Annunzios »Gioconda« aufgeführt. Sollte es eine Kundgebung der »d'Annunzianer« sein? Endlich erfuhr man, daß Leonardo da Vincis »Gioconda« soeben in einem ganz winzigen Hôtel neben dem Bahnhof, in Florenz selbst, aufgetaucht war. Das Toben ging diesmal so weit, daß der schon leicht beschädigte, immer wieder von Geschossen getroffne Marinetti kaum ein Wort, das irgend jemand hätte verstehn können, auszusprechen imstande war. Schließlich verließ man das Theater. Ein römischer Fürst im Abendanzug bekam beim Weggehn noch einen mit Stinkpulver durchsetzten braunen Kastanienquark, von gut einem Meter Breite, umgehängt. Er sah furchtbar grotesk aus. Auf der Treppe wurden wir vor der Straße gewarnt. Niemand machte sich jedoch etwas draus. Alle traten miteinander ins Freie: die Verwundeten; die heil Davongekommnen! Vor dem Theater ereignete sich das Gegenteil von dem, was man angekündigt hatte: das Publikum empfing die Futuristen mit Jubel, begleitete Carrà, Soffici und Marinetti in die nächste Apotheke, wo sie verbunden und gelabt wurden. Den ganzen Abend staute sich das Publikum vor allen Cafés, in denen man Futuristen vermuten konnte, und brachte, wo einer erspäht wurde, regelrechte Ovationen dar. Marinetti verlangte mehrmals in kleinen Ansprachen den Boykott des Hôtels, in dem der alte »Passatista« mit der Urgroßmutter »Monna Lisa« aufgetaucht war.

Nun werde ich den Inhalt des Epos von Marinetti, das zum Vortrag hätte kommen sollen, kurz wiedergeben. Er, Marinetti, fliegt in einem Eindecker über Rom, dabei faßt er den Entschluß, alles dranzusetzen, daß der Mittelpunkt Italiens von der ewigen Stadt auf den Ätna verlegt werden soll! Denn wir haben eine Zeit der Zerstörungen zu erwarten. Er hält auch mit dem feuerspeienden Berg ein ziemlich langes Gespräch über Tagesfragen. Unterdessen zeigt es sich, daß Italiens Grenzen tatsächlich, in Tripolitanien, soweit nach Süden vorgeschoben worden sind, daß man nunmehr von Sizilien wirklich wie von einer Mitte des Reiches sprechen kann. Marinetti fliegt wieder auf. Als er in die Gegend von Neapel kommt, merkt er, daß etwas Besondres los sein muß. Er läßt sich nieder, um Nähres zu erfahren. Seine Vermutungen haben sich erfüllt: Italien befindet sich mit dem verhaßten Österreich in Krieg. Höchst beglückt darüber, fliegt er abermals auf, um, aus der Vogelschau hinunterspähend, seinem Lande Dienste leisten zu können. Über Rom angelangt, bemerkt er den Papst Pius X., der in den vatikanischen Gärten lustwandelt. Rasch entschließt sich Marinetti zum Abstieg durch Gleitflug. Der Heilige Vater scheint etwas Arges zu wittern und schwubbs! springt er in einen Teich in seiner Näh. Das Wasser ist sofort schwarz geworden! Marinetti gelingt es aber trotzdem mit einer Art Anker, der an seinem Eindecker befestigt ist, den sichtbaren Urheber dieser, so wie aller andern Verdunklungen aufzufischen. Kaum ist ihm das geglückt, so bindet er Pius X. sorgsamst, damit ihm nichts geschehn könne, unter sein Flugzeug, bringt noch eine päpstliche Fahne an des Baumelnden Bauch an und sucht, frech wie Oskar, mit seiner klerikalen Fracht das Schlachtfeld von Monfalcone vor Triest zu erreichen. Denn dort ists bereits losgegangen. Die Östreicher müssen wissen, daß Marinetti den Heiligen Vater mitschleppt, damit sie nicht auf ihn schießen. Er sorgt dafür; und tatsächlich, er, Marinetti, kann alles auskundschaften, ohne daß die Östreicher es wagen könnten, auch nur versuchsweise, so etwas zu verhindern. Man denke, der Papst! Dann folgt eine kühne Beschreibung der Schlacht: sie fällt natürlicherweise, nicht ganz wenig dank Marinettis kühnem Späherdienst im Eindecker des Papstes, zugunsten der Italiener aus. Die bereits weichenden Feinde bedenkt der Flieger noch mit Flugzetteln, auf denen den Östreichern, für fünf verlorne Provinzen, der Papst, und zwar sein unbestrittner Besitz, als Geschenk versprochen wird. Nach voller Entscheidung des Krieges entschließt sich Marinetti doch anders: im Golf des erlösten Triest, vor dem Schloß Miramare, läßt er seine noch lebendig zappelnde Last ins Meer fallen, und Pius X. wird von vier herbeischwimmenden Haifischen zerrissen.

Zum Schluß noch den zweiten Futuristenabend, dem ich beiwohnte: einige Futuristen in Florenz befanden sich, während Papini, Marinetti, alle Großhäupter der Bewegung überhaupt, im Ausland reisten, in ziemlicher Geldverlegenheit. Da meinte einer: veranstalten so viele Studenten Futuristenabende, zwecks Aufbesserung ihrer Finanzen, warum sollten wir, die wir wirkliche Futuristen sind, nicht das gleiche tun? Der Vorschlag schien billig und einleuchtend. Man wählte die kleine Nachbarstadt Prato. Ich sagte für keine Beteiligung zu, versprach jedoch, den abenteuerlichen Ausflug mitzumachen. Prato hat ein kleines, nettes Theater. Dort also fand der Futuristenabend statt. Wie in Florenz! Schon gleich nach Eröffnung der Galerien schleppte das Publikum unter Gejohle Säcke Kartoffeln und allerhand Gemüse ins Haus. Das Theater war gesteckt voll. Ein Rechtsanwalt aus Prato, Freund der Futuristen, sprach ein paar einleitende Worte. Vor allem stellte er Italo Tavolato, den Hauptredner, als Triestiner, der bereits oft dem barbarischen Toben teutonischer Horden in Innsbruck, Graz und Wien, als die italienischen Studenten, gezwungen dort zu studieren, von ihren Kameraden, den deutschen Studenten, überfallen wurden, standgehalten hatte, vor! Das wirkte wenigstens für den Augenblick: Tavolato wurde sogar mit einer Ovation empfangen. Er begann: »Bürger von Prato, ich hoffe, Ihr werdet nicht zu Nachäffern der Florentiner werden. Was ich Euch vorlesen will, heißt: »Insult gegen die Demokratie!« »Insult gegen den Journalismus!« »Insult gegen den Pazifismus!« »Lob des Cafés!« Prato ist seit jeher, seit dem Mittelalter, florenzfeindlich: die Anrede war daher gewagt und klug zugleich. Da aber heute Prato ein Sozialistennest geworden, so mußte es während des Vortrags zu Ausschreitungen kommen. Und das geschah reichlich: es war ein Wunder, daß Tavolato bis zu Ende sprechen konnte. Seine Rede war sehr witzig, daher gings wahrscheinlich, daß er ziemlich lang sprechen durfte. Zum Schluß verlangte er ein »Neustes Italien«. Das »Neue« wäre mißglückt, meinte er, weil aus der Apotheke hervorgegangen. »Das Neuste«, unsers, sollte im Café geboren werden, kein Königreich bleiben, sondern als Kaisertum auftauchen! Diese letzten Worte waren ein Trumpf. Der Wunsch, daß nun der Abend wegen Getobe und Gepolter zu Ende sein müßte, hatte ihn eingegeben, denn sonst wärs uns unmöglich geworden, den letzten Zug nach Florenz zu erreichen. Und ein Übernachten in Prato empfand jeder als eine sehr unratsame Sache. So kam es auch: Das Sozialistennest war höchst empört! Einer der Futuristen hatte, in Voraussicht des Kommenden, die Kasse bereits in Sicherheit gebracht: er befand sich, als das Publikum sie stürmen wollte, schon längst, mit ihr unterm Arm, auf dem Weg zum Bahnhof; vorsichtshalber hatte er sich sogar, gleich nach Ankunft, eine Bahnsteigkarte gelöst, um etwa Nachstürmenden leichter entwischen zu können. Desto wutschnaubender war man gegen uns. Halb Prato auf den Beinen! Männer, Frauen verfolgten uns, fluchend und drohend. Vor dem Dom, dort, wo von Donatellos Kanzel dem Volke der Gürtel der Heiligen Jungfrau gezeigt wird, mußten wir alle dran glauben... nochmals Züchtigung über uns ergehen zu lassen. Aber niemandem wurde ein Bein, nicht einmal eine Rippe gebrochen oder zerquetscht. Nur lange aufgehalten wurden wir; glücklicherweise hatte der Zug Verspätung, und so gelangte man doch noch rechtzeitig bis zum Bahnhof. Der mußte hinter uns geschlossen werden, denn als wir in Sicherheit waren, das Publikum uns auch geborgen wußte, ließ es erst recht, weil solches nunmehr gefahrlos war, seinem Zorn die Zügel schießen. Sämtliche Carabinieri genügten nicht mehr: es wurde nach Militär telephoniert. Als die Truppe eintraf, fuhr auch der Zug in die Halle. Drohungen mit Pest, Teufel, Verfolgung bis über den Tod hinaus und bis ins Florenz des Diesseits hinein, wurden uns nachgerufen. Als der Zug sich in Bewegung setzte, winkte einer der Unsern mit der geretteten Kasse, zeigte sie somit hämisch den Pratesern, die nun wie toll den Zug anhalten wollten. Umsonst. Der Inhalt der Kasse betrug 472 Fr. 60 cent.

E.4. *Theodor Däubler*
Simultanität

[...]

Wenigstens um zwanzig Jahre zu spät: was soll heute noch eine Jeremiade über die Gründerjahre! Wir werden wieder aus der Not eine Tugend zu machen wissen, ich mußte daher eine Gründerjahreinleitung schreiben! Denn in dieser grauenhaften Epoche liegt die künftige Simultanität unseres Stilempfindens eingewurzelt.

[...]

An der Unmöglichkeit, einen Stil gewaltsam zu gebären, zweifelt wohl niemand mehr. Van de Velde selbst ist viel zu sehr Künstler, um das nicht als erster einzusehn. Leider ist er nicht ganz frei von Schuld an den gekrümmten Häusern in Belgien und Frankreich. Bei uns hat der Jugendstil rasch ausgewütet, in Italien steckt eine ähnliche Pest, das Floreale, noch immer von einem Haus aus die Nachbarschaften an.

Zu einer Entscheidung in Stilfragen fühlt sich wohl jeder Mensch mit etwas Geschmack gedrängt, wenn er den Denker des riesenhaften Rodin, der das Wesen der Bäume und des Wassers in einem Lübecker Privatgarten zu überdenken imstande ist, in Paris vor dem Pantheon aufgestellt sieht. Nein, das ist dort bloß noch ein Gedankenhervordrücker, ein Klumpen Erz, der das ganze Pantheon beeinträchtigt. So geht es nicht weiter: entweder zurück zu einem intellektuell wiederbegründbaren alten Stil oder über Rodin hinaus in eine schwingerische Architektonik. Wahrscheinlich sollen wir bald beides erleben. Wie viel Richtungen werden zugleich Wurzeln setzen können, traditionsfähig werden? Mindestens zwei! Eine, die sicherste Richtung, wurde bereits eingeschlagen, nur führt sie nicht zum Pantheon, sondern sie geht vom Brandenburger Tor aus. Denn des Peter Behrens deutsche Botschaft in Petersburg ist eine Tat. Die Ausschaltung der historisierenden Gründerjahre, der Anschluß an große Überlieferung mußte geschehn. Welches lebendige, witterungsfähige Wachstum wird uns wieder beschert! Behrens, Schinkel, Klenze, Langhans, Gilly, Scamozzi, Palladio, so heißt vorläufig die Reihe. Ein Weg zu Baldassare Peruzzi und Donato Bramante kann gefunden werden.

[...]

Vielleicht ist man aber immer noch so weit, daß unsre besten Architekten sich sogleich in Schinkel einzufühlen vermögen: dann würden wir im Nu die ganze Tradition wiedererobert haben und beherrschen. Dann wäre auch das fünfzehnte Jahrhundert Toskanas demnächst eine Bereicherung mehr, kein Beginn! Italienische Probleme waren aber niemals wichtiger als soeben. Eines sollen wir nicht vergessen: Deutschlands schöne Zeile, die Ludwigstraße führt nach Florenz. Wohin mochte wohl die Maximilianstraße gewiesen haben? Zu den Tudors nach England?

Es ist wahrscheinlich, daß der Klassizismus zuerst Berlin zurückerobern wird. Möller van den Bruck hat recht, wenn er dort die Vorbedingungen dazu erkennt und feststellt. Übrigens hat das klassizierende Potsdam, und was von Berlin noch übrig ist, nichts mit Florenz zu tun. Palladio ist da viel eher der große Ahnherr. Überhaupt die Po-Ebene! Könnte das norddeutsche Tiefland nicht in dieser nunmehr ganz seiner eignen Richtung fortschreiten und dem hügligen Süden sein Toskanisches überlassen?

Soll das unsre Zeit erfüllen? Bevor ich ›nein‹ sage, möchte ich noch den Grund anführen, der dem Klassizismus am entschiedensten das Wort redet. Warum sollte unsre Zeit auf allen Gebieten neugebärend sein? Sollten nicht aufgepeitschte Menschen gerade eine Wohnstätte ihrer Herkömmlichkeit besonders lieben, sie einem neuerungsbesessenen Aufenthalt, dem sie sich schicksalsartig ausgeliefert fühlten, unbedingt vorziehn? Sollte nicht Kunst gerade jetzt eine Sendung zur beruhigenden Überlieferung übernehmen können! Einer schnelldahinlebenden Zeit eine letzte Kunst: letzte im Sinne von Ewigkeitswittern.

Diesen Standpunkt vertrete ich durchaus: aber ich bin trotzdem beunruhigt, weil uns der Simultanismus erfaßt hat. Allerdings versagt er in der Baukunst noch vollständig. So wenden wir uns zur Bildhauerei und Malerei, seinem ungefährlichern Kampfgebiet. Folgendes schicke ich voraus: Simultanität ist unser gefährlicher Reichtum, der Charakter ist Expressionismus!

Man kann zugleich erhoben sein und schimpfen, loben und beinahe die Hoffnungslosigkeit als das Beste ansehn. Die simultanistische Überfülle von Gelerntem, nur flüchtig Aneigenbarem, führt zu Abstraktionen, nervischen Erkenntlichkeitszeichen mehr als zu erschöpfendem Wissen, Eingeweihtsein. Wir tragen ganze Namenregister herum, auch lieber auf den Tastorganen als im Großhirn: hinter jedem Namen eine Wichtigkeit, oft ganz winzig, aber doch stenogrammatisch in uns eingesetzt, versponnen. Ein Impressionismus im Geistigen? Kenntnisse sind nicht mehr Pfeiler unsrer Kultur: wir spielen damit, setzen sie nach dem Schönheitsgefühl willkürlich, aber eigenrhythmisch ein: wir barockisieren. Die Wirkung nach außen ist so gering; bauen wir unsre Innenräume aus! Treppenhallen brauchen wir! die neuen Erlebnisse sollen bequem in unsre Empfangsräume emporsteigen können. Wir erwarten sie in der Bibliothek. Der erste Barockbau war Michelangelos Laurentiana. Barock: wir waren überall. Wo der Schnellzug uns nicht hingelangen ließ, kerbten wir uns doch ein: die besten Wiedergaben stehn zur Verfügung.

Barock: Petersplatz-Palmyra, Borromini-Petra, Bernini-Timgad, Fontana Trevi-Baalbeck, Sant Andrea delle Fratte-Heliopolis. Die Jahrhunderte dazwischen sind versunken: wie sollten sie auch nicht verschwinden, wir haben doch den Raum überwunden. »Mon âme est triste, hélas, et j'ai lu tous les livres«, kennzeichnet Mallarmé.

[...] Simultanismus ist ein Zustand: das wichtigste Element für die großzügig künftige Horizontale. Wir werden breitspurig, geschwind, geschmeidig, empfänglich für Einflüsse und Eingebungen bleiben. Der Wille zum Stil, der schon vorhanden ist, wird diese Unterlage bestätigen, festlegen. Von den erzielten Ergebnissen jedoch an andrer Stelle.

Ein paar Zeilen Geschichtliches: die frühesten Schöpfungen, die wir heute simultanistisch nennen mögen, gehn wahrscheinlich auf Delaunay zurück. Das erste Bild, das sich »Simultane Visionen« nannte, ist von Umberto Boccioni, der somit das Wort zuerst in dieser Auffassung gebraucht hat. Es sollte eine Feier der Geschwindigkeit, des modernen Großstadtbetriebes, einen neuen Fieberzustand, erweckt durch die wissenschaftlichen Errungenschaften, zusammenfassend bezeichnen. Simultanität, heißt es bald darauf in einem Futuristenmanifest, ist die Bedingung, unter der die verschiedenen Elemente, die den Dynamismus ausmachen, in Erscheinung treten. Marinetti schrieb darauf eine Abhandlung über Simultanität in der Dichtung. Wir brechen ab. Richard Wagners Ideal vom Zusammengehn von gesungenem Drama, Orchester und Plastik bedeutet den entscheidenden Schritt im Sinne der Simultanität. Der Futurist Luigi Russolo sieht in der Musik überhaupt ein Prinzip der Simultanität, das er ganz erschließen will.

Möglicherweise wird ein bewegter Stil zuletzt in der Baukunst durchbrechen: damit hats auch keine Eile. Im Gegenteil, lassen wir die klassizistische Richtung ruhig Oberhand gewinnen: vor allem tut Gesundung, Beruhigung not. Freilich, etwas wie Kantenbarock hängt längst in der Luft: was wird man dereinst noch in Eisenbeton gießen! Die Phantastik mag kommen, aber erst wenn sie, weil ihr Stil bereits vorhanden, selbstverständlich emporraketen und sich abstrakt verblättern kann.

Ein gotisches Element mag immer bei uns zugegen sein, oft hält man aber für gotisch, was viel eher barock ist. Jeder sollte sich selbst darin einer Prüfung unterziehn: am besten nimmt man Bücher von Gurlitt, von Wölfflin oder Riegl vor. Eine Klärung ist da sehr ratsam: gegen Barock besteht vielfach ein hergebrachter oder gedankenloser Widerwille, der unberechtigt ist. Leider sind gerade die Jüngsten in diesem Vorurteil befangen.

Natürlich sind Bezeichnungen wie gotisch und barock auch hier nur vorläufige Hilfsausdrücke. Der neue Stil ist zwar im Keimen, aber noch nicht da; wir können daher bloß annähernd mit geläufigen Worten kennzeichnen, was wir meinen. So gleicht man den Eltern, die schon vor der Geburt des erwarteten Kindes streiten, welchen Namen es bekommen soll. Augenblicklich sind Simultanität, Futurismus, Expressionismus am häufigsten im Umlauf.

Wir hoffen zuversichtlich auf ein starkes deutsches Element im künftigen Kulturwerden, besonders in der Baukunst. Die Vorarbeit ist aber in der Bildhauerei und Malerei geleistet worden, und zwar hauptsächlich in Frankreich.

[...]

E.5. *Theodor Däubler* Futuristen

Picasso ist Geständnis, Einsturz, Melodisches Insichversinken. Seelisch-Gefaltetleben, Stimmung. Seine Tat wird in einem Innerlichsten geboren; die Bejahung vollstreckt sich durch künstlerisches Ergriffensein: der Kristall bleibt unterweltlich. Futurismus behauptet, legt los; niemals bekennt er, sondern er entblößt sich. Keine Melodie, kaum eine Symphonik: Futurismus durchschrillt jedes Wittern irgendeines Vergewissertwerdens absichtlich. Soviel läßt sich grundsätzlich über ihn sagen; im übrigen können wir bloß von Futuristen reden: keiner gleicht dem andern.

Carrà: eine eigentlich unmöglich vorherzusehende Steigerung des Impressionismus. Nicht seine Erfüllung! Die deutete Pissarro an, Cézanne trug sie zu uns empor, denn er überatmet sozusagen das Impressionistische seiner Umgebung; er ist ja noch viel luftvoller, leichter als Monet, bedeutend erdhaft abgründiger als Courbet. Carrà hingegen gelingen bloß persönliche Folgerungen seines Impressionismuserlebnisses. Er verliebt sich ins morceau de peinture; auch ihm gelingen zauberhafte, zu malerischster Einzelhaftigkeit staunenswert befähigte centimètres carrés. Seine Anschauung in Grau belebt sich, wie unvorhergesehn, mit reizvoll mikroskopischen rosa Plötzlichkeiten oder zitterhaften Grüngebildchen, die so zart sein können wie perlendes Hervoräugen irgendeines traumversunknen Augenblicks. Das kann jedoch auf einem taufeuchten Blatt ebenso rein geschehn wie auf dem schweißbenetzten Hals einer Tänzerin oder in der Pupille eines Kindes.

[...]

Carrà benützt seine sich überkrümmende Anschauung aller Gegenständlichkeiten zu abenteuerlichen Neuversuchen: ein Dahinter gibts nicht mehr; alle koloristisch rhythmischen Erlebnisse bei seinen Darzustellenden haben ihren Niederschlag in einem morceau de peinture gefunden und werden nun vorgeführt, aufgerollt. Von rückwärts nach vorn geholt. Mund und Haar, Hand und Nakken, Finger und Ferse, Augen und Ellenbogen können zu koloristisch einträglichen Beieinandern werden, damit sie sich gegenseitig abtönen und töten oder auch steigern und ergänzen. Alle Beziehungen des Künstlers zum Porträtierten im Laufe unendlicher Sitzungen und verschwiegener Beobachtungstage wirken rhythmisch zu einem hervorquellend Bildhaften zusammen. Keine Stunde zur Rettung der natürlichen Zusammenhänge wird mehr, wie zu Zeiten der Impressionisten, vorgetäuscht, das Künstlerische feiert Orgien: Minuten von Busenschwärmereien, Halsträumereien, Sekunden von Schulterneinprägungen tanzen, reihen sich um eine rhythmisch plastische Grundeinheit und erwirken die Phantasmagorie eines Menschen in allen seinen Gelenkigkeiten und Farbenspiegelungen.

Carrà malt nicht bloß Personen: auch Städte, Stadtkristallisierungen, wie die Mailänder Galerie, zwingen ihn zu analytisch malerischer Zurechtlegung. Auch da farbenprächtige Entfaltungen, Wirklichkeitssilbern durch das zersetzerisch vorsätzliche Grau seiner Grundveranlagung; perlende Sonnenblicke durch die mechanistischen Umglasungen des Alltäglichkeitenbelebers!

Severini ist ein entschlüpfter Akademiker. Er wollte das Zeichnerische aufgeben und ist kalligraphisch geblieben. Seine Farben sind bunt und laut, blutlos; und obschon unnaturalistisch in Gebrauch genommen, dennoch von der absoluten Farbe himmelweit entfernt. Zwischentönen geht er aus dem Weg; das Scheinen des elektrischen Lichtes erbringt er auf erfinderische Art, durch spezielle, divisionistische Malweise. Seine Farbenanlagen sind insgesamt kalt, tulpenfeldmäßig; eigentlich ungewöhnlich, nicht neu. Trotzdem ist ihm das futuristische Paradestück, der »Grand pan pan«, ein hochkennenswertes Bild, gelungen.

Um den Pan pan zu verstehn, hieß es, bei seinem ersten Erscheinen, solle man sich in die Vorstellung eines Angeheiterten, bei dem die Bilder zerflitzen, durch dessen Brummschädel Vormalungen und Erinnerungen durcheinander geschnitzelt fetzen und fegen, hineindenken; heute ist man weiter: wir finden vor diesem »Schinken« das freudige Lächeln, das ein tollkühnes Stilunternehmen begrüßt. Immer wieder anlächelt, immer noch begrüßt. Es handelt sich auf dem Bilde um eine Zusammenkunft von Gecken, Tänzerpärchen, Freudenleutchen, kurz von aufgeregten, zerfahrnen, in sich zerrißnen Menschenkindern; weg daher mit der naturalistischen Aufklärung, mit dem langweiligen Angeheiterten, weg mit jedem Kompromiß des Herumdokterns; der Stil des Milieus in Montmatre ist gerade durch severinisches Amputationsverfahren auf das angemessenste hervorgespiegelt, angeschlagen und festgenagelt worden.

Wie feingeputzt, wie nagelneu die Farben blenden: allerletztes neoimpressionistisches Verfahren! Die Farbflächen, in der Größe einer Skatkarte, sind noch säuberlich eingeteilt: jedesmal, wenn man Kontrolle anlegt, der Eindruck, man mache eine Bonbonschachtel auf. Und doch, wie gelungen der Zusammenhang, der Ineinanderklang von Lokal, Mädchen, Dandys, Zigeunergeklimper, Tellergeklirr, alles bei elektrischem Licht! Ja, das ist elektrische Beleuchtung. Zigeunermusik ist das, das sind befrackte Spieler, befrackte Kellner. Gecken, ohne Gesichter! Höchstens ein Auge: das andre haftet irgendwo im Bild auf der Wade einer Tänzerin in Hochrot. Schwarz spielt aus, das ist eine Kartenpartie. Also Schwarz, ein Lappen Frack. Rot! Rot legt drauf. Rot sticht fast immer. Schwarz kommt nochmals, Schwarz winkt nach Schwarz. Schwarz nochmals, hoch oben, in der Ecke des Bildes. Ein Pikkönig in der Erinnerung! [...]

Soffici: ein dichterischer Maler und ein malerischer Dichter, sehr reich an Pariser Kenntnissen. Er verfocht noch die Richtigkeit des Impressionismus, so lange lebte er im quartier; eine gute impressionistische Grundlage sah jedenfalls dabei für ihn heraus!

Eigentlich liegt ihm aber das vorletzte Paris nicht besonders, viel eher steht er toskanischen Primitiven nah. Bevor er sich seine letzte Unterlage schuf, begleitete seine eklektischen Streifzüge vor der Staffelei allzu leicht ein Schwung ins Dekorative; das war seine Schwäche. Futuristische Umgebung gebar in ihm eine künstlerische Leidenschaft: das Peripherische. Seine Farbe hat nämlich den impressionistischen Fleck aufgesogen; beziehungslos zum Divisionismus behauptet er das Farbenperipherische: niemals versteigt er sich ins Absolute! Dazu ist Soffici zu skeptisch: ein bester Rest von Impressionismus hält ihn ab, aus dem natürlich Gegebnen und hergebracht Plastischen ins Farbenmetaphysische hinüberzusetzen. Er sattelt überhaupt nicht um; mit seinem heftigen Temperament, das leicht zum Dilettantismus verleiten könnte, wittert sich Soffici auf Grenzwegen zwischen einem innersten Frühern und seinem vorweggenommenen Futuristischen zurecht. Geschmack hilft ihm dabei, und Geschmack wird seine Gefahr werden!

Soffici sammelt Eindrücke, stimmt sie langmütig ab, wiegt sie bei geschlossenen Augen aus und setzt sie dann, wenn sie den Grenzbereich des Tatsächlichen zu verlieren drohn, wie farbige Entscheidungen, letztpersönliche Richtersprüche hin. Er benutzt die Farbe gewissermaßen im äußersten Augenblick ihrer Dienstbarkeit; [...]

Eigentümlich: Soffici liebt die Peripherie der Großstadt am allermeisten. Nichts reizt ihn mehr als der letzte übers Land hinauswachsende Saum einer modernen Großstadt: und zwar geschieht das ebenso programm-futuristisch als hergebracht landschaftlich. Das Farbenkunterbunt schreiender Stadtreklamen, zwischen Milchwirtschaften im Grünen, um Endbahnhöfe der Elektrischen, dazu deren bunte Signalscheiben, Vorstadtmenschen, alles das ist für Soffici unvergleichlich. Er verheißt immer eindringlicher den Kubismus der Brandmauern. Die immer neue Farbentätigkeit der wechselnden Reklame auf Holzgerüst, Anschlagsäule oder als Mauerwand wird für ihn, kurz vor dem Verblassen der Farbigkeiten, ein lebhaftester Ausdruck eines mechanistisch Peripherischen.

Boccioni: der erste futuristische Bildhauer. Seine Malereien blieben lange im Symbolisch-Sentimentalen befangen. In der Bildhauerei hat er aber plötzlich einen einzigartigen Standpunkt eingenommen: und nun kann er auch malen. An Stelle des Sentimentalen ist ein kühnliterarisches Element getreten: das Symbolische löste futuristischer Fanatismus ab. Jahrelang gebärdete er sich phantastisch ohne zwingenden Ausdruck: wir sehn, zum Beispiel, vor uns, in Gips, eine Mühle mit den Zügen des Müllers, oder besser den Müller mit dem unbeseitigbaren Tagesbild und Traumesausdruck seiner Mühle, dazu die fixe Idee des Wetters, die Besorgnis um Wind und Sonne. Unmögliche Plastik: und doch, aus diesem krausen Durcheinander von Metaphysik, von futuristischer Besessenheit und plastischer Stellungnahme ergab sich schließlich für Boccioni ein neuartig kantig gestaltetes Barock.

Wir stehn vor seinem letzten Werk: ein schreitender Mensch in seiner fernsten Bedeutung. Unser tagtägliches Schreiten will Eingehn in die Sterne! Haben wir eine Bestimmung? Wir sollen unsre Bestimmtheit erwandern. Daher sind Pilger, Bettler poetisch. Boccionis schreitender Mensch beseelt seine plastische Behauptung im Raum durch das Gehn: bisher gabs bloß Menschen in Ruhe, die zufällig ausschreiten konnten, nun ists aber das Schreiten als solches, das den Leib beherrscht, sich selbst als Leiblichkeit einnimmt, das Verkörperte sozusagen überhaupt aus seiner Möglichkeit zu hasten heraushebt. Ein Knie, Hüften sind dabei am wenigsten beschäftigt; Knöchel hingegen möchten eigentlich Richtung sein, hervorbrechen; Fersen meinen ein gewaltiges Beharren; Sohlen schleppen Raum mit sich; Brüste symbolisieren ein Sichschmiegen des Mikrokosmus Mensch zwischen Sternenbildern: der Hals ist die Absicht eine Verlängerung des beinegetragnen Rumpfes ins Unermeßliche; der Kopf bleibt eine ewige Überraschung durch die im Geistigen tatsächliche Verwirklichung einer Unentwegtheit. Im Haupt wälzen wir eine ganze Welt durch unsre Bahnen: ungeheure Vorstellungen gehn mit uns gleichen Schritts, Urerinnerungen segeln mit dem Instinkt als Steuer, wie eine Schutzflottille um den Schreitenden durch Straßen, über Brücken, zum Gebirge, bis ans Meer. Wir sind durch Boccioni ein Plastikum von Dynamik, Geistigkeit und zu Bewußtsein emporgewirbelter Kreiselgesetzlichkeiten des eignen Körpers. Ein Vielzuviel ist der Mensch, sein Weltwittern ist aber bereits das annäherungsweise Einsammeln der Einzelkreisungen der absonderlich verwickelten Leibhaftigkeit: auf plastischer Einfachheit, auf einem räumlich allgemein Faßbaren beruht das Bewußtsein. Mit unsern Bewegungen brechen wir unaufhaltsam in beseelte Geometrien ein: auf Schulter und Schenkel tragen wir noch nicht ausgesprochene Raumkristallisierungen in unsre Schreitungsrhythmik hinein: drum stehn wir als plastisches Moment beim Schreiten, insofern durch unser Gehn der Raum überhaupt erst erwirkt und begrenzbar wird, entsteht.

Hierbei gebiert sich der Stil einer energetisch erfaßten Epoche vor unsern Blicken.

Durch Boccionis plastische Weissagungen werde ich immer und immer wieder an Doktor Mieses' Buch vom Leben nach dem Tod erinnert.

F. August Stramm: Zur Diskussion

F.1. August Stramm, [Brief an Herwarth Walden vom 22. März 1914], in: ders., *Briefe an Nell und Herwarth Walden*, Berlin 1988, S. 7–8. © Edition Sirene, Berlin.

F.2. August Stramm, [Brief an seine Gattin vom 29. Dezember 1914], in: *August Stramm. Kritische Essays und unveröffentlichtes Quellenmaterial aus dem Nachlaß des Dichters,* hrsg. v. J. D. Adler u. J. J. White, Berlin 1979, S. 132. © Erich Schmidt Verlag, Berlin.

F.3. August Stramm, »Urwanderung«, in: ders., *Das Werk*, hrsg. v. René Radrizzani, Wiesbaden 1963, S. 103–104.

F.4. August Stramm, »Der Marsch«, *ibid.*, S. 114.

F.5. August Stramm, »Der Ritt«, *ibid.*, S. 108.

F.6. August Stramm, »Die Menschheit«, *ibid.*, S. 45–55.

F.7. August Stramm, »Signal«, *ibid.*, S. 72.

F.8. August Stramm, »Der Letzte«, *ibid.*, S. 123–124.

F.9. August Stramm, »Warten«, *ibid.*, S. 127–128.

F.1. *August Stramm*

Dr. Stramm
Karlshorst b Berlin 22 März 1914
Kaiser Wilhelmstr 8/9

Sehr geehrter Herr Walden

Ihre Kunst hält mich in Bann! Noch immer! Der Eindruck bei Ihnen, den ich gewonnen, läßt mich nicht los! In der Tat ist das Ziel, welches die beiden mir gütigst überlassenen Aufsätze aufrichten, auch das Höchste das jeden Künstler erfüllen muß. Der Weg dahin ...?...

Ihrer liebenswürdigen Aufforderung folgend füge ich ein paar Werkchen bei. Wenn Sie etwas davon brauchen können, soll es mich sehr freuen! Doch ist die Auswahl nicht unter diesem Gesichtswinkel getroffen. Wenigstens nicht allein. Sonst würde ich die längeren Sachen nicht beifügen, für die Sie ja zweifelssicher keinen Raum haben. Wie Sie mir in dankenswert-liebenswürdiger Weise einen Überblick über Ihren Kunstkreis gegeben haben, so möchte ich Ihnen nur einen Einblick in mein Schaffen geben. Bei mir gestaltet sich alles scharf gegensätzlich dramatisch! So erklären sich wohl auch die scharfen Gegensätze zwischen den Stoffen, ihrer Gestaltung und Form.

Doch urteilen Sie selbst! Vielleicht interessiert es Sie, was ich Ihnen vorlege und knüpft ein paar Fäden zwischen uns weiter!

Mit herzlichem Gruß
Ihr ergebener
Dr. Stramm

F.2. *August Stramm*

[Neubreisach] 29. 12. [19]14. [Dienstag]

Herzelieb! Nun habe ich dir heute schon mal geschrieben. Und doch quält es mich, dir nochmals zu schreiben. Ich fühle es, es quält dich so vieles, mit dem du dich nicht abfinden kannst, was du dir nicht erklären kannst. Meine ganze Kunst, diese Hinneigung zum Futurismus, zu Waldenscher Auffassung und alles das. Kind! Was hat das mit *uns* zu tun? Mit dem, was zwischen *uns* ist. Meinem Herzen bist du die Nächste und meine Knirpse. Aber meine Kunst steht drüben und *muß* da stehen. Entsinnst du dich, wie ich immer unzufrieden war mit allem, was Kunst genannt wurde? Nein, Elle, ich kann nicht anders und ich bin Walden daher so dankbar und muß es sein aus natürlichem Gefühl, weil er mir darin den Weg zu meinem Höchsten bahnt in meinem Kunstgefühl. Elle, das ist es ja; aber was geht das *uns* an, was kümmert das, was zwischen *uns* ist. Es *darf* nichts *zwischen* uns sein, wir *müssen* eins sein, grade jetzt, wo uns die Räume trennen! Nein, Lieb, das *darf* nicht anders sein; das zermürbt mich. Und wie du deiner schönen Kunst lebst, so lebe ich der meinen. Achten wir uns hoch darin gegenseitig und gehen Hand in Hand! Aber Geheimnisse dürfen nicht zwischen uns sein und brauchen es nicht und werden es nicht, wenn wir uns voll vertrauen, du liebe kleine Zweiflerin, du große Ängsterin. Unsere Wege führen nicht auseinander, sie gehen *mit*einander, aber nicht gezwungen und gehütet, sondern frei und gewollt. So werden wir beide stark, starke göttliche Menschen! Bist du nicht stark im Zutrauen, daß ich wiederkomme? Nun so sei auch stark im Zutrauen, daß nichts uns trennen kann! Es wird uns nichts trennen, wenn wir stark sind. Und wir sind ja stark. Und gesund wirst du auch bald wieder. Und wandelt dich Schwäche an, dann komm bald mal wieder her. Ich mache alles möglich für dich, wenn ich hier bleibe. Vertrauen! Vertrauen! Vertrauen in unser Schicksal, Vertrauen in uns selbst! Kind, Lieb! Ich küsse dich! Hör wie der Sturm braust! Er braust um unser Glück im neuen Jahr!

Dein Dein
Gustel

F.3. *August Stramm*

Urwanderung

Raunen und Schrei
Fuß vor Fuß!
Winken Hasten Zagen
Hinab zum Fluß!
Schlürfen und Schnaufen
Weiter... weiter!

Ungeheuer!
Schrecken und Wut!
Mann und Weib
Steine in krampfenden Fäusten
Hinweg! ... Hinweg!

Rauschen und Wehn!
Hunger!
Rinde und Blatt
Weiter!

Entwurzelter Stamm
In nerviger Faust!
Schwung und Schlag!
Blutiger Fraß!
Fort!

Blendende Strahlen
Aus blutrotem Rund!
Machtvoller!
Hin!

Blindes Dunkel
Grausen um um
Schlaf und Tod
Schrecklicher!
Hilf!

Ruhe und Rast
Weiter und weiter!
Fluß und Tal
Weiter und weiter!
Wasser und Sand
Weiter und weiter!

Weiter! Weiter!

F.4. *August Stramm*
Der Marsch

Rum und Trum
Rum und Trum
»Potz Kerle! hebt die Beine!«
Rum und Trum
Rum und Trum
»Verfluchte Sonne!« ...Schweine!

Flüt und Tü
Flüt und Tü
»Der Brand! ... die heiße Kehle!«
Flüt und Tü
Flüt und Tü
»Wie lang noch das Gequäle?!«

Trätерä
Träterä
»Ei schaut! bläht dort das Röckchen!«
Träterä
Träterä
»Verteufelt! steht das Böckchen!«

Rum und Trum
Rumlidibum
»Wie blinkt das Dörfchen heiter!«

Flüt und Tü
Träterä
Und »weiter! weiter! weiter!«

F.5. *August Stramm*

Der Ritt

Die Äste greifen nach meinen Augen
Im Einglas wirbelt weiß und lila schwarz und gelb
Blutroter Dunst betastet zach die Sehnen
Kriecht schleimend hoch und krampft in die Gelenke!
Vom Wege vor mir reißt der Himmel Stücke!
Ein Kindschrei gellt!
Die Erde tobt, zerstampft in Flüche sich
Mich und mein Tier
Mein Tier und mich
Tier mich!

F.6. *August Stramm*

Die Menschheit

Tränen kreist der Raum!
Tränen Tränen
Dunkle Tränen
Goldne Tränen
Lichte Tränen
Wellen krieseln
Glasten stumpfen
Tränen Tränen
Tränen
Funken
Springen auf und quirlen
Quirlen quirlen

Wirbeln glitzen
Wirbeln sinken
Wirbeln springen
Zeugen
Neu und neu und neu
Vertausendfacht
Zermilliont
Im Licht!
Tränen Tränen
Tränen Funken
Augen schimmern
Augen Augen
Nebeln schweben
Tauchen blinzeln
Saugen
Schwere schwere
Blinde
Tief
Hinunter
In die Nächte
Reißen
Schaun!
Schatten dampfen
Weiche blasse
Fließen fließen
Wallen wogen
Hart und härter
Runden Formen
Ungetüme
Ungestüme
Ungefüge
Leiber
Leiber
Walzen wälzen
Stalten sondern
Einen fliehen
Zeugen schwellen
Tummeln starren
Fliegen stürzen

Stürzen stürzen
Stürzen stürzen
In
Den
Schrei!
Mäuler
Gähnen
Gähnen klappen
Klappen schnappen
Schnappen
Laute
Laute Laute
Schüttern Ohren
Horchen Horchen
Schärfen Horchen
Schwingen Schreie
Töne Töne
Rufe Rufe
Klappen Klarren
Klirren Klingen
Surren Summen
Brummen Schnurren
Gurren Gnurren
Gurgeln Grurgeln
Pstn Pstn
Hsstn Hsstn
Rurren Rurren
Rurren Rurren
Sammeln Sammeln
Sammeln Stammeln
Worte Worte Worte
Wort
Das Wort!
Worte Worte
Worte Worte
Binden
Schauen
Fühlen
Tasten

Bauen
Worte Worte Worte
Sinnen
Schrecken Grausen Furcht
Bringen
Hilfe Stütze Nahrung
Schlingen
Bänder Fesseln Ketten
Schüttern
Freuen Fluchen Weh
Bilden
Bilder
Bilder Formen
Wecken nähren
Nähren mehren
Stützen gängeln
Lehren
Stehen
Lehren lehren
Aufrecht stehn
Den
Menschengeist!
Taumeln Taumeln
Irren Wirren
Wippeln Kanten
Fallen Heben
Tappen Halten
Zagen Leben
Gehen
Vorwärts rückwärts
Seitwärts seitwärts
Aufwärts
Abwärts
Tasten Schwanken
In das Dunkel
Bauet
Krücken
Krücken Krücken
Brücken Brücken

Wahne Wahne
Wahne Tiefen
Wahne Höhen
Wahne Schrecken
Wahne Hoffen
Wahne Strafen
Wahne Löhne
Aus
Dem
Eigenen
Blute Blute
Stückt den Raum
In
Wahne Wahne
Reißet aus dem Raum
Das
Ich!
Reißt aus Ich
Das
Um ihn Um ihn
Reißt
Das
Um ihn Um ihn
Reißt
Sich
Selber Selber Selber
Reißt
Die Formen
Reckt
Die Formen
Reckt
Das
Um ihn
Reckt
Das
Um sich
Reckt
Sich
Selber Selber Selber

Reckt
Die
Hand!
Hände
Kampfen
Krampfen kämpfen
Bluten Beten
Holen Leben
Schmettern würgen
Morden morden
Streicheln schmeicheln
Rächen rächen
Hüten wehren
Treiben stoßen
Jagen
Füße
Über
Felder
Felder Felder
Wüsten Wälder
Spreiten Schenkel
Schmettern Hirne
Stopfen Mäuler
Sticken Worte
Würgen Leiber
Trümmern Formen
Wehren Schatten
Pressen Tränen
Tränen Tränen
Schwarze Tränen
Tränen Tränen
Blutige Tränen
Tränen Tränen
Greuel Greuel
Unerhörte Greuel
Ziehen
Ziehen wachsen
Wachsen deihen
Reifen reifen

Reifen Früchte
Stählen Kräfte
Spannen
Zeit
Spannen
Zeit
Spannen
Zeit
Spannen Zeit
Die wesensbare
Spannen Zeit
Die grauenbäre
Spannen Zeit
Die fassenstrotze
Spannen Zeit
In
Feste Schirre
Ungeheure
Winzge
Schirre
Knechten Zeit
In
Starre Masse
Knechten Zeit
Um
Sterne Sterne
Knechten
Sterne
Aus dem Raume
Sterne Sterne
Sterne Sterne
Krammen Sterne
In
Die Arme
Sterne Welten
Welten
Und
Umpranken
Ihr

Geheimnis
Ihr Geheimnis
Ihr Geheimnis
Grauenrund
Und
Richtespurvag
Raum und Raum
Und
Raum und Raum
Raum und Raum
Ringsum um um
Höhe Tiefe
Länge Breite
Raum
Nur Raum
Nur Raum nur Raum
Schwingen Rasen
Rasen Schwingen
Um
Im Raum
Im Raum
Im Raume
Klammern Krallen
Feste fester
Zittern Beben
Klammern Krallen
Aneinander
Durcheinander
Oben unten
Unten oben
Raum und Schwingen
Raum und Wirbeln
Schwingen Prellen
Prellen Schleudern
Klammern Klammern
Klammern Klammern
Menschen Menschen
Menschen Menschen
Über

Menschen
Knochen Knochen
Über
Knochen
Beine Beine
Köpfe Köpfe
Hände Hände
Hirne Hirne
Herzen Herzen
Leiber Leiber
Dicht gedrängt
Gehäuft gemasset
Wirr verschlungen
Hinter Zeichen
Fahnen Fahnen
Trommelnd brechend
Fluchend betend
Mordend sengend
Heilend lindernd
Tröstend löschend
Mütter Kinder
Väter Gatten
Freunde Fremde
Feinde Brüder
Schwestern Huren
Bräute Krieger
Mörder Beter
Fallen fallen
Schichten Wege
Fallen fallen
Schütten Wege
Fallen fallen
Wege Wege
Wegeschotter
Wege Wege
Neue Wege
Wege
Wege
Durch das Elend

Durch das Grausen
Durch das Leiden
Durch den Atem
Voll von Keimen
Durch den Atem
Voll von Toden
Durch den Atem
Voll von Leben
Durch die Tränen
Tränen Tränen
Durch
Die
Nächte Nächte
Nächte
Voran Voran
Hoch die Zeichen
Voran Voran
Schauer Zucken
Voran Voran
Schrei und Täuben
Voran Voran
In die Gähne
Voran Voran
In die Leere
Voran Voran
In die Wiege
Voran Voran
In die Gruft
Kreis im Kreise
Kreis im Kreise
Voran Voran
In den Anfang
Voran Voran
In das Ende
Voran Voran
In den Abgrund
Voran Voran
In die Höhe
Voran Voran

In das Sterben
Voran Voran
In das Werden
Kreis im Kreise
In das Werden
Kreis im Kreise
In das Werden
In
Das
Werden Werden Werden
In
Das
Kreisen Kreisen Kreisen
In
Die
Tränen Tränen Tränen
In die
Tränen
In den Raum
In den Raum
In den Raum!

Tränen kreist der Raum!

F.7. *August Stramm*
Signal

Die Trommel stapft
Das Horn wächst auf
Und
Sterben stemmt
Das Haupt durch flattre Sterben
Sträubt
Gehen Gehen
Sträuben
Geht

Und geht und geht
Und geht und geht
Und geht und geht und geht und geht
Geht
Stapft
Geht.

F.8. *August Stramm*

Der Letzte

He! da oben! lachen! ich lache! drei Tage stürzen! brüllen! drei Tage Jahre Ewigkeiten! und bist noch nicht zerstürzt! verfluchter Himmel! Blaubalg! pafft Zigarren und stiebt Asche. alles zusammen. den Graben. Schützengraben. Schutz. Grab. die Stellung wird gehalten bis zum letzten Mann! vorwärts Jungens. das Blaugespenst klimmt rote Augen auf. rot. feuerrot. verschlafen. der Tag hält nicht aus. so oder so! schießt! schießt! der Wald! ja. in den Wald! Schädel. Wolken. lustig! der beste Schütze darf. ja. darf zuerst schlafen. Teufel! schlafen. Mord Müdigkeit Rasen Wut! He! Bursche! Bursche da vorn! willst du? willst du schießen?! du? ja? der Kopf zwischen die Beine geklatscht? Drückeberger! schießen! knallen! seht! sie kommen aus dem Wald. raus aus dem Lauf! die Backe gesetzt! brav! brav! Schnellfeuer! Blaue Bohnen! Bohnen! Blaue Augen! mein Schatz hat blaue Augen. haha! drauf! drauf! sie laufen. Korn nehmen. Zielscheiben. laufen. Mädchenbeine. ich beiße. beiße. verflucht. Küsse scharfe. drauf gehalten! Standvisier Aug in Auge! Wasser? was? die Läufe glühn? alle Schläuche glühn. letzte Nacht hat die Feldflasche zerschlagen. das trockne Glas geleckt. die Zunge blutet. schluckt. schluckt. schießt die Flinten kalt. euch selber kalt. kaltes Blut! da vorne pfützt Wasser. pfui Teufel! gierig! Dreck! Blut. blutiger Dreck. Blut modert zu schnell. Feuer! Schnellfeuer! raus! nicht einschlafen! wer? nehmt ihm die Patronen aus der Tasche. wir brauchen sie. der Kerl blutet! ein kleines Loch kann so bluten! schießen! Zielpunkt. Donner! Knacken! das Flattern! so müßt ihr auch schießen. zielen. zielen. gut. ruhig. die Hunde drüben. die arme Erde. Brief in der Tasche?

natürlich. schlapp und gleich tot auf der Nase. »mein lieber Mann!« ja. Männer brauchen wir. aber keine toten hier. essen. Bröckel Schokolade. Mutter. schießt Kerle. ach Mütter weinen immer. schießt! ich war ein weicher Junge. Teufel! Kopf hoch! die Nasen aus dem Dreck! was?! keiner? alle? Faulenzer! Verstärkung. hört ihr? Verstärkung kommt. Feind nicht ranlassen! die Flinten vor! Teufel! totsein ist Schande! seht! ich schieße. schieße. Verstärkung. hört! Trommeln. Hörner. tata trrr! eilt da hinten! eilt! Muttertränen. Vaterbrünste. Dreck! drei Tage Dreck! Menschen! meine Mutter hat mich immer so sorgsam gewaschen. Grab. Hölle. Teufel. mein Arm schießt. Finger ladet. Auge trifft. hurrah! hurrah! die Beine in die Hand! hurrah! Tod und Leben! hurrah! Eisen! hurrah! drauf! Mein Kopf! Kopf! wo ist mein Kopf? voran. fliegt. kollert. brav. Bursche! in den Feind! beißen beißen! Säbel! ha! weich der Vaterbauch. weich. Mutter. wo bist? Mutter. seh dich nicht? Mutter du küßt. Mutter. rauh. halte mich. ich falle doch. Mutter ich falle. Mutter.

F.9. *August Stramm*

Warten

Helle Rosen liebt sie und die schwarze Vase. Abtönung! ich werde sie entblättern. der Duft! toll! ein Mädchen auf meinem Zimmer! das hätt ich nicht von ihr gedacht. sie ist so fein. aber wer nicht nimmt. ich bin immer zu zach gewesen. damals die Rote. ich will auch genießen. die Rosen vor ihren Platz. herrlich. hier auf dem Sofa soll sie sitzen. ich setze mich neben. ich kann sie umfassen. ich fühle ihre Brust. nein! nichts vorwegnehmen. überhaupt. ich werde mich umwerben lassen. ganz kühl werde ich sein. sie ist auf meinem Zimmer. auf *mein Zimmer* gekommen. überhaupt wenn ich kühl bin. ich werde sie zerreißen. die Kleider reiß ich ihr vom Leibe. nackt soll sie stehen hier. vor mir liegen. die Haare wühl ich ihr auf. Unsinn! wo ist der Wein? schwerer echter! Burgunder! ja aufziehn. das stört nachher. zwei Flaschen. das genügt. ausziehn. aufziehn. entkorken. meine Haut ist mir zu eng! ein schöner Kerl! ja! Körper. Wuchs. im Spiegel sogar. eigentlich? ich habe nicht viel

Glück gehabt bei den Weibern. zu zach! zu zach! zu zach! jawohl. heute nachholen! heute. das Bett aufdecken. ach was! wir gehn ja gar nicht zu Bett. rauschen will ich! rauschen! ein Glas trink ich vor. Flammen. Blut! Lodern! alles vergessen. richtig! Gebäck. Weihnachten. ja. meine Mutter. hahaha! wenn sie ahnte, was ich damit ködere. ahnt nicht, sicher nicht. schlechter Kerl. schlecht? ich. nein. ich tus wohl lieber nicht. lieber nicht. wenn sie kommt. sie ist ein anständiges Mädchen. sicher, ohne Zweifel. das zeigt ihr Blick. sie tuts nur. sie liebt mich. ich bin der Verführer. pfui Teufel! Verführer! *ich will leben.* leben. leben. ja. ich *will.* und wenn sie dran glauben will. sie *soll* dran glauben. sie *muß* dran glauben. der Teufel holt sie. ich fetze sie auseinander. die weiche Haut streichen will ich. alle Geheimnisse. ein Glas noch. wild. wild. wild. ein Stier. ich renne die Wand ein. *hier* soll sie sein. säß sie da. ja. wenn sie jetzt da säße. du du du! verrückt! ich küsse das dreckige Sofa. alles zittert. Arme. Beine. die Adern sind gequollen. ich halte nicht mehr aus. sie käm. wenn sie nur kommt? wenn sie nun *nicht* kommt? *nicht* kommt? *sicher* nicht. kommt nicht! Satan! ich hole sie. ich hole sie aus dem eigenen Hause. ich schlage. ich schlage sie auf der offenen Straße. ich werfe sie in den Rinnstein. in den Rinnstein. die Dirne! Dirne! Dirne! o o o! ich schieße. ich schieße sie nieder. die ganze Qual. Muskeln. Sehnen. Fieber. mit dem Revolver schieß ich sie nieder. wie leicht er in der Hand liegt. zierlich. flach. die Mündung vorn. und rund. fein. zum Küssen. Lippen. haha! ich bin verliebt. der Revolver ein Mädchen! ich hab noch nie mit ihr geschossen. jungfräulich. und die kleinen Patronen. sie hinein passen. schlüpfen. Donnerwetter! jetzt wirds aber Zeit! sie müßte schon hier sein. wahrhaftig. sie kommt nicht. nein. sie kommt nicht. ich wollte doch. ich wollte sie käme nicht. Gott! laß sie nicht kommen. laß sie nicht kommen. laß sie verhindert sein. verhindert. flöße ihr Scheu ein. Scheu. Scheu. fortbleiben. ja fort. besser. ja. ich behalte ein reines Gewissen. mein ganzes Leben lang werde ich den Vorwurf nicht mehr los. ich bin kein Verführer. ich *will* kein Verführer sein. meine Mutter. doch! aber braucht doch nicht gleich? braucht denn? wenn sie nun käme? wir plaudern. plaudern. gewiß. nein. da braucht doch nicht. haha! Mann und Frau. gewiß. Freunde wirkliche Freunde. warum nicht? ich lache. sie wird mich auslachen. auslachen. mich die rothaarige damals. tückisch. heimlich. der Blick. äh! Blicke! die halt ich nicht aus. das ertrage ich nicht. nie mehr. nein. ich gehe fort. ich bin nicht da. sie wird nicht kommen. aber ich gehe fort. das ist das beste. mir wird ordentlich leichter. ganz leicht. gesiegt. ja. ich. jaja. ist? ja? o? rauscht? trippeln. ja? und? es? ja? klopft. Donner. wahrhaftig. klopfen. ä ä ä! Frechheit. unverschämt. schamlos. Dirne. Dirne. sie will mich. Verführerin. sie will mich nein. ä. nein. ich kann nicht. nein. ich will nicht. nein. klopfe nur. ja. klopfe. *ich kann nicht. will nicht. kann nicht. will nicht.* klopfe nicht! klopfe nicht! klopfe! ja! klopfe doch! klopfe doch! klopfe! ja! klopfe! *paff!!!*

G. Hugo Ball: Futurismus, Dada, Christentum

G.1. Hugo Ball, »Die Reise nach Dresden« [Teil III], in: ders., *Der Künstler und die Zeitkrankheit. Ausgewählte Schriften*, hrsg. v. Hans Burkhard Schlichting, Frankfurt a. M. 1984, S. 11–14. – ED in: *Revolution*, 15. November 1913.

G.2. Hugo Ball, [Tagebucheintragung vom 18. Juni 1916], in: ders., *Die Flucht aus der Zeit*, München/Leipzig 1927, S. 101–102. – ND: Luzern 1946, S. 95–96.

G.3. Hugo Ball, [Tagebucheintragung vom 24. Juni 1916], *ibid.,* S. 107; ND S. 100.

G.4. Hugo Ball, »Die Sprache Gottes« [Teil II–III], aus: »Simeon der Stylit«, in: ders., *Byzantinisches Christentum. Drei Heiligenleben*, München/Leipzig 1923, S. 251–253. – ND: Einsiedeln 1958, S. 215–217.

G.1. *Hugo Ball*
Die Reise nach Dresden

Im Richterschen Kunstsalon haben ein paar Futuristen ausgestellt: Umberto Boccioni, Carlo D., Carra, Luigi Russolo, Gino Severini. Wenige Bilder in kleinem Raum. Explosionen, Erdbeben, Anarchistenschlacht, Wahnsinn, tellurische Mystik. Wo Häuser gemalt werden, stürzen sie über- und durcheinander, schießen sie senkrecht in den Abgrund. Wo der Auswurf der roten Lyriker seinen Janitscharentumult gegen »Wohlstand« und Schlendrian richtet (wie in Russolos »Revolution«) oder eine Kavallerieattacke über Anarchisten hinwegtobt (wie in Carras »Beerdigung des Anarchisten Galli«), sausen, brennen und schwirren Kraftlinien durch das Bild, die das Gehirn anspringen, die das Blut aufpeitschen zu Fisteltönen. Man versteht diese Bilder nicht. Gott sei Dank! Alles wollen sie verstehen; um es loszuwerden. Diese Bilder zwingen das absolut Verrückte in Erscheinung. Man schreit vor Angst und Entsetzen. Diese Bilder sind das Innerste, Erschütterndste, Grandioseste, Unfaßbarste, das seit Menschengedenken gemacht worden ist. Daß sie zu Dutzenden zugleich auftreten, ist das erstaunlichste, fürchterlichste Phänomen, das sich denken läßt. Diese (Bilder) in ihrer losbrechenden ungeheuren Dynamik, ihrer Kraftstrahlenherrlichkeit, ihrer geheimen elektrischen Vibration und Radioaktivität verkünden die Revolution der Unterminierung, der ekstatischen Krankheit, die sich nach Ausbruch sehnt; die Nervenfächer und Rhythmusfelder des Todes, des Lichts, der Dynamos und der Uratome. Eingefangene psychische Telefunken zetern, schreien und kreisen in zinnobergrünem Getöse. Bewegung der Spermatozoen alles Seins ist festgehalten. Urkraft effulguriert in singenden Linien. Aktiv gewordene zerfetzte Körper tanzen, Lichtgranaten in platzender Wut, Sinfonien und Schwaden von Blut und Gold. Schwangere Himmel und ejakulierte Fixsterne. Rotglühende Männer und aufbrüllende Sklaven, Wahnsinn und Umsturz: atemberaubende heulende Dinge, die kommen werden, die kommen werden.

G.2. *Hugo Ball*

Wir haben die Plastizität des Wortes jetzt bis zu einem Punkte getrieben, an dem sie schwerlich mehr überboten werden kann. Wir erreichten dies Resultat auf Kosten des logisch gebauten, verstandesmäßigen Satzes und demnach auch unter Verzicht auf ein dokumentarisches Werk (als welches nur mittels zeitraubender Gruppierung von Sätzen in einer logisch geordneten Syntax möglich ist). Was uns bei unseren Bemühungen zustatten kam, waren zunächst die besonderen Umstände dieser Zeit, die eine Begabung von Rang weder ruhen noch reifen läßt und sie somit auf die Prüfung der Mittel verweist. Sodann aber war es der emphatische Schwung unseres Zirkels, von dessen Teilnehmern einer den andern stets durch Verschärfung der Forderungen und der Akzente zu überbieten suchte. Mag man immer lächeln: die Sprache wird uns unseren Eifer einmal danken, auch wenn ihm keine direkt sichtbare Folge beschieden sein sollte. Wir haben das Wort mit Kräften und Energien geladen, die uns den evangelischen Begriff des ›Wortes‹ (logos) als eines magischen Komplexbildes wieder entdecken ließen.

Mit der Preisgabe des Satzes dem Worte zuliebe begann resolut der Kreis um Marinetti mit den »parole in libertà«. Sie nahmen das Wort aus dem gedankenlos und automatisch ihm zuerteilten Satzrahmen (dem Weltbilde) heraus, nährten die ausgezehrte Großstadtvokabel mit Licht und Luft, gaben ihr Wärme, Bewegung und ihre ursprünglich unbekümmerte Freiheit wieder. Wir andern gingen noch einen Schritt weiter. Wir suchten der isolierten Vokabel die Fülle einer Beschwörung, die Glut eines Gestirns zu verleihen. Und seltsam: die magisch erfüllte Vokabel beschwor und gebar einen *neuen* Satz, der von keinerlei konventionellem Sinn bedingt und gebunden war. An hundert Gedanken zugleich anstreifend, ohne sie namhaft zu machen, ließ dieser Satz das urtümlich spielende, aber versunkene, irrationale Wesen des Hörers erklingen; weckte und bestärkte er die untersten Schichten der Erinnerung. Unsere Versuche streiften Gebiete der Philosophie und des Lebens, von denen sich unsere ach so vernünftige, altkluge Umgebung kaum etwas träumen ließ.

G.3. *Hugo Ball*

Vor den Versen hatte ich einige programmatische Worte verlesen. Man verzichte mit dieser Art Klanggedichte in Bausch und Bogen auf die durch den Journalismus verdorbene und unmöglich gewordene Sprache. Man ziehe sich in die innerste Alchimie des Wortes zurück, man gebe auch das Wort noch preis, und bewahre so der Dichtung ihren letzten heiligsten Bezirk. Man verzichte darauf, aus zweiter Hand zu dichten: nämlich Worte zu übernehmen (von Sätzen ganz zu schweigen), die man nicht funkelnagelneu für den eigenen Gebrauch erfunden habe. Man wolle den poetischen Effekt nicht länger durch Maßnahmen erzielen, die schließlich nichts weiter seien als reflektierte Eingebungen oder Arrangements verstohlen angebotener Geist-, nein Bildreichigkeiten.

G.4. *Hugo Ball*
Die Sprache Gottes

2

Die Sprache Gottes bedarf nicht der menschlichen Sprache, um sich verständlich zu machen. Unsere vielgepriesene Seelenkunde reicht nicht hierhin. Eher noch die versunken ächzende Stummheit der Fische. Die Sprache Gottes hat Zeit, viel Zeit, und Ruhe, viel Ruhe. Darin unterscheidet sie sich von der Menschensprache. Ihre Vokabeln sind über Laut und Schrift. Ihre Lettern zucken in jenen Kurven des Schicksals, die plötzlich mit einer Lichtflut durch unser Bewußtsein schneiden.

Die göttliche Sprache bedarf nicht der menschlichen Billigung. Sie sät ihre Zeichen und wartet. Alles Menschliche ist ihr nur Anlaß. Das Gesetz ihres Wirkens aber heißt: immer dasselbe sagen. Die Dunkelheit dieser Sprache vergißt alle Zwischensätze. Der Akzent ihrer Kühnheit kann nicht begriffen werden. Wo sie den Menschen erfaßt, wird sie Sturm wider Willen und oft eine Geißel des von ihr Betroffenen; Überschwang des Erlebens, ein Tränenmeer, oder grollender Blitz.

Aus ihrem Hauche besteht das Gewand der Cherubim auf dem

Seidenvorhang vor dem Tabernakel. In ihrer Syntax verschlingen sich Himmel und Erde. Durch Tod und Geburt streicht ihr Zeilenmaß. Ihr Abglanz sind Feuer und Licht; ihr Stammeln die Wunder.

3

Die Heiligen aber gehören zum Sprachschatze Gottes. Die Heiligen des Neuen Bundes insonderheit zeugen von Christus. Sie sind die lebendige Auslegung seines verborgenen Wesens, seiner Bedeutung und seiner Persönlichkeit. Sie feiert die Kirche. In jedem von ihnen tritt ein anderer Zug des Lebens, Leidens und Sterbens Christi in oft hypertrophischem Glanze ans Licht. Sie sind Strahlen der großen Sonne; Duft der berauschenden Riesenblüte; geistige Glieder des ewigen Leibes, der seine Ausmaße zeigen will.

Es gibt Heilige der Familiarität und der Nachfolge Christi in seinem Leben, in seinem Tode, in seiner Auferstehung und seiner Himmelfahrt. In jedem einzelnen, wenn auch nicht in der Summe seiner Gedanken und Werke. Heilige einer Episode seines Lebens, eines Wortes, einer Geste; seiner Versuchungen, Gebete und Kämpfe. Das Gold ihrer Gloriole leuchtet hoch auf, und doch nur in Ihm, dessen Mittler sie sind; der die Gräber sprengt, und der Mensch, Stier, Löwe und Adler zugleich ist.

Die Geringschätzung ihres Mittleramtes ist schwer zu verstehen. In den Schülern verschenkt sich der Meister. Die Schüler gehören zum Wesen des Meisters, wie das Prisma zum Licht. In ihren Übungen und Anstrengungen, ihren Gefahren und Triumphen, in ihren erreichten und unerreichten Tugenden verklärt sich die Unübertrefflichkeit ihres gemeinsamen Herrn. Ihr Anblick mildert das Schreckensgesicht seiner Gegenwart, seiner Trauer und Freude. In ihnen ermessen sich seiner Vollkommenheit Höhe und Abgrund.

Die Kurzsichtigkeit einer vergangenen Zeit den Heiligen gegenüber wird einmal offenbar werden, wenn erst, gerufen von unsrer Verkümmerung, das Mittelalter wieder ersteht und seine gigantischen Schätze dem Leben zurückgibt. Die Welt wird erstaunend ein andres Gesicht erhalten. Die kopflosen Sprachen aller Nationen werden ihr Haupt wieder finden und die Gesetze des Herzens. Der Schrei nach dem Heiligen Geiste und seinem Schlüssel des Elends nimmt überhand. Der Schrei nach den geistigen Gütern der Kirche ist ein Signal für die Rückkehr in ihren Schoß.

H. Der Futurist Johannes R. Becher

H.1.1. Emil Szomory, »Wie der Krieg mit Italien begann. Aus dem Tagebuch eines italienischen Fähnrichs (Telegramm unseres Spezial-Korrespondenten)« [Auszug], in: *Berliner Tageblatt*, Nr. 362, 18. Juli 1915.

H.1.2. Johannes R. Becher, »Vorworte zum Tagebuch italienischen Fähnrichs Georgi Quadro« [Auszüge], in: *Die weißen Blätter* 10 (1915), S. 1296–1299.

H.2. Johannes R. Becher, »Auf ein Maschinengewehr« [Teil I], in: ders., *Verbrüderung*, Leipzig 1916, S. 14.

H.3. Johannes R. Becher, »Lokomotiven«, in: ders., *Päan gegen die Zeit*, Leipzig 1918, S. 49. – Entstanden 1914.

H.4. Johannes R. Becher, »Die neue Syntax«, in: ders., *Verbrüderung*, a. a. O., S. 78.

H.5.1. Johannes R. Becher, »Krankenhaus« [Teil II], in: ders., *Gesammelte Werke*, Bd. 1: *Ausgewählte Gedichte I: 1911–1918*, Berlin 1966, S. 104–107 [Teil II S. 105–106]. – ED in: *Aktion*, 3. Januar 1914 [also *vor* der *Publikation* des Buzzi-Zyklus].

H.5.2. Johannes R. Becher, »Krankenhaus (IV). Variationen«, *ibid.*, S. 360–363.

H.6. Johannes R. Becher, »Bordell«, in: ders., *Päan gegen die Zeit*, a. a. O., S. 132. – Entstanden 1916.

H.7. Johannes R. Becher, »Aus den Höfen«, in: ders., *Das Neue Gedicht. Auswahl (1912–1918)*, Leipzig 1918, S. 153–154.

H.8. Johannes R. Becher, [Brief an die Feuilletonredaktion der *Frankfurter Zeitung*], 1923 [Auszug], in: Walter Höllerer, *Theorie der modernen Lyrik*, Bd. I: *Dokumente zur Poetik*, Reinbek 1965, S. 283–284.

H.9. Johannes R. Becher, [Erinnerungen an Jakob van Hoddis / Simultanismus] [Auszug], in: ders., *Das poetische Prinzip*, Berlin 1957, S. 106–111.

H.10. Johannes R. Becher, »Hymne an Lenin«, in: ders., *Maschinenrhythmen*, Berlin 1926, S. 17–20.

H.1.1. *Emil Szomory*
Wie der Krieg mit Italien begann

Aus dem Tagebuch eines italienischen Fähnrichs
(Telegramm unseres Spezial-Korrespondenten)

K. u. k. Kriegspressequartier Südwest, 18. Juli

Ich hatte bereits gemeldet, daß *Bersaglieri* von der Höhe, welche den Origonepaß sperrt, verjagt wurden. Die Bersaglieris flüchteten eilig, nahmen ihre Toten und Verwundeten mit und hinterließen nur eine Menge von Gewehren, Munition und Aktentaschen. Nun fand sich in einer Aktentasche ein ganz primitives, jedoch *höchst interessantes Tagebuch eines italienischen Fähnrichs*, Namens Georgi *Quadro*, der in Zivil *Bankbeamter* sein dürfte. Aus dem Tagebuch geht hervor, wie der Krieg mit Italien begann. Aus dem Tagebuch sei folgendes im Wortlaut wiedergegeben.

5. Februar. Mein Regiment wurde nach *Pontebba* entsendet. Langweiliges Nest. Ueberall Schnee. Woher überhaupt so viel Schnee nur kommen kann. Gestern war meine Abteilung auf den Höhen. Meine Leute froren und fragten, warum nicht warme Bekleidung endlich geschickt würde. Ich verstehe nicht, was hier zu suchen ist. Auf der Grenze stand ein einziger Oesterreicher. Gegenüber stand ihm ein Italiener, und sie riefen einander zu, daß es sehr kalt sei. Als der Oesterreicher abgelöst wurde, winkte er schadenfroh den Unsrigen Adieu zu. Ueberhaupt ist es *unverständlich*, warum wir zu *siebzehn auf den Schnee aufpassen*, was drüben ein *einziger* tut.

[...]

9. Mai. Diesmal kam Militär von Kalabrien. Die österreichischen Offiziere sind *unfreundlich* geworden, *reichen uns keine Hand mehr;* auch haben die österreichischen Posten mit den unserigen die Gespräche eingestellt. Die Kanonen kamen an und wurden hinter Pontebba aufgestellt. Es kam der Befehl, daß sofort beim Ausbruch der Feindseligkeiten *Pontebba geräumt* werden muß. Viele Einwohner entfernten sich bereits. Mein Hausherr samt Familie reisen morgen. Der *Oberst* besuchte uns, ließ sich alle Offiziere vorstellen und sprach mit ihnen tief gerührt. Er meinte, wir sollen die Schützengräben hinter Pontebba besetzen und bis zum letzten Tropfen Blut die *heilige Erde Italiens* gegen die

Oesterreicher, Ungarn und Kroaten *verteidigen*. Wir müßten ausharren, bis unsere Freunde gegen das Trentino und Triest vordringen. Wir schrien Evviva und sprachen miteinander noch lange sehr aufgeregt.

20. Mai. Ich war wieder oben. Der *Krieg* kann jede Minute ausbrechen. An der österreichischen Grenze steht noch immer *ein einziger Posten* und geht sorgenlos spazieren. Auch der Offizier von den Dreißigeinhalben kam später. Er photographierte uns und lachte, daß wir so viele (siebzehn) sind. Wir glauben, *morgen* erfolgt die *Kriegserklärung*.

23. [28.?] Mai. Alles verließ das Dorf. Militär besetzte die Schützengräben. Alles ist *nervös aufgeregt*. Sprachen kaum. Konnten kein bißchen essen. Major sagte, er wird uns in den Schützengräben wissen lassen, wenn ihm der Oberst die *Kriegserklärung* mitteilt. Wahnsinnige Hitze. Dreiviertel vier ertönte drüben ein *dreifaches Hurra von den Bergen*. Unsere Soldaten griffen erschrocken zu den Gewehren. Die Oesterreicher gaben eine *dreifache Salve auf uns* ab. Es war *schrecklich*, als die Kugeln über uns umherflogen. Gleich darauf *Höllendonner, sechs Granaten schlugen ein*. Wir bückten uns tief in den Schützengraben, sprachen kein Wort. Dann wurde das Feuer eingestellt. Nach einigen Minuten telephonierte der Major, daß *Italien Oesterreich den Krieg erklärt* habe. Er fügte hinzu, er werde den *Tagesbefehl des Königs bei Nacht* schicken. Wir sandten in der Nacht einen Unteroffizier mit vier Mann nach Pontebba. Er kam aufgeregt zurück und meldete, daß in *Pontebba österreichische Patrouillen seien*. Mitternacht kam ein Adjutant und las den Befehl des Königs vor, in welchem es heißt, es ist Krieg, und ich erwarte von euch, daß ihr Italien vergrößert. Konnte die ganze Nacht *nicht schlafen*. Mir war *bange*. Ich dachte immer an *meine Mutter* und *Giulietta*.

J. B. Emil Szomory, *Kriegsberichterstatter.*

H.1.2. *Johannes R. Becher*
Vorworte zum Tagebuch italienischen Fähnrichs Georgi Quadro

In Nummer 363 des »Berliner Tageblatts« veröffentlicht Herr Emil Szomory, Kriegsbericht-Erstatter i. V., das Tagebuch des italienischen Fähnrichs Georgi *Quadro* (»aus dem hervorgeht, wie der Krieg mit Italien begann«). Vom 1. April 1915 bis 26. Mai. Es sei bis zum 15. Juli gleichen Jahres fortgeführt, jenem Tag, da der junge Italiener beim Generalsturm der versammelten drei piemontesischen Brigaden auf das österreichische Schanzwerk um den Krn tödlich zerfiel: sechsundzwanzig Schritte vor dem Drahtverhau auf eine Flattermiene geraten, turmhoch in die Sonne gesprengt, gespießt (... kleinster wirbelnder Napoleon ...), zappelnde Spitze solch steifer Fontäne, die heilige dreifaltige Fahne bewahrt, als Schärpe um und um gewickelt – wie Kameraden Verwandten mitteilen.

Und in der Tat, höchst gewichtige Urteile des entbürgerten und politisch erzogenen Soldaten! Nüchtern klar, kein Zweifel, zugleich im Anflug von Träumen steter Brüderlichkeit schön beschwingt. Wallungen gemeinsten Rausches durchschwemmen langsam, methodisch fast den Hymnischen; in Einsamkeit verschickt wird, der einst kühn aneinanderschweißte; beseligt Geschwüren Frucht der Lippen aufdrückte, in Tränen aufgelöst den morschen Hund verschlang. Hah! Ekele öffentliche Phrase packt ihn. Krampfhaft sich wehrend fällt er –: er muß es! Er, hier ganz Tumult, Aufruhr-Katarakt, Empörer, knatteriges brausendes Höllengewitter; Wirrblitze entzüngeln verbogenem Leib, Geäst der hauenden Arme, spritzender Beine; Hydra tausendgliederig. Und endend sicher oft wieder jener wahrhaft göttlichen Einsicht teilhaft, schmelzender Phantasie, früher gewohnter, praktisch erübter.

[...]

Tragödie unseres jungen italienischen Fähnrichs Georgi Quadro –: tägliche, euerige, unsere. Und merkwürdig: Georgi Quadro, deß danken wir dir im Besonderen, wie wenig Freund du unirdischer Triumphe, reißendster Freiheits-Ekstatiker du! Du Gipfel heutiger Technik! Heros du neuester Wirklichkeit!

*

Verlauf einer Kurve »Georgi Quadro«.

Feuerig blanken Komets Kulmination bei Gestirnsphären, Horizonte rollen Gletscherteppiche aus. Dantes, Schillers, Whitmans innerstes Gedenken. Da greifen ruckhaft Niederungen hoch: Regimentsmusiken plärren, Abschied der Familien, eine kleine Leutnantsfrau klafft, schmolz. Schweiß und Tränen. Gärten euch sommerbehirtet, Adria-Blau und Marmor-Wildnis, Gärten: (weicheste, zarteste, blumigste) euch Schöpfer im Gram regenbogenfarben geschminkte Mädchen biegen. Perlmutter-Gesichtchen langoval.

Georgi Quadro *dehnt* sich!

Ein klein wenig nur, daß die Gerade fällt. Aufgeschleudert sofort. Geschwank auf überkompensierter Ebene. Mehr dann, tiefer, einmal am 25. Juni um fünf Grade gleich (und ohne wieder hochzukommen); auf-ab, auf-ab; zickzackschnell dolomitik; bald aber entscheidend dunkelsten Küsten angenähert, wo heulend in tausendfacher Gestalt die Zauberinnen verschlüpft in simpelsten Gebrauchsgegenstand ... wo heulend Sirenen locken. Inferno der Lazarette, Etappen-Chaos, Gerüst ältester Kathedrale granatenbahnumschriebenes. Verstümmelte Frontschweine (so nennen sie sich). Phantastisches Feuerwerk pufft. Bengalisches. Explodierender Oberst Lazzoni der fünften Karabinieri; ausgestülpten Antlitzes; drauf Därme, Zähne, ein Schlund ineinander sich ringelnd. Heimweh-Süße auf Postkarten. Giulietta. Schwefeläther dick. Blutbrühe. Verschleiern sie, entzogen sie ihm roh.

Es zerrt! zerrt! zerrt!

An flau und Blei Gewordenem.

Mit Verdis Aida-Triumphmarsch, dem Trompetenknall siebenfarben, kündigt sich der Beginn der Katastrophe an, Georgi Quadros keineswegs privater Katastrophe. Trompetenknall siebenfarben. Schleifen lang ... an ... aus.

»Auf zum Schlächterfest! Hoch das Schlächterfest!!«

Eviva la guerra! Ev..i..v..a nicht mehr vor Quadros Heldentod euch verhallend.

Ja, nicht nur er *mit*! nein –: Georgi Quadro allen *voraus*: heiß, keuchend, atemlos, schwindend, stürmerisch!

Eviva la guerra!

[...]

Fieber. Stickluft. Lungen zerreißen. Triefender Pferdekadaver.

Arme Bauernlümmels zerhackt. Haar, Därme, Hirn, Fleisch –: ein Brei. Masse. Lafettenkoloß krümmt. Automobil-Lastwagen furchen. Kreuz und quer zerschnittenes Kornfeld. Blutig gescheiteltes. Messer gepeitscht. Gräben chlorkalktrüb zugeschüttet. Extremitäten ragen. Böden unterminiert vom Schrei der lebendig Begrabenen.

Wir aber funktionieren. Geölt. Fabelhaft. Tadellos. Bravo!

Eviva la guerra!

Wühlender...

Vermächtnis des Verkommenen, dröhnend Vergewaltigers: zornhell früheres Brudersein anknüpfend –:

»Bürger! Soldaten! Brüder! Frauen! Bei allen eueren trunkensten Himmeln! Spannt es! Für Europa! Vorwärts! Alles Schwindel. O wie gut sie lügen! Versprachen sie euch nicht binnen vier Wochen den Krieg zu beendigen? Oesterreicher überrenne man einfach. Gradisca-Laibach-Wien! Abstreift euere Blindheit! Mütter, gebt euch nicht zufrieden, »Helden«-Mütter zu sein. Euch berauben zu lassen. Bestimmt, mit euerer Borniertheit wird als mit wichtigstem Faktor gerechnet. O Harlekinade von erlösten Provinzen! .. Schule, Eltern... alles haben sie mit im Bund; alles zielt darauf hinab: und ihr sahet es, es vollzog sich gut. Und als Narren wirken die wenigen Widerstrebenden. Burgfriede. So heißt es weiter. Alles hat seinen Namen. Maul halten. O, sie haben sich trainiert. Von Rekorden und einer Meisterschaft kann gesprochen werden. Statistiken sehr klug gefälscht. Schreitet, schreitet zur Tat!!!«

Eviva la guerra!

Oft durchstrichen heißt es da weiter im Tagebuch auf der letzten Seite (verwischt überpunktiert von blutigeren Fingerabdrücken):

»Revolutioniert! Salandra, der Falschspieler. Der König ein bigotter Esel. Gründet, gründet oppositionelle Parteien, bildet die anarchistische Gruppe. Stürzt die ganze Regierung. Ein Wrack! Verflucht, bei den Meeren europäischen Bluts verflucht jeder junge Mann, der heute nicht aktivst Politik treibt. Allons! Interessiert euch!! Fordert das Militär auf! Studiert die Technik der Barrikadenkämpfe! Lernt Bakunin kennen! Nochmals, bei allen Göttern: befleißigt euch! Soll heißen –: politisiert!!«

Eviva la guerra!

Schon verklingend: »Sammelt euch!«

Flammender Stoß präzis-rapid, gestemmt und bohrend, schleudert Georgi Quadro in den Abgrund, stinkichten Krater, den Geschwüreschoß, den innersten Trichter Dantes, den Massengräberpfuhl.

Eviva la guerra!

[...]

*

Schlußstrophe eines Programmgedichts mit politischer Tendenz, betitelt »An Europa«.

Zwischen heulenden Aufbrüchen, Saltomortale-Himmelfahrten, Indianergekreuch, ätzendem Verweilen in Granattrichtern geschrieben. Zwischen Verwundeten- und Munitionstransporten, bei Transporten aller Art. Während der Feuerkontrolle, in der Korrektur, inmitten Richtwinkel-Berechnungen, Horchübungen. Verse aus einer schier endlosen Flucht noch nie so seltsam übereinandergereihter, feiner denn Bajonette geschliffener Prismata gezogen.

Apokalyptischer Scherenfernrohr-Evangelist, umreigt von miauenden Einschlägerknospen, überströmenden Gletschergefilds der Marmolatapyramide brennend bedacht.

Gewiß: ein rotierendes Transparent, geschrieben für Millionen, weithin sichtbar, in flammenden, elastisch gekrümmten, vibrierenden, vorstürzenden Schriftzeichen über unseres Himmels maßlos erregten Ozean hingespannt: Taifungewölk, Gräbersud, Fluren- und Städtegeschmetter, Chlorgas buntest vermischt.

Zu Sonnenlüster brodelt auf ihr finsteren Generale!
Endloser Galerieen Porträts, sie tösen von der Wand.
Jetzt rücken heimwärts sie gen Schwalbentale.
Ein Frühjahrsdorf erglänzt auf welkester Hand.
Europa du..! Nationen aufgestrahlter Bau!!
In dir der Brüder neue Phalanx brennt!
(...einst Spiegelbild du gloriosen Firmaments...)
O –: daß zu dir so bald die Schlacht auftau!!!

H.2. *Johannes R. Becher*
Auf ein Maschinengewehr

Aus dessen Schlunde Brausen der Gewitter,
Mit leichtem Ticktack höllisches Gehagel...
Wo denkst du hin von keinem Griff durchschüttert
Des Nachts in Grases weichem Bett gelagert?!

Am Morgen wachst du beim bedrängten Hügel,
In rollende Attacken bohrt dein Lauf,
Du zerrst die Spähenden aus kühnen Flügen,
Kolonnen drückst du lautlos um in Staub.

Im dichten Busch oft wirst du lauern Schlange:
Bis plötzlich springst du zuckend hoch; du stichst
Durchs schlanke Grün wo deine Arme langen

Hinein ins Weite; schlimm dein Atem bricht
Durch Wald, Gemäuer... da... – nah aus der Flanke
Des Feindes Tatze aufreißt dein Gesicht.

H.3. *Johannes R. Becher*
Lokomotiven

Die brüllen jäh ins Land –: Lokomotiven!
Steil ob der Viadukte Schwung die rasendsten Kokotten.
Die fest im Raum gestampfter Böden schliefen:
Ob Wiesen-Massen! Fluß-Turm! Nacht-Stern-Grotten!

Lokomotiven! Sturmböcke! euere spitzigen Brüste
(... Torpedos und rubinvoll...) stoßend durch Gemäuer alle
 Äther grad!
Glänzender Panzerhüfte schmiegt der Draht.
Doch einstmals bäumt ihr auf vor seidener Küste:

Die Brücken platzen krätschen schwarz entzwei!
Des Tunnels Röhre knickte. Schienen lallen.
Gelöst Räder in Lüfte krallen...
Es schnurrt... – – –

Bengalische Feuer blühen, ringsum sausend!
Und stürzt und schlagt und poltert in den Grund!
So wirr zerschleudert. Schiefer Mund
Krümmt hoch zum Mond. Langsam rhythmisch noch die
Gelenk-Gestänge auf und nieder hauen...

(... Ein Dichter, Falter, schwebt um dich, du blankeres Tier.
Du Majestät! wie zogst du ein in Hallen.
Der Schwestern Pfiffe gell in Lüften schallen.
Tier-Kräuter-Wildnis schmiegt im Glieder-Werk.)

H.4. *Johannes R. Becher*

Die neue Syntax

Die Adjektiv-bengalischen-Schmetterlinge
Sie kreisen tönend um des Substantivs erhabenen Quaderbau.
Ein Brückenpartizip muß schwingen! schwingen!!
Derweil das kühne Verb sich klirrend Aeroplan in Höhen
schraubt.

Artikeltanz zückt nett die Pendelbeinchen.
In Kicherrhythmen schaukelt ein Parkett.
Da aber springt metallisch tönend eine reine
Strophe heraus aus dem Trapez. Die Kett

Der Straßenbogenlampen ineinander splittern.
Trotz jener buntesten Dame heiligem Vokativ.
Ein junger Dichter sich Subjekte kittet.
Bohrt des Objekts Tunnel... Imperativ

Schnellt steil empor. Phantastische Sätzelandschaft
überzüngelnd.
Bläst sieben Hydratuben. Das Gewölke fällt.
Und Blaues fließt. Geharnischte Berge dringen.
So blühen auf wir in dem Glanz mailichter Überwelt.

H.5.1. *Johannes R. Becher*
Krankenhaus

Erwachend aus dem Taumel der Narkosen
Wir fanden uns zerrissen und geschnürt
Die Mauern stieben auf wie Blätter lose,
Doch lindert Spritze Schnitte und Geschwür.

Wir blicken traurig auf den runden Hof,
Wo kreisen mummelnd blaue Kittelrupfen.
Wir schlagen jauchzend Purzelbäume oft.
Die Wärter uns mit eisernen Pinseln tupfen.

O flögen immer wir durchs Luftgeglänze,
Wo Strahlentürme aus den Wolken blitzen!
O segelten wir mit den ewigen Lenzen!
Ein Heiland war bereit, uns zu beschützen!...

So sind wir jung durch jede Nacht gewallt,
Das Dunkel aber fraß sich in die Hirne.
Es schuppet sich das fleckige Antlitz alt.
Empor wir schwanken zwischen den Gestirnen.

Oft, wenn wir drehn uns nach den Brüdern hin,
Dünkt endlos uns gestreckt der Betten Reihe.
Im Flammenhorizont der Priester kniet,
Der Sonne bricht als Todesarzeneie.

In Wartezimmern hocken wir gebückt.
In Magenhöhlen rinselt Eiter frisch.

Im Mutterleibe wird ein Mensch zerstückt.
Wir liegen lang auf weißem Marmortisch.

Wir weinen uns durch Haft und Äthersaal
Einander zu, erlebend süße Nähe,
Wenn man uns reicht das letzte Abendmahl,
Uns salbet ein mit Öles weichem Schnee.

H.5.2. *Johannes R. Becher*
Krankenhaus (IV)
Variationen

I

Hier wälzt sich's frei. Klafft auf o Eiter-Blößen!
Mit Knochenmond zertrommelten Gesichts.
Auftürm dich Labyrinth! Entfaltet Hallen
Das Blutleim- und Gedärme-Dickicht-Meer.

Haut-Insel. Schleim-Tang. Trillernd Klipp-Skelette.
Und aufgeschwollener Husten Symphonie.
Hysterischer Krämpfe spitzgestelltes Tamburin.
Eröffne dich o Schlucht der Messerschnitte!

–! . . . steh mir Gespenst, zu fassen in Geripp und Flächen!!!
Ausheul dich Krater meiner Brust.
Schmilz Unterwelt, laßt blaueste Brücken schweifen
Von Luftazuren über Schuttgebirg.

Einbrüllt der Dichter euch o Schwefelmasse!
Verweht euch Gasgewölk! Schon Höll auftaut.
Laßt Strophen dröhnen durch die Mauern schmettern!
Füll Sonne auf die Höfe! Platz Gestirn!
Stäub nieder, schwemm durch Zellen, tönend sprießen
Balsamische Ströme um der Betten Blutburg.

II

Schon scheint's von Hirten-Ärzten in den Gärten,
Den paradiesischen. Geblümte Tiere
Sie wieget sanft der Böden Mosaik.
... und atmend aus der großen Schluchtenwind...

Nun laß ich Flüsse in Spiralen knieen
Und Menschen siedeln an den Morgenfronten.
Der blankesten Körper schreitet unsere Schar.
Aus Kurvenebenen rings geschliffener Plan.

Der Brücken Bündel sprießt aus im Zenit.
Verknotet lösen sich die manchen Wege.
Nun treiben wir inmitten klarester Säume.

Es ist die Hand –: ein Teich: fünf Fingerbäume.
Und wieder Blattgestirn im Raume segelnd.
Spitz-Strahl aus Schläfen schrumpfende Gewitter.

III

(... kristallene Früh! o Stirnenwinken!
Wie gut scheint solch Gesicht!
Schmieg dich in Falten tiefer jetzt.
So Woge überschlägt
Den Bruder im Gefild...)

Weich tönt im Abendbusch
Kaum verröteter Tag nach.
Hyazinthblätter von Himmel
Treibend im Wolkenschnee.

O – der du Wiese getrunken
Schäumende bergs empor –
Ans Meer dich verworfen –
Da zogen im Netz sie dich ein – –

Steigender Dunst aus Krankenhäusern
Vergilbet den ewigen, den wirkenden Stern.
Städte schrumpften, die Beulen der Länder,
Falb, von elektrischen Schäumen überwuchert.

Groß läuft Gott in den Adern unserer Spülicht-Kasernen:
Riesenspinne.
Blaublanke Stahlhaut
Von blitzenden Sonnengliedern zerzeichnet,
Überspannend Gruft-Erde.

Ja, in Wiesen zerlegte ich mich, ach wie gern auch, in die
unendlichen
Weit. Wiesenflächen, und fließende Grüne; und tönende Fächer.
Schmetterling-Lichtchen ob biederer Brücke morsch – zu wenig,
Zu wenig treueste Dienerin gedachte ich dein: o mühhafte,
Ergebene Fee, altmütterliche Schwinge!

Wo es von Helios rauscht und Straßen brennen im Sturm.
Wo es Ozeane duscht: hah würg dich Elend-Mensch!
Knecht-Geborener. Huren-Gezeugter. Verankert im
Eitersumpf...

IV

Hah: aber ich singe das Neue Gedicht, erzwingend den
Krötentanz.
Taumelnd klappen sie um.
Aber ich erzwinge jetzt auch noch ihr Aufgehn in Maitiere
wunderbar.
Regenbogen die Fühler. Gehirne gleich Fontänenspiralen
klarst.

H.6. *Johannes R. Becher*
Bordell

...Haus versprengt an Städte zackichte Küste...
Weibschoß Himmel. Zungen Flüße. Haut Bad. Turm: Glied.
Mann-Messer strotzt. Knuten Sturm. Erz-Muskel.
Weib-Schoß dreht blendend bei. Gekapert.

Hier –: Unrat-Küche. Sofa federnd schnelle
Verbissenen Klumpen jäh! Klavier-Traum schimmert – – –
Tapeten dicht Postkarten-Horizonte wirbeln.
Wie Krater-Maul klafft schwelend gen die Luft!

Treib los! Zieh weg! Verflucht... Und Anker lichten...
So schweifst du Wrack im Schaum der Äthergründe.
Mondsegel fließt: Sirenen zwitschern:
Lampionverhängt aus Wangen düsterem Bruch.

Klavier-Sturz heult in rasend gellsten Chören.
O Mensch! Hah Mann! Fetz Weib! Zieh Messer blank.
Zerhack die Frucht! Kind-Fest zermalm die Hölle.
Gestriemt Fett-Rücken. Eiterbrände donnern.

Zu welchen Küsten!? – – Mensch-Vieh boxt hier feixend.
Gesprungener Schädel. Aug: verworrene Grube.
Zerknäuelt. Tiefst Zung-Flüsse schlenkern blutbraun.
Kaum flatternd. Kopftanz. Schimmel-Fleisch-Gemäuer.

H.7. *Johannes R. Becher*
Aus den Höfen

Dampfende Gruft umringt du von Häusergebirgen –
Mit Toten-Kindern aufgefüllt. Woher
Das Fähnlein zwitschernd an dem Fensterufer?!
...da plötzlich sprengt ein Knall den aufgeschwollenen Stein.

Balkon-Gebisse blitzen knirschend drein.
Und Küchen Klirren. Teppichklopfer prasseln.

Ein Mensch stürzt in den Kreis...

Nun ranken sich wie Efeu auf Gedärme,
Verzweigen rinnend in die Stubengrotten.
...und ihre Schifflein trägt ein Blut-Weiher.
Schleimhäute durchziehen den Sonnensand.
Kotblume frißt wirbelndes Händlein.
Berupft das Haupt peitschenden Knochenbaums.
Bis in die Hüften stehend im spritzenden Spülicht-Fall!
Kröten Dreck verwuchernd die Scheiben...
Und immer aber das Brodeln alkoholischer Väter im
schwankenden Raum.
Die tremolierende, stets wieder einstürzende Spirale von
Sängerinnen aus dem Bruch der Mansarden-Ställe.
Flügelschritt einer gelbhaarigen abgeschnittenen Hysterika-
Tänzerin die Treppe wie in einem ewigen Turm hinauf.
Husten Crescendo tuberkulöser Ladenmädchen.

Schnaubendes Gespann von Strichdame und Bauch-Kavalier.
Abgründe. Fett-Fliegen-Geschmeiß. Glas. Schmierseife,
Tuch-Moräste.
Platzen schwangerer Mütter in den Kellern.

Höfe –: Trichter schlürfend ein die höllischen Chöre.
Schwelend rinnt der Leiber Schutt.
Gase wälzen donnernd. Splittern der Gemäuer.
Gewölke kollern. Dächer stäuben nieder.

Höfe labyrinthische. Heiliger Schoß: versammelnd Wunde und
Beule,
Eiter, Frost, Armut, Vergewaltigung, Mord.
Himmelbett des aufgeschlitzten Mädchens. Wiege des aussätzigen
Knäbleins:
Ach, manche Male wohl, ja, daß tönend ein verirrter Vogel sich
ihm anschmiegt.

Nein, sie drehen sich nicht mit die Höfe, wenn der idiotische
Bettler schlotternd und ach, wie feixend, den Walzer
ankurbelt.
– so schwer wird es einem, in ihnen sich umzudrehen, gerade als ob
sie sich uns entgegenwälzten! –)
Die schlucken, schlucken ohn Unterlaß. Gift-Atem stößt.
Über ihnen das Firmament beschimmelt sich.

H.8. *Johannes R. Becher*

...Welches ist (vielleicht unbewußt) das inhaltliche Phänomen dieses scheinbar rein formalen Prozesses? [nämlich die Verszeile nicht nach Abschluß rhythmischer oder gedanklicher Zusammenhänge abzubrechen, sondern »mitten in der Spannung des Satzkörpers«, zu einer Anfrage der *Frankfurter Zeitung*.

Das diesen künstlerischen Gebilden innewohnende ästhetische Gesetz tendiert offenbar dahin, das Kalkül innerhalb des Sprachlichen zu durchbrechen, den mechanischen Charakter des Sprachlichen zu akkumulieren und über den Akkumulationspunkt hinaus wieder in ein Ursprünglich-Lebendiges aufzulösen; die Erkenntnis der Verdinglichungsstruktur auch des Sprachlichen ist heute für den Künstler wesentlich.

Daß durch die Druckanordnung der Satzkörper nicht mitten in seiner Spannung gestoppt werden soll, ist evident. Ebenso sind alle ›Satzzeichen der rhythmischen und der gedanklichen Verzögerung: Komma, Ausrufungszeichen, Doppelpunkt, Punkt‹ nur relative Verzögerungen. Das heißt, sie erhalten durch die Überbindung der einen Zeile mit der anderen einen anderen Intensitäts- bzw. Intensitäts-Unterbrechungs-Grad als im normalen unüberbundenen Satzgefüge. Das Nacheinander wird aufgewirbelt in einem dialektischen Manöver in ein Nebeneinander. Das Gedicht rückt in die Sphäre des Gleichzeitigen. Ein Versuch also, auch äußerlich das Expreßtempo zu markieren.

Alle diese Versuche aber, auch der diskutierte, bleiben ›im Atelier‹ stecken, sofern sie von der Irrealität des Einzelnen, des zum Gespenst gewordenen Individuums aus, unternommen werden, und nicht von der Realität der Klasse; wir kommen zwar zu interessanten, isoliert-exzentrischen Gebilden, aber nicht zu allgemeingültigen, zu total-objektiven.

Bei allen Dichtern, denen die Sprache Element ist, und die in einer handfesten Wirklichkeit und nicht gerade auf einem metaphysischen Monde leben, konnte man in den letzten Jahren dies bemerken: alogische Bomben unterminieren den traditionellen akademischen Satzbau, die bürgerliche Spracharchitektur: Rhythmik, Melodik, Metaphorik schwankt; die Sprache selbst produziert, unabhängig von ihrem Schöpfer, scheinbar unlösbare, eigengesetzlich gegeneinander sich bewegende, anarchische, gegenseitig explosivartig sich pressende Verknotungen. Das Gedicht wird über-dichtet. Überall heroisch-rabiate, krampfhafte Versuche, den längst schon geborstenen Sprachmotor wieder in Schwung zu bringen. Das formale Bewußtsein überholt das materiale. Eine antinomienhafte Auftrennung von Form und Inhalt. Und darin beruht die Problematik aller nur formal-revolutionären Künstler. Sie bleiben trotz allem Abenteurer, Abenteurer in einem Vakuum.

Gemäß der soziologischen Struktur dieser Zeit ist die Kunst dieser Zeit eine Kunst der Übergangszeit. Daraus ergibt sich ihre Funktion, ihre Verschiedenartigkeit von den Künsten anderer Kulturepochen; die ihr gesetzte notwendige Begrenzung. Denn der Funktionswechsel der künstlerischen Tätigkeit kann nicht bestritten werden, und die Aufgabe der Kunst dieser Zeit kann nur die sein: die rücksichtsloseste Entlarvung und Destruktion aller bürgerlichen Denk- und Seinsformen, die analytische Gestaltung des ›Arrangements‹ der bürgerlichen Ideologien (Religion, Pazifismus, Humanität, Vaterland usw.), die motorische, ›künstlich-anorganische‹ sprunghafte Beschleunigung des Auflösungsprozesses der heutigen Gesellschaft (Künstler, Politiker: beide arbeiten mit Verkürzungen), die Aufzeigung des Ausweges aus diesem ›Tal der Verwesung‹; Manifeste, Kampfschriften, im intensivsten Zusammenhang mit der aktuellen politischen Bewegung; das Fixieren der Ansatzpunkte des *Neuen*, soweit es bereits vorhanden ist.

Wiederum: vom *Einzelnen* aus ist diese Kritik usw. unmöglich. Sie ist nur möglich vom Standpunkt der *Klasse* aus. Die Organisationsform der Kritik an dem bürgerlichen Weltbild, die Organisationsform alles Neuen und Zukünftigen aber repräsentiert die *kommunistische Partei*...

...Es gibt heute *kein* kollektivistisches Gedicht. Denn es gibt keine Gemeinschaft. Das große kollektivistische Gedicht, das Volks-Epos, die Gemeinschafts-Hymne, kann erst wieder in einem ganz bestimmten geschichtlichen Moment verwirklicht werden. Die Zeit dieser Verwirklichung ist – nahe.

H.9. *Johannes R. Becher*

Ein neues Weltgefühl schien uns ergriffen zu haben, das Gefühl von der Gleichzeitigkeit des Geschehens. Einige gelehrte Literaturbehandler haben dafür auch alsbald eine Etikettierung erfunden, und zwar Simultanismus. Jacob van Hoddis aber dozierte uns, während wir Nächte hindurch die Stadt von einem Ende bis zum anderen durchstreiften (wir waren nämlich Peripatetiker), daß schon bei Homer dieses Gefühl der Gleichzeitigkeit vorgebildet sei. Der Vergleich nämlich sei bei Homer nicht dazu da, um eine Sache zu verdeutlichen, sondern um in uns das Gefühl der Gleichzeitigkeit, der unermessenen Weltweite zu erzeugen. Wenn Homer eine Schlacht schildere und das Geklirre der Waffen vergleiche mit dem Schlag eines Holzfällers, so habe der Dichter diesen Vergleich nur gebraucht, um uns zu zeigen, daß während des Schlachtvorgangs gleichzeitig auch Waldstille sei, erschüttert vom Schlag der Holzfäller ...

*

Dachdecker stürzen ab und gehn entzwei,
Und an den Küsten – liest man – steigt die Flut.

So heißt es in Jacob van Hoddis' »Weltende«. Während die Dachdecker abstürzen, steigt zugleich die Flut, oder nichts ist für sich allein da auf der Welt, alles Vereinzelte ist nur scheinbar und steht in einem unendlichen Zusammenhang. »Die meisten Menschen haben einen Schnupfen«, und gleichzeitig fallen die Eisenbahnen von den Brücken. Das katastrophale Geschehen ist nicht denkbar ohne eine gleichzeitige Nichtigkeit. Das Große ist dem Kleinen beigemengt und umgekehrt, nichts vermag abgeschlossen für sich zu bestehen. Dieses Erlebnis der Gleichzeitigkeit waren wir nun bemüht in unseren Gedichten zu gestalten, aber van Hoddis, so scheint es mir heute, hat alle diese unsere Bemühungen vorweggenommen, und keinem sind solche zwei Strophen gelungen wie »Weltende«. Was an Alfred Lichtenstein, was an Ernst Blaß bemerkbar war, kam von van Hoddis. Das Erlebnis der Gleichzeitigkeit wurde zur Schablone, und bürokratische Versprodukte entstanden, die geradezu rechnerisch durchgeklügelt waren, indem auf jeden Satz ein Gegensatz folgen mußte, wobei diese Willkür und Ungeordnetheit jede Art von Zusammenhang und Zusammenfassung vermissen ließen. Späterhin konnte ich auch entdekken, daß nicht nur bei Sinclair Lewis, sondern auch schon bei Balzac und manchem anderen Dichter dieses Gefühl der Gleichzeitigkeit zu gestalten unternommen wurde, ohne daß es doktrinär erstarrt wäre. Aber schon kündeten sich neue Ereignisse an, indem das Politische begann, auf unsere Dichtung einzuwirken. Der Ausbruch des ersten Weltkrieges stand bevor.

Mag es uns auch mißlungen sein, was wir so überschwenglich, so heftig erstrebten, in der Dichtung die »coincidentia oppositorum« des Nicolaus Cusanus zu verwirklichen, immerhin einiges bleibt, und vor allem bleibt es lehrreich, insofern man sich die Mühe nimmt, über unsere Bemühungen von damals nachzudenken und sie nicht als ein anthologienhaftes »expressionistisches Jahrzehnt« zu behandeln. Ja, auch wir fielen jener »Tücke des Objekts« zum Opfer, indem wir, die wir auszogen, den Ungeist der Pedanterie, das Unwesen des Spießertums ein für allemal zu beseitigen, selber Züge der Pedanterie und des Spießertums annahmen, ja, einige von uns verkamen ganz darin... So haben wir in keinem klassischen Werk die Idee des Simultanismus, den Geist eines expressionistischen Pantheismus verwirklicht, aber ich bin überzeugt, man wird eines Tages wieder auf diese Versuche zurückkommen und mit vielem, vielem inzwischen in Vergessenheit Geratenem auch diesen unseren Aufruhr um die Jahrhundertwende wiederentdekken...

H.10. *Johannes R. Becher*

Hymne an Lenin

Klopf-Zeichen noch in den
Särgen waren Elektrisch-
Hingerichteter. Die Bauchdurchschossenen
Vierfüßig krochen, die Gedärme zurecht sich
Zupfend. – Fabrik-Gevierte: fieberkurvige
Landschaft: Dämonen-Klumpen, eisen-
Gequadert, aufquollen, übergeworfen, wie
Ätzend umpanzert, von leuchtgasigen
Rauch-Mänteln; von Röhren-Geflechten
Umstellt; rissige Feuer-Gesichter;
Kraft-Wellen; schmelzende Erz-Fluten. Traum-
Dickichte durchwandern, sägend
Stahlstämme umzangend, gespenstische
Glühkörper ... Wie im Würgkessel
Völker-Leiber einpeitschte es in den
Schlacht-Raum: es spritzte
Fleisch-Funken. Flammen-Keulen
Niederwuchsen von spiralig gewundenen
Himmeln. Böden, pulverig
Untertrichtert, aufwirbelten wie scharlachenes
Flocken-Geblätter. Gestirne, ineinanderverschweißt,
Wie Brand-Blöcke. Riesenstädte wie pest-
Atmende Stein-Klötze ... Farben-Strudel:
Van Gogh: Sonnen-Schlucker: wie
Saftvoll schon pinseltest du an das
Ende der Welt-Zeit! –

So saßen wir, uns umarmend aneinander-
Gereiht, gläubig einer heiligen Zukunft
Genossen, in Gräberkellern: Gewehrkolben
Marschierender rieben von außen sich an
Den felsenen Wänden; niederirrefunkelte
Bajonett-Wald. Triumph-Gelächter war,
Sieg-Heulen, Zechen vom Mord-Fest ... Geschütz-
Räder, schädelzermalmend, rollten über uns hin,

Geflochtene Donner; Kriegsschiffe, panzerbäuchig,
Platzten, splittersprudelnd, fern hoch über
Den Meeren. Verhungernde wehesangen in den
Müllgruben: ein einsames Hoffen. Heilige
Sahen wir, schneestirnig, niederneigen, von
Todgeschreien zweighaft
Durchklammert, am Gewölb sich von
Schwebend untergläserten Brücken. Sich
Metzelnd ineinanderverknäuelt wälzte sich,
Leichenfelder wie Schleppen nach sich
Schleifend, über Europa das Kriegsgräuel... Da
Schossest auf du, ein
Rot-Stern, Lenin: über dem
Kuppelhäuptigen Petrograd:
Und durch die Straßen ringelten
Deine Worte sich, ein strahlenblitzend
Geäder, wie tönende Schlangen; Blutpfützen
Rauchten die Plätze; niederkauerten haufenweis, um
Reißend geschwenkte Glut-Fahnen knieend
Versenkt, die Scharen der Aufrührer: vor-
Stürzend Lawinen gleich – – – Gift-
Äugig niederglotzten aus der Paläste zerscherbenden
Fenstern die Menschenschlächter; stachelhäutig – Und
Trompeten rasselten, und Popen erstreckten
Beschwörend sich auf, wie holzgeschnitzte
Puppen, inmitten lohenden Erd-Schäumens;
Kruzifixe geschliffene gegenblinkten zwischen
Meuterer-Zähnen, und Aasgeier
Überzwitscherten, schnäbelschmetternd, den
Vieltausendsäuligen Kreml. Leuchtschriften
Knisternd aufgeisterten am Horizont: kugelförmig sich
Formende Buchstaben:
Wladimir Iljitsch Uljanow: Lenin – – –

Völker: Triumph! Triumph: ihr
Völker! – Da hingen lange an den
Winden wir mit horchenden
Ohren, und nur *ein* Gedröhn war: schallend
Erz, lästerliche Geschwätze, Hämmer-

Klimpern, Einklirren von Minenbohrern ... Aufgesprungen
Nun ist es, ein singender Geysir, in Rußlands
Steppe. Uralte Windungen
Aufschälen sich auf der Planeten-
Kruste; Völker-Gesänge, jahrtausend-
Verschüttet, aufgewittern aus
Höllen-Höhlen. Völker: Triumph! Triumph: ihr
Völker! So laßt den Namen
Mich nennen, der ist die Fackel: neuer
Welten keimendes Leuchten: Anglimmen der
Welträнder, feuerflüssig sich
Aufwölbend zu neuen
Welt-Räumen: Lenin –
Gerinnenden Festklängen getürmt
Auferbauten den gemordeten Brüdern sich
Eherne Gedenksteine. Götter-Gestalten, über den
Helmen gekreuzt Sicheln gezückt, nieder-
Schritten, scharlach-wehend, durch die
Blut-Finsternis ... O
Friedens-Frohlocken! ... Licht-Wunder
Niederjauchzten an den Himmeln ... O
Zeiten-Aufgang! ... Wie auf einem
Wellenberg aber schwanktest, aufrecht
Stehend, mit gebreiteten Armen hoch
Oben du: Lenin: niedersprechend in des sich
Erhöhenden Abgrunds wirres Getöse. –

I. Aus Alfred Döblins Essays (mit einer Günter-Grass-Coda)

I.1. = B.1. (»Die Bilder der Futuristen«, 1912).

I.2. Alfred Döblin, »Das zerschmetterte Maul, das isolierte Bein, die Quadratur der Atmosphäre«, in: ders., *Kleine Schriften*, Olten 1985, Bd. I, S. 140–141. – Entstanden 1912/13 [< > = Streichungen Döblins]. © Walter Verlag, Olten.

I.3. Alfred Döblin, »Offener Brief an F. T. Marinetti«, unter dem Titel »Futuristische Worttechnik« in: ders., *Aufsätze zur Literatur*, Olten/Freiburg 1963, S. 9–14. – ED in: *Der Sturm* 3 (1913), 150–151. © Walter Verlag, Olten.

I.4. Alfred Döblin, »An Romanautoren und ihre Kritiker. Berliner Programm«, *ibid.*, S. 15–19. – ED in: *Der Sturm* 1913, 158–159.

I.5. Alfred Döblin, »Bemerkungen zum Roman«, in: *Die neue Rundschau* 28 (1917), 1, S. 410–413. – ND in: ders., *Aufsätze zur Literatur*, Olten/Freiburg 1963, S. 19–23.

I.6. Alfred Döblin, »Reform des Romans« [Auszüge], in: *Der Neue Merkur* 3 (1919), Juni. – ND in: *ibid.*, S. 32–48.

I.7. Alfred Döblin, »Der Geist des naturalistischen Zeitalters« [Auszüge], in: *Die neue Rundschau* 35 (1924), 12, S. 1275–1293. – ND in: *ibid.*, S. 62–83.

I.8. Günter Grass, »Der lesende Arbeiter« [Auszug], in: ders., *Werkausgabe Band IX. Essays, Reden, Briefe, Kommentare*, Darmstadt/Neuwied 1987, S. 662–672. – Vorgetragen Oktober 1974. © Luchterhand Literaturverlag, Frankfurt a. M.

I.1. = B.1.

I.2. *Alfred Döblin*
Das zerschmetterte Maul, das isolierte Bein, die Quadratur der Atmosphäre

Rendezvous dieser drei, dazu schwimmender Firmenschilder, Treppenstufen im leeren Raum, Geometrie am untauglichen Objekt, Gesichter zermessernd, –: erste Optik futuristischer Bilder Severinis. Malerei Genre der Athletik: Körper fäustlings zerhämmert, alsdann graziosissime Balancement der Reliquien auf steifem Biceps, Triceps; Ideal Salome mit dem Ha–; principieller Querschnitt durch Leiber westlich des Dünndarms, Exartikulation lebender Gelenke, knix, rrrr Häuserfront durchschnitten, zum Abendbrot solenner Straßenmord im Autobus. Beschäftigung, Beschäftigung, keine Zeit verlieren. Stirnrunzeln, assoziativer Ernst, Kunst, Kusssst, Kssst; du mußt verstehen. Futurist und Platzangst, Angst vor dem Platz. Leinewand Raum, Schachtel, Kiste, Sarg für einen Moment. Und das Leben? Rascheln durch Momentmillionen, Kontinuum, Schlangenhäute, Winterfelle, Sommerfelle. Malerei Alteisenladen. Fläche Oberfläche. Rin! Mitten mang! Stirnrunzeln, Beklommenheit, Kopf durch Leinewand? Krise des Futuristen. Versenkung, Manifeste, beschlossen und verkündet: Dynamik auf die Fläche.

Edikt; erst können vor lachen. Nebeneinander Tod des Hintereinander; Fläche frißt Zeit. Chemisches Postulat: Aufspalten complicierter Verbindungen, Reagierenlassen der Elemente, Synthese. Salzsäure in der Klaue des Futuristen; Schmiß, Guß über die Momente; Hydrolyse; letzte körperliche Elemente, Grundelemente des Bildes. Dynamit unter Moment; bekannter Puff, Knattern usw., Bescherung: aktionsfähige Substanzen, stapfender Fuß, zerschmettertes Maul. Serpentinbausch im Tanz. Mimik des Futuristen davor: geblähte Backen, Knurren, Bellen, Explosion pruschschtttöhöö, Gelächter: Unmöglichkeit jetzt zur Abbildung, Zwang zur Malerei, messieurs.

Was aber lebt auf dem Bild? Farben, Linien. Farben an sich,

gegen sich. Linien, – keine Metapher, – hintereinander gefühlt; wir krümmen sie mit den Augen ab; Kreisbogen rutscht schwindend, schwindelnd um die Ecke, nächste Ecke, Ecke, keene –, Ellipse schleudert sich rum, blafft in den Raum. Triumph, Sieg, Hintereinander! Kksss, faß ihn, Cäsar, in die Waden, Elemente, zerschmettertes Maul hineingerissen flötend in Konzert der Linien, Farben; körperliche Reliquien reduziert auf lineare Qualitäten; aufgelöst in Bewegungsprincipien, Abstraktionen. Philosophia picturalis; schöne, wilde Welt sintert zusammen; Apoplexie des realen Tags; nunmehr knallend scharfe Centrierung, dynamischer Grundriß; der Deibel soll mich holen, wenns falsch ist, ists solide falsch; lieber futuristische Großschnauze, als normales O-lein mit Stilleben in Kniekehle und Epigonenwanze im Knopfloch.

Conclusio, Beschluß: zwei Elemente innig gesellt, – oh Jottogott-tottotto, oller ehrlicher Schiller, wat wiste hie? Nichts für ungut, bemerkte fein der Spartaner, Citat. Reste, Leichenteile, nicht Leichenteile. Lebenscentren, – und Malerisches, Bloß-absolut-malerisches; Spinne im Netz und Fliegenbeine am sympathischen Sommermorgen; reine Musik und schreiseliges schwefliges Wirklichkeitsmaterial.

Entwicklung. <Stufe; nur Stufe> Scheideweg: <Irrsinn> Absturz nach rechts, <Irrsinn> Absturz nach links; reine Linien Farben, strengste Askese, Delaunay <noch> zahm, Kandinsky radikal, – Mönche, liebe Mönche, <ihr> lauft am Himmel vorbei, über Himmel hinaus, – Kientop links.

Schweben, fliegen, siebzig grüne Himmel. Keine Wege. Alles Himmel. Quadratur der Fratze, Geometrie und Salzsäure: weiße Augen, Griff über das Herz, pulsende Aorta; weitere, geweiterte Welt, nicht lachen, Columbus Einzelfall, täglich neue Fälle.

I.3. *Alfred Döblin*
Offener Brief an F. T. Marinetti

Lieber Marinetti, das erste Mal waren Sie im vergangenen Sommer bei uns, zur Ausstellung der futuristischen Bilder. Ich schrieb damals für den Sturm: »Der Futurismus ist ein großer Schritt. Er stellt einen Befreiungsakt dar. Er ist keine Richtung, sondern eine Bewegung. Besser: er ist die Bewegung des Künstlers nach vorwärts.« Die Intensität und Ursprünglichkeit, das Kühne und gänzlich Zwanglose schlug bei mir ein. Ich dachte mehrfach und sagte zu Ihnen – bei Dalbelli –: »Wenn wir in der Literatur auch so etwas hätten!« Damals schwiegen Sie. Nach einigen Monaten schwirrten die literarischen Manifeste über unsere Häuser. Das Unzulängliche war Ereignis geworden.

Es war nicht so gemeint. Ich bestreite Ihre Legitimation nicht, uns anzuregen. Sie haben Energie und Härte, Männlichkeit, die einer unter Erotismen, Hypochondrien, Schiefheiten und Quälereien berstenden Literatur mit Vergnügen auf den Pelz gehetzt werden soll. Sie haben in Ihrem »Mafarka« einem massiven, unraffinierten Empfinden öfteren ungebrochenen Ausdruck geliehen. Sie sind rhetorisch, aber Ihre Rhetorik ist keine Lüge. Es ist uns klar, Marinetti, Ihnen wie mir: wir wollen keine Verschönerung, keinen Schmuck, keinen Stil, nichts Äußerliches, sondern Härte, Kälte und Feuer, Weichheit, Transzendentales und Erschütterndes, ohne Packpapier. Die Emballage gehört den Klassikern. Plattfußeinlagen, Gipskorsette und andere Orthopädie verehren wir nebst Sonetten, Weltanschauung höheren Töchtern zum Angebinde. Was nicht direkt, nicht unmittelbar, nicht gesättigt von Sachlichkeit ist, lehnen wir gemeinsam ab; das Traditionelle, Epigonäre bleibt der Hilflosigkeit reserviert. Naturalismus, Naturalismus; wir sind noch lange nicht genug Naturalisten.

Bis dahin gehen wir zusammen. Sie hören, Marinetti, Sie sagen uns nichts Neues damit; ich kann sagen: Sie bekennen sich zu uns. Jetzt fängt Ihr Manifest und Ihre Bemühung an, außerordentlich heftige Grimassen zu schneiden und zudringlich zu der dreimal heiligen Sachlichkeit zu werden. Sie sind halber Afrikaner; ihre Liebe zur vollen Realität nimmt etwas Berserkerhaftes an; sie schmatzen und kauen an dem immerhin robusten Ding in einer mich jammernden Weise herum; sie schlucken an ihr wie eine Schlange an einem Frosch. Zunächst analysieren Sie die Störungen und Fälschungen, die die künstlerische Produktion durch Vers und Rhythmik erleidet. Das Zwingende, Ablenkende, Selbstgenießerische in der Versdynamik nageln Sie fest und warnen, klagen um die entschlüpfte Realität. Wollte einer Hummern fangen und bekam Schläge von Marinetti, weil er nicht Kohlrabi gefischt hat. Es kommt drauf an, Marinetti, was einer will: wenn Sie ins Café gehen, werden Sie schwerlich Artilleriefeuer von dem Oberkellner verlangen. Wenn Baudelaire sich von dem Rhythmus bewältigen läßt und durch den Mund dieser Bewegung redet, auf dem Rücken dieser Welle schwimmt, so weiß er, was er tut. Und was gehen Sie ihn an, Marinetti! Er ist ein Künstler wie Sie: die Sachlichkeit, mit der er zu tun hat, kennt er besser als Sie. Sie sind kein Vormund der Künstler. Das käme auf Epigonenzüchtung, auf Ihren Selbstmord hinaus. Sie meinen doch nicht etwa, es gäbe nur eine einzige Wirklichkeit, und identifizieren die Welt Ihrer Automobile, Aeroplane und Maschinengewehre mit der Welt? So weit sind wir nicht; so dick ist Ihr Bauch nicht, daß nur ich noch darin Platz hätte. Oder schreiben gar der kantigen, hörbaren, farbigen Welt eine absolute Realität zu, der wir uns ehrfürchtig als Protokollführer zu nähern hätten? Sollten Sie das, der Künstler, meinen und in dem Sinne unentrinnbaren Naturalismus lehren? Entsetzlich, – und doch scheint es fast wahr zu sein. Wir sollen einzig das Meckern, Paffen, Rattern, Heulen, Näseln der irdischen Dinge imitieren, das Tempo der Realität zu erreichen suchen, und dies sollte nicht Phonographie, sondern Kunst, und nicht nur Kunst, sondern Futurismus heißen? Sie sollten ahnungslos diese lütte lütte Verwechslung: Realität ist Dinglichkeit fertig gebracht haben, Sie, Marinetti? Manchmal glaube ich das wirklich! Und darum vergaßen Sie momentan, warum die Rhythmik und Verskunst Baudelaires–Mallarmés gut, notwendig und himmlisch ist: weil die Kunst auch Narkotika gibt, Stimulantia, über und unter die Wirklichkeit zeigen kann, weil in diesem Ansteigen des Tones, seinem Ausstreuen und bewegsamen Sinken Rausch und Flug liegt, – Sie sind doch zu wenig Aeroplan gefahren –, weil ruhig unter dieser Musik der Worte der »sachliche« Inhalt, der »dingliche« Inhalt gegenstandslos, sinnlos werden kann, zurücktreten, sich verflüchtigen kann. Diese und andere Musik schleppt sich nur müde an die »Dinge«, die hinter ihr herpoltern. Unsere deutschen Mystiker haben unendlich oft so gedichtet: verwirrend und dahinter eine dunklere Wirklichkeit andeutend; sie klimperten, rauschten nur nach mit den Worten. Und da ist keiner Realität Zwang angetan, dem Dichter kein Zwang angetan, keine Fälschung geschehen, – und wir, die es lasen, fühlten das Belanglose der Worte mit. Können muß mans, Marinetti, das ists. Und Sie haben einen Augenblick ein sehr starkes Wort und einen sehr schwachen Gedanken geäußert.

Was Sie wollen, ist klar, – wenn Sie auch das Kind mit dem Bade ausschütten. Das alte Lied: dichter heran müssen wir an das Leben.

Das Leben bietet noch kolossale Schätze, für deren Hebung wir keine Schaufeln haben. Wir haben nicht nur kein Handwerkszeug, sondern steigen geschminkt, mit Lackschuhen und parfümierten Röcken in das Bergwerk. In Ihrer Hast überrennen Sie, mit sachgemäßer Hacke, Lederzeug und Lampe, sehr freie und große Dinge. Im Grunde sollte ich gar nicht gegen Sie polemisieren, denn es ist zu klar, um wessen willen Sie irren, um Ihretwillen, um ein paar Schlachtbeschreibungen willen, deren Tempo und Lärm Sie famos, in der Tat, herausbringen. Aber darum keine Aufregung, keine Revolution; machen Sies nur recht gut; wir freuen uns darüber; es gibt im übrigen noch andere Dinge als Schlachten, und – unter uns – man kann sogar eine Schlacht noch ganz anders »machen«, als Sie es gemacht haben.

Aber am schlimmsten, gefährlichsten sind Sie in Ihrer Monomanie, denn Sie sind monoman – wo Sie der Syntax zu Leibe gehen, der Schlachtenplastik zuliebe. Diese Verallgemeinerung finde ich horribel. Wie verstehen Sie das Adjektiv, Adverb! Es gibt in einem kompletten Satz verschiedene Valenzen; es dominieren verschiedene Satzfunktionäre, bald Subjekt, bald Verb, bald Adverb; Sie können die Wucht eines Wortes erhöhen, abschwächen, Sie können Sätze kürzen, können in Perioden rollen, können ein einzelnes Wort, Substantiv, Adjektiv, Verb, Adverb, einzeln setzen, gerade so können Sie außerordentlich nahe an die Realität heran. Ganz nach Belieben, ja nach dem, je nach Ihnen, und wozu auf einmal diese Amputation? Wir wollen doch nicht alle brüllen, schießen, knattern, Marinetti; Sie werden mir doch gestatten, eine heiße Mandelmilch zu trinken, oder eine Torte mit Sahne zu essen, oder Ihnen das Konzept zu verderben, je nach dem, je nach mir! Und wenn Sie nur gelegentlich, für besondere Zwecke, so schreiben wollen, so hindert Sie niemand daran; wir freuen uns über jeden originellen und kraftvollen Stil; in dem heißen Wirklichkeitsdrang sind wir Kameraden; – aber darum keine kategorischen Erlasse an uns, die alles so gut, manches noch besser wissen und können als Sie, darum keine welterschütternde Geste und Totschlaggebärden. So tragisch gackern unsere Hennen nicht. Marinetti, Sie greifen uns an; Sie schimpfen uns Passatisten und rückständig; ich verteidige nicht nur meine Literatur, sondern greife auch Ihre an.

Ich sage: man kann Ihre Schlacht noch viel besser machen. Ihre Schlacht ist von Anfang bis Ende vollgestopft mit Bildern, Analogien, Gleichnissen. Gut, aber das sieht mir nicht sehr modern aus, ist doch rechte, biderbe, alte Literatur; ich schenke Ihnen alle Bilder, – aber heran an die Schlacht! Direkt, Marinetti! Ja, das ist bequem, den Feldherrn eine »Insel« zu nennen, die Köpfe wie Fußbälle fliegen zu lassen, die zerrissenen Bäuche wie Gießkannen sprudeln zu lassen. Spielerei! Antiquiert! Museum! Wo sind die Köpfe, was ist mit den Bäuchen!? Und Sie wollen Futurist sein? Das ist übler Ästhetizismus! Die Dinge sind einzigartig; ein Bauch ist ein Bauch und keine Gießkanne: das ist das ABC des Naturalisten, des echten direkten Künstlers. Sich die Bilder verkneifen, ist das Problem des Prosaikers. Um solch Durcheinander von Geometrie, Beobachtungen, literarischen Reminiszenzen, Psychologismen zu geben, brauchte es des ganzen bedrohlichen Aufwandes nicht. Die »Insel« des Feldherrn ist ein banales, verblaßtes Bild, – und da will ich Ihnen gleich zeigen, was und wie wenig der Telegrammstil leistet. Sie geben dem Leser, Hörer kurze Stichworte zu dem Hauptwort, Etikette an viele Ihrer befreiten Substantive: Köpfe-Fußbälle, Bäuche-Gießkannen etc. Wie bequem und wie dünn ist das, wenn schon Bilder, Assoziationen, Indirektes, dann auch ganz. Sie überschätzen nämlich den Hörer, Leser; Sie schieben ihre Aufgabe, dies Bildmaterial zu formen, ihm zu. Einiges blieb auch mir unverständlich von Ihren Assoziationsreihen, und was gehen mich Ihre Assoziationsreihen an, wenn Sie sich nicht die Mühe geben, sie verständlich hinzusetzen: die Katastrophe der fehlenden Interpunktion und der fehlenden Syntax; denn Sie haben Assoziationen, und das sind Bindungen, und Sie vermögen diese Bindungen auf keine Weise zum Ausdruck zu bringen. Sie vermissen – man sieht es alle zwei Zeilen – die Syntax, suchen um sie herum zu kommen, Sie zwingen, vergewaltigen Ihre Einfälle, lassen sie unverständlich bleiben, um nicht gegen das Prinzip zu verstoßen. Das ist eine Rohheit gegen die Kunst; Methode hat in der Kunst keinen Platz, der Wahnsinn ist besser. Und was sagt mir Ihr adjektiv-befreites, verbloses, adverbloses »Feldherr-Insel«, das sonstige Hintereinander unverbundener Substantive, die blank vorübertreten wie geschorene Pudel? Es bleibt alles, fast alles im Unbestimmten, Leeren schweben; mir besagt »Feldherr« nichts, der Zusatz »Insel« macht es nicht besser, – in Ihrem Kopfe steckt alles vielleicht richtig, aber es ist nicht herausgekommen, noch nicht gedichtet, zu sprachlicher Realität gediehen, – ob mit, ob ohne Perioden ist mir gleich. Ich will nicht nur fünfzigmal »trumb-trumb, tatetereta« etc. hören, die keine größere Sprachherrschaft erfordern, sondern Ihren Feldherrn, Ihre Araber sehen, – aber die können Sie mir nicht zeigen. Sie strecken die Waffen, wo das heißeste Bemühen des Prosaikers anfängt. »Ammoniak, Klinik, Bistouri, Stierkampf« etc. sind Randbemerkungen; ich will um die eigentümliche atemlose Realität einer Schlacht nicht durch Theorien betrogen werden, – das Temperament macht es bei mir auch nicht –; Sie suchten alles so zu verdichten, daß bei diesem Kondensationsprozeß Ihre Retorten in Stücke gegangen sind und Sie uns nun die Scherben als Proben Ihrer Kunst vorzeigen müssen. Ecce Müll. Ein Feldherr kann durch eine Bewegung plastisch hingestellt werden, muß; muß so hingestellt werden, sonst ist alles nur Geschwätz. Ihre Kavallerie schwimmt ohne Pferde und Soldaten durch den leeren Raum; nichts von Bodenschwingung, Luftverdrängung, »Kavallerie« schlankweg: damit kann ich nichts anfangen; das ist blaß und leer wie »Sonne«, »Geist«, völlig abstrakt. Das Kanonengebrüll, die Schrapnells machen mich zwar taub, aber nicht blind. Aber zu solcher Abstraktion sind Sie durch Ihre Theorie verdammt.

Lieber Marinetti, in Ihrem »Mafarka« gaben Sie eine leidenschaftliche Mischung von Drama, Roman, Lyrik; Ihre Gedichtsammlung nennen Sie »Destruction«; Ihre letzte Bemühung wirft sich auf das stählerne Gerüst der Sprache: die Matratze blieb heil, Sie flogen in die Luft. An der Ehrlichkeit Ihrer Bemühungen ist kein Zweifel; aber ich finde es bedauerlich für Sie, daß Sie dauernd Mauern vor sich sehen müssen, daß Sie immer anrennen müssen und Ihnen nicht die Leichtigkeit des reinen untheoretischen Dichters gegeben ist, der die Mauern überfliegt. Sie werden vergeblich Ihre Überredungsgabe an uns verschwenden, die selbst schreiben. Man erzielt Plastik, Konzentration und Intensität auf viele Weisen; Ihre Weise ist sicher nicht die beste, kaum eine gute. Bemühen Sie sich, und lernen Sie bei uns! Ihre Bücher haben bewiesen, daß Sie Künstler, Dichter sind, und die Energie Ihrer Instinkte, die Freiheit und Reinheit Ihres Naturalismus, Ihre Antierotik finden unsere volle Sympathie, meine volle Sympathie. Aber vergessen Sie nie, daß es keine Kunst, sondern nur Künstler gibt, daß jeder auf seine Weise wächst, daß einer behutsam mit dem andern umspringen muß. Es gibt keine literarischen Massen- und Universalartikel. Was man sich nicht selbst erobert, bleibt verloren. Gehen Sie nicht weiter auf Herdenzüchtung aus; es gibt viel Lärm dabei und wenig Wolle. Bringen Sie Ihr Schaf ins Trockne. Pflegen Sie Ihren Futurismus. Ich pflege meinen Döblinismus.

I.4. *Alfred Döblin*
An Romanautoren und ihre Kritiker

Berliner Programm

Der Künstler arbeitet in seiner verschlossenen Zelle. Sein Persönliches ist zwei Drittel Selbsttäuschung und Blague. Die Tür zur Diskussion steht offen.

Gewisses ist unverrückbar in der Zeit; Homer läßt sich noch genießen: Kunst konserviert; aber die Arbeitsmethode ändert sich, wie die Oberfläche der Erde, in den Jahrhunderten; der Künstler kann nicht mehr zu Cervantes fliehen, ohne von den Motten gefressen zu werden. Die Welt ist in die Tiefe und Breite gewachsen; der alte Pegasus, von der Technik überflügelt, hat sich verblüffen lassen und in einen störrischen Esel verwandelt. Ich behaupte, jeder gute Spekulant, Bankier, Soldat ist ein besserer Dichter als die Mehrzahl heutiger Autoren.

Die Prosaautoren, am ehesten zum Mitgehen-Mitwagen verpflichtet, erschließen die Welt nicht mittels neuer, strenger, kaltblütiger Methoden, sondern kauen unentwegt an »Stoffen« und Problemen ihrer inneren Unzulänglichkeit. Man soll seine vermeintlichen inneren Notwendigkeiten zügeln und die Zügel der Kunst in die Hand geben. Dichten ist nicht Nägelkauen und Zahnstochern, sondern eine öffentliche Angelegenheit.

Ein Grundgebrechen des gegenwärtigen ernsten Prosaikers ist seine psychologische Manier. Man muß erkennen, daß die Romanpsychologie, wie die meiste täglich geübte, reine abstrakte Phantasmagorie ist. Die Analysen, Differenzierungsversuche haben mit dem Ablauf einer wirklichen Psyche nichts zu tun; man kommt damit an keine Wurzel. Das »Motiv« der Akteure ist im Roman so sehr ein Irrtum wie im Leben; es ist eine poetische Glosse. Psychologie ist ein dilettantisches Vermuten, scholastisches Gerede, spintisierender Bombast, verfehlte, verheuchelte Lyrik.

Immer war der Rationalismus der Tod der Kunst; der zudringlichste, meist gehätschelte Rationalismus heißt jetzt Psychologie. Viele als »fein« verschrieene Romane, Novellen – vom Drama gilt dasselbe – bestehen fast nur aus Analyse von Gedankengängen der Akteure; es entstehen Konflikte innerhalb dieser Gedankenreihen, es kommt zu dürftigen oder hingepatzten »Handlungen«. Solche Gedankengänge gibt es vielleicht, aber nicht so isoliert; sie besagen an sich nichts, sie sind nicht darstellbar, ein amputierter Arm; Atem ohne den Menschen, der atmet; Blicke ohne Augen. Die wirklichen Motive kommen ganz anderswoher; dieses da, der lebendigen Totalität ermangelnd, ist Schaumschlägerei, ästhetisches Gequirle, Geschwafel eines doktrinären, gelangweilten Autors, dem nichts einfällt, zu Gebildeten, die sich belehren lassen wollen.

Man lerne von der Psychiatrie, der einzigen Wissenschaft, die sich mit dem seelischen ganzen Menschen befaßt: sie hat das Naive der Psychologie längst erkannt, beschränkt sich auf die Notierung der Abläufe, Bewegungen, – mit einem Kopfschütteln, Achselzucken für das Weitere und das »Warum« und »Wie«. Die sprachlichen Formeln dienen nur dem praktischen Verkehr. »Zorn«, »Liebe«, »Verachtung« bezeichnen in die Sinne fallende Erscheinungskomplexe, darüber hinaus geben diese primitiven und abgeschmackten Buchstabenverbindungen nichts. Sie geben ursprünglich sichtbare, hörbare, zum Teil berechenbare Abläufe an, Veränderungen der Aktionsweise und Effekte. Sie können nie und nimmermehr als Mikroskope oder Fernrohre dienen, diese blinden Scheiben; sie können nicht zum Leitfaden einer lebennachbildenden Handlung werden. An dieses ursprünglich Gemeinte, dieses Simple muß man sich streng halten, so hat man das

Reale getroffen, das Wort entzaubert, die unkünstlerische Abstraktion vermieden. Genau wie der Wortkünstler jeden Augenblick das Wort auf seinen ersten Sinn zurück »sehen« muß, muß der Romanautor von »Zorn« und »Liebe« auf das Konkrete zurückdringen.

Damit ist der Weg aus der psychologischen Prosa gewiesen. Entweder offenes, nicht mehr verschämtes Lyrisma mit seiner Unmittelbarkeit; Sichergehen in Gehobenheiten und Niederungen; Ichreden, wobei das naive Räsonnement zulässig ist. Ich zweifle freilich, ob man diese Form Roman, Novelle nennen kann. Oder die eigentliche Romanprosa mit dem Prinzip: der Gegenstand des Romans ist die entseelte Realität. Der Leser in voller Unabhängigkeit einem gestalteten, gewordenen Ablauf gegenübergestellt; er mag urteilen, nicht der Autor. Die Fassade des Romans kann nicht anders sein als aus Stein oder Stahl, elektrisch blitzend oder finster; sie schweigt. Die Dichtung schwingt im Ablauf wie die Musik zwischen den geformten Tönen.

Die Darstellung erfordert bei der ungeheuren Menge des Geformten einen Kinostil. In höchster Gedrängtheit und Präzision hat »die Fülle der Gesichte« vorbeizuziehen. Der Sprache das Äußerste der Plastik und Lebendigkeit abzuringen. Der Erzählerschlendrian hat im Roman keinen Platz; man erzählt nicht, sondern baut. Der Erzähler hat eine bäurische Vertraulichkeit. Knappheit, Sparsamkeit der Worte ist nötig; frische Wendungen. Von Perioden, die das Nebeneinander des Komplexen wie das Hintereinander rasch zusammenzufassen erlauben, ist umfänglicher Gebrauch zu machen. Rapide Abläufe, Durcheinander in bloßen Stichworten; wie überhaupt an allen Stellen die höchste Exaktheit in suggestiven Wendungen zu erreichen gesucht werden muß. Das Ganze darf nicht erscheinen wie gesprochen, sondern wie vorhanden. Die Wortkunst muß sich negativ zeigen in dem, was sie vermeidet, ein fehlender Schmuck: im Fehlen der Absicht, im Fehlen des bloß sprachlich Schönen oder Schwunghaften, im Fernhalten der Manieriertheit. Bilder sind gefährlich und nur gelegentlich anzuwenden; man muß sich an die Einzigartigkeit jedes Vorgangs heranspüren, die Physiognomie und das besondere Wachstum eines Ereignisses begreifen und scharf und sachlich geben; Bilder sind bequem.

Die Hegemonie des Autors ist zu brechen; nicht weit genug kann der Fanatismus der Selbstverleugnung getrieben werden. Oder der Fanatismus der Entäußerung: ich bin nicht ich, sondern die Straße, die Laternen, dies und dies Ereignis, weiter nichts. Das ist es, was ich den steinernen Stil nenne.

Fortgerissen vom psychologischen Wahn hat man in übertriebener Weise den einzelnen Menschen in die Mitte der Romane und Novellen gestellt. Man hat Tausende besondere, höchst outrierte Personen erfunden, an deren Kompliziertheit der Autor sich sonnte. Hinter dem verderblichen Rationalismus ist die ganze Welt mit der Vielheit ihrer Dimensionen völlig versunken; diese Autoren haben wirklich in einer verschlossenen Kammer gearbeitet. Der Künstler hat sich zum Handlanger dürftiger Gelehrten degradiert, sich geblendet, den Kunstfreund und Leser entwöhnt, in den Reichtum des Lebens zu blicken. Man hat eine Atelier-Schriftstellerei gezüchtet, eine systematische Verarmung der Kunst betrieben. Hier konnte sich der zweite Wahn, der erotische, etablieren. Die schriftstellerische Welt ist successive vereinfacht auf das geschlechtliche Verhältnis; ein Prozeß, der durch das beifällige Interesse eines schlechten oder schlechtgeleiteten Publikums begünstigt wurde. Diese Verwässerung, Verdünnung des bißchen Lebens, das in die Schreibstuben drang.

Der Naturalismus ist kein historischer Ismus, sondern das Sturzbad, das immer wieder über die Kunst hereinbricht und hereinbrechen muß. Der Psychologismus, der Erotismus muß fortgeschwemmt werden; Entselbstung, Entäußerung des Autors, Depersonation. Die Erde muß wieder dampfen. Los vom Menschen! Mut zur kinetischen Phantasie und zum Erkennen der unglaublichen realen Konturen! Tatsachenphantasie! Der Roman muß seine Wiedergeburt erleben als Kunstwerk und modernes Epos.

I.5. *Alfred Döblin*
Bemerkungen zum Roman

An der Epik, der niederen und besseren, arbeiten seit einiger Zeit Schädlinge. Ich will mit der Tür ins Haus fallen.

Man hält seine Stuben nicht sauber; die Spannung ruiniert den Roman, die Verfasser geben nach und sitzen bereits auf einem dürren Ast. Die Verfasser vergessen zusehends mehr, daß sie Epik produzieren sollen, sie drängen immer mehr auf das Drama, auf Konfliktschürzung und Lösung in der oder jener Richtung, Schauspiel, Tragödie, Komödien. Es hat sich in den Roman etwas eingezwängt, was sicher nicht von Deutschen hergeholt ist, sicher von den Franzosen: die Sucht nach Zusammendrängung, klipp und klarer Problemstellung, eine abstrakte Strenge, Balkenversteifung, entschlossene Abdachung und Beendung. Es scheint auf eine Romanform, – die es gar nicht gibt und so nicht geben darf, – abgesehen, mit Grundriß, Gerüst, Architektur.

Schein, falsche Vorspiegelung. Man gibt da Handlungen, Menschen und Vorgänge vom Ei ab, am liebsten möglichst wenig Menschen, abgedunkelt als Hintergrund, Staffage, Füllsel andere Menschen, dann ein bißchen Milieu, Szenerie, soweit nötig; es ist nur Anhängsel; auf dies, auf glatte, enge, fortschreitende Handlung hin wird alles vereinfacht. Sogleich soll dies Spiel entlarvt werden: es wird betrogen, man hat verkappte Dramatiker vor sich, man hat erzählte Dramen auf dem Papier. Keine neue Kunstform, überhaupt keine Kunstform, – was für ein stolzes Wort, – sondern eine Unfähigkeit und ein plagiatorisches Wesen. Der Roman hat mit Handlung nichts zu tun; man weiß, daß im Beginn nicht einmal das Drama damit etwas zu tun hatte, und es ist fraglich, ob das Drama gut tat, sich so fest zu legen. Vereinfachen, zurechtschlagen und -schneiden auf Handlung ist nicht Sache des Epikers. Im Roman heißt es schichten, häufen, wälzen, schieben; im Drama, dem jetzigen, auf die Handlung hin verarmten, handlungsverbohrten: »voran!« Vorwärts ist niemals die Parole des Romans.

Die Vereinfachung des Romans auf jene fortschreitende eine Handlung hin hängt mit der zunehmenden, raffiniert gezüchteten Leseunfähigkeit des Publikums zusammen. Zeit ist genug da, aber sie werden völlig ruiniert durch die Zeitungen. Ungeduld ist das Maß aller ihrer Dinge, Spannung das A und Z des Buches. Anderthalb Stunden Folter, man spuckt aus, das Buch hat seine Pflicht getan. Was nicht spannt, ist langweilig; das ist die unverhüllte, naive Schamlosigkeit: Defekte als Vorzüge demonstrieren, Forderungen daran knüpfen. In die gleiche Kerbe wie die Zeitung schlägt der Film. Es ist das völlige Debakel des Romans. Mögen sich die besseren Autoren nicht bluffen lassen. Das Publikum ist frech, der gewöhnliche Verleger gehört zum Publikum.

Im Drama war ehemals die große pathetische Szene Zentrum und Hauptgegenstand; sonst ein Drum und Dran, auch etwas wie Handlung in Vorrede, Nachrede, Zwischenrede. Dann mußte man den und jenen Helden, besonders auch die und jene Heldin näher beschnüffeln, sie sich »menschlich näher bringen«. Das Hauptgewicht war bald auf etwas Intellektuelles, bequem Verständliches, nachbarlich Interessierendes gelegt, auf den Ablauf des Heldenlebens. Psychologie knallte das Pathos nieder. Mit »Entwicklung« wurde der Brei verdünnt und schmackhaft serviert. Bestialisch hat der Begriff Handlung, Entwicklung aufgefressen, was sich stolz, von Gnaden der Kunst auf Bühne und im Roman blähte.

An der Erschütterung, der Freude, dem Lachen, dem inneren Ausgleich ist es ihnen nicht genug. Sagen wir, was geschieht: das schlechte Publikum geht ihnen aus dem Wege. Nun ist die zweite Maske herunter. Man läßt sich nicht zunahe kommen, man haßt die plumpe Vertraulichkeit, man wird sich nicht operieren lassen, man wird sich nicht in den Eingeweiden wühlen lassen, wehrlos, von wem es auch sei, man hat seine Gasmaske, man verlangt Spannung. Das genügt. Statt Gebete Worte, statt Erschütterung geistige Beschäftigung, statt Dichtung Handlung. Das übrige wird konzediert, wird geschenkt, ist ein übriges.

Es ist schon verkehrt anzunehmen und unter dieser Annahme zu arbeiten und zu lesen: der Mensch sei Gegenstand des Dramas oder des Romans. Sie haben beide weder mit den Menschen noch der Wichtigkeit eines einzelnen Helden oder seiner Probleme etwas zu tun. Das alles überlasse man dem Pädagogen, Pfarrer, Psychologen, Psychiater; gedichtete Psychologie ist ein Unfug. Es handelt sich um buntes oder einfarbiges, freudiges, trauriges, tiefes, flaches Lebensereignis; mache man wie mans will. Aber der Mensch und seine Dinge sind sehr bequem erreichbar, man bleibt im Hause dabei, Problem, Konflikt liegt am Boden herum, mit ein bißchen Konstruktion ist nachgeholfen: fix hat man sich um die Dichtung herumgeschlichen.

Vorbilder sind vielmehr Homer und Cervantes, ferner Dante. Dostojewski darf nicht ungenannt bleiben. Sie zeigen, daß Moment um Moment sich aus sich rechtfertigt, wie jeder Augenblick unseres Lebens eine vollkommene Realität ist, rund, erfüllt. »Hier stehe ich, hier sterbe ich,« spricht jede Seite. Wenn ein Roman nicht wie ein Regenwurm in zehn Stücke geschnitten werden kann und jeder Teil bewegt sich selbst, dann taugt er nicht.

Die Buckligen in der Kapelle des Heiligen Remacle bei Charles de Coster sind epische Dichtungen. Ulenspiegels Späße und Abenteuer sind an der Quelle geschöpft. Von der ungeheuren »Hölle« Dantes kann man nicht sprechen, im Einzelnen und im Ganzen, nur verstummen. Rogoschin im »Idiot« des Dostojewski, die Szene der Banknoten im Ofen, die Aussprache der Dirne und des Fräuleins, der Diebstahlsversuch des verkommenen Generals: bodenständiges Wachstum. Was soll man vom Donquijote erwähnen, vom Windmühlenkampf, von seinem dicken Begleiter? Odysseus im Kampf mit den Freiern, seine Begegnung mit dem Schweinehirten, Göttergespräche auf dem Olymp, die sogenannten Beschreibungen der Ilias, – wer vermöchte noch so zu beschreiben? – die Rüstungen, Schiffe, Heeresordnungen, Zusammenstöße. Darüber hinaus weisen mit »fortschreitender Handlung«: das ist die Statue des Michel Angelo als Kerzenhalter, Gebrauchsgegenstand benutzt.

Zehn Novellen machen keinen Roman. Nichts im Roman darf sich zur Novelle auswachsen: es gibt trotz alledem Zusammenhänge. Man muß balancieren zwischen der Ariensammlung der alten Oper und der unendlichen Melodie Wagners.

Der Roman kann sich schwer als Kunstäußerung behaupten; das macht der scheinbare fließende Übergang vom ausführlichen, romanhaften Zeitungsbericht zum Roman. Das ist richtig. Das Leben dichtet unübertrefflich, Kunst hinzuzufügen ist da meist überflüssig. Diese Nähe zur alltäglichen Mitteilung diskreditiert den Roman, macht ihn für manche zur niedrigsten Kunstgattung. Das soll den Epiker nicht genieren. Er verachte überhaupt die Kunst. Er mache aus der scheinbaren Ungunst seiner Position einen Vorteil: er steht dem lebendigen Leben am nächsten kraft seines Materials, des Wortes. Zehn Schritte halte er sich Kunst vom Leibe. Die einfache erzählende, darstellende Rede ist eine Gottesgabe, die er sich nicht rauben lassen darf. Der Stil soll über der Darstellung nicht einmal wie nasser Flor liegen. Stil ist nichts als der Hammer, mit dem das Dargestellte aufs sachlichste herausgearbeitet wird. Es ist schon ein Fehler, wenn Stil bemerkt wird.

Ungeheuer das Stoffgebiet des Epikers. Man merkt davon wenig in der Epik. Der Durchschnittserzähler bleibt auf der Ebene des Schriftstellers, hat in der Regel nichts vom Leben durchgefühlt, dann fehlt Gestaltungskraft. Er übernimmt ohne weiteres das mannweibliche Verhältnis als das ihm zugefallene Stoffgebiet. Der Roman hat natürlich mit Liebe so wenig zu tun wie die Malerei mit dem Weib oder dem Mann. Durch das Festlegen hier ist der Tagesroman gänzlich sterilisiert. Es gibt auch Knochen, Muskeln, Lungen, Nieren, nicht nur Geschlechtsorgane. Der Tagesroman wird sich nicht eher erholen, als der Grundsatz zum Durchbruch kommt: mulier taceat, zu deutsch: die Liebe hat ein Ende. Der geschmähte Räuberroman, Karl May, die Schundliteratur ist besser. Sie quillt stärker, breiter, auch aus stärkeren, reicheren und reineren Instinkten.

I.6. *Alfred Döblin*
Reform des Romans

»Grands Poètes incendiaires! O mes Frères Futuristes! Voici le grand roman boute-feu que je vous ai promis. Comme notre âme à nous, il est polyphonique. C'est à la fois un chant lyrique, une épopée, un roman d'aventures et un drame. Je suis le seul qui ait osé écrire ce chef-d'œuvre.«

Das war im Jahre 1909. Es sind 10 Jahre um, seit dieser afrikanische Roman »Mafarka le futuriste« von Marinetti erschienen ist, und von neuem wird der Roman »gesprengt«. Ich rede von einem

Buch Flakes »Die Stadt des Hirns«. Der Zug zu sprengen ist verbreitet; die Malerei sprengt seit langem. Es sind offenbar Menschen gewachsen, denen allerhand zu eng ist. Ich liebe die Erneuerung und die rastlose Frische. Aber wenn ich hier widerspreche, so geschieht es, weil ich den Drang vermisse, der den Wunsch rechtfertigt, den heißen wallenden Überschwang, die Todsicherheit, die nicht zögern darf.

Dieser, der hier redet, Flake, ist keiner, dem nicht alle vorhandenen Formen genügen könnten. Ich fange von vorne an.

Ein Sprengungsversuch, wo nichts zu sprengen ist. Denn der Roman ist schon lange keine Form mehr. Was ist das für ein »Roman«: der Werther. Und Hölderlins Hyperion: ist das auch ein Roman. Eine Gruppe aus dieser Gattung fällt dem Oberflächlichen besonders auf: der Konfliktroman, die Liebesgeschichte, die Spannungsaffären. Flake mag sie nicht? Mein Gott, so kann er doch nebenan essen, es ist ja soviel Platz. Man will Raum für Reflektion? Man schreibe Essays, man dichte auch herum, es steht ja alles frei. In »Wilhelm Meister« kommen Gedichte vor, in den »Wahlverwandtschaften« und im »Meister« die längsten ästhetischen naturwissenschaftlichen und moralischen Expektorationen. Ist man Feind der Handlung, so macht man keine; will man keinen Roman schreiben, so schreibt man keinen. Es steht ja alles frei und ist ja auch alles dagewesen. Es ist zu begrüßen, daß man den Erzählungsroman und den Entwicklungsroman nicht allein gelten lassen will. Wenn man mehr etwas anderes kann, warum nicht?

Man widerlegt nicht, behauptet nichts. Wozu der Lärm?

[...]

Ich halte mich zunächst an das Erste des Programms: das Auftreten selbständiger abstrakter Elemente im Roman. Man hört den Schlachtruf »Geist« schon lange. Bei Flake wird die Absicht laut, Geist zu geben und abstrakt zu sein wie die bekannten abstrakten Maler. Geist geben und wie jene Maler handeln, ist nun schon zweierlei. Es ist ein grober und charakteristischer Fehler, daß Flake das nicht merkt. Ich kann die Bemerkung nicht unterdrücken, daß es fatal ist, wenn man Geist bringen will und mit Verwechselungen ins Haus fällt. Denn jene angerufenen Maler wollen abstrakt sein – aber wovon, und dies ist das Wesentliche: von der Realität der Gegenstände; sie wollen diese spezielle Abstraktion, die ganz und gar nicht die Abstraktion der logischen und metaphysischen Begriffe ist; denn die Maler wollen durch Ablösung von der kunstfremden Gegenständlichkeit zu der üppigsten Sinnlichkeit und Selbstherrlichkeit der Farben gelangen und der malerisch spezifischen Gestaltung. Zu diesem Zwecke und aus keinem anderen Grunde abstrahieren sie. Und Flake beruft sich auf sie, wo er für Reflexion und philosophische Zustände wirbt. Wollte man – äußerlich freilich nur – den Maler nachahmen, so müßte man im Gegenteil Logik und Syntax zerschlagen, zum Alogischen im Einzelwort dringen, und wir haben auch in der Literatur solche Bemühungen; hier ist Klarheit.

Die Kronzeugen verlassen ihn also. Zur Sache selbst. Hier ist eine Diskussion nur möglich, wenn man des Grundsätzlichen der Kunst gewiß ist. Es ist mir klar und ich gehe darin konform mit den mir bekannten lebenden und toten Künstlern, daß Wissenschaft und Kunst zweierlei ist, daß sie in Arbeitsmethoden und Darstellungsmitteln von Grund auf verschieden sind. Man kann als Philosoph eine künstlerische schöne Darstellung geben wie Platon, ohne damit aber viel mehr als die Äußerlichkeit eines Kunstwerks nachfühlend nachgebildet zu haben. Im Kunstwerk ist man verpflichtet, sinnlich anschaulich und affektiv zu gestalten. Man ist als Wortkünstler an Worte, die auch Begriffe sein können, gebunden. Es darf gerade hier, wo die Gefahr so groß ist, nie die affektive oder sinnlich gegebene Bindung gelockert werden oder gar aufgehoben. Es ist zweifelhaft, ob es gut und fruchtbar ist, die Grenzen der Künste zu verwischen, es ist absolut schlecht und unfruchtbar, die Grenze von Kunst und Wissenschaft zu verwischen. Die Berechtigung zum Gebrauch reflektiver Sätze und Worte, abstrakter Gedankengänge quillt nur aus dem Affekt, der sich äußern und sinnlich darstellen will; das Reflektive ist nichts, die anschauliche Gestaltung und die Durchblutung des Gedankengangs mit dem Affekt ist alles.

[...]

Das Wesentliche ist natürlich: die Psychologie hat hier gar nichts zu sagen. Die Erfüllung und Befriedigung der Bedürfnisse von Künstlern sind nicht Kunstwerke. Nicht nur schläft Homer bisweilen, sondern er hat auch Lust zu politisieren, zu zanken. Die Bestimmung einer Leistung als Kunstwerk kann nicht aus dem Künstler erfolgen. Das hieße erst einen Künstler als solchen festzusetzen, gewissermaßen wie das Pariser Metermaß aufbewahren, und dann bestimmen: was dem ähnlich sieht, was dieser macht, ist Kunstwerk. Sondern umgekehrt: nur durch die Kunstwerke ist er Künstler; er erhält den Charakter von den Produkten und verliert ihn mit den Produkten. Wie ein Fischhändler von den Fischen. Daß man zu der oder jener Tätigkeit geboren sein muß, widerspricht nicht. Die Einzelfunktion, die Begabung, die während des individuellen Lebens wächst, sich abschwächt, vergeht, wird bestimmt aus ihren Produkten in ihrem Vorhandensein, ihrer Stärke und Schwäche. Die Feststellung und das Maß des Künstlerischen aber liegt völlig außerhalb des Künstlerindividuums, im sogenannt Ästhetischen, das heißt, dem allgemein Physiologischen, Anthropologischen, Etnologischen, auch Historischen.

Es ist also verfehlt, das Gesetz eines Kunstwerkes oder dieses neuen Kunstwerkes im Autor zu suchen. Seine Souveränität besteht nicht. Es ist verfehlt, Erlebnisse, Gefühle, Stimmungen, sekundäres Material, Belege, Gelegenheit zur Demonstration eines psychischen »Sinns« werden zu lassen und davon ein Kunstwerk zu erwarten.

Wenn – und jetzt kommt die Hauptsache –, wenn nicht die Erlebnisse und Gefühle die künstlerischen Bedingungen erfüllen. Und da stehen wir mit Flake wieder traurig am Anfang. Und er kommt aus der Schlinge nicht heraus.

[...]

Der Autor spricht über vielerlei, was ihm so einfällt und woraus er wahrscheinlich keinen Essay machen wollte oder konnte und wovon er gewiß mir einreden möchte, daß es zu seinem Buch gehören muß. Aber weder Superioritätsgefühl noch große Worte, wie »Anlagerung, kreisender Mittelpunkt, Kristallisation« verfangen bei mir und werden mich verhindern zu fragen, was ihn zwingt, von Schleich, Thomas Mann Physiologie, Zeitgeschichte, Metaphysik (»wie ich es verstehe«) und alles Mögliche des Längeren und Längsten zu sprechen, bisweilen interessant, sehr oft uninteressant, ja gräßlich breit und ermüdend. Künstlerisch zwingt. Denn jetzt habe ich sein Buch in den Klauen, und sein privater Wunsch, sich zu expektorieren, ist mir gleichgültig, und ich werde nur durch

Befriedigung des Künstlerischen gesättigt und beruhigt. Die Formung und Einreihung des Abstrakten ist mir jetzt allein interessant und besonders interessiert mich die Frage nach dem neuen Zentrum, das er sich außerhalb des epischen Ablaufs aber innerhalb des Kunstwerks setzen muß.

Der Roman ist, wie ich schon bemerkte, von Haus aus eine bequeme und geduldige Form. Man kann sich viel darin gestatten, es ist in künstlerischer Hinsicht sicher kein Vorzug, aber für den Leser ist es behaglich. Man nimmt zum Beispiel bei Fontane gern die ganze plauschende Atmosphäre mit oder das Vehemente, Glitzernde bei Wilde. Aber hier werden die Wertigkeiten im Roman grundsätzlich verschoben, es wird gewaltsam nivelliert, der unterdrückte Slovakenstaat des Eingeschmuggelten, Angehängten erhält Selbstbestimmungsrecht und tritt frei ein in einen Völkerbund der Novellen, Stimmungsbilder, Betrachtungen.

Rechtfertigt erstens der Gehalt des reflektiv Gebotenen den Umsturz? Nein. Für diese vielfach sehr wohl bekannten Dinge, die humanistischen, tolstoiartigen und sonstigen Gedankengänge und Denkbemühungen bedurfte es nicht der »Eroberung der Denkkraft für den Roman«.

Rechtfertigt die Art ihres Auftretens das Vorkommen im Roman? Nein. Denn was hier vorgesetzt wird, sind nicht jene sehr vertieften und durchbluteten Gebilde, jene affektiven und anschaulichen Formungen, die das Gedankliche wie Schaum auf der Oberfläche tragen oder es wie der Löwe die Mähne schütteln. Es sind nicht jene Steigerungen, der epischen Personen oder des Vorgangs, die auch Marinetti liebt. Es sind solide, sozusagen gut bürgerliche Abhandlungen, ehrlich gemeinte Denkversuche, Durchsprechungen der Vorgänge, liebenswürdiges literarisches Gerede in gehobenem Zeitschriftenjargon. Also der Autor als Erklärer, so wie in jenen Kinos für geistig Unbemittelte. Wir sollen für geistiges Proletariat genommen werden? Ich sagte, daß ich mir das Hervortreten des Abstrakten in der gekennzeichneten Weise gefallen lasse, es können Sprossen über Sprossen aus dem Roman wachsen, ganze Äste können abgehen mit Laub, der Baum kann umfänglich und sehr reich dadurch werden. Aber das muß gekonnt sein, die Kraft der Vertiefung und sinnlich blühenden Darstellung muß vorhanden sein. Die Abstrakta hier – sind überflüssig.

[...]

I.7. *Alfred Döblin*
Der Geist des naturalistischen Zeitalters

Zu den lästigsten Vorstellungen gehört die Unterscheidung: Kultur gegen Zivilisation, auf die man bei jedem Schritt stößt. Eine aufdringliche Sentimentalität steckt dahinter. Schon immer wird der Vergangenheit nachgejammert. Die Vergangenheit ist ein geeignetes und nachgiebiges Objekt für wehmütige Dichtungen. Man kommt leicht dazu: die Gegenwart sieht man genau mit Einzelheiten, die Vergangenheit als Riesenblock, an dem sich nur Grobes, Allgemeines unterscheiden läßt. Man sieht nicht den Kleinkram von damals, der das Leben dem heutigen sehr ähnlich machte. Das Jetzt mikroskopiert man, die Vergangenheit sieht man mit dem Fernrohr: die Ergebnisse will man vergleichen. Es gibt keine Zeit, die nicht sich bejammert hätte und eine frühere verhimmelt. Man soll sich durch schwächliche Minderwertigkeitsgefühle nicht verblüffen lassen, auch dann nicht, wenn sie als Historie auftreten.

Die Mißachtung: heute Zivilisation, früher Kultur hat ihren Hauptgrund in der Unfähigkeit dieser sentimentalen Historiker, die Gegenwart zu erfassen. Man weiß, daß bei aller Geschichtschreibung, bei allen noch so abstrakten Theorien, großartigen Philosophien einfache Grundeinstellungen mitwirken. Wer kundig ist, merkt bald, aus welchem Hause einer ist. Zur Zeit ist die stärkste Scheuklappe, die ein westlicher Kopf mitbekommt, die scholastisch-humanistische Schulbildung. Die wenigsten, die davon genossen haben, finden sich mehr heraus. Plato, Sophokles, die Klassizität sind chronische Übel, die kein Salvarsan heilt. Das sieht nicht, was um einen vorgeht, ist wie ein Paranoiker, der die Vorgänge auf sich, auf seinen Komplex bezieht und sie nicht mehr für sich betrachten kann. Scholastik-Humanismus ist solch Komplex, der die Gegenwart falsch macht. Die »Civilisation« ist durch das Erbe der Vergangenheit verdorben, um die Selbstachtung gebracht. Ich habe vor, zu zeigen, was diese Epoche, außerhalb des humanistischen Gesichtskreises, ist.

Lange Zeit wurden die Menschen und das Leben in Europa bestimmt durch die Vorstellung eines realen, höchst wirksamen Jenseits. Die Wirksamkeit dieses Jenseits zeigte sich sogleich darin, daß es der Sitz eines Gottes, des einzigen Gottes dieser Periode, war. Es bestand kein Glauben im heutigen Sinne an dieses Jenseits, sondern konkretes Wissen. Die Wissenschaft dieser Zeit war Wissenschaft vom Jenseits, Theologie. Das auf andre Weise bekannte Diesseits konnte vom Wissenschaftler und auch vom Praktiker vernachlässigt werden. Auch das Leben war nur ein Leben für das Jenseits. In welcher Beziehung die Welt zu dem Gott und dem Jenseits stand, ihre Entwicklung aus dem Jenseits wurde nicht ernsthaft verfolgt und brauchte, angesichts viel wichtigerer Aufgaben, nicht ernsthaft verfolgt werden. Vom Jenseits, vom Gott in ihm, war die Welt geschaffen, »geschaffen« wie man mit einem bildlichen und sehr unbestimmten Ausdruck sagte. Das Wie blieb im Dunkeln, man beantwortete nur ethisch: wozu und warum.

Daß der Schwerpunkt der gesamten weltlichen Existenz im Jenseits lag, war ein Gedanke von tiefer Demut. Und das produktive Elementargefühl dieser metaphysischen Periode konnte nur ein Minderwertigkeitsgefühl, ein Gefühl vom eigenen Nichts sein. Anders gesehen aber war es eine naiv hochmütige, höchstmütige Epoche. Denn ihr Jenseits und ihr Gott war ein Gott für diese Menschen. Andere Wesen oder gar die physikalische Natur kam für das Jenseits nicht in Frage. Und da war es ja ein beispielloser Aufwand: ein ganzes Jenseits und ein Gott für die gläubigen Menschen Europas. Gleichzeitig Demut und Hochmut. Aber der metaphysische Stolz überwog. Die Epoche war übrigens vollkommen praktisch. Die Wissenschaft vom Jenseits, die Theologie, war nur da, um das Praktische zu fundieren und sicher zu stellen.

Aus dem Winkel des Beobachters kam die Wendung. Beobachter waren die Männer, die sich vom Handeln abzogen und so, uninteressiert an ihrem eigenen Geschick, ihr Augenmerk richteten auf die mißachtete, bloß schlecht und recht geschaffene Aschenbrödelwelt. Diese Neigung, die belanglose Welt zu beobachten, mußte als unsittlich gelten, und wurde bald mehr als unsittlich, nämlich gefährlich. Aber sie gewann an Boden. Es kam die lange Übergangsperiode, die Periode der Kämpfe der Praktiker und Sittlichen gegen die Beobachter, Einzel- und Massenkämpfe. Dies ragt noch in unsere Gegenwart hinein. Jahrhunderte hindurch ist der Kampf gegangen zwischen der langsam ermattenden metaphysischen Gewalt und der neuen, die erst nur bei Beobachtern lag. Ein neuer Impuls entwickelte sich.

Die junge siegreiche Kraft, die das transzendentale Wissen und ihre Praxis ablöste, ist der naturalistische Geist, der zunächst noch nicht der Geist von »Praktikern« im alten Sinne ist. Er ist es, der jetzt in der europäisch-amerikanischen Welt arbeitet. Mit dem Erscheinen der Technik um die Mitte des vorigen Jahrhunderts tritt dieser Geist an die Oberfläche. Wir stehen im Beginn des naturalistischen Zeitalters. Im Anfang prägt dieser Periode die Technik ihr Merkmal auf. Es ist zurzeit ein Durcheinander, das Durcheinanderschieben zweier Epochen. Ruinen, Rohstoff, alte und neue Energie sind da. Das Bild muß sein Barbarei, Unsicherheit und Pessimismus, – ein Anblick, der wenigen Freude bietet. Aber der Lebende muß wissen, wohin die Fahrt geht.

[...]

Der naturalistische Impuls tritt im ersten Stoß technisch auf. Genauer: kommt technisch an die Oberfläche. Seine Geistigkeit, die von heute, ist unentwickelt, das heißt materialistisch oder wüst mystisch oder Restweisheit von früher oder anderswo.

Warum ist der durchbrechende naturalistische Impuls zuerst technisch? Er ist so reaktiv gegen die frühere Epoche, die nur einen kleinen speziellen Teil der menschlichen Energien gepflegt hatte und den andern hatte atrophieren, verwahrlosen lassen. Physiologisch werden in der neuen Epoche andere Organsysteme und Gehirnteile beschäftigt. Die ermüdeten alten Teile erholen sich. Muskeln, Augen, Ohren und ihre nervös-psychischen Projektionen treten jetzt in den Vordergrund. Man will sich fortbewegen, sehen, hören. Man hatte vorher seine Kraft nur gelegentlich in Kriegen entladen; jetzt kommt es zur Technik: das ist Dauerkrieg, permanente Eroberung der Welt, die ja grenzenlos ist.

Gegenüber den vorher herrschenden passiven und rezeptiven Gefühlen treten männlich aktive hervor. Ich zeichne roh andeutend auf Umfang und Wesen des technischen Geistes, den Niederschlag dieses Geistes, – nun nicht in Kulturen, Denkmälern, Religionsformen, Dichtungen, Kunstwerken, sondern in Erfindungen, Arbeitsgebieten.

[...] Man pflegt sie noch, die Wichtigkeiten der Leute aus dem zwölften bis achtzehnten Jahrhundert. Soll ich nur spotten, daß die alte Bildung, die einzige, die ist, bejahrtes Dörrgemüse ist? Der Ton liegt darauf, daß sie die einzige, noch die einzige Bildung ist, und sicher wird der neue naturalistische Impuls seinen Geist nicht finden ohne Mithilfe des alten. Die alte Bildung füllt ein Vakuum, liefert Baustoff zu einer neuen Bildung. Es ist freilich schon heute ein Unfug, eine Säule von Phidias anhimmeln zu lassen und die Untergrundbahn ein bloßes Verkehrsmittel zu nennen. Keine höhere Schlosserei ist die Technik, sondern vom Blut dieser Epoche. Technik und Naturwissenschaft bewältigen auf ihre Weise die Welt, auf die Weise heller und kraftvoller Menschen. In ihrem Drang ist keine alte Frömmigkeit. Diese Menschen sagen wirklich statt Gott Kattun. Aber Kattun ist ihnen so wenig ein Spaß wie den früheren ihr Gott. Archäologen und ihre Freunde, nur auf Mumien geeicht, werden das nicht verstehen.

Was treiben die Menschen von heute, die Großstädter, was bewegt sie, wozu werden sie bewegt? Ein Mensch von früher wird etwa die Frage stellen: was tun die von heute oder haben sie getan mit den Dingen, die die Humanisten getrieben haben, was ist aus den Fragen und Problemen philosophischer, religiöser, ästhetischer Art geworden, die sie aufgeworfen haben? Die Antwort: die von heute haben alle Probleme gelöst, auf die einfachste Weise: sie haben sie liegen gelassen. Es sind neue Probleme gekommen. Man hat die Größe und Wichtigkeit der alten Probleme respektvoll anerkannt und sich dann mit der Herstellung von Zahnpasta beschäftigt.

Ich greife einiges beliebig heraus.

Es gibt die Chemie und ihre Technologie. Ein Kapitel sind die Legierungen. Die Darstellung aus Metallen durch Kompression von Metallpulver, durch Zementation, in Öfen. Die Herstellung von Spezialstählen. Man studiert Ferrosilizium, Ferrovanadium, Nickel, Molybdän, Chrommolybdän, die Veredelung der Legierungen. Das besondere Studium der Ternär- und Quaternärstähle.

Die Farbstoffe: ein Kontinent für sich. Die organischen Farbstoffe, Xanton, Flavon, Indol. Die Nitro- und Azzofarbstoffe. Die Erdfarben, Mineralfarbstoffe.

Die Gerberei. Das ging bisher nur den Schuster an. Jetzt wirft sich geradezu eine Theologie auf sie, das prüft und versucht die Zurichtung des Leders, die Trocknung, Walkung der Häute, das Enthaaren. Alles wird mit einer ganz besonderen Aufmerksamkeit betrieben, mit einer ganz charakteristischen Intensität. Diese Dinge waren vorher gar nicht angefaßt worden. Jetzt tritt ihr Herr an sie. Die Herstellung künstlicher Seiden. Wir haben doch Seide genug: aber dieser Einwand wird gar nicht gemacht. Man muß versuchen, künstliche herzustellen. Wir müssen es können und werden es können. Es wird die Methode gefunden, Zellulose aufzulösen, die zähe Flüssigkeit unter Druck auszuspritzen, die dann erstarrt. Dann ist zu unterscheiden und zu beobachten, wie man naß spinnt, trocken spinnt, die Fäden verzwirnt, sie mit Formaldehyd härtet.

Das weite Gährungsgewerbe. Die Reinzucht der Hefe, die Verwendung der Schimmelpilze. Die Herstellung der Seifen, des Spiritus. Jeder Handgriff, jede Anordnung ist das Resultat der Arbeit von vielen sehr geduldigen und speziell erfahrenen Menschen. Und ist nie das letzte Resultat. Die Konservierung der Lebensmittel. Dann die Textilchemie und die Gespinstfasern. Glas, es ist in jedem Fenster; die Rohmaterialien sind zu durchdenken, besondere Studien dazu sind zu machen. Hochöfen werden eingerichtet, die Tageswannen; man beobachtet die subtile Herstellung der Glaswalzen, der Spezialgläser. Es gibt die Photographie. Man kommt zu lichtempfindlichen Films, Entwicklern, Abschwächern und Verstärkern. Die Fixiermittel, Präparate zur Tonung. Das gleitet von einer Hand zur anderen und blitzt nur so von Geist, von Geist besonderer Art. Etwas anderes. Die elektrischen Glühlampen, ihre Grundidee, gewissermaßen die innere Glühlampe. Dann die Arbeit um die Details: das Studium des Strumpfmaterials, die Art des Strickens, das Imprägnieren mit den Substanzen: Osmium, Tantal, Zirkon, Wolfram. Die Begleiterfindungen, das Auspumpen, Zuführen von Gasen.

Die Ausnutzung der Wasserkräfte. Die Wasserfälle haben aufgehört für sich zu bestehen. Es widerstrebt denen von heute, sie sich selbst zu überlassen. Die Menschen sind gewissermaßen Generalvormund aller Naturobjekte geworden. Die Menschen, wie sie sich an die Natur werfen, scheinen wie verhungert danach.

Die Riesenkapitel der Elektrizität, der Kraftübertragung, der Dynamomaschine. Das Fernsprechwesen. Die Baukonstruktionen, die Eisenbetonbauten. Eisenbahnanlagen mit ihren Ober- und Unterbauten, ihrem Signalwesen, den Brückenkonstruktionen. Das Heben und Verschieben von Bauwerken, die Tauchapparate,

Motorboote, Kraftwagen. Alles gewonnen und immer Weiteres gewonnen aus der Zusammenarbeit und der Spezialisierung vieler, sehr vieler. Ungeheure und besondere Äußerungen Leistungen des Gesellschaftstriebes. Unzweifelhaft ist der Kölner Dom die Äußerung eines starken bestimmten Geistes. Die Dynamomaschine kann es mit dem Kölner Dom aufnehmen. Die spezifische Energie, die besondere Intuition, die Emil Fischer bei der Synthese des Traubenzuckers führte, hält den stärksten humanistischen Leistungen die Wage.

[...]

Imperialismus bringt, wenigstens in diesem Stadium, der neue Impuls mit sich. Das Streben zur Weite, zur Expansion ist eine Äußerung des naturalistischen Geistes; er veranlaßt seine Träger und Funktionäre sich aller natürlichen Objekte zu bemächtigen. Das Streben zur Weite dokumentiert sich sogleich mit dem Legen der unendlichen Eisenbahnschienen, der Telephonkabel. Es sind die neuerweckten Sinnesorgane, die keine Grenze finden. Dies ist ein riesiges Voyeurwesen.

Ich weise bei Gelegenheit dieses Imperialismus auf etwas hin, das für diese anfängliche Periode charakteristisch ist. Die Technik schießt an vielen Orten hoch; sie braucht, um zu wachsen, örtliches Material. Und da gibt es dann nicht den einen Imperialismus des technisch-naturalistischen Geistes, sondern viele, nämlich örtliche Imperialismen. Der Niederschlag einer früheren Kraft, eine ältere Zelle, das Ländliche wird unter der Technik imperialistisch, mehr als es von Haus aus ist. Das Ländliche addiert zu seinem eigenen und ganz besonderen Imperialismus den kolossalen, ins Unendliche gehenden des technischen Impulses. Da geschieht etwas Kurioses, praktisch sehr Gefährliches. Die Technik radiert die Grenzen, und ländlich gebunden verstärkt sie sie, wider ihre Natur. Die Funktionäre der Technik, zugleich Männer ihrer Länder, erscheinen in dieser Zeit in der sonderbarsten Doppelbeleuchtung: die örtlichen Machtmittel zwingen sie national und kriegerisch zu sein, der technische Impuls zwingt sie kriegerisch in anderer Hinsicht, in gewöhnlichem Sinne friedlich und übernational zu sein. Es ist im ganzen unter diesen Umständen unvermeidlich, daß aus der Epoche des jungen naturalistischen technischen Geistes Riesenkriege hervorstürzen.

[...]

Die Wirkung auf Kunst und Literatur. Hier ist, neben den Religionen der eigentliche Sitz der alten Geistigkeit. Künstler gehören zu den schwerfälligsten Wesen. Es gehört zum Wesen der Geistigen, wenig zu beobachten, wenig aufzunehmen, und nur das Alte und Älteres und ganz wenig Neues zu durchkneten, durchzuarbeiten und zu verdauen. Die Vergeistigung von realen Vorgängen ist eine ungemein schwere und langsame Sache. Ich möchte sagen: die wesentlichste Aufgabe der Geistigen ist zu konservieren. Sie leben nicht mit den Praktikern ihrer Zeit in derselben Zeit. Diese ihre Sonderaufgabe ist wichtig, aber sie führt zu merkwürdigen Erscheinungen. Man muß feststellen, daß bei der beschriebenen Sachlage die Geistigen nicht imstande sind, den Praktikern Vorschriften welcher Art auch immer zu machen. Gelegentlich rühmen sie sich, besonders die Künstler, aus den ältesten Quellen zu schöpfen. Aber sie vergessen leicht die Kehrseite davon. Die Ansicht, daß etwas wie ein Zeitgeist, sich gleichmäßig in allen Wesen einer Epoche äußert, ist verkehrt. Es leben immer verschiedene Epochen, Zeitgeister, neben- und miteinander. Ja sogar im einzelnen Menschen ineinander. Das sind Schichtungen unter den Menschen und im Einzelmenschen, Gebilde von der abgeklungenen Tätigkeit des Gesellschaftstriebes. Die Mehrzahl der Künstler und auch der Kunstfreunde schreibt, das ist begreiflich, heute noch 1800 oder 1600. 1900 wird wohl erst um 2100 erscheinen.

Es gehört eine gewisse innere Verdunkelung (sagt einer Verblödung) dazu, Kunstwerke in die Welt zu setzen. Nur so ist es verständlich, daß Deutschland schon 1890 ein stark industrialisiertes Land war, die Künstler aber, Maler und Literaten, noch bei Sonnenaufgängen und Gänsehirten verweilten. Dann wurden in der Literatur einige Leute bewegt, sie wußten nicht wie. Es entstand, in Deutschland stark von außen herangetragen, zum Teil nicht aus dem Leben, sondern auf dem Umwege über fremde Literatur, die naturalistische Welle. Man sah sich um, nunmehr. Vorher hatte man streng darauf geachtet, sich nicht umzusehen. Wenigstens die Blindheit hatten die Dichter von Homer geerbt. Das Poetische einer ganzen Periode bestand darin, daß man schön malte und schön schrieb; aber man vergeistigte damit nichts. Man bewahrte nur auf und nannte sich gebildet. Man war, da man leblos war im

Geistigen, roh. Das Gebildete war unzweifelhaft Raffael, der glatte, Einfalt und edle Würde oder, das war noch ehrlicher, Patriotismus mit blanken Kürassierstiefeln. Dem aufkommenden Naturalismus der deutschen Literatur und Malerei blieb nichts übrig, als zunächst einmal heftig mit Dreck zu spritzen. Und da die edle Gesinnung gern mit Pensionsberechtigung verbunden war, ging der Naturalismus gegen die Pensionsberechtigten vor. Es ist übrigens nicht richtig, daß diese technische Periode an sich keine Künstler und keine Kunst erzeugen kann, etwa darum, weil diese Epoche ihre Hauptenergien in die Technik wirft. Jede Geistigkeit ist in solchen anfänglichen Epochen vor ungeheure Aufgaben gestellt. Sondern wie schon bemerkt, die Geistigkeit gerät sehr langsam ins Kochen. Nach der naturalistischen Periode kam die Literatur in rascheren Fluß. Die alberne Jambensprache, der edle Stil, wurde endlich als ekelhaft empfunden: Vehemenz, Frische, auch Dialektisches lockerte die Kunstsprache auf. Einige Literaten zertrümmerten die Syntax selbst; sie waren der nicht unrichtigen Meinung, daß in solchen Formelementen sich Altes verkapsele und die Bewegung störe. Da ihnen die alten Worte über waren, konstruierten sie neue. Nebenbei, wie schwer die Lösung von der früheren Epoche war, zeigten gerade manche Extreme: sie priesen in der befreiten Form gänzlich alte Dinge, wie den Mond, Kanarienvögel und Nachtigallen.

In der Malerei Liebermann. Später der Futurismus. Der trug deutlich an sich technische Zeichen, Hymnen auf das Auto, das Flugzeug, die Expansion, das Tempo. Die abstrakten Maler darauf waren zu stolz, noch irgend etwas nachzuahmen. Dies scheint Antinaturalismus zu sein, oder Anaturalismus. Aber der Akzent liegt auf der Abhängigkeit; sie wollen selbständig sein; diesseitig und eigenverantwortlich, fast schon neureligiös; sie bilden sich ihre Elementarbestandteile, etwa kubistischer Art. Der Konstruktivismus sieht Schönheit nur in Drähten, Maschinenteilen, geometrischen Formen. Parallel die Musik: Auflösung der alten Syntax und Grammatik, der Formeln und Tonalität. Der Bruch ist am deutlichsten in Schönberg. Die Zeit der ländlich verweilenden oder ländlich heroischen, altgeformten Musik ist vorbei.

[...]

I.8. *Günter Grass*
Der lesende Arbeiter

Anfang September habe ich auf Einladung der Industriegewerkschaft Metall in Stuttgart ein Referat hauptsächlich zum Thema *Bildungsurlaub* gehalten. Mir ging es darum, auf die Gefahr hinzuweisen, daß sich der Bildungsurlaub, sobald er – wie etwa in Hamburg – Gesetz geworden ist, zur schauerlichen Farce uminszenieren läßt, weil das Bildungsangebot der Gewerkschaften zu schmal ist und sich jetzt schon die Gefahr abzeichnet, es könnten sich die Arbeitgeber den Bildungsurlaub entweder als gezieltes Aufsteigeangebot zur eigenen Sache machen, oder sie kreieren – und das, nachdem sie den Bildungsurlaub jahrelang bekämpft haben und immer noch als ›sozialistische Gleichmacherei‹ verteufeln – eine neue Spielart von Kraft-durch-Freude-Programm. An Mitteln wird es nicht fehlen, an Steuervergünstigungen auch nicht.

Nun könnte aber der Bildungsurlaub gerade den Gewerkschaften, und, im Verbund mit ihnen, der Büchergilde Gutenberg Gelegenheit bieten, dort wieder anzuknüpfen, wo die Tradition des lesenden Arbeiters unterbrochen wurde. Mit Hilfe ihrer Autoren sollte die Büchergilde Gutenberg Wochenendseminare für Betriebsräte, Bildungsobleute, Vertrauensmänner veranstalten und so im Verbund mit den Gewerkschaften ihren eigenen Beitrag zum Bildungsurlaub leisten. Sie hat die Möglichkeit und Verpflichtung, den hier fehlenden, dort unzureichenden Kontakt zwischen Schriftstellern und Arbeitern herzustellen; ihr Publikum ist unser erwünschtes. Nur abseits vom Fließbandstreß wird sich die alte Freundschaft zwischen Arbeitern und Büchern erneuern lassen.

Nun ist nicht nur in bürgerlichen Kreisen, sondern auf genauso schiefer Gewerkschaftsebene das Vorurteil allgemein: Das ist zu kompliziert für Arbeiter. Die brauchen Entspannung. Ihr müßt aufklärende Lore-Romane schreiben: einfach, eindringlich, dennoch klassenbewußt und mit sozialutopischer Perspektive. Etwa das Prinzip Hoffnung, auf die *Bild*-Zeitung gebracht.

Ich halte das alles, mit Verlaub, für arrogantes, weil die Arbeiter beleidigendes Geschwätz. Nicht nur bin ich der Meinung, daß Arbeiter durchaus in der Lage sind, vielschichtig, ja, kompliziert verschränkte und vom Widerspruch lebende Bücher zu lesen, vielmehr auch bin ich sicher, daß besonders die Situation des Industriearbeiters kompliziert-verschränkt und nur in ihren Widersprüchen darstellbar ist. Was sich am Arbeitsplatz ereignet – die Gleichzeitigkeit der Vorgänge, das mehrfach überlappte Bewußtsein, der Chor unartikulierter Innerer Monologe, während gleichzeitig genormte Arbeitsvorgänge den Takt bestimmen –, das alles entspricht der neuen Ästhetik moderner Literatur; und deshalb ist es durchaus möglich, jungen Arbeiterinnen und Arbeitern die Funktion des Inneren Monologes bei James Joyce, die motorische Diktion in Döblins *Berlin Alexanderplatz*, die tödlich bürokratischen Systeme Kafkas zu erklären. In den Büchern dieser und anderer Autoren ist ihre Welt, ihre unentdeckte Welt. Mehr noch: Diese von mir nur skizzierte, doch, wie man weiß, alle linearen Übereinkünfte und chronologischen Harmonien sprengende Ästhetik mit ihren Schüben, Stauungen und Entladungen, mit ihrer Komik vergraben im Detailgeröll, mit ihren Fransen und offenen Schlüssen, mit ihren Sehnsuchtszitaten verfilmter Sehnsucht und ihrer Angst, die sich ausschweigt oder seitenlang Sprachschotter erbricht, diese Ästhetik bezieht weit mehr Arbeitswelt ein, als jenen Autoren, die ihr verpflichtet sind, bewußt zu sein scheint.

Nicht nachgepinseltes Wohnküchenmilieu, kein dekorativer Arbeiterjargon, nicht dritter Aufguß von Agit-Prop-Traktaten und auch kein fleißig nacherzähltes soziologisches Material können dem Arbeiter Literatur sein. Seine Vereinsamung ergibt sich nicht nur am Arbeitsplatz, sondern ist Teil und Entsprechung jener pluralen und allen Systemen eigenen Vereinsamung, die auch die Kapitalisten, den angestrengt straffen Manager, den noch so geschwätzsüchtigen Bischof vereinzelt. Des Arbeiters Angst läßt sich nicht auf die Angst um den Arbeitsplatz reduzieren: Auch sie verhält sich zu geschichteten Ängsten, deren Ursachen nicht allein ökonomischer Natur sind. Der gängige Problemfall »Realismus unserer Tage« schielt zwar erfolgreich nach der Mattscheibe, doch der Bereich der Gegenwirklichkeiten, die kraft Vorstellung real werden, fügt sich nicht solch dürrer Dramaturgie.

Ich meine, Literatur kann, wenn nach Schuld und Mitschuld gefragt wird – und diese Frage bewegt, solange geschrieben und gelesen wird –, keine nur klassenspezifische, theologische oder sonstwie im Dienst einer Ideologie verarmte Antwort geben. Vielmehr wird Literatur immer und immer dann, wenn sie nicht nur bestätigen will, die klassenspezifischen, theologischen und sonstwie ideologisch erzwungenen Übereinkünfte in Frage stellen. Literatur stört, verstört. Literatur kann sich nicht nützlich machen wollen, weil ihr Nutzen im Widerspruch zum Nützlichkeitsgebot steht. Deshalb wird Literatur überall dort, wo kurzerhand Klarheit herrscht, zu herrschen hat, aufklären, indem sie Dunkelheit nachweist, dunkel ist, sein muß.

J. Futurismus und nationalsozialistische Kunstdiktatur

J.1. Ruggero Vasari, »Unter den Linden – Kurfürstendamm«, in: *Der Sturm* 17 (1926), 4, S. 71–75 [neue Ü: Georgia Albert/P. D.].

J.2. Ruggero Vasari, *Flugmalerei – Moderne Kunst und Reaktion* [Auszüge], Leipzig 1934.

J.3. Rudolf Blümner, »Faschismus und Futurismus« [Auszüge], in: *Berliner Börsen-Courier* 303, 2. Juli 1933.

J.4. Robert Scholz, »Für und gegen den Futurismus. Ein Kunstbrief und eine Entgegnung« [Auszüge], in: *Völkischer Beobachter*, Norddeutsche Ausgabe/Ausgabe A, 47, 28. März 1934.

J.5. Gert H. Theunissen, »Ikarus oder die Leidenschaft der Kunst« [Auszug], in: *Kunst der Nation*, 15. April 1934.

J.6. Gottfried Benn, »Rede auf Marinetti«, in: ders., *Gesammelte Werke*, hrsg. v. Dieter Wellershoff, Wiesbaden 1959, Bd. I, S. 478–481.

J.7. Otto Andreas Schreiber, »Stil?« [Auszüge], in: *Kunst der Nation*, 15. April 1934.

J.1. *Ruggero Vasari*

Unter den Linden – Kurfürstendamm

DEM BARON ARMANDO CIANCIO DEM HERREN DER FERNE DEM PILOTEN DES TRAUMES GEWIDMET VOM SÄNGER DER MASCHINE

Unter den Linden

Autobusse-Nilpferde beladen überladen Bäuche-Bier-Fässer-Gesäße-Brillen Schupo-Puppe graugrün: STOPP!
Schaffner Bart Gesandter in Pension: AUSSTEIGEN LASSEN!
Der Autobus gebärt
VORWÄRTS!
Großes Pferd fahl weiß-rosa überschäumt Frühlingsblusen Füße-Knie-Hintern-Bäuche-Ellbogen verschluckt von der Wurstmaschine
BIMM! ABFAHRT!
Schwankend großes Floß stöhnt knirscht die Bürden Winde Fürze Pestrauch
DIE STRASSE FREI: hupend Marathon segelnd im Asphaltfluß Autobus asthmatischer Vater verfolgt von 50 100 500 Söhnen kleinen Söhnen winzigen Söhnen schwarz rot weiß grün blau allfarbig Scherz einer rennt hinter dem anderen her ein Bein stellen vorübergehen gleiten gleiten kreischen Motorrad Equilibrist Zickzack sich einschleichen Verstecken spielen
WÄHLT CUNO!

DISKONTGESELLSCHAFT: Amerikaner Engländer Franzosen Italiener Die ganze Welt All die Sprachen schnell schnell die Mark fällt Geldwechsel Dollars Sterlings Franken Lire schnell GELDWECHSEL verlangen fordern Geld GELD schnell von der Bank Schalter Leute spielen Ball mit Banknoten-Paketen
laufen laufen hinausgehen
Geschäfte wechseln Schilder Preise Photoapparate Ferngläser GOERZ ZEISS Mark Mark Mark MÖGE DER HEILIGE MARK UNS BEHÜTEN!
B. Z. am Mittag: Dollar: 4 Billionen 400 Milliarden

LINKS	MITTE	RECHTS
Staunen	ein Amerikaner	Heiterkeit
Schweiß	schreitet vorwärts majestätisch	Lächeln
Zittern	auf den Füßen eines Kardinals	Lärm
Ohnmachten	gefolgt	Schlaraffenland
das genügt mir	von 20 kleinen roten Teufeln	Schatzkammer
nicht fürs Brot!	grooms:	Amerika
	HOTEL ADLON	gut!
	mit 40 platzenden Koffern	
	Mark-Papier	

CAFE BAUER: Große Ausstellung Puder Schminke Beine Beine Knie alle Dimensionen Höschen Seide Kunstseide Baumwolle Spitzen ohne Spitzen

Man trinkt nicht diese Kaffee-Brühe-Rudel man trinkt die Beine mit den Augen mit dem Mund

Ein Deutscher: »Was kostet dein Fleisch?« Wie höflich er ist!

Ein Italiener: »Liebling deine Beine sind der beste BITTER-CAMPARI! Gehen wir essen!«

Bezahlung später: die Dirnen haben nie Verluste im Wechselgeschäft

Friedrichstraße

Geschäfte glänzen funkeln glitzern die Mittagssonne entzündet ihr Feuer metallische Farbe alles metallisch

Die U-Bahn-Station leert ihre Gedärme speit aus dem offenen Mund AUSGANG hier und da ein Mund voll unverdauten menschlichen Fleisches

Die Menge ist ein massiver rechteckiger schwarzer Kuchen mit Hüten in vielen Farben kandiertem Obst zerschnitten von dem Messer-Arm des Polizisten

Große blonde Dirnen gleiten vorbei ruhige Schnitte der Körper-Säbel klingen keuchend grau geschäftige Flaneurs

Die Huren werfen ihre Angel-Beine in den Fluß der Straßen Haken-Hintern Haken-Brüste Haken-Münder furchtsame kleine Fische beißen an

Diese kleine Hure fängt im FAUN mit der dünnen Leine ihrer Augen einen großen Fisch aus der Provinz

Leipziger Straße

Die Kaufhäuser WERTHEIM sind die Saugpumpen der Metropole INVENTUR-AUSVERKAUF: die wunderbarste Maschine die störrische Sparsamkeit der Kleinbürger zu zerstören

Potsdamer Platz

PALACE HOTEL
FUERSTENHOF
VATERLAND
TELSCHOW
JOSTY
BELLEVUE

Hexagon-Oktopus der all die Häftlinge umarmt des Schlafs des Hungers des Durstes der Liebe

Auge-Uhr des Poliphemus-POTSDAMER BAHNHOF mürrisches Lächeln mit Gelb zum Grün-Weiß-Rot des VERKEHRSTURMS

Die Trambahnen sind zwei endlose Schlangen numerierter Sklaven die am frühen Morgen aus dem GROSSEN GEFÄNGNIS kommen um ihre LEBENSLÄNGLICHE STRAFE abzudienen auf dem Rücken die Armut (15 Pfennige) ihrer Mitbürger

Potsdamer Straße 134 a

Festung der Avantgarde steht im Herz des passatistischen Berlin die Flammenstandarte DER STURM (Futuristen-Kubisten-Expressionisten-Suprematisten)

BLUMEN BLUMEN BLUMEN EIN REGEN VON BLUMEN für euch alte Kameraden MG-Schützen des Neuen:

HERWARTH WALDEN–RUDOLF BLUEMNER

Lützowufer

Auf dem Billardtisch des LÜTZOWUFERS wetteifern die Automobile in lebhaften Spielen der Karambolage die Faule SPREE dirigiert das stumme Orchester der Linden läßt die Fähren Ruderboote Violinen ihren Unterleib streicheln störrische kleine Dampfer schwitzen Hemden um schläfrige lange Boote zu schleppen

Wittenbergplatz

Die U-Bahn-gelber Wurm hat ihre Freude die Achterbahn am NOLLENDORFPLATZ sich werfend blitzend unter die Erde welche Freude uuuuuummmmmmuu uuuuuuummmm mmmmu-uuuuu die Zähne zubeißend Delirium Schwindel ich will das rechte Ohrläppchen meiner ukrainischen Freundin beißen ratata Blinklicht

Entlang des KADEWE Eröffnung der BÖRSE FÜR SCHWULE: Lilion Delorme eben angelangt aus Paris 108,50-115 Nabo 81,25 Alexander verliert 5 Punkte von 47 auf 42 Mitropa und Kaiserhof werden nicht notiert Karl IV bei 96 aufgrund steigender amerikanischer Nachfrage Flink zieht sich vom Handel zurück lest und verbreitet DIE FREUNDSCHAFT das offizielle Organ der Berliner Assoziation der Homosexuellen mit dem Bulletin der letzten Notierungen der Börse große Nachfrage nach Exoffizieren der Kaiserlichen Garde

GEDAECHTNISKIRCHE: ein versteinter Dinosaurus der nur legale Amouren in seinem Wanst empfängt

Kurfürstendamm

Du bist der Priap von ganz Berlin
Du wirst einst mein Grab sein
Tagsüber umschwirren mich die Autos mit der Musik ihrer
    Motoren
Des Nachts entzünden mir die Huren eine Perlenkette aus
    elektrischen Lampen
(TANZ DER PINGUINE)

J.2. *Ruggero Vasari*
Flugmalerei – Moderne Kunst und Reaktion

[...]

Sinn und Absicht des Futurismus war die Erneuerung und Umformung unserer gesamten Lebensgestaltung. Sie gründeten sich auf die Erkenntnis, daß alle menschlichen Schöpfungen dem entsprechen und genügen müssen, was wir bereits geschaffen und errungen haben. Das aber können sie nur dann leisten, wenn sie in Form und Inhalt die Zukunft voraussehen, ihren Wandel in sich bergen und so der Rückständigkeit der gesamten Lebensgestaltung vorbeugen. Solche Forderungen kann nur der in Wahrheit und fortwährend schöpferische Geist erfüllen. Und da er sich in seiner höchsten Potenz im Künstler offenbart, so erstrebte die futuristische Bewegung in erster Linie eine Erneuerung der Kunst. Sie fand naturgemäß ihren sichtbarsten Ausdruck in der Malerei, und das umso mehr, als diese Kunst damals die am meisten rückständige Kunst Europas war. Welt und Leben kennen keinen Stillstand. Auch die Kunst kann nicht stillstehen. Eine veränderte Welt bietet den Augen aller Menschen und im höchsten Maße den Augen der bildenden Künstler ein verändertes Bild der Welt, eine neue Anschauung der Welt. Diese neue Weltanschauung zum Ausdruck zu bringen, das war das Streben jener ersten futuristischen Maler, deren bedeutendste Balla, Severini, Russolo und Carrà waren, vor allem aber Boccioni, der bald im Weltkrieg den Tod fand.

Die bürgerliche Anschauung der Dinge ist immer und überall an das Herkömmliche gewöhnt. Darum begegnet sie allem Neuen mit Mißtrauen und Widerstand, am meisten aber den Neuerscheinungen der Kunst. Denn die große Menge sieht in den Produkten der Kunst nichts anderes als den Ausdruck ihrer eigenen hergebrachten Anschauungen. Kein Wunder also, daß jene ersten Gemälde der Futuristen mit einer Wut und Empörung, mit Beschimpfungen und Verwünschungen aufgenommen wurden, wie sie in der Geschichte der gesamten Kunst ohne Beispiel sind, und von deren Maßlosigkeit man sich heute kaum noch einen Begriff machen kann. Denn heute und schon seit vielen Jahren wird nicht mehr bestritten, daß die Werke jener ersten futuristischen Maler die italienische Malerei mit einem Schlag an die Spitze der modernen Kunst gestellt und die beiden typischen Formen des Futurismus und des Kubismus geschaffen haben.

Die energischen Bemühungen der Futuristen, jegliche künstlerische Freiheit zu gewinnen und alles hinwegzufegen, was der neuen Malerei den Weg versperrte, haben sie gezwungen, alle hergebrachten Formen, Gemeinplätze und den herrschenden Kunstgeschmack zu vernichten. Dieses war der Grund, warum die futuristischen Maler in den ersten Jahren mit so großer Leidenschaft und so zäher Beharrlichkeit die Bildfläche aufteilten und zerteilten, die Bildformen zum Entsetzen der Beschauer wechselseitig durchdrangen, Form und Empfindung zur gleichzeitigen Darstellung brachten und dem Objekt jene formelle Bewegtheit verliehen, die man den »plastischen Dynamismus« genannt hat. Diese Bestrebungen führten zwar notwendigerweise zu einer allzu detaillierten Zerlegung der Bildfläche und der malerischen Formen. Aber sie haben es ermöglicht, die Formen bis ins kleinste hinein wieder in ihrer reinen Wesenheit zu erkennen.

Das war die wichtige Epoche der unvermeidbaren malerischen Analyse, die längst zum Abschluß gebracht ist und es den Futuristen ermöglicht hat, in die Epoche der Synthese, des malerischen Wiederaufbaus, einzutreten. Sie steht heute in Italien in voller Blüte. Neben den Überlebenden der früheren Zeit schaffen heute in Italien viele hunderte futuristischer Maler und sind ein lebendiger Beweis, daß die futuristische Bewegung unter Marinettis Führung niemals zum Stillstand gelangt ist. So soll auch diese Ausstellung ein solcher Beweis sein und die deutliche Antwort auf die häufig gestellte Frage, ob der Futurismus noch am Leben oder vielleicht längst tot und begraben sei.

Wir wissen freilich, daß diese Frage oft wider besseres Wissen gestellt wird oder auch nur einem brennenden Wunsch derer entspricht, die befürchten müssen, eines Tages vom aufkommenden Futurismus auf die Seite geschoben zu werden. Denn es war eine trügerische Hoffnung, daß der Futurismus und also die gesamte moderne Kunstbewegung überhaupt noch aufzuhalten sei. Und wie wäre es auch möglich gewesen, diese Bewegung in irgendeinem Lande der Welt aufzuhalten? Wie ist es möglich, daß in einer Zeit, in der die Flugmaschine sechshundert Kilometer in der Stunde zurücklegt, in der wir nach Amerika wie zu einem Spaziergang fliegen, in einer Zeit des Radio und der ersten Versuche des Raketenflugzeugs, in einer Zeit der Technokratie, die einst dem Menschen erlauben wird, nur wenige Stunden täglich zu arbeiten – in Parenthese sei bemerkt: das Phänomen der Arbeitslosigkeit hat mit der Weltmechanisierung gar nichts zu tun – ich wiederhole: wie wäre es möglich, daß in einer solchen Zeit – ich möchte sagen »ausgerechnet« der Futurismus nicht mehr existieren sollte? Grade der Futurismus, der alle diese Fortschritte und Wunder der Menschheit schon vor 25 Jahren vorausgesagt und verherrlicht hat – wenn er auch grade wegen dieser Voraussage von der Welt verhöhnt worden ist.

[...]

Inmitten der stolzen Freude, daß sich die Erneuerung der bildenden Künste von Italien aus der ganzen Welt mitgeteilt hat, dürfen wir die Gefahr nicht übersehen, die der neuen Kunst von seiten der Reaktion droht. Reaktion nennen wir alles das, was sich der Ausbreitung der neuen Kunst in den Weg stellt und die Kunst vergangener Zeiten wieder zur Herrschaft bringen will. Die sichtbaren Zeichen der künstlerischen Reaktion sind die fortgesetzten Wiederholungen der tausendmal dagewesenen Kunst, die sklavische Nachahmung der früher geschaffenen Kunstwerke. Wir Futuristen erblicken in alledem nur eine Schein- oder Pseudokunst. Denn sie ist eine unschöpferische Kunst und darum ein fortgesetzter Widerspruch in sich selbst. Schon der französische Spätimpressionist Gauguin, der selbst einen Ausweg aus dem Ewig-Gestrigen seiner zeitgenössischen Malerei suchte, hat gesagt: »In der Kunst gibt es nur Revolutionäre oder Plagiatoren.« Die Reaktionäre der Kunst sind in Wahrheit ihre Plagiatoren. Sie plagiieren die Kunstwerke, die von anderen, die selbst einst Revolutionäre gewesen sind, geschaffen wurden. Und in der Tat hat es noch nie einen großen Künstler gegeben, der in seinen Ideen und in seinem Schaffen nicht ein Revolutionär gewesen wäre. Wer alles dieses noch nicht begriffen hat, der möge sich einmal zum Bewußtsein führen, wie sehr und wie lange schon die alte Kunst sich überlebt und im Stofflichen und Formellen bis zur Ohnmacht erschöpft hatte.

Der Impressionismus selbst war ja nichts anderes als der letzte Versuch, allen diesen bis zum Überdruß wiederholten Stoffen und Formen einen letzten Reiz abzugewinnen oder zu verleihen, indem er dem allgemein Gültigen den Stempel des individuellen Geschmacks, der persönlichen Laune und der privaten Eigenbrödelei aufdrückte. Durch die Irrlehren dieses künstlerischen Egoismus, der in den Schlagworten »Wie ich es sehe« oder »Vu par un tempérament« seinen Ausdruck fand, wurde die Kunst zur Willkür der Einzelnen, zur künstlerischen Libertinage, die kein Gesetz anerkennen wollte.

Eine Erneuerung aber wurde der Kunst auf diesem Wege weder im Stofflichen noch im Formellen zuteil. Mit Grauen denken wir an die Lächerlichkeiten jener hunderttausende von sogenannten Stilleben, in denen Früchte und Gemüse auf Schüsseln gehäuft, Wein- oder Bierflaschen danebengestellt wurden und dann noch ein toter Hase oder eine Pute Hals und Kopf – wie man zu sagen pflegt »malerisch« – über die Tischkante herabhängen ließ. Wie ist es nur möglich, daß in dieser Zeit der technischen Wunder gewisse Maler noch immer die Menschheit zu ergötzen glauben, wenn sie ihr nackte Frauen von allen Seiten und in allen erdenklichen Stellungen und Lagen zeigen! Oder wie kann man sich in solcher Zeit gefallen lassen, daß die Herrlichkeiten der Natur immer und immer wieder durch die gleiche Nachäffung entstellt und entweiht werden? Mit Entsetzen aber erinnern wir uns an die Monstrosität jener »historischen Gemälde«, auf denen große Taten, Menschen und Helden parodiert und der Lächerlichkeit der Nachwelt preisgegeben wurden.

Dieses alles will uns die künstlerische Reaktion wiederbringen. Aber diese Reaktion ist schon logisch und theoretisch untragbar, und die Kunstgeschichte selbst spricht ihr auf Schritt und Tritt ein vernichtendes Urteil. Dazu kommt, daß die Reaktion auch im höchsten Grade gefährlich ist, da sie ja die jungen Künstler zum Verzicht auf jede eigene schöpferische Tätigkeit gradezu auffordert. Was ist es denn, das die Stimme der Reaktion diesen jungen Künstlern zuruft: wozu wollt ihr euch abquälen? Macht es euch doch behaglich und bequem in der malerischen Technik, die andere Künstler in früheren Zeiten und oft unter furchtbaren Opfern an Leib und Seele geschaffen haben!

Und doch könnte man diese Künstler der Reaktion noch gewähren lassen, wenn es nicht ihre deutliche Absicht wäre, Zweifel und Zwietracht unter den wenigen Menschen zu säen, die sich heute überhaupt noch für Kunst interessieren. Denn der Trumpf, den sie immer wieder ausspielen, ist das beliebte Wort von der »Tradition«

und sie rühmen sich auch noch, die Hüter und Bewahrer dieser Tradition zu sein. Dabei haben sie die wahre Bedeutung dieses Wortes Tradition nicht nur entstellt, sondern seinen geistigen Inhalt überhaupt niemals begriffen.

Grade die Futuristen haben bestätigt, daß die geistige Tradition von der rein formellen zu unterscheiden ist. Der Futurismus sieht in der Tradition nur ein geistiges Phänomen, das die charakteristischen Eigenschaften einer Rasse, die psychologischen Tendenzen und die Sitten eines Volkes kennzeichnet. So verstanden ist die Tradition in Wahrheit ein historisches Faktum, dessen tieferen Sinn die Reaktionäre darum nicht begriffen haben, weil sie in der oberflächlichen Betrachtung des Phänomens verharren. Sie sehen nur seine letzten Konsequenzen, nämlich die aus der geistigen Tradition geschaffenen Kunstwerke, wie sie in den verschiedenen Epochen entstanden sind. Diese rein formelle Tradition preisen die Reaktionäre, als wäre sie die geistige Tradition, während sie in Wahrheit nichts anderes ist als die vorübergehende Zufälligkeit einer Zeitperiode. Indem die Reaktionäre immer wieder versuchen, die Erscheinungen des Zufalls heraufzubeschwören, glauben sie, eine längst abgestorbene Epoche durch Nachahmung und Wiederholung ihrer Kunstwerke neu beleben zu können.

[...]

Manifest der Luft- und Flugmalerei

Im Jahre 1907 veröffentlicht F. T. Marinetti »L'aeroplano del Papa«, die erste lyrische Verherrlichung des Flugs und der Flugperspektive unserer Halbinsel, vom Aetna bis Rom, Mailand und Triest.

Die Flugdichtung findet ihre Fortsetzung in Paolo Buzzi's »Aeroplani«, in den »Ponti sull'oceano« von Luciano Folgore und den »Caproni« von Mario Carli.

1926 zeigt der futuristische Maler und Flieger Azari auf der großen Biennal-Ausstellung von Venedig seine »Flugperspektiven«, das erste Werk der Flugmalerei.

1929 erhält der Flughafen von Ostia seine künstlerische Ausschmückung durch die wundervollen Flugmalereien des Futuristen Gerardo Dottori: stürmisches Hinbrausen der Flugzeuge am römischen Himmel – Propeller, Rumpf und Tragfläche umgeformt, neu zusammengefaßt und auf ihre typischen bildnerischen Elemente zurückgeführt.

Dieses Werk Dottoris, der sich bereits durch sein großes Triptychon »Geschwindigkeit« einen Namen gemacht hatte, bildet einen Markstein in der Geschichte der Flugmalerei.

Bei Betrachtung der Wand- und Deckengemälde von Ostia überzeugen sich Publikum und Kritik, wie weit die »stolzen Adler« der bisher üblichen Malerei davon entfernt sind, die Fliegerei zu verherrlichen. Gleichen sie nicht heute armseligen Hühnchen neben der Glut und Pracht eines fliegenden Motors, der sich kaum herablassen würde, sie auch nur zu rösten!

Das gemeinschaftliche Fliegen mit dem Maler Dottori, der eifrig aus der Höhe skizzierte, bringt in einem anderen Künstler, Mino Somenzi, den Begriff der Flugmalerei zu einer festen Vorstellung.

Mit dem Gemälde »Flugperspektiven« von Azari, den Wandmalereien Dottoris und der Flugmalerei von Tato, Marasco, Corona, Fillia und Oriani beginnt eine neue und glanzvolle Phase in der abstrakten Synthetik der futuristischen Malerei.

Wir Futuristen erklären:

1. daß die wechselvollen Perspektiven des Flugs eine völlig neue Wirklichkeit darstellen, die mit der traditionellen und starren Wirklichkeit der Erdperspektive nichts mehr gemein hat,

2. daß die Elemente dieser neuen Wirklichkeit keine feste Basis haben, sondern sich auf die dauernde Bewegung selbst gründen,

3. daß der Maler nur beobachten und malen kann, wenn er selbst an der Geschwindigkeit teilnimmt,

4. daß das Malen dieser neuen von oben gesehenen Wirklichkeit die völlige Mißachtung der Einzelheiten und den Zwang zur Umformung und zusammenfassenden Neuschöpfung bedingt.

5. Alle Teile der Landschaft erscheinen dem Maler im Flug als:

a) plattgedrückt
b) künstlich
c) provisorisch
d) frisch vom Himmel gefallen.

6. Alle Teile der Landschaft betonen für das Auge des fliegenden Malers ihren Charakter als:

a) dicht zusammengedrängt
b) zerstreut und aufgelöst
c) sauber
d) großartig.

7. Jede Flugmalerei enthält gleichzeitig die doppelte Bewegung des Flugzeugs und der Hand des Malers, die Bleistift, Pinsel oder Wischer bewegt.

8. Ein Bild oder eine Skulptur der Flugmalerei muß polyzentrisch sein.

9. Man wird bald zu einer neuen, außerirdischen Geistigkeit in der bildenden Kunst gelangen.

[...]

J.3. *Rudolf Blümner*
Faschismus und Futurismus

Einige Ansichten, die bei uns über die Beziehungen zwischen dem Faschismus und der neuen Kunst Italiens verbreitet sind, verkennen ihr Wesentliches so sehr, daß schon die Frage nach diesen Beziehungen das Problem von einer falschen Seite ansieht. Da nämlich diese Frage nur dahin zu verstehen ist, ob der Faschismus die moderne Kunst anerkennt und wie diese sich zum faschistischen Staat verhalte, so legt man dem Problem eine Voraussetzung zugrunde, die eine richtige Beantwortung der problematischen Frage von vornherein unmöglich macht.

Die moderne Kunst Italiens ist nicht, wie die anderer Länder, ein schwankender, von einer beliebigen Auslegung abhängiger Begriff. Vielmehr umfaßt er in diesem Land ausschließlich die Kunst, die aus der Bewegung des Futurismus hervorgegangen ist. Und will man unter »moderner Kunst« nicht etwa schlechthin alles verstehen, was heutzutage an Kunst hervorgebracht wird, sondern nur eine nach neuen Formen und Inhalten strebende Kunst, dann ist der Futurismus sogar die moderne Kunst Italiens in ihrer radikalsten Form.

Die futuristische Bewegung wurde im Jahre 1909 durch F. T. Marinetti ins Leben gerufen. Man weiß, mit welchem Fanatismus, mit welcher Ausdauer, Kraft und geistigen Ueberlegenheit Marinetti und die Seinigen der futuristischen Kunstbewegung, über Spott und Hohn einer ganzen Welt hinaus, Beachtung, Geltung und Einfluß verschafft haben. Man weiß aber nicht, daß diese Bewegung in Italien niemals zum Stillstand gekommen ist, daß vielmehr der Futurismus auch heute noch in Italien mit der gleichen Energie auftritt wie vor vierundzwanzig Jahren und später. Und nur der Unterschied besteht, daß die Zahl der Futuristen damals nicht viel mehr als ein Dutzend betragen haben mag, während sie heute einschließlich der propagandistischen Anhänger, die dort »altoparlanti« oder »megafoni« genannt werden, an die tausend beträgt, unter denen, was besonders zu beachten ist, die Studenten eine nicht geringe Rolle spielen. Alles dieses muß man zunächst denen sagen, die der Meinung sind und sie verbreiten, der italienische Futurismus sei nicht nur heute, sondern schon seit langer Zeit tot und vergessen – eine Meinung, über die man sich in Italien nicht wenig wundert. Aber freilich, wie sollte diese irrige Meinung über die Kunst eines anderen Landes nicht bestehen, da man sogar über die Ausbreitung der modernen Kunst im eigenen Lande meist nur schlecht unterrichtet ist und beispielsweise völlig übersieht, daß die Umstellung unseres Kunstgewerbes, ich will sagen auf einen besseren Geschmack, weiter nichts ist als eine Annahme des futuristischen, kubistischen und expressionistischen Kunstgedankens.

Diese Ausführungen lassen noch deutlicher erkennen, warum der italienische Futurismus nichts sein konnte, was mit der faschistischen Idee in Widerspruch steht. Was aber das Wesentlichste ist: die Idee des Futurismus und also der gesamten ihm so nah verwandten radikalen Kunst Europas war in völliger Uebereinstimmung mit der Idee des Faschismus. Die futuristische Idee war, daß die Kunst jederzeit und immer wieder aufs neue in die Zukunft weisen muß. Und eben dieses ist die Grundidee des faschistischen Staats: einen Staat zu schaffen, der sich nicht nur der Gegenwart, sondern in sich und aus sich selbst und immer aufs neue der Zukunft gewachsen zeigt. Dort eine Kunst – hier ein Staat, die der

Gegenwart nur dann genügen, wenn sie die Zukunft bereits in sich tragen. Darum muß man sagen: die futuristische Idee entspricht nicht nur der faschistischen, sondern die Idee des Faschismus erschien zuerst in der futuristischen Idee, wie sie 1909 von Marinetti ausgegangen war. Er, der längst nicht mehr als der bizarre Sonderling von einst gilt, sondern in Italien fast schon die Stellung eines maßgebenden, sogar gefürchteten Kunstrichters einnimmt, war denn auch unermüdlich an der Arbeit, jede Stagnierung des Futurismus zu verhindern, indem er durch neue Anregungen und Ideen neue Möglichkeiten einer weiteren Entwicklung zeigte.

Die ersten Faschisten waren Futuristen

Hat man sich solcherweise nicht nur die Identität von faschistischer und futuristischer Idee, sondern auch ihre zeitliche Reihenfolge eingeprägt, dann wird man die Frage nach dem wechselseitigen Verhalten von Faschismus und Futurismus kaum noch stellen, vielmehr den alten Satz begreifen, daß der Futurismus der geistige Vater des Faschismus ist. Wie sehr das Geltung hat, geht schon daraus hervor, daß Marinetti, noch bevor Mussolini im Jahre 1919 seine »fasci« gründete, bereits 1918 die »fasci politici futuristi« geschaffen hatte. Das aber heißt nichts anderes, als daß die Futuristen die ersten Faschisten gewesen sind. Es war ihre Idee von der immer die Zukunft in sich tragenden, neue Formen und Inhalte gebärenden Kunst, die erst Marinetti selbst ins Politische umgedeutet und die dann Mussolini zu so umfassender Bedeutung und Macht erhoben hat. Gegenüber dieser historischen Tatsache, die beispielsweise der Philosoph Benedetto Croce ausdrücklich anerkannt hat, erscheint jene Frage nach der Beziehung zwischen Futurismus und Faschismus sogar als sinnlos. Wie sollte sich dieser wohl zu einer Kunst verhalten, die seine Idee schon zehn Jahre vorher fanatisch propagiert hatte? Und was hätten die Futuristen, die Begründer der ersten »fasci«, wohl anderes rufen sollen als: »Evviva il genio futurista di Mussolini!« (Es lebe der futuristische Genius Mussolinis!) Und daß ebenso, wie Mussolini der Mann der Futuristen war, diese ihrerseits Leute nach seinem Geist, Herzen und Geschmack waren, darüber hat Mussolini niemals einen Zweifel bestehen lassen. Er tat das um so weniger, als diese Uebereinstimmung von futuristischer und faschistischer Idee ihm von Anfang an die größten Dienste geleistet hatte. In einem Lande, in dem Kunst und Künstler von jeher größtes Ansehen genossen haben, in dem 1919 die Namen Marinetti und Toscanini neben Mussolinis Namen auf der Mailänder Liste zur Deputiertenwahl standen, in einem solchen Lande konnte ein Staatsmann nicht übersehen, welchen Wert es für eine revolutionäre Staatsidee hat, wenn die radikal-moderne Künstlerschaft für sie eingenommen ist. Es bedeutete, daß der Faschismus die im geistigen immer revolutionären, beweglichsten und unruhigsten Elemente des Landes auf seiner Seite hatte. Daß aber Mussolini, darüber hinaus, überhaupt und von Anfang an die Intellektuellen auf seiner Seite hatte, das hat, zum Erstaunen der Welt, seinen Sieg so rasch, so groß und so dauerhaft gemacht. Und er hatte die Intellektuellen darum für sich, weil er in ihnen, die ohne wirtschaftliche Interessen und also rein idealistische Anhänger der faschistischen Revolution waren, die wichtigsten Stützen seiner Staatsidee erkannt und anerkannte. Und in der Tat waren die Intellektuellen, die ihrerseits in Mussolini den Vertreter ihrer Ideen und Bestrebungen sahen, in den ersten Jahren des Faschismus die Hauptträger seiner Idee, während sich der Mittelstand und vor allem der spießige Teil des Bürgertums lange Zeit zurückhaltend, abwartend oder ablehnend verhielt. Denn gerade diesem Teil der Bevölkerung mußten die grundlegenden Ideen des Faschismus zunächst unverständlich sein.

[...]

Was die Kunstbestrebungen der Futuristen im einzelnen angeht, so ist bei uns das meiste über das Theater bekannt geworden, schon deshalb, weil seine Aufführungen, um deren phantastisch teure Plätze das Publikum sich zu raufen pflegte, stets mit ungeheuren Skandalen verbunden waren. Aber während das Publikum anfangs geschlossen gegen die Bühne tobte, war es bald in Anhänger und Gegner gespalten, die ihre Theaterschlachten untereinander lieferten. Heute ist die Zeit dieser Skandale längst vorüber und das Publikum einig im Beifall für diese originellen, immer geistreichen Aufführungen. Ihr Hauptmoment war in den ersten Jahren die Polemik gegen das gesamte traditionelle Theater, später insbesondere gegen Literatur und Psychologie auf der Bühne. Auch heute konzentriert das futuristische Theater seine Kraft darauf, daß im Schauspiel mehr zu schauen als zu hören sei. Es verzichtet aber nicht auf die großen Probleme der Gegenwart und beschäftigt sich insbesondere mit dem tragischen Kampf zwischen der vom Futurismus verherrlichten Maschine und der menschlichen Seele und Menschlichkeit. Der namhafteste Vertreter dieser Richtung ist Ruggero Vasari. Teile seiner Dramen »Maschinenangst« und »Raun« sind gelegentlich in deutscher Uebersetzung bekannt geworden. »Maschinenangst« ist schon vor Jahren in Paris gespielt worden. In Berlin war seine äußerst schwierige Aufführung von mehreren Bühnenleitern wenigstens – geplant worden.

Daß aber eine solche Kunstrichtung vor allem das Zweck-Theater in jeder Form verurteilt, das hat sie sogar mit dem traditionellen Theater des heutigen Italiens gemein. Der futuristisch-faschistische Geist erblickt das Nationale der Kunst nicht im nationalen Stoff, sondern in der gestaltenden Kraft und Eigenart seiner neuen Künstler. Wie denn überhaupt der Faschismus jede unmittelbare Beeinflussung des Theaters ablehnt, weil er der Meinung ist, daß jede Kunst, also auch die des Theaters, nur in vollkommener Unabhängigkeit gedeihen kann. Und nur das ist interessant, daß das einzige italienische Theater, das sich einer staatlichen Unterstützung erfreuen durfte, Bragaglia's radikales »Teatro degli indipendenti« in Rom war.

[...]

Malerei

Was schließlich die futuristische Malerei betrifft, so hat man schon vor mehr als zwanzig Jahren ihre frühesten Werke hier kennengelernt. Man weiß auch, wie sehr sie unsere eigene moderne Malerei, wie die aller Kulturvölker, bis Asien, Australien und Amerika, beeinflußt haben, insbesondere auch die frühe russische. Lunatscharski hat gelegentlich ausdrücklich anerkannt, daß die gesamte bildnerische Theaterkunst Rußlands, die Szenographie, auf den Einfluß der italienischen Futuristen zurückzuführen. Die neueste Erscheinungsform der futuristischen Malerei, die »Aeropittura« (Flugmalerei), zieht neue Konsequenzen aus der abwechslungsreichen Perspektive des Flugs. Die neue Perspektive bedeutet dem Auge des Fliegers eine vollkommen neue Wirklichkeit, die mit der traditionellen Wirklichkeit der irdischen Perspektive nichts mehr zu tun hat. Paris hat bereits eine Ausstellung dieser neuen Malweise erlebt. In Deutschland, wo man neuen Kunstbestrebungen auch dann mit Mißtrauen gegenübersteht, wenn sie sich von fremden Einflüssen frei halten, hat man von der neuen futuristischen Malerei zwar schon einiges gelesen, aber noch nichts gesehen. Es wäre darum zu wünschen, daß Marinettis Plan, noch in diesem Jahr in Berlin und anderen deutschen Städten diese Kunstwerke zu zeigen, sich verwirklichen ließ. Man wird sich dann überzeugen, daß alles, was unsere moderne Kunst in den vergangenen fünfzehn Jahren hervorgebracht hat, an Radikalismus vom Futurismus des faschistischen Italiens übertroffen wird.

»Wir sind ein junges Volk«, sagte einst Mussolini, »das schöpferisch sein will, muß und auch immer bleiben wird. Wenn wir schon eine Revolution haben, dann wollen wir sie auch in der Kunst haben. Denn alles muß neu geschaffen werden.«

J.4. *Robert Scholz*
Für und gegen den Futurismus

Ein Kunstbrief und eine Entgegnung

Auf den in Nr. 75 des »Völkischen Beobachters« erschienenen Artikel »Hausse in Verfallskunst« ist uns eine Erwiderung von Dr. Rugeró Vasari zugegangen, die wir aus Gründen der Billigkeit hier, soweit sie sich auf die Sache bezieht, gerne unter Anfügung einer Entgegnung Raum geben. Herr Dr. Vasari schreibt uns folgendes:

»Es handelt sich bei dieser Ausstellung (Italienische Futuristen-Ausstellung im Hamburger Kunstverein) nicht um eine von irgendeiner deutschen Seite verfolgten Bestellung, sondern um das gern und freudig von deutscher Seite angenommene Anerbieten der italienischen Futuristen. Es ist nicht die Absicht dieser Ausstellung, einen Einfluß auf die deutschen kunstpolitischen Verhältnisse auszuüben. Vielmehr habe ich in meiner Ansprache wörtlich das Folgende gesagt: »Wenn wir hier diese Phase der futuristischen Malerei zeigen, so soll das keine Aufforderung an die Künstler anderer Nationen sein, die Formen unserer Malerei nachzuahmen.« Auf einem völligen Irrtum oder einer falschen Information scheint es zu beruhen, daß aus Anlaß der Hamburger Ausstellung »der überwiegende Teil der deutschen Kunst verächtlich gemacht« worden sei. In meiner Ansprache habe ich von der deutschen Kunst überhaupt nicht gesprochen, sondern von der gesamten früheren europäischen Kunst. Ich habe zwar nicht gesagt, daß der Futurismus in Italien die führende und die Staatskunst ist. Wie jedoch Mussolini über die neue Kunst denkt und insbesondere über Marinetti, das will ich mit Mussolinis eigenen Worten belegen: »Wir dürfen nicht kontemplativ bleiben, und vom Erbe der Vergangenheit zehren, wir müssen neue Güter schaffen, die den ererbten gleichwertig sind. Wir müssen eine neue Kunst schaffen, die Kunst unserer Zeit.« Weiter schreibt Herr Dr. Vasari: »Ich habe mit Recht dagegen polemisiert, daß der Futurismus als eine bolschewistische Angelegenheit hingestellt wird. Das Zitat aus dem futuristischen Manifest ist in Ihrem Blatt in völliger Entstellung gebracht. Der Artikel übersetzt die Stellen: »Wir wollen die zerstörerische Geste der Anarchisten, die schönen Gedanken, die töten und die Verachtung des Weibes preisen.« Die wörtliche Übersetzung dieser Stelle des Manifests lautet: »Wir wollen den Krieg verherrlichen – diese einzige Hygiene der Welt – den Militarismus, den Patriotismus, die zerstörende Gebärde des Freiheitsbedürftigen, die schönen Ideen, an denen man stirbt und die Verachtung des Weibes.« Wo steht hier etwas von Anarchisten? Von einer zerstörerischen Geste der Anarchisten – fragt uns Dr. Vasari. Ferner protestiert er aufs heftigste dagegen, daß der Futurismus als eine »Verfallskunst« bezeichnet wird.

Diese Erwiderung Dr. Vasaris enthält eine ganze Anzahl leicht beweisbarer Irrtümer und geht im wesentlichen von einer mißverstandenen Auslegung des Aufsatzes »Hausse in Verfallskunst« aus. Wenn in diesem Artikel die Feststellung getroffen wurde, daß gegenwärtig von bestimmten Interessenkreisen innerhalb des deutschen Kunstlebens derartige Ausstellungen dazu benutzt würden, um bestimmte vom Nationalsozialismus als Verfallserscheinungen erkannte Kunstrichtungen auf diesem Umweg in Deutschland wiederum zu propagieren, so ist das eine *klar beweisbare Tatsache* und durchaus kein vereinzelter Fall, denn man hat uns hier in Berlin vor kurzem gleichfalls von dieser Seite der Repräsentanten der Verfallskunst über eine italienische Architekturausstellung den »Bauhausstil« neuerdings offeriert. Die Motive für dieses im Augenblick sehr aufsässige Interesse gewisser Kreise an dem Zustandekommen derartiger Auslandsausstellungen liegen klar zutage, und es ist unzweifelhaft erkennbar, daß derartige Auslandsausstellungen extrem »modernistischer« Richtung von den deutschen Anhängern der internationalen *Kunstmoderichtungen* nur zum Zweck der Verstärkung der eigenen Position herbeigerufen werden. Das kann Dr. Vasari selbstverständlich nicht wissen, aber es ist ja auch in keinem Worte in dem erwähnten Aufsatz ein persönlicher Vorwurf gegen Dr. Vasari wegen der Veranlassung dieser Ausstellung erhoben worden. Die Feststellung aber, wie diese Ausstellung zustande kam, erscheint uns in jedem Fall unerheblich, denn es wird sich in einem solchen Falle niemals klären lassen, ob eine Ausstellung auf den spontanen Wunsch der Veranstalter zurückgeht oder ob nicht eine geschickt lancierte Anregung diesen Wunsch ausgelöst hat.

[...]

Nun aber zum wichtigsten Punkt der Angelegenheit, zu den Vorwürfen, die Herr Vasari wegen unserer Ablehnung des Futurismus erhebt. Es wird uns in dem Schreiben der Vorwurf gemacht, daß wir das Zitat aus dem futuristischen Manifest in völliger Entstellung gebracht hätten. Hierzu müssen wir bemerken: Wir haben das Zitat nur unter Weglassung des ersten, auf die Sache nicht Bezug nehmenden Teiles *unverändert der deutschen Übersetzung des Manifestes der Futuristen entnommen*, so wie es in Westheims »Künstlerbekenntnissen«, S. 203 (Propyläen-Verlag, Berlin), im Rahmen eines von Marinetti selbst verfaßten Aufsatzes abgedruckt ist. In dieser von Marinetti autorisierten Übersetzung ist nicht von »Freiheitsdurstigen« die Rede, sondern es steht hier klar und deutlich das Wort *»Anarchisten«*.

Aber ganz abgesehen davon hat Herr Dr. Vasari übersehen, daß das Programm Marinettis, welches die Inbrandsetzung der Bibliotheken, die Überschwemmung der Museen und die Vernichtung überhaupt aller traditionellen und geheiligten Werte der Menschheit fordert, Ausdruck einer Geistesrichtung ist, die ebenso wie die da empfohlenen Zerstörungsmethoden überall in der Welt als Anarchismus bezeichnet wird. Wir haben keinesfalls den Patriotismus und die persönlich mutige Haltung Marinettis im Kampf des Faschismus angezweifelt, und es ist uns völlig unerfindlich, wie

Herr Dr. Vasari dies und anderes mehr aus diesem sich streng auf das kunstästhetische Gebiet beschränkenden Artikel herauslesen konnte. Was wir bezüglich des Futurismus im Sinne der historischen Wahrheit festzustellen gezwungen waren, ist lediglich die Tatsache, daß das, was an loderndem Feuer in diesem von jugendlichem Überschwang diktierten Manifest des Futurismus sich ausdrückt, in der faschistischen Revolution eine Klärung und in dem seither verflossenen Jahrzehnt eine *vollständige Umformung* erfahren hat und daß das, was heute Futurismus genannt wird, nur mehr eine in Italien selbst bedeutungslose Richtung darstellt.

Wenn als ein Gegenargument die persönliche Wertschätzung, die Mussolini seinem Freunde Marinetti entgegenbringt, angeführt und ohne weiteres auf eine sehr problematische Kunstrichtung übertragen wird, so erscheint dies durch nichts begründet. Herr Vasari protestiert heftig dagegen, daß der Futurismus als eine Verfallskunst bezeichnet wird. Wir möchten aber in dieser Frage einer italienischen Autorität das Wort geben, und ihm das entgegenhalten, was der im In- und Ausland als Führer der jungen italienischen Malerei anerkannte Maler Giorgio de Chirico über den Futurismus in einem Aufsatz, betitelt »Rückkehr zum Handwerk«, gesagt hat. Dieser führende Maler des jungen faschistischen Italien schreibt da wörtlich: »Die Vernachlässigung der menschlichen Formen und ihre Verzerrungen ermutigen Legionen von Malern zu leichtfertiger und ungeistiger Wiedergabe. Darstellerisch wie handwerklich hat der Futurismus der italienischen Malerei den Gnadenstoß gegeben. Schon vorher in schlechtes Fahrwasser geraten, haben die futuristischen Kindereien das Schifflein zum Kentern gebracht.«

So urteilen die offiziellen Repräsentanten der jungen italienischen Kunst über den Wert des sogenannten »Futurismus«, und hier steht das junge faschistische Italien mit jener jungen Nationalsozialistischen Künstlergeneration, die gegen den künstlerischen Anarchismus und für das Werden einer bodenständig nationalen Kunst kämpft, in einer Front.

J.5. *Gert H. Theunissen*

Ikarus oder die Leidenschaft der Kunst

Die Eröffnung der Ausstellung »Italienische Futuristische Luft- und Flugmalerei«, deren Ehrenausschuß der Ministerpräsident Göring und der italienische Botschafter Vittorio Cerruti angehören, war ein Ereignis, unter dessen Schatten die Bilder der Spiralflüge, kosmischen Landschaften, Luftrhythmen und außerirdischen Geistigkeiten ein wenig verblaßten. In den Räumen der Ausstellung, Berlin, Lützowufer 13, drängten sich die Prominenten und Namenlosen aller Berufe und Klassen: Diplomaten, Prinzen, Künstler, elegante Frauen mit modernsten Ansprüchen und Dichter aus dem Geschlechte der Ringelnatze und anderer Zauberer, dann auch einige finster dreinblickende Reaktionäre, die geduldig ihr Todesurteil erwarteten. Auf dem Podium und im Anfang des Futurismus steht Se. Exzellenz Dr. F. T. Marinetti, Mitglied der Kgl. ital. Akademie, Führer der Futuristen und ein Dichter, dem ein Gott gab zu sagen, was den einen ein Ärgernis, den anderen eine Erlösung bedeutet. Er tritt mit dem Anspruch unbedingter Totalität auf und spricht in einem geschliffenen Französisch von der Sendung seines Genies, das sich mit dem Genie der italienischen Erde auf das innigste vermählte. Ein Mann mit Krallen, Witz, Geist und mit den Gesten eines Herrschers. Die Zuhörer erlebten das Schauspiel eines Menschen und Propheten, der sich mit wildem Zorn auf die stürzt, die sich in ihrer Naivität niemals einer futuristischen Sünde schuldig gemacht haben. Er bettelt nicht, er darf fordern. Die Welt zerfällt plötzlich in zwei Hälften, in die Hemisphäre der Futuristen und in die der Nicht-Futuristen, die das Leben in einer widersinnigen Laune gebar. In den Pausen der flammenden Rede über die Berufung des Futurismus, eingekeilt zwischen zweitausendjähriger Tradition und der schwülen Trägheit gummikauender Bürger, wird sich der also mitgerissene Zuhörer, soweit seine Lungen noch Ozon vertragen können, seiner immer winziger werdenden Existenz bewußt und faßt den kühnen Mut, sich gegen den Ansturm eines heiser über die sich duckenden Köpfe hinweggeschrieenen *monologue intérieur* zu behaupten. Fast unmöglich. Ein Dichter und Besessener spricht. Spricht? Er stöhnt, verflucht, heiligt, schnellt empor, taucht unter, springt wie ein Raubtier den Zaudernden an, rattert und blitzt. Willkommen, willkommen, murmeln die Herzen, doch einige Köpfe beginnen diskret zu schütteln und stellen kleine Anachronismen in der Entwicklung der modernen europäischen Kunstenthusiasmierung, insbesondere der deutschen und italienischen, fest. Will sagen: in ihrer seit einiger Zeit etwas auseinanderklaffenden Parallelität. Den Futurismus haben wir – Verzeihung! – nie recht überwinden können. Aber die Bedenken lösen sich sofort wieder auf und zerflattern im Sturm dieses Dichters. Er reißt die verschwitzten Masken von den Gesichtern, die nun weniger ehrwürdig aussehen als zuvor, er bricht die Brücken hinter sich ab und schwefelt die Schlupfwinkel aus. Tradition hat einen schlechten Klang, Historiker schlagen sich gegenseitig mit Füllfederhaltern tot; Marinetti lacht und schlägt wie ein herrlicher Pfau das Rad seines bunten Gefieders. In Mussolini hat er den Freund seiner Taten und Bilder gefunden. Der Futurismus ist keine x-beliebige Richtung mehr, keine schlechte Manier am wohlgedeckten Tisch der besseren Gesellschaft, kein Stil – Futurismus ist ein Synonym für Heroismus, für romanische Rasse. Marinetti hat die revolutionäre Kunst – eine Tautologie! – über sich hinausgehoben in den Sinn seines siegreichen Vaterlandes. Unter allen Köpfen der europäischen Richtungen gelang es ihm als einzigem, zur Allgemeingültigkeit vorzustoßen und zur Anerkennung durch den Staat, indem er seine Träume mit denen seines Vaterlandes verschmolz und der Bürger nicht achtete, die den Kindern den Inhalt ihrer Träume vorenthalten. Mussolini ist der politische Futurist, ohne ihn wäre heute Italien eine verstaubte Ansichtskarte. Marinetti und seine Jünger im Manifest sind die künstlerischen Inkarnationen eines um 1909 dem Vesuvgehirn und dem Höllenherzen Marinettis entsprungenen Gedankens, die Zeit zu packen, das heißt: die Zeit an sich, um sie am Schopfe über die von Ballonreisen blank polierten Asphaltstraßen Europas zu zerren. »Plastischer Dynamismus«, »Gleichzeitigkeit«, »Simultaneità« sind die orphischen Urworte, aus denen die italienische Moderne hervorging. Ihre heroische Lebensauffassung entfesselt das Dasein des Maschinensklaven. Flugzeuge, Autos und Marinettis bevölkern den neuen Kontinent. Schlackenlos geht der reine Geist, *la poésie pure*, aus dem Unrat der Tradition hervor. Die Lauen und Aufgewärmten haben kein Daseinsrecht. Sie sind lästig wie ein Schnupfen, sie sind kleine

Steinchen im Räderwerk des Futurismus. Marinetti wendet sich scharf, wenn auch ein wenig unkollegial, gegen etliche andere Richtungen, deren Vertreter es sich hinter Caféhaustischen in Zürich während des Krieges gut sein ließen. Faschismus und Futurismus aber trafen sich zu entscheidender Stunde in Milano und hielten sich fortan felsenfeste Treue und Kameradschaft. Sinnlos wäre es, Frauenakte in allen möglichen Lagen noch weiterhin zu malen, ohne sich lächerlich zu machen. Hier drohe keine Gefahr. Wirklich? Die sittliche Entrüstung hat schon die besten Stilleben zerschlagen. Aber die Stabilität der Wirklichkeit ist nicht die Ruhe des Wachsens, sondern die Kurzschlüssigkeit einer brillianten Dialektik, in ihre Turbulenz steuert die »Aeropittura«. Über dem alten Rom erhebt sich das neue; Gleichzeitigkeit der Jahrtausende. Auf irgendeine Weise wird auch der Futurismus mit der Tradition auf legale Art fertig. Die Interpretation ist alles. Sowohl bei den Futuristen, als auch bei Spengler. Ikarus! Ikarus! Aber die Sonne ist längst nicht so glühend wie der Wille Marinettis und der anderen Futuristen. Ihr Ethos ist lang, ihre Kunst hoffentlich auch. Ihr Ethos ist der Ventilator der muffigen Kunststuben und Altersheime für Kunst und andere Schandtaten. Marinetti spricht. Immer höher schraubt sich der plastische Dynamismus in die Lüfte der entwirklichten Künste. Die Maschine offenbart die Mechanik ihrer zuckenden Seele. Die Mechanisierung der Welt mögen die verdammen, deren Geist zu schwach ist, sich in einer Höhe von fünfhundert Metern in Tauben zu verwandeln. Marinetti predigt den hundertprozentigen Fortschrittsglauben, der über die Marmorträume eines Michelangelo sich tapfer hinwegsetzt, Giotto ignoriert und Dante die Fußreisen durch Himmel und Hölle übelnimmt. Es lebe das Auto, doch über allem entschwebt in neue Regionen das Flugzeug. Und über dem Flugzeug bricht sich das Echo der donnernden Stimme Marinettis. Anfang und Ende des Futurismus.

Von ihm sprachen Dr. Rudolf Blümner und Ruggero Vasari, Blümner, aus dem »Sturm« der Expressionisten verdienstvoll hervorgegangen, letzter Recke kühn streitender Kämpferscharen, machte auf die den Futuristen verwandten deutschen Abstrakten aufmerksam, deren Werke sich nicht selten mit dem Futurismus überschneiden und die auch Marinetti des öfteren als Avantgardisten der Moderne begrüßte. Es handele sich nicht um eine billige

Abwechslung in der künstlerischen Darstellung, sondern um die Gewinnung eines neuen Standpunktes, des *»stato d'animo«,* von dem aus man den Geist der Epoche, den »spirito dell'epoca«, begreife. Die Loslösung von der Realität sei notwendig, um den Sinn hinter der Wirklichkeit zu verstehen, den das Flugzeug erschließen helfe. – Vasari gab einen ausgezeichneten Überblick über das Werden und Wirken des Futurismus seit der Veröffentlichung des ersten Manifestes im »Figaro« bis zur heutigen Luft- und Flugmalerei, bis zur »Aeropittura«. Er sprach von der allseitigen Begeisterung, die Mussolini den »Zerstörern und Erneuerern: den Futuristen« entgegenbrächte und kennzeichnete trefflich die Schleichwege der Reaktion, die den Futurismus als eine Kunst bolschewistischen Ursprungs bezeichneten, was eine unerhörte Fälschung der Kunstgeschichte wäre. Er führte den schlagenden Ausspruch Gauguins an: »In der Kunst gibt es nur Revolutionäre oder Plagiatoren!« Es sei immer das Schicksal der Wegbereiter des Neuen gewesen, verlacht zu werden. »Ein neuer Staat, ein neues Volk kann nur dann gedeihen, wenn auch die gesamte Kunst revolutioniert wird«, führte Vasari aus und sprach damit den Zuhörern aus der Seele. Und: »Wer in der Kunst keinen Mut zeigt, wird ihn auch in keinem anderen Kampf an den Tag legen. Nehmt auch, ihr jungen Künstler, die Gefahr auf euch, verlacht und verhöhnt zu werden, wenn ihr die neuen Wege der Kunst geht, ohne die die Welt nicht bestehen kann.« Ausgezeichnet! teuerer Vasari! Wenn es auch nicht immer der verabsolutierte Futurismus ist, der uns entflammt, so doch solche und noch viele andere Sätze der entschlossenen Reden, würdig eines Revolutionärs und Künstlers!

Und eingedenk der Goetheschen Mahnung, der Künstler möge weniger reden und mehr bilden, wenden wir uns den Bildern zu, uns der Gerechtigkeit und Gründlichkeit befleißigend, die dem Deutschen so wohl ansteht und ihm den Ruf eines skurrilen Pedanten eingetragen hat. Die Futuristen stehen in einer neuen Phase ihrer Kunst. Sie haben die Malerei des Fliegens und Geflogenwerdens für sich entdeckt. Sie schaffen eine neue Illusion und legen dabei eine herzerfrischende Kindlichkeit, das Vorrecht jedes wahrhaft künstlerisch Formenden, an den ihnen so gut gesinnten Tag. Wer hat eigentlich das Gerücht aufgebracht, die abstrakten Maler, als da sind die Futuristen, Expressionisten, Surrealisten,

Kubisten und Abstrakten, seien ausnahmslos intellektualistisch? (Es ist hier von Künstlern die Rede, nicht von Bildschustern und Salonhelden!) Es ist ein Irrtum, daß Kunstwerke unter Ausschluß des Intellekts geschaffen werden: nur ein völlig geistig verarmtes Bürgertum konnte sich den Künstler nur als einen stumpfsinnigen, gedankenfeindlichen Banausen vorstellen. Das muß hier wiederholt werden, sonst – Hände weg von alter und moderner Kunst! Die Futuristen zeigen deutlich genug, daß man die Zeit nicht zurückdrehen kann, und daß wir mit unseren eigenen Mitteln berufen sein können, der Kunst und dem Volke wichtiges Neuland des Geistes zu erobern. Daß die Erde sich dreht, das hat noch keiner gesehen, trotzdem tut sie es. Aber die Futuristen tun so, als ob sie es gesehen hätten: das ist zweifellos das Ethos jeder ehrlichen Kunst. Diese Illusion, die die Realität vernichtet und den sechsten Sinn freimacht, schafft neue Werte und eine neue Wertung unserer Zeit und auch der – Geschichte. Allerdings sollten die Futuristen nicht derartig auf die Alten schimpfen, früher oder später kommen sie doch zu einer geschichtlichen Auswertung und Ahnenreihe, und man kann überzeugt sein, daß Lionardo da Vinci, hätte es zu seiner Zeit schon Flugzeuge gegeben, sich die Chance einer Aeropittura nicht hätte entgehen lassen, wobei zugleich einmal an die intellektuelle Zündkraft dieses Universalgenies gedacht werden möge. Damit soll nur gesagt sein, daß die Futuristen auf dem rechten Wege sind. [...]

J.6. *Gottfried Benn*
Rede auf Marinetti

Exzellenz Marinetti!

In Vertretung von Hanns Johst, der augenblicklich nicht in Deutschland ist, und im Namen der Union Nationaler Schriftsteller habe ich die Ehre, Sie zu begrüßen. Ich begrüße in Ihnen das Mitglied der Königlich Italienischen Akademie, den Präsidenten des italienischen Schriftstellerverbandes und den Führer der Futuristen. Wir freuen uns, Sie unter uns zu sehen, aus mehreren, genau zu umschreibenden Gründen. Erstens haben Ihnen die deutschen Schriftsteller zu danken für eine zurückliegende kameradschaftliche Hilfe, die Sie während einer sich im Ausland abspielenden Episode uns gewährten. Wir danken Ihnen nicht allein, weil Sie der deutschen Delegation in Ragusa zur Seite standen, sondern weil Sie mit Ihrem autoritären Namen eine Sache, eine Weltanschauung, eine Gesinnung unterstützten, für die wir kämpfen, die uns allen am Herzen liegt und die allein wir für zukunftsvoll halten.

Wir freuen uns zweitens, daß Sie nach Deutschland gekommen sind in einer Zeit, in der das neue Reich entsteht, an dem mitzuarbeiten der Führer, den wir alle ausnahmslos bewundern, auch die Schriftsteller berufen hat. Sie kennen Berlin von früheren Reisen her, ich bin sicher, daß Sie Verständnis haben für seine zwischen Wäldern sich hinziehende Monotonie, für seine Arbeitsanonymität, ich bin sicher, daß Ihr für alle Dinge des Tapferen und des Ernsten so empfänglicher und schöpferischer Sinn den preußischen Stil in sich aufnehmen wird, erlauben Sie mir, Ihnen dessen aristokratischen und moralischen Rang noch einmal in der unvergleichlichen Maxime des Grafen Schlieffen vor Augen zu führen, sie lautet: »Viel leisten, wenig hervortreten, mehr sein als scheinen«, – eine Maxime, die sich neben allen Männermaximen romanischer und slawischer Völker wird behaupten können. Wir alle hoffen, daß Sie von Berlin den Eindruck mitnehmen und in Rom verkünden werden, daß die neue deutsche Gesinnung die beste alte in sich aufgenommen hat und unter der bedeutenden Führung berufen ist, an dem untheatralischen, an dem großartig kalten Stil mitzuarbeiten, in den Europa hineinwächst.

Und damit komme ich zum dritten Punkt meiner Begrüßung, er betrifft die Literatur. Sie sind der Prophet, der Autor, die schöpferische Macht, vielleicht komme ich Ihrer gespannten Jugendstimmung am nächsten, wenn ich sage: Sie waren der Hersteller und Direktor des Futurismus. Sie und die von Ihnen geschaffene Kunstrichtung war es, die die stupide Psychologie des Naturalismus hinter sich warf, das faul und zäh gewordene Massiv des bürgerlichen Romans durchstieß und mit der funkelnden und rapiden Strophik Ihrer Hymnen auf das Grundgesetz der Kunst zurückging: Schöpfung und Stil. Welche ungeheuren Folgen hatte Ihr berühmtes Manifest, das 1910 bei uns bekannt wurde, welche ungeheure Verwandlung des europäischen Geschlechts drückte es aus! Mitten in einem Zeitalter stumpfgewordener, feiger und überladener Instinkte verlangten und gründeten Sie eine Kunst, die dem Feuer der Schlachten und dem Angriff der Helden nicht widersprach. Ihr Manifest wirkte verblüffend, als es erschien, es wirkt heute noch verblüffender, da alle Ihre Formulierungen Geschichte wurden. Sie forderten die »Liebe zur Gefahr«, die »Gewöhnung an Energie und Verwegenheit«, »den Mut«, »die Unerschrockenheit«, »die Rebellion«, »den Angriffspunkt«, »den Laufschritt«, »den Todessprung«, und dies nannten Sie »die schönen Ideen, für die man stirbt«. Sie hatten, Herr Marinetti, das ungeheure Glück, das vielleicht seit den hellenischen Architekten keinem Künstler mehr zuteil ward, zu erleben, wie die Gesetze Ihres inneren Gesichts in Ihrem Volk das Ideal der Geschichte wurden. Wir haben von hier aus verfolgt, wie Ihr Futurismus den Faschismus miterschuf, wie Sie die *Roma Futurista* gründeten, wie Ihre *Arditi*, was soviel heißt wie dreimal Soldaten, Ihre Stoßtrupps für die Erneuerung Ihres Vaterlands kämpften, kämpften und fielen, und wir haben mit äußerster Spannung wahrgenommen, wie aus Ihrem futuristischen Gedankenkreis, seinem Willen, seinen Kampfstaffeln drei grundlegende Werte des Faschismus aufstiegen: das Schwarzhemd in der Farbe des Schreckens und des Todes, der Kampfruf *»a noi«* und das Schlachtenlied, die Giovinezza –: wie ein moderner Künstler in den politischen Gesetzen seines Landes geschichtlich unsterblich wurde, das erblicken wir in Ihnen, unserem Gast aus Rom.

Wir hier, die wir Ihre Gedanken aufnahmen, die wir diese europäischen Stimmungen und diese europäischen Formzwänge in uns trugen, hatten nicht das Glück, den Schritt von der Kunst in den Rausch der Geschichte zu tun. Erdrückt von der Übermacht großer Epiker einer älteren Generation, durch Krieg und Frieden zu Verlusten in unseren Reihen gebracht, viel tiefer zerrissen von Form- und Unformproblemen, als es die romanischen Völker kennen, erreichte meine Generation in keinem den Glanz, der über Ihrem Namen liegt. Aber eine historische Leistung hat auch hier diese seltsame Bewegung vollbracht: sie hat in einer stumpfen Zeit den Blick der Öffentlichkeit von den gefälligen Floskeln der Epigonen und den ausgelaugten literarischen Fertigfabrikaten auf die Gefahren und die Härte des schöpferischen Lebens gelenkt, auf das Strenge, Resolute, auf das Gerüsthafte des Geistes, der an seinen Welten arbeitet und für den Kunst immer die definitive moralische Entscheidung gegen reinen Stoff, Natur, Chaos, Rücksinken, Ungeformtes ist. Sie hatte das Problem der *Form* aufgeworfen, und wir sehen heute, was das bedeutet.

Form –: in ihrem Namen wurde alles erkämpft, was Sie im neuen Deutschland um sich sehen; Form und Zucht: die beiden Symbole der neuen Reiche; Zucht und Stil im Staat und in der Kunst: die Grundlage des imperativen Weltbildes, das ich kommen sehe. Die ganze Zukunft, die wir haben, ist dies: der Staat und die Kunst –, die Geburt des Zentauren hatten Sie in Ihrem Manifest verkündet: dies ist sie.

Der 20. Februar 1909, an dem Ihr Manifest erschien, und der 29. März 1934, an dem wir hier stehen –: ein Vierteljahrhundert! Ein Vierteljahrhundert steigt hier um uns auf, um Sie als einen Mann, auf dessen Schultern, dessen *»Testa di ferro«*: Kopf aus Eisen, Genialität, Verantwortung und Schicksal der italienischen Rasse lag, und mich, der ich den Zusammenbruch, das tiefe Leiden und jetzt die Erneuerung meines Vaterlandes als Soldat, Arzt und Schriftsteller Ihrer Richtung miterlebte und nun im Namen der nationalen deutschen Literatur Ihnen, dem Römer, Gruß und Freundschaft entbiete. Ein Vierteljahrhundert Bewunderung für Sie spricht aus meinen Worten, mit denen ich schließe: Willkommen unter uns, großer Marinetti!

J.7. *Otto Andreas Schreiber*
Stil?

Wir begrüßen die futuristische Ausstellung am Lützowufer in Berlin nicht etwa als wegweisend und welterschütternd, sondern als erfreuliches *Zeugnis für die Vielseitigkeit künstlerischer Bestrebungen und für die Berechtigung dieser Vielseitigkeit*. Es ist nicht notwendig, zu betonen, die Ausstellung »beabsichtige« keinen Einfluß auf die deutsche Malerei auszuüben, die Ausstellung vermag es vielmehr nicht, da vor zwanzig Jahren die deutschen Expressionisten weitaus tiefer und gründlicher in der Richtung der Neueroberung künstlerischer Grundelemente vorgestoßen sind und zugleich dem nordischen Menschentum neue Möglichkeiten eröffneten. Es soll nicht geleugnet werden, daß der Faschismus den Futurismus über formale Errungenschaften hinaus *auch* ein neues Menschentum propagieren läßt. Nur ist dieses Menschentum zu sehr romantischer Prägung, als daß es uns Nordländern zugänglich wäre.

Die geistige Fruchtbarkeit der nordischen Rasse erweist sich gerade in diesem Bereich. Während die deutschen Maler nämlich die Werte des Expressionismus aufgenommen haben, anwenden und organisch weiterentwickeln, *nicht als Stil, sondern als Erfahrungs- und Bekenntnisgut*, erklärt sich der italienische Futurismus als sakrosankt und als Stil mit Ausschließlichkeitsgeltung. Anstatt die *Vielfalt* der Methoden anzuerkennen, *alle* Methoden aber als sekundär zu betrachten und die Augen vielmehr auf das Kernproblem der Malerei, die Qualität, gerichtet zu halten, sucht der Futurismus *eine* Methode malerischer Realisierung zu verbreiten, ja, zur Herrschaft zu bringen. Der Futurismus denkt und führt das Gedachte konsequent durch, er malt die wohlbegründete Philosophie der Aeropittura, findet neue Kategorien (wie die »Simultaneità«). Er legt sich auf Motive fest und lehnt »Früchte und Gemüse auf Schüsseln gehäuft, Wein- und Bierflaschen danebengestellt und dann noch einen toten Hasen oder eine Pute« sowie »nackte Frauen« als Motive ab.

Demgegenüber stellen wir fest, daß Fläche, Farbe, Anschauung (innere und äußere) *die* Kategorien der Malerei bleiben. Ferner daß prinzipielle Ablehnung von Motiven ein unkünstlerisches Unternehmen ist. Motive altern nicht und pflegen nur immer die Schuld zu erhalten, wenn die Malkraft versagt. Es ist nicht ausgeschlossen, daß ein »Stilleben« oder eine »nackte Frau« trotz aller Manifeste doch die größte künstlerische Leistung unseres Jahrhunderts sein könnte!

Es gilt ja letzten Endes nicht, »Eindrücke« – ob reguläre oder irreguläre – zu verwirklichen, *wir wollen etwas viel Wesentlicheres verwirklichen: unsere Empfindungen und inneren Gesichte, unseren Charakter, unsere »Weltanschauung« und Persönlichkeit!* Macht man aber Äußerlichkeiten der Malerei lehrbar, so schafft man einen neuen Akademismus, der sich im wesentlichen keineswegs von einem Akademismus vollbartumrauschter Klassizisten unterscheidet.

Wir können in der Festsetzung (bewußten oder unbewußten) auf einen »Stil« nichts dem Fortschritt der Malerei Dienendes finden. Stil wird immer da sein. Auch *unsere* Zeit wird einheitliche Merkmale aufweisen, auch *unsere* Malerei wird Eigenarten in der Verteilung von Komposition, Technik, Motiv usw., Besonderheiten der Empfindungswelt, von vielen Malern gemeinsam angewandte gemeinsame Charakteristik besitzen. Auch wenn wir es wollten, könnten wir diesen Stil heute noch nicht erkennen. Es würde auch völlig nutzlos, ja sogar schädlich sein. Kein wirklicher Maler will das. Die kleinen Abstempelungsversuche der Kunsttheoretiker oder Laien zählen nicht. Wenn nun der als »Genremaler« Gekennzeichnete morgen heroische Porträts, der »Heroische« morgen Schweinekoben, der »Ländliche« abstrakt malen würde? Was dann? Es würde zeigen, daß das Kernproblem ganz anders liegt. Daß es darauf ankommt, *gute Bilder zu malen*.

Wir erkennen die qualitätvollen Expressionisten oder Naturalisten. Uns interessieren keine Distanzen von 500 oder mehr Jahren, sondern uns interessiert die Aussage eines Kunstwerks auf die Frage nach Persönlichkeit und Gestaltung. Ob Qualität oder eine Stümpferarbeit, ob Fortschritt oder Nachahmung vorliegt.

Manchem wird das nicht leicht eingehen. Wer in den vergangenen Jahrzehnten Aufschluß über künstlerische Dinge haben wollte, fragte, entsprechend einer lebensfremden historizistischen Verbildung, nach den »Stilen«. So lautete auch nach der nationalsozialistischen Revolution die peinlich äußerliche Frage, die vielerseits gestellt wurde: Welcher Stil wird nun Geltung behalten oder erhalten? Der *Nationalsozialismus* wollte die Weltanschauung revolutionieren – und der *Kleinbürger* erkundigte sich nach der gängigen Malmethode. [...]

Die deutschen Maler wollen keine Bilder malen um Bilderchen zu malen, sondern sie wollen sich durch die Malerei und die Malerei durch sich höher entwickeln. Nicht allen unter den jungen Malern wird – ähnlich wie zahllosen Kollegen in der Geschichte der Kunst – das Verständnis des Volkes leicht oder sofort folgen können. Die künstlerischen Wege mancher junger Maler werden den Laien als Umwege erscheinen. Der Laie wird meinen, der Maler könne doch schneller zum Ziel kommen, wenn er gleich von vornherein

ein angängiges Motiv und eine im Volk beliebte, glatte Malmethode wählte! Die gutmeinenden Laien mögen so viel Respekt vor dem schöpferischen Element, das ihnen versagt ist, besitzen, daß *sie den Malern unbedingte Sauberkeit und fanatischen Glauben an die ewigen Ziele der Malerei zubilligen und ihnen diejenige Stille ungestört lassen, aus der sich allein Reife hervorbringen läßt.*

Hinweise zur weiteren Lektüre

Die vorliegende Lektürenliste, für den interessierten Leser eher als für den Spezialisten, sammelt noch einmal, zum Teil auch auf die Dokumentation und die Anmerkungen zurückgehend, Hinweise auf Quellentexte und Sekundärliteratur, die wesentlich und unterrichtend sind. Die philologisch zuverlässigste Anthologie von Marinettis Manifesten und Schriften ist Luciano De Marias F. T. Marinetti, *Teoria e invenzione futurista* (Mailand, 1983), mit einem wichtigen Vorwort des Herausgebers. Umbro Apollonios Sammlung futuristischer Manifeste, die Künste betreffend, ist auch in deutscher Sprache unter dem Titel *Der Futurismus: Manifeste und Dokumente einer künstlerischen Revolution 1909–1918* (Köln, 1972) erschienen.

Umberto Boccionis Abhandlungen *Pittura Scultura Futuriste: Dinamismo Plastico* (1914; Nachdruck: Florenz, 1977), in welchen zentrale Begriffe der futuristischen Ästhetik definiert werden, ist noch nicht ins Deutsche übersetzt worden, und ebenso fehlt eine deutsche Übersetzung der futuristischen Schriften zur Politik, vor allem aus den Jahren 1909–24. Eine kompakte Bibliographie von Marinettis Schriften ist in Giovanni Lista, *Marinetti et le futurisme* (Lausanne, 1977) zu finden; wichtige dokumentarische und bibliographische Informationen auch in Maria Drudi Gambillo und Teresa Fiori (Hrsg.), *Archivi del Futurismo*, I–II (Rom, 1958), und Enrico Falqui, *Bibliografia e iconografia del futurismo* (Florenz, 1959).

Über grundlegende Probleme der Avantgarde, des Futurismus und der faschistischen Epoche vor allem Christa Baumgarth, *Geschichte des Futurismus* (Reinbek, 1966); Pär Bergmann, *»Modernolatria« et »Simultaneità«. Recherche sur deux tendences dans l'avant-garde littéraire en Italie et en France* (Uppsala, 1962); Angela Bozzola und Caroline Tisdall, *Futurism* (London, 1977); Peter Bürger, *Theorie der Avantgarde* (Frankfurt a. M., 1974); Maurizio Calvesi, *Il futurismo* (Mailand, 1976); Enrico Crispolti, *Il mito della macchina e altri temi del futurismo* (Trapani, 1969); Renzo De Felice, *Storia degli ebrei italiani sotto il fascismo* (Turin,

1962); Renzo De Felice, *Mussolini il rivoluzionario* (Turin, 1965); Helga Finter, *Semiotik des Avantgardetextes. Gesellschaftliche und poetische Erfahrung im italienischen Futurismus* (Stuttgart, 1980); Manfred Hinz, *Die Zukunft der Katastrophe: Mythische und rationalistische Geschichtstheorie im italienischen Futurismus* (Berlin, 1985).

Mario Isnenghi, *Il mito della grande guerra da Marinetti a Malaparte* (Bari, 1970); James Joll, *Three Intellectuals in Politics* (New York, 1960) [Marinetti]; Giovanni Lista (Hrsg.), *Marinetti et le futurisme* (Lausanne, 1977); Luisa Mangoni, *L'interventismo della cultura. Intellettuali e riviste del fascismo* (Bari, 1974); Marianne Martin, *Futurist art and theory 1909–1915* (Oxford, 1968); Ernst Nolte, *Der Faschismus in seiner Epoche* (München, 1963); Renato Poggioli, *Teoria dell'arte d'avanguardia* (Bologna, 1962); Giorgio Rochat, *Gli arditi della grande guerra* (Mailand, 1981); Claudia Salaris, *Le futuriste. Donne e letteratura d'avanguardia in Italia 1909–1944* (Mailand, 1982); Rosa Trillo-Clough, *Futurism* (New York, 1961); Gabriele Turi, *Il fascismo e il consenso degli intellettuali* (Bologna, 1981).

Mit dem Futurismus im internationalen Kontext beschäftigen sich Michele Colucci, »Futurismo russo e futurismo italiano: qualche nota e qualche considerazione«, in: *Ricerche slavistiche* 7 (1964), 145–178; Cesare De Michelis, *Il futurismo italiano in Russia* (Bari, 1973); Zbigniew Folejewski, *Futurism and its place in the development of modern poetry* (Ottawa, 1980); *Futurismo/Futurismi*, mit einem internationalen »Wörterbuch des Futurismus« [Mailand, 1986], Katalog der Ausstellung im Palazzo Grassi, Venedig; Pasquale A. Jannini (et al.), *La fortuna del futurismo in Francia* (Rom, 1979); Helmut Meter, *Apollinaire und der Futurismus* (Saarbrücken, 1977); Marjorie Perloff, *The Futurist Moment: Avant-Garde, Avant-Guerre, and the Language of Rupture* (Chicago, 1986); William C. Wees, *Vorticism and the English Avant-Garde* (Toronto, 1972).

Über den italienischen Futurismus in Deutschland, panoramatisch Armin Arnold, *Die Literatur des Expressionismus* (Stuttgart, 1966); Carmine Chiellino, *Die Futurismusdebatte. Zur Bestimmung des futuristischen Einflusses in Deutschland* (Frankfurt a. M., 1978); Dorothea Eimert, *Der Einfluß des Futurismus auf die deutsche Malerei* (Köln, 1974); János Riesz, »Deutsche Reaktionen auf den italienischen Futurismus«, in: *Arcadia* 2 (1976), 256–271 (ich führe spezielle Arbeiten jeweils im Zusammenhang mit dem Autor an, mit dem sie sich beschäftigen).

Dazu die Zeitschriften *Die Aktion*, 1.–22. Jg., Februar 1911–August 1932 (Berlin), Neudruck: Kraus (Nendeln, 1961) [vor allem die Jahrgänge 1915/16]; *Poesia*, Februar 1905–August/Oktober 1909 (Mailand); *Lacerba*, 1. Januar 1913–22. Mai 1915, Neudruck: Mailand, 1980; *Der Sturm*, 1.–21. Jg., März 1910–März 1932 (Berlin), Neudruck: Kraus (Nendeln, 1970) [vor allem die Jahrgänge 1912–16 und 1922]; Vasaris Berliner Zeitschrift *Der Futurismus* (1922) in der Staatsbibliothek Berlin und in der Marinetti-Sammlung der Beinecke Library, Yale University, New Haven (Conn.).

Zu den einzelnen Kapiteln:

Kapitel 1. Nell Walden und Lothar Schreyer, *Der Sturm. Ein Erinnerungsbuch an Herwarth Walden und die Künstler aus dem Sturmkreis* (Baden-Baden, 1954); Nell Walden, *Herwarth Walden. Ein Lebensbild* (Berlin/Mainz, 1963); Herwarth Walden, *Einblicke in Kunst* (Berlin, 1917); Hans Jacob, *Kind meiner Zeit*, (Köln, 1962) [der Übersetzer der ersten Manifeste].

Georg Brühl, *Herwarth Walden und ›Der Sturm‹* (Berlin [DDR], 1983); *Futurismus 1909–1917*. Katalog Städtische Kunsthalle (Düsseldorf, 1974) [Balla].

Kapitel 2. Arthur Moeller van den Bruck, *Die italienische Schönheit* (München, 1913).

Armin Mohler, *Die konservative Revolution in Deutschland* (Stuttgart, 1950); Fritz R. Stern, *The failure of illiberalism: Essays on the political culture of modern Germany* (New York, 1972); Klemens von Klemperer, *Konservative Bewegungen zwischen Kaiserreich und Nationalsozialismus* (München, 1962).

Kapitel 3. F. T. Marinetti (Hrsg.), *Enquête internationale sur le vers libre et manifeste du futurisme*, Editions de »Poesia« (Mailand, 1909); F. T. Marinetti, *Scritti francesi I* [hrsg. v. P. A. Jannini] (Rom, 1979); *I Poeti Futuristi*. Con un proclama di F. T. Marinetti e uno studio sul verso libero di Paolo Buzzi (Mailand, 1912); R. A. Meyer [Hrsg.], *Futuristische Dichtungen* [Übersetzerin: Else Hadwiger] (Berlin-Wilmersdorf, 1912).

Richard Brinkmann, »Zur Wortkunst des Sturm-Kreises. Anmerkungen über Möglichkeiten und Grenzen abstrakter Dichtung«, in: *Unterscheidung und Bewahrung. Festschrift für Hermann Kunisch* (Berlin, 1961), 63–78.

Brunella Eruli, »Preistoria francese del futurismo«, in: *Rivista di Letterature Moderne e Comparate* 23 (1970), 245–290; Rudolf Nikolaus Maier, »Absolute Wortkunst«, in: *Paradies der Weltlosigkeit. Untersuchungen zur abstrakten Dichtung seit 1909* (Stuttgart, 1964), 108–117; Gaetano Mariani, *Il primo Marinetti* (Florenz, 1970); Kurt Möser, *Literatur und die große Abstraktion: Kunsttheorien, Poetik und abstrakte Dichtung im ›Sturm‹* (Erlangen, 1983); Werner Rittich, *Kunsttheorie, Wortkunsttheorie und lyrische Wortkunst im ›Sturm‹* (Greifswald, 1933) [Diss.]; Bruno Romani, *Dal simbolismo al futurismo* (Florenz, 1970).

Kapitel 4. Theodor Däubler, *Der neue Standpunkt* (Leipzig, 1919); Theodor Däubler, *Im Kampf um die moderne Kunst* (Berlin, 1919, 3. Aufl.).

Walter Huder (Hrsg.), *Theodor Däubler: 1876–1934*. Katalog der Ausstellung in der Akademie der Künste (Berlin, 1968); Friedhelm Kemp, »Nachwort«, in: Theodor Däubler, *Dichtungen und Schriften* (München, 1956), 865–892. Eben erschienen: Theodor Däubler, *Im Kampf um die moderne Kunst und andere Schriften*, hrsg. v. Friedhelm Kemp u. Friedrich Pfäfflin (Darmstadt, 1988).

Kapitel 5. Arno Holz, *Revolution der Lyrik* (Berlin, 1899); August Stramm, *Das Werk* [hrsg. v. René Radrizzani] (Wiesbaden, 1963); August Stramm, *Briefe an Nell und Herwarth Walden* (Berlin, 1988); August Stramm, *Kritische Essays und unveröffentlichtes Quellenmaterial aus dem Nachlaß des Dichters* [hrsg. v. J. D. Adler u. J. J. White] (Berlin, 1979).

Armin Arnold, *Die Literatur des Expressionismus* (Stuttgart, 1966) [Stramm-Kapitel]; Elmar Bozzetti, *Untersuchungen zu Lyrik und Drama August Stramms* (Köln, 1961); Carmine Chiellino, *Die Futurismusdebatte* (Frankfurt a. M., 1978) [Abschnitt über Stramm]; D. P. Maier-Lenz, »Der Futurismus und sein Einfluß auf

Alfred Döblin und August Stramm«, in: *Die Horen* 94 (1974), 13–30; Peter Michelsen, »Zur Sprachform des Frühexpressionismus bei August Stramm«, in: *Euphorion* 55 (1964), 276–302; Walter Muschg, *Von Trakl zu Brecht* (München, 1961) [Stramm-Kapitel].

Kapitel 6. Hugo Ball, *Briefe, 1911 – 1927* [hrsg. v. Annemarie Schütt-Hennings] (Einsiedeln, 1957); Hugo Ball, *Byzantinisches Christentum* (Einsiedeln, 1958); Hugo Ball, *Die Flucht aus der Zeit* (Luzern, 1946); Hugo Ball, *Der Künstler und die Zeitkrankheit* [hrsg. v. Burkhard Schlichting] (Frankfurt a. M., 1984).

D. P. Maier-Lenz, »Der Futurismus und sein Einfluß auf Alfred Döblin und August Stramm«, in: *Die Horen* 94 (1974), 5–7; Luciano De Maria, »Futurismo, Dada, Surrealismo«, in: *Lettere Italiane* 27 (1975), 381–395; Richard Sheppard, »Dada und Futurismus«, in: *Sinn aus Unsinn: Dada International* [hrsg. v. Wolfgang Paulsen u. Helmut G. Hermann] (Bern, 1982), 29–70; G. E. Steinke, *The Life and Works of Hugo Ball* (Den Haag, 1967). Dazu auch, besonders instruktiv, Eckhardt Philipp, *Dadaismus* (München, 1980).

Kapitel 7. Johannes R. Becher, *Gesammelte Werke* [hrsg. v. Johannes R. Becher Archiv der Deutschen Akademie der Künste zu Berlin] (Berlin, 1966) [vor allem Bd. I und X] oder die Originalausgaben der Lyrik- und Prosasammlungen *Die Gnade eines Frühlings* (Berlin, 1912); *An Europa: Neue Gedichte* (Leipzig, 1916); *Verbrüderung* (Leipzig, 1916); *Die Heilige Schar* (Leipzig, 1918); *Das Neue Gedicht: Auswahl 1912–1918* (Leipzig, 1918); *Päan gegen die Zeit*. Gedichte (Leipzig, 1918); *Maschinenrhythmen* (Berlin, 1926); *Das poetische Prinzip* (Berlin, 1957); *Verteidigung der Poesie* (Berlin, 1960, 2. Aufl.).

Roy F. Allen, *Literary Life in German Expressionism and the Berlin Circles* (Göppingen, 1974); Carmine Chiellino, *Die Futurismusdebatte* (Frankfurt a. M., 1978) [Abschnitt über Becher]; Norbert Hopster, *Das Frühwerk Johannes R. Bechers* (Bonn, 1969); Paul Raabe, *J. R. Bechers Gedichte 1911–1918* (München, 1973), mit »Nachbemerkung«; Michael Rohrwasser, *Der Weg nach Oben: J. R. Becher: Politiken des Schreibens* (Basel, 1980); Jean Thibaudeau, »Le futurisme dans les écrits de Gramsci«, in: *Marinetti et le* futurisme [hrsg. v. Giovanni Lista] (Lausanne, 1977); Frank Trommler, *Sozialistische Literatur in Deutschland* (Stuttgart, 1976).

Kapitel 8. Die Romane Döblins in der verdienstvollen Ausgabe des Walter Verlages (Olten), *Die drei Sprünge des Wang-lun* (1960); *Wallenstein* (1980, 3. Aufl.); *Berge, Meere und Giganten* (1980, 2. Aufl.); dazu Alfred Döblin, *Aufsätze zur Literatur* [hrsg. v. Walter Muschg] (Olten, 1963); Alfred Döblin, *Autobiographische Schriften und letzte Aufzeichnungen* (Olten, 1980); Alfred Döblin, *Briefe* (Olten, 1970); Alfred Döblin, *Erzählungen aus fünf Jahrzehnten* (Olten, 1977); Alfred Döblin, *Kleine Schriften* [hrsg. v. Anthony W. Riley] (Olten, 1985); Alfred Döblin, *Schriften zur Literatur und Gesellschaft* (Olten, 1972); Günter Grass, *Über meinen Lehrer Döblin und andere Vorträge* (Berlin, 1968); F. T. Marinetti, *Mafarka le futuriste, roman africain* (Paris, 1910).

Armin Arnold, »Les styles, voilà l'homme! Döblins sprachliche Entwicklung bis ›Berlin Alexanderplatz‹«, in: *Zu Alfred Döblin* [hrsg. v. Ingrid Schuster] (Stuttgart, 1980); Armin Arnold, *Die Literatur des Expressionismus* (Stuttgart, 1966); David Dollenmayer, »Alfred Döblin, Futurism and Women«, in: *The Germanic Review* 61 (1986), 138–145; Kasimir Edschmid, »A. Döblin und die Futuristen«, in: *Frühe Manifeste* (Hamburg, 1957); Walter Eschenbacher, *Fritz Mauthner und die deutsche Literatur um 1900* (Frankfurt a. M., 1977); Manfred Durzak, »Flake und Döblin. Ein Kapitel der Geschichte des polyhistorischen Romans«, in: *Germanisch-romanische Monatsschrift* 20 (1970), 286–305; Wolfgang Grothe, »Die Theorie des Erzählens bei Alfred Döblin«, in: *Text und Kritik* 13/14 (München, 1972), 7–26; Leo Kreutzer, *Alfred Döblin. Sein Werk bis 1933* (Stuttgart, 1970); Klaus Müller-Salget, *Alfred Döblin. Werk und Entwicklung* (Bonn, 1972).

Judith Ryan, »From Futurism to ›Döblinism‹«, in: *German Quarterly* 54 (1981), 415–426; Heidi Thomann Tewerson, *Alfred Döblin: Grundlagen seiner Ästhetik und ihrer Entwicklung 1900–1933* (Frankfurt a. M., 1979); Cecylia Zalubska, *Döblins Reflexionen. Zur Epik im Spiegel ausgewählter Romane* (Posen, 1980); Victor Žmegač, »Alfred Döblins Poetik des Romans«, in: *Deutsche Romantheorien* [hrsg. v. Reinhold Grimm] (Frankfurt a. M., Bonn 1968), 279–320.

Kapitel 9. *Gottfried Benn: Katalog der Ausstellung des deutschen Literaturarchives im Schiller-Nationalmuseum* (Marbach am Nekkar, 1986); Zeno Birolli/Enrico Crispolti/Manfred Hinz, *Arte e fascismo in Italia e in Germania* (Mailand, 1975); Hildegard Brenner, *Die Kunstpolitik des Nationalsozialismus* (Reinbek, 1963); Enrico Crispolti, *Il secondo futurismo* (Turin, 1962); Enrico Crispolti, *Il mito della macchina e altri temi del futurismo* (Trapani, 1969).

Susanne von Falkenhausen, *Der zweite Futurismus und die Kunstpolitik des Faschismus in Italien von 1922–1943* (Frankfurt a.M., 1979); Ruth Gross, *›Plan‹ and the Austrian Rebirth* (Columbia, S.C., 1982); Giovanni Lista, *Arte e politica. Il futurismo di sinistra in Italia* (Mailand, 1980); Sibyl Moholy-Nagy, *László Moholy-Nagy: Ein Totalexperiment* (Mainz, 1950); Reinhard Müller-Mehlis, *Die Kunst im Dritten Reich* (München, 1976); Ernst Piper, *Ernst Barlach und die nationalsozialistische Kunstpolitik* (München, 1983); Mario Verdone, *Teatro del tempo futurista* (Rom, 1969).

Personenregister

Zusammengestellt von Uwe Steffen

Peter Demetz

Fette Jahre, magere Jahre

Deutschsprachige Literatur der Gegenwart von 1965–1985
Aus dem Amerikanischen von Christiane Spelsberg.
492 Seiten. Leinen

Peter Demetz ist als Literaturwissenschaftler und Kritiker bestens in der deutschsprachigen Literatur der jüngsten Gegenwart bewandert – das beweisen seine zahlreichen Buchbesprechungen (vor allem in der »Frankfurter Allgemeinen Zeitung«), das demonstriert er seit zwei Jahren als Juror beim Klagenfurter »Ingeborg-Bachmann-Wettbewerb«. Dennoch ist er durch sein Leben und Arbeiten in den USA weit genug von den täglichen Querelen des hiesigen Literaturbetriebs entfernt, um der Gefahr einer Verzerrung der Perspektiven, dem typischen Symptom allzu beteiligter Betriebsblindheit, nicht zu erliegen.

»Fette Jahre, magere Jahre« versucht, die zweite Phase der Nachkriegsliteratur in den deutschsprachigen Ländern in ihren großen Linien aufzuzeigen – eine Literatur, die bestimmt ist von der Neuformulierung der Themen, die in der unmittelbaren Auseinandersetzung mit dem Krieg und dem Nationalsozialismus Epik, Dramatik und Lyrik der fünfziger Jahre geprägt hatten.

Um 1965 setzt dieser Wandlungsprozeß ein, der in der Studentenbewegung der ausgehenden sechziger Jahre seinen ersten und auffälligsten Ausdruck findet. Demetz geht zunächst in einer Darstellung der »Gruppe 47« auf die literarische Szene vor 1965 ein, um dann in einer geschickten Mischung aus monographischen Kapiteln über einzelne Autoren und allgemeiner angelegten Abschnitten über literarische Strömungen und Bewegungen die Literatur der sechziger und siebziger Jahre bis heute zu behandeln. Intensiv werden Autoren wie Heinrich Böll, Günter Grass, Max Frisch, Christa Wolf, Thomas Bernhard, Peter Handke, Adolf Muschg und andere gewürdigt, jeweils ein großes Kapitel setzt sich mit den speziellen Eigenheiten der literarischen Entwicklungen in der Bundesrepublik, der DDR, Österreich und der Schweiz auseinander. Ebenfalls jeweils ein eigenes Kapitel ist den drei Gattungen Lyrik, Drama und Roman gewidmet.

Auf diese Weise gelingt Demetz das Kunststück, etwa durchaus noch im Fluß Befindliches, Unabgeschlossenes so überschaubar zu machen, daß Tendenzen erkennbar, Quellen erschließbar und Stärken wie Schwächen unserer Gegenwartsliteratur in aller Schärfe sichtbar werden.

Italienische Lyrik

Zeitschrift für italienische Kultur der Gegenwart

ZIBALDONE

Herausgegeben von Helene Harth
und Titus Heydenreich

»Zibaldone« (das Notizbuch) will eine »Zeitschrift für italienische Kultur der Gegenwart« im weitesten Sinne sein: gegenwartsbezogen, jedoch Aktuelles auch im Vergangenen hervorheben, primär literarisch und historisch orientiert, aber auch Themen zugewandt, die die Einbeziehung verwandter Bereiche wie Politik, Religion, bildende Kunst, Philosophie, Wirtschaft u. a. herausfordern.

»Zibaldone« will die Begegnung zwischen der deutschen und der italienischen Kultur pflegen und intensivieren. Ziel der Zeitschrift ist es, Leser zu erreichen, die, ohne Spezialisten zu sein, ihre Kenntnisse von Land, Kultur und Leuten vertiefen und auf dem aktuellen Stand halten möchten.

»›Zibaldone‹ erweckt den Eindruck eines offenen Forums, das dem Leser nicht mit akademischer Trockenheit kommt, sondern mit der subjektiven Frische sehr verschiedener Mitarbeiter.«
Die Presse, Wien

Piper 1/11

PIPER

Ciao, Bellezza

Deutsche Dichter über Italien. Ein Lesebuch
Herausgegeben von Petra und Manfred Hardt.
417 Seiten. Serie Piper 999

Italien und die Italiener in der Sicht deutscher Dichter, angefangen mit Goethes faszinierender Schilderung des römischen Karnevals über die sehnsuchtsvollen Träume der Romantiker bis hin zu den bissigen Einlassungen zeitgenössischer Lyrik, die die traditionelle Italiensehnsucht konterkarieren ... Mit Texten von über vierzig Autoren, darunter viele neuere wie Ingeborg Bachmann, Rolf Dieter Brinkmann, Günter Kunert, Ulla Hahn, Peter Rühmkorf, Friedrich Christian Delius und Rose Ausländer, vermittelt der Band mosaikartig ein Bild dessen, was deutsche Dichter und Schriftsteller aus zwei Jahrhunderten in Italien erlebt und erfunden haben.

Unter apenninischem Himmel

Italienisches Lesebuch
Herausgegeben von Patricia Reimann. 399 Seiten. Serie Piper 600

Diese Sammlung italienischer Prosa und Lyrik lädt den Leser ein zu einem literarischen Spaziergang durch die vielschichtige Wirklichkeit italienischen Lebens, wie sie sich in der Literatur des Landes während der letzten hundert Jahre spiegelt. Der Leser wird sich in erster Linie an der großen und originellen erzählerischen Kraft, mit der die Fülle der Motive gestaltet ist, erfreuen können, er wird darüber hinaus aber auch die Möglichkeit haben, die Entwicklung der italienischen Literatur vom Verismus des 19. Jahrhunderts bis zu den verschiedenen Strömungen der Gegenwartsliteratur zu verfolgen.

Giovanni Verga

Der letzte Tag

Erzählungen. Aus dem Italienischen von Hannelise Hinderberger und Marianne Schneider. Herausgegeben und mit einem Nachwort von Johannes Hösle. 448 Seiten. Leinen

»Verga erzählt mit kalter Wucht, mit lakonisch geballter Sachlichkeit, kommentarlos, in hastigen Sprüngen. Überfallartige Schrecken jagen kurze Leben zu einem krassen Ende. Durchschnittlich nicht mehr als sieben Seiten braucht er von einer Geburt bis zum Tod.
Er verschleudert einen Stoffvorrat, der heute für zehn Dichter reichen würde.
Verga schildert nicht das romantische Sizilien der Touristen, sondern ein versengtes, brütendes, fieberdampfendes, starr lastendes Land. Es gibt keine bessere Warnung vor der Idyllisierung archaischer Zustände als diese Erzählungen. Die Armen leben wie die Tiere. Die Geschichte eines totgeprügelten Esels und seiner fünf Herrschaften, eine jeweils schlechter als die andere, unterscheidet sich denn auch kaum von der Geschichte eines halbwüchsigen Jungen, des Rotschopfs, den alle peinigen, der davon hart und gemein wird, aber alles erträgt, bis sie ihn in den Tod treiben. Aber noch das niedrigste Leben hat Würde. Für einen Moment verzaubert das Aufblühen der Liebe noch die trostlosesten Bedingungen.« Frankfurter Allgemeine Zeitung

Mastro-Don Gesualdo

Roman. Aus dem Italienischen von Marlis Ingenmey. Mit einem Vorwort von Marianello Marianelli. 414 Seiten. Serie Piper 665

»Mastro-Don Gesualdo« gilt als der bedeutendste Roman der italienischen Literatur neben Manzonis »Verlobten« und zugleich als das wichtigste Werk des sizilianischen Schriftstellers, sein Erscheinungsdatum (1889) als Geburtsstunde der neueren italienischen Prosa.

Piper 76/2c

PIPER